LA GLOBALIZACIÓN DEL CAPITAL

3.ª edición

LA GLOBALIZACIÓN DEL CAPITAL

3.ª edición

Historia del sistema monetario internacional

Barry Eichengreen

Traducción de María Esther Rabasco
y Helena Álvarez de la Miyar

Antoni Bosch editor

Antoni Bosch editor, S.A.U.
Manacor, 3, 08023, Barcelona
Tel. (+34) 93 206 07 30
info@antonibosch.com
www.antonibosch.com

Título original de la obra:
Globalizing Capital: A History of the International Monetary System

© 2019, by Princeton University Press
© de esta edición: Antoni Bosch editor, S.A.U., 2021

ISBN: 978-84-121765-5-1
Depósito legal: B 9189-2021

Diseño de la cubierta: Compañía
Maquetación: JesMart
Corrección de pruebas: Olga Mairal
Impresión: Prodigitalk

Impreso en España
Printed in Spain

Índice

Prefacio

Esta historia del sistema monetario internacional es breve en los dos sentidos del término. En primer lugar, centro la atención en un breve periodo: los años que van desde 1850 hasta nuestros días. Aunque muchos de los acontecimientos que describo tienen sus raíces en épocas anteriores, para extraer sus implicaciones sólo necesito examinar este periodo de tiempo relativamente breve. En segundo lugar, he tratado de escribir un libro breve que ponga énfasis en algunos temas más que en la descripción exhaustiva de los mecanismos monetarios internacionales. Sus cuatro capítulos principales están pensados para que sean fáciles de asimilar en cuatro sesiones de lectura, pues tienen su origen en cuatro conferencias.

Intento dirigirme a varias audiencias. Una la componen los estudiantes de economía que tratan de dar cuerpo histórico e institucional al esqueleto teórico de sus libros de texto. Aquí encontrarán referencias a conceptos y modelos que les resultan familiares de la literatura sobre macroeconomía y economía internacional. A la segunda audiencia, los estudiantes de historia, le resultarán familiares las metodologías y los conceptos históricos. A los lectores en general interesados en la reforma monetaria y conscientes de que la historia del sistema monetario internacional continúa configurando su funcionamiento y sus perspectivas, confío en que también les resulte accesible este material. Para facilitar su comprensión, el libro contiene un glosario situado al final, cuyos términos se encuentran en cursiva la primera vez que aparecen en el texto.

Este manuscrito tiene su origen en las Gaston Eyskens Lectures de la Universidad Católica de Leuven. Agradezco a mis amigos del Departamento de Economía de Leuven su amable invitación, especialmente a Erik Buyst, Paul De Grauwe y Herman van der Wee. El Departamento de Investigación del Fondo Monetario Internacional y la División de Finanzas Internacionales de la Junta de Gobernadores del Sistema de la Reserva Federal constituyeron un hospitalario entorno para realizar las revisiones. Resultará claro incluso para el lector poco observador que las opiniones que se vierten en este libro no son necesariamente las de mis anfitriones institucionales.

Se dice que la economía avanza siguiendo un proceso acumulativo en el que los estudiosos se basan en las investigaciones de sus predecesores. En una época en la que los programas de las asignaturas de tercer ciclo contienen pocas referencias a libros y artículos escritos hace más de diez años, raras veces ocurre así. En el presente caso, confío en que las notas a pie de página pondrán de manifiesto lo mucho que debo a estudiosos anteriores. Eso no quiere decir que minusvalore mi deuda con mis contemporáneos, a quienes debo agradecer, entre otras cosas, sus comentarios sobre borradores anteriores. Agradezco su paciencia y sus críticas constructivas a Michael Bordo, Charles Calomiris, Richard Cooper, Max Carden, Paul De Grauwe, Trevor Dick, Marc Flandreau, Jeffry Frieden, Giulio Gallarotti, Richard Grossman, Randall Henning, Douglas Irwin, Harold James, Lars Jonung, Peter Kenen, Jan McLean, Jacques Melitz, Allan Meltzer, Martha Olney, Leslie Pressnell, Angela Redish, Peter Solar, Nathan Sussman, Pierre Sicsic, Guiseppe Tattara, Peter Temin, David Vines y Mira Wilkins. Ellos han de ser exonerados de toda responsabilidad por los errores que subsistan y que se deben a la obstinación del autor.

En la segunda edición de este libro se añadió la cobertura del periodo entre 1996 y 2007. El acontecimiento clave de esos años fue la crisis financiera asiática, en la que los tipos de interés desempeñaron un papel fundamental. A ésta siguió la unificación monetaria europea, un caso sin precedentes en los anales de la historia monetaria. Durante este periodo también se produjo el surgimiento de los países en desarrollo como participantes fundamentales en el sistema monetario internacional. Es imposible comprender cómo pudo Estados Unidos mantener un déficit por cuenta corriente tan alto durante la mayor parte de este periodo, por ejemplo, sin hacer referencia a los países en desarrollo que proporcionaron la mayoría de la financiación. En su conjunto, todas estas circunstancias –los déficits crónicos de Estados Unidos, la llegada del euro y una nueva consciencia de la capacidad de los mercados emergentes para dar forma al orden monetario internacional– suscitan interrogantes en torno al papel de Estados Unidos y el dólar en las relaciones monetarias internacionales de cara al futuro.

Los acontecimientos que cubre esta tercera edición, que van de 2007 a 2018, fueron incluso más dramáticos y contribuyeron todavía más a hacer patentes las limitaciones del sistema monetario internacional. El periodo se inició con la crisis de las hipotecas basura de 2007 y la crisis financiera mundial de 2008-9. Los flujos de capital entre Estados Unidos y Europa jugaron un papel destacado en esta crisis. El capítulo 7 se centra en esta cuestión.

Lo siguiente fue la crisis del euro de 2009: en este caso no fue el tipo de cambio sino la falta de tipo de cambio lo que resultó crucial. En un primer momento, el euro alentó los flujos de capital financiero desde el centro hacia la periferia de la zona euro; luego, cuando esos flujos se desplomaron, se restringieron las opciones de política monetaria disponibles para los países de la periferia de la zona euro. La cuestión era si la unión monetaria europea presentaba fallos fundamentales y, de ser así, cuáles serían las consecuencias. Se trataba de si los Estados miembros serían capaces de corregir los defectos de su sistema monetario regional o de si el problema se «resolvería» con la disolución de la zona euro.

Los bancos centrales de Europa y Estados Unidos respondieron a estas crisis bajando los tipos de interés a cero y aplicando políticas monetarias poco convencionales. Esto provocó el descontento en los mercados emergentes, que se quejaron de los flujos de entrada de capital resultantes, la sobrevaloración de los tipos de cambio y la inflación, y acusaron a los países desarrollados de haber participado en «guerras de tipos de cambio». Esas quejas llevaron a que la comunidad oficial revisara las políticas en torno a los movimientos internacionales de capital en general y los controles de capital en particular, e hicieron que se reevaluaran los méritos del sistema monetario internacional imperante basado en el dólar. Un cambio considerable respecto de otros debates anteriores fue la prominencia del poder emergente en esas conversaciones. La experiencia no deja lugar a dudas de que habrá que lidiar con las opiniones de China en el futuro.

Al igual que en la edición anterior, me he resistido a la tentación de revisar a fondo los capítulos anteriores, limitándome a realizar únicamente unos cuantos cambios menores en beneficio de la coherencia interna. Estoy muy agradecido a Cheryl Applewood y a Peter Dougherty por su ayuda con la segunda edición, y a Alison Rice-Swiss, Joseph Mendoza, Joe Jackson y Cyd Westmoreland por ayudarme con la tercera. Michelle Bricker me ha ayudado con todo, como de costumbre.

Berkeley
Septiembre de 2018

1
Introducción

El sistema monetario internacional es el pegamento que une a las economías nacionales. Su papel es poner orden en los mercados de divisas y estabilizarlos, fomentar la eliminación de los problemas de balanza de pagos y facilitar el acceso a los créditos internacionales en caso de que se produzcan perturbaciones negativas. Los países tienen dificultades para explotar eficientemente las ventajas del comercio y del crédito exterior si no existe un mecanismo monetario internacional que funcione debidamente. Independientemente de que ese mecanismo funcione bien o mal, es imposible comprender el funcionamiento de la economía internacional sin entender también su sistema monetario.

Toda descripción del desarrollo del sistema monetario internacional también es necesariamente una descripción del desarrollo de los mercados internacionales de capitales. De ahí que hayamos dividido este libro en cinco partes, cada una de las cuales corresponde a una etapa del desarrollo de los mercados mundiales de capitales. Hasta la Primera Guerra Mundial (Capítulo 2) no hubo controles sobre las transacciones financieras internacionales y los movimientos internacionales de capitales alcanzaron elevados niveles. El periodo de entreguerras (Capítulo 3) conoció la caída de este sistema, la imposición general de *controles de capitales* y la disminución de los movimientos internacionales de capitales. Tras la Segunda Guerra Mundial, los primeros veinticinco años se caracterizaron por una progresiva reducción de los controles y una recuperación gradual de los movimientos financieros internacionales (Capítulo 4). El siguiente periodo, que comienza en la década de los setenta, es de nuevo una etapa de elevada movilidad del capital (Capítulo 5). El periodo que se inicia con el cambio de siglo (capítulos 6 y 7) resultó ser de nuevo de gran movilidad para el capital, en cierto sentido incluso mayor que la que se conoció antes de 1913.

Esta pauta evolutiva en forma de U del grado de movilidad internacional del capital pone claramente en cuestión la explicación dominante de la sustitución a partir de 1971 de los *tipos de cambio* fijos por tipos flexibles, según la cual los tipos fijos fueron viables durante los primeros veinticinco años posteriores a la Segunda Guerra Mundial debido a la reducida movilidad del capital financiero, y su sustitución por tipos fluctuantes fue una consecuencia inevitable del aumento de los movimientos de capitales. En el sistema de Bretton Woods vigente desde 1945 hasta 1971, los responsables de la política económica tenían menos limitaciones gracias a los controles. Éstos permitían a las autoridades económicas perseguir sus objetivos nacionales sin desestabilizar el tipo de cambio. Daban el margen de respiro necesario para modificar ordenadamente los tipos de cambio. Pero la reconstrucción de la economía internacional llevada a cabo tras la guerra y el desarrollo de nuevos mercados y tecnologías financieras mermaron la eficacia de los controles. Dado el crecimiento de unos mercados financieros internacionales extraordinariamente líquidos en los que las reservas internacionales oficiales no eran nada comparadas con el volumen de transacciones, resultaba casi imposible ajustar ordenadamente los tipos de cambio. Las deliberaciones llevadas a cabo antes de los ajustes no sólo podían alterar los mercados y provocar unos movimientos incontrolables de capitales, sino que, además, el propio hecho de devaluar, realizado tras los obligados desmentidos, podía dañar la reputación que tenían las autoridades de defender el tipo de cambio. Así pues, no sólo comenzó a ser más costoso mantener los tipos de cambio fijos, sino que, además, empezó a resultar más difícil ajustarlos. La consecuencia inevitable fue su sustitución por tipos fluctuantes.

El problema de esta explicación se halla, como se verá, en que ya existía un elevado grado de movilidad internacional del capital antes de la Primera Guerra Mundial y, sin embargo, eso no impidió que los tipos de cambio fijos funcionaran satisfactoriamente en el patrón oro clásico. Basta incluso con echar una ojeada a la historia para ver que los cambios del grado de movilidad del capital no constituyen por sí solos una explicación satisfactoria de la sustitución de los tipos de cambio fijos por tipos fluctuantes.

Lo que fue fundamental para el mantenimiento de los tipos de cambio fijos, y es lo que defendemos en este libro, es que los Gobiernos estaban protegidos de las presiones para que supeditaran la estabilidad de los tipos de cambio a otros objetivos. En el patrón oro del siglo XIX, esa protección se la daba su aislamiento de la política interna. Las presiones a las que han estado sometidos los Gobiernos del siglo XX para subordinar la estabilidad de la moneda a otros objetivos no era una característica del mundo del siglo XIX. Como el derecho de voto era limitado, los obreros, que eran los más perjudicados en las épocas difíciles, no se encontraban en la mejor posición para poner objeciones a las subidas de los tipos de interés que adoptaban los bancos centrales para defender el tipo de cambio. Ni los sindicatos ni los partidos laboristas parlamentarios se habían desarrollado lo suficiente como para que los trabajadores pudieran insistir en que la defensa del tipo de cambio se atemperara con la búsqueda de otros objetivos. La prioridad que otorgaban los *bancos centrales* a la defensa de los tipos de cambio fijos del patrón oro apenas encontraba oposición, por lo que los Gobiernos tenían libertad para tomar las medidas que fueran necesarias para defender sus tipos de cambio.

Las circunstancias cambiaron al llegar el siglo XX. Ya no era seguro que cuando entraran en conflicto la estabilidad y el pleno empleo, las autoridades optaran por la primera. El sufragio universal masculino y el auge del sindicalismo y de los partidos laboristas parlamentarios politizaron la política monetaria y fiscal. La aparición del Estado de bienestar y el compromiso de mantener el pleno empleo tras la Segunda Guerra Mundial complicaron la disyuntiva entre el equilibrio interior y el equilibrio exterior. Este paso del liberalismo clásico del siglo XIX al liberalismo «enmarcado» del XX hizo que resultara menos creíble la determinación de las autoridades de defender los tipos de cambio.[1]

Fue entonces cuando aparecieron los controles de capitales. Éstos redujeron la relación entre la política económica interior y la exterior, dando margen a los Gobiernos para perseguir otros objetivos,

---

[1] El término «liberalismo enmarcado», que alude al compromiso de mantener el libre mercado, atenuado por el compromiso más general de mantener la asistencia social y el pleno empleo, se debe a John Ruggie (1983).

como el mantenimiento del pleno empleo. Es posible que los Gobiernos ya no pudieran tomar las medidas que fueran necesarias para defender un tipo de cambio, pero éstas no tenían que ser tan extremas gracias a los controles de capitales. Al limitar los recursos con los que podían presionar los mercados sobre un tipo de cambio, los controles limitaron las medidas que tenían que tomar los Gobiernos para defenderlo. Tras la Segunda Guerra Mundial, los límites impuestos a la movilidad del capital sustituyeron durante varias décadas a los límites impuestos a la democracia como fuente de aislamiento de las presiones del mercado.

Con el paso del tiempo, resultó cada vez más difícil mantener los controles de capitales. Al no haber nada que limitara la movilidad del capital y la democracia y que aislara a los Gobiernos de las presiones del mercado, comenzó a resultar difícil mantener los tipos de cambio fijos. En respuesta, algunos países optaron por unos *tipos de cambio libremente fluctuantes,* mientras que otros de Europa occidental trataron de estabilizar definitivamente sus tipos de cambio estableciendo una unión monetaria.

Este argumento es, en algunos aspectos, una ampliación de otro propuesto por Karl Polanyi hace más de cincuenta años.[2] En 1944, año en que se celebró la Conferencia de Bretton Woods, Polanyi sugirió que la difusión de las instituciones del mercado durante el siglo XIX había provocado una reacción política en forma de asociaciones y grupos de presión que acabaron minando la estabilidad del sistema de mercado. Situó el patrón oro en un lugar destacado entre las instituciones del *laissez faire* causantes de esta reacción. Y sugirió que la politización de las relaciones económicas había contribuido a la caída de ese sistema monetario internacional. Este libro se pregunta en cierto sentido si la tesis de Polanyi sigue siendo válida cincuenta años más tarde. ¿Puede entenderse la historia monetaria internacional de la segunda mitad del siglo XX como el desarrollo de la dinámica de Polanyi, en la cual la democratización ha vuelto a entrar en conflicto con la liberalización económica en forma de libre movilidad del capital y tipos de cambio fijos, o apuntan las tendencias recientes hacia los tipos fluctuantes y la unificación monetaria a nuevas formas de conciliar la libertad y la estabilidad en los dos terrenos?

---

[2] Polanyi, 1944.

Sería, sin embargo, engañoso decir que la evolución de los mecanismos monetarios internacionales es el resultado de la respuesta individual de muchos países a un conjunto común de circunstancias. En realidad, ninguna decisión nacional fue independiente de las demás. La causa de su interdependencia fueron las *externalidades de red* que caracterizan a los mecanismos monetarios internacionales. Cuando la mayoría de nuestros colegas utilizan un PC compatible, podemos optar por hacer lo mismo para que nos ayuden a programar y para intercambiar datos, aun cuando exista una alternativa tecnológicamente incompatible (por ejemplo, el Macintosh de Apple) que sea más eficiente cuando se utiliza sola. Estos efectos sinérgicos influyen en los costes y en los beneficios de nuestra elección de la tecnología (por ejemplo, yo he escrito este libro en un PC y no en un Macintosh porque ésa es la tecnología que utiliza la mayoría de mis colegas). Lo mismo ocurre con el sistema monetario internacional: los mecanismos de unos países influyen en los que prefieren otros. En la medida en que la decisión que toma un país en un momento dado depende de las decisiones que han tomado otros en periodos anteriores, la historia influye en el primero. El sistema monetario internacional mostrará una *dependencia de la senda*. Así, un acontecimiento fortuito como la adopción «accidental» británica del patrón oro en el siglo XVIII pudo colocar al sistema en una trayectoria en la que casi todo el mundo había adoptado ese mismo patrón en un plazo de ciento cincuenta años.

Dado que los mecanismos monetarios internacionales se caracterizan por tener externalidades de red, reformarlos es necesariamente una empresa colectiva. Pero al ser muchos los países, la negociación tiene costes. Cada Gobierno se siente tentado a comportarse como un polizón negándose a llegar a un acuerdo si no consigue concesiones. Los que tratan de reformar el sistema deben poseer suficiente influencia política para disuadir al resto de que se comporte de esa forma. Es más probable que lo hagan cuando exista una red de proyectos conjuntos internacionales, que puedan verse en peligro todos ellos si no hay cooperación. Como cabría esperar, es raro que existan unos nexos políticos y económicos tan amplios. Eso explica el fracaso de las conferencias internacionales de las décadas de 1870, 1920 y 1970. En todos los casos, la incapacidad de llegar a un acuerdo para cambiar de trayectoria el sistema monetario permitió que éste continuara evolucionando dejándose llevar por su propio impulso. Los únicos ejemplos contrarios significativos son la alianza occidental que se formó durante y después de la Segunda Guerra Mundial y que mostró una solidaridad política excepcional ante la amenaza nazi y la soviética y fue capaz de establecer el sistema de Bretton Woods, y la Comunidad Europea (hoy Unión Europea), que realizó excepcionales avances en pos de la integración económica y política y estableció el Sistema Monetario Europeo.

Todo esto implica que el desarrollo del sistema monetario internacional es fundamentalmente un proceso histórico. Las opciones que tienen los que aspiran a introducir reformas en un momento dado no son independientes de los mecanismos monetarios internacionales existentes en el pasado. Y los propios mecanismos del pasado reciente reflejan la influencia de acontecimientos anteriores. Ni la situación actual ni las futuras perspectivas de este cambiante orden pueden entenderse perfectamente sin entender su historia.

2

El patrón oro

*Cuando estudiamos la historia monetaria anterior a 1914, pensamos
frecuentemente en lo parecidas que son las cuestiones que planteaba la política
monetaria de entonces y las que plantea la de nuestro tiempo.*

Marcello de Cecco, *Money and Empire*

Muchos lectores imaginarán que un sistema monetario internacional
es un conjunto de mecanismos negociados por los responsables y los
expertos en una cumbre. El Acuerdo de Bretton Woods para gestionar los tipos de cambio y las balanzas de pagos, fruto de una reunión de ese tipo celebrada en el Mount Washington Hotel en Bretton
Woods (New Hampshire) en 1944, podría considerarse el arquetipo
de ese proceso. En realidad, los mecanismos monetarios establecidos
por medio de una negociación internacional no son la regla sino la
excepción. Lo más frecuente es que esos mecanismos sean fruto de
decisiones individuales espontáneas de países en las que pesan las decisiones anteriores de sus vecinos y, en términos más generales, la herencia de la historia.

La aparición del patrón oro clásico antes de la Primera Guerra
Mundial se debe a un proceso de ese tipo. El patrón oro es fruto de
la diversidad de patrones de dinero-mercancía que surgieron antes
de que se desarrollaran el papel-moneda y el *sistema bancario de reservas fraccionarias*. Su desarrollo fue uno de los grandes accidentes
monetarios de los tiempos modernos. Se debió en gran medida a la
adopción accidental británica del patrón oro *de facto* en 1717, cuando
Sir Isaac Newton, en su calidad de director de la casa de la moneda,
fijó el precio de la plata en oro en un nivel demasiado bajo, provocando sin querer la desaparición de la circulación de todas las monedas
de plata, salvo de las que estaban muy gastadas y recortadas. Con la
revolución industrial de Gran Bretaña y su aparición en el siglo xix
como la principal potencia financiera y comercial mundial, las prácti-

cas monetarias británicas se convirtieron en una alternativa cada vez más lógica y atractiva al dinero basado en la plata para los países que trataban de comerciar con las islas británicas y de pedirles préstamos. De estas decisiones autónomas de los Gobiernos nacionales surgió un sistema internacional de tipos de cambio fijos.

Tanto la aparición de este sistema como su funcionamiento deben mucho a circunstancias históricas específicas. El sistema presuponía la existencia de un clima intelectual en el que los Gobiernos concedían prioridad a la estabilidad de las monedas y de los tipos de cambio. Presuponía la existencia de un marco político en el que estaban protegidos de las presiones para que encauzaran la política económica hacia otros fines. Presuponía la existencia de unos mercados abiertos y flexibles que ligaban los movimientos de capitales y de mercancías de tal manera que aislaban a las economías de las perturbaciones tanto de la oferta como de la demanda de mercancías y de recursos financieros.

Ya en la Primera Guerra Mundial la modernización económica y política había puesto en peligro muchas de estas condiciones. Y la aparición del sistema bancario de reservas fraccionarias había dejado al descubierto el talón de Aquiles del patrón oro. Los bancos que podían financiar los préstamos con depósitos eran vulnerables a las retiradas masivas de depósitos si los depositantes perdían la confianza en ellos. Esta vulnerabilidad ponía en peligro el sistema financiero y justificaba la intervención del banco central como prestamista de último recurso. El dilema de los bancos centrales y de los Gobiernos se convirtió entonces en elegir entre conceder solamente tantos créditos como fueran compatibles con las normas del patrón oro y facilitar la liquidez adicional que se esperaba de un prestamista de último recurso. El hecho de que este dilema no derrumbara el edificio del patrón oro puede atribuirse a la suerte y a las circunstancias políticas que hicieron posible la solidaridad internacional en tiempos de crisis.

Prehistoria

Las monedas acuñadas con metales preciosos han servido de dinero desde tiempos inmemoriales. Aún hoy, esta característica de las monedas es evidente a veces en sus nombres, que indican la cantidad de metal precioso que contenían. La libra y el penique ingleses provienen de la libra y el denario romanos, que eran ambos unidades de peso. La libra como unidad de peso sigue resultando familiar a los angloparlantes y el penique como medida de peso sobrevive en el sistema de clasificación de los clavos.[1]

La plata fue el dinero predominante durante la Edad Media y la Edad Moderna. Los demás metales eran demasiado pesados (por ejemplo, el cobre) o demasiado ligeros (como el oro) cuando se fundían para hacer monedas de un valor que resultara práctico para realizar transacciones.[2] Estas dificultades no impidieron que se realizaran experimentos: el Gobierno sueco, que era copropietario de la mayor mina de cobre de Europa, estableció un patrón cobre en 1625. Como el precio de este metal representaba una centésima parte del precio de la plata, las monedas de cobre sin desgastar pesaban cien veces más que las de plata de idéntico valor; una moneda de gran denominación pesaba cuarenta y tres libras. Este dinero no se podía robar porque pesaba demasiado para que pudieran transportarlo los ladrones, pero se necesitaban varios carros para realizar las transacciones diarias. El economista sueco Eli Heckscher cuenta cómo se vio obligado el país a organizar todo su sistema de transporte en consecuencia.[3]

Aunque los romanos habían usado monedas de oro, éstas sólo comenzaron a emplearse de una manera general en Europa occidental durante la Edad Media, empezando por Italia, cuna de la revolución comercial del siglo xiii, donde resultaban prácticas a los comerciantes para realizar grandes transacciones. En Florencia circulaban florines de oro y en Venecia cequíes o ducados. En Francia, Luis IX acuñó monedas de oro en 1255. En el siglo xiv, el oro se utilizaba en toda Europa para realizar grandes transacciones.[4] Pero la plata continuaba predominando en las transacciones diarias. En *El mercader de Venecia*, Shakespeare describió la plata como «el pálido y vil agente entre el hombre y el hombre» y el oro como «el alimento de Midas». Esta situación no cambió hasta los siglos xviii y xix.

---

[1] Para una introducción a este tema, en la que se analiza con mayor profundidad de la que es posible aquí, véase Feavearyear, 1931.

[2] Tampoco podían utilizarse otros metales porque no eran suficientemente duraderos o porque eran demasiado difíciles de trabajar con la tecnología de acuñación existente.

[3] Heckscher, 1954, pág. 91.

[4] Spooner, 1972, cap. l.

Esta mezcla de monedas de oro, plata y cobre constituía la base para efectuar los pagos internacionales. Cuando los residentes de un país compraban en otro más de lo que vendían o prestaban más de lo que tomaban en préstamo, saldaban la diferencia con dinero que fuera aceptable para sus acreedores. Este dinero podía adoptar la forma de oro, plata u otros metales preciosos, exactamente igual que hoy día un país salda un déficit de balanza de pagos transfiriendo dólares americanos o marcos alemanes. El dinero en circulación aumentaba en el país que tenía un superávit y disminuía en el que tenía un déficit, contribuyendo a eliminar ese déficit.

¿Tiene sentido, pues, sugerir como hacen a veces los historiadores y los economistas, que el sistema monetario internacional moderno surgió por primera vez en las últimas décadas del siglo XIX? Sería más exacto decir que el patrón oro surgió como base de los asuntos monetarios internacionales después de 1870. Hasta entonces los países no utilizaron el oro como base de su oferta monetaria. Hasta entonces no se establecieron firmemente unos tipos de cambio fijos basados en el patrón oro.

Los dilemas del bimetalismo

En el siglo XIX, la legislación monetaria de muchos países permitía la acuñación y la circulación simultáneas tanto de monedas de oro como de monedas de plata. Estos países tenían lo que se conocía con el nombre de *patrón bimetálico*.[5] Gran Bretaña era el único que no tuvo más que el patrón oro desde principios de siglo. Los estados alemanes, el imperio austro-húngaro, Escandinavia, Rusia y el Lejano Oriente tenían un patrón plata.[6] Los países que tenían un patrón bimetálico servían de nexo entre el bloque del oro y el de la plata.

---

[5] Para los orígenes del término, véase Cernuschi, 1887. El bimetalismo puede entrañar la circulación de dos monedas metálicas cualesquiera, no sólo de oro y de plata. Hasta 1772 Suecia tuvo un patrón bimetálico plata-cobre.

[6] Los países tenían formalmente un patrón plata cuando sólo reconocían la moneda de plata como moneda de curso legal y acuñaban libremente plata, pero no oro. En la práctica, muchos de estos países tenían oficialmente un patrón bimetálico, pero la relación entre los precios del oro y la plata estaba tan alejada de los precios de mercado que sólo circulaba la plata.

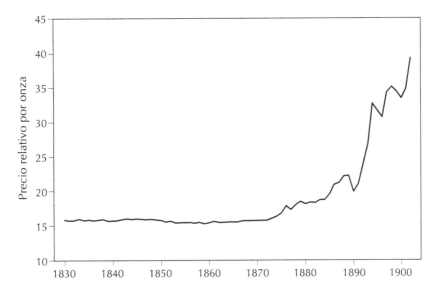

Figura 2.1. Precio relativo del oro con respecto al de la plata, 1830-1902.
Fuente: Warren y Pearson, 1933.

La ley monetaria francesa de 1803 era representativa de su legislación bimetálica: obligaba a la casa de la moneda a suministrar monedas de curso legal a los individuos que entregaran plata u oro de una determinada calidad. La relación de precios entre los dos metales era de 15½ a 1, es decir, en la casa de la moneda podían obtenerse monedas de idéntico valor que contuvieran una determinada cantidad de oro o una cantidad 15½ veces mayor de plata. Las monedas de oro y de plata podían utilizarse indistintamente para cumplir con las obligaciones tributarias y saldar otras deudas contractuales.

No era fácil mantener la circulación simultánea de las monedas de oro y de plata. En Francia, al principio, circularon tanto el oro como la plata debido a que la relación de precios de 15½ a 1 era cercana al precio de mercado, es decir, en el mercado se intercambiaban 15½ onzas de plata por una onza de oro aproximadamente. Sin embargo, supongamos que el precio del oro subía en el mercado mundial más que el de la plata, como ocurrió en el último tercio del siglo XIX (véase la figura 2.1). Imaginemos que su precio subía hasta el punto de que se intercambiaban 16 onzas de plata por una de oro. Esta subida daba incentivos para el arbitraje. El arbitrajista podía importar 15½ onzas de plata y llevarlas a acuñar a la casa de la moneda. Podía intercambiar esa moneda de plata por una que contuviera una onza de oro. Podía exportar ese oro e intercambiarlo por 16 onzas de plata en los mercados exteriores (ya que ése era el precio vigente en esos mercados). De esta manera recuperaba su inversión y obtenía, además, media onza más de plata.

Mientras la relación de precios del oro y la plata de mercado fuera significativamente superior a la relación oficial, había un incentivo para dedicarse al arbitraje. Los arbitrajistas importaban plata y exportaban oro hasta que se habían exportado todas las monedas de oro del país (esta operación puede considerarse el resultado de la *ley de Gresham*, según la cual la mala moneda, la plata, expulsa a la buena, el oro). En cambio, si la relación de precios de mercado era inferior a la oficial (lo cual podía ocurrir, como sucedió en la década de 1850, cuando se descubría oro), los arbitrajistas podían importar oro y exportar plata hasta que desapareciera esta última de la circulación. Sólo circulaba tanto oro como plata si la relación oficial de precios de los dos metales y la de mercado eran suficientemente parecidas.

«Suficientemente parecidas» es una condición menos exigente que «idénticas». Las pequeñas diferencias entre la relación de precios de mercado y la oficial no ponían en peligro la circulación simultánea de monedas de oro y plata. Una de las razones estribaba en que los Gobiernos cobraban una tasa nominal, conocida con el nombre de *braceaje*, por acuñar lingotes. Aunque la cantidad varió con el paso del tiempo, en Francia normalmente giró en torno a un quinto de un 1 % del valor del oro empleado y fue algo más alta en el caso de la plata.[7] La diferencia entre la relación de precios de mercado y la oficial tenía que ser superior a este coste para que el arbitraje fuera rentable. Había otros factores que actuaban en el mismo sentido. El arbitraje llevaba tiempo; la discrepancia de precios que lo motivaba podía desaparecer antes de que se hubiera terminado la transacción. Había costes de transporte y de seguro: incluso después de que aparecieran los barcos de vapor en la década de 1820 y de que se introdujeran los viajes en ferrocarril desde Le Havre hasta París en la de 1840, el transporte de los lingotes entre París y Londres podía incrementar

---

[7] El *braceaje* era mayor en el caso de la plata que en el del oro porque el valor de las monedas de plata sólo representaba una parte del valor de las monedas de oro del mismo peso y, por lo tanto, su acuñación exigía proporcionalmente más tiempo y esfuerzo.

el coste en otro 0,5 %. Estos costes creaban una banda en torno a la relación oficial de precios del oro y la plata dentro de la cual no había incentivos para dedicarse al arbitraje.

El hecho de que las casas de la moneda de algunos países, como Francia, estuvieran dispuestas a acuñar los dos metales a un tipo de cambio fijo contribuyó a mantener la circulación simultánea tanto del oro como de la plata. Si las existencias mundiales de plata aumentaban y su precio relativo bajaba, como en el ejemplo anterior, en Francia se importaba plata para acuñarla y se exportaba oro. La proporción de monedas de plata en circulación aumentaba en Francia. Absorbiendo plata y liberando oro, el funcionamiento del sistema bimetálico francés reducía la oferta del primer metal al resto del mundo y aumentaba la del segundo, lo que mantenía la circulación de los dos.

Los agentes, conscientes de esta característica del bimetalismo, la tenían en cuenta en sus expectativas. Cuando el precio de la plata bajaba tanto que el arbitraje estaba a punto de ser rentable, dándose cuenta de que el sistema bimetálico estaba a punto de absorber plata y liberar oro, compraban plata en previsión. El extremo inferior de la banda situada en torno a la relación oficial de precios constituía, pues, el nivel mínimo en el que podía mantenerse el precio relativo del metal abundante.[8] Sin embargo, esta influencia estabilizadora sólo era eficaz cuando variaban poco las existencias de oro y plata. Si variaban mucho, los países bimetálicos podían quedarse sin el metal cuyo precio estaba subvalorado en la casa de la moneda. Al no quedar más metal, sus sistemas monetarios no permitían garantizar un precio mínimo de ese metal.

Inglaterra es un temprano ejemplo. A finales del siglo XVII, el oro estaba sobrevalorado en la casa de la moneda. Recibió oro brasileño para acuñarlo, lo que provocó la retirada de plata de la circulación. Para mantener la circulación tanto de las monedas de oro como de las monedas de plata, las autoridades inglesas tenían que subir el precio oficial de la plata (o lo que es lo mismo, reducir el contenido de plata de las monedas inglesas) o bajar el del oro. Optaron por bajar el precio del oro en dos fases. El último ajuste, realizado por Newton en 1717, resultó demasiado pequeño para mantener la circulación de

---

[8] Paul Krugman (1991) hace hincapié en la tendencia de las expectativas a estabilizar un tipo de cambio dentro de una banda. Stefan Oppers (2000) y Marc Flandreau (1995) han aplicado algunas versiones del modelo al bimetalismo.

monedas de plata.[9] Ante la constante producción de oro en Brasil, la plata continuó estando subvalorada en la casa de la moneda y las monedas de plata sin desgastar desaparecieron de la circulación. La adopción real por parte de Inglaterra del patrón oro se reconoció en 1774, año en que la plata dejó de ser una moneda de curso legal para las transacciones superiores a 25 libras, y en 1821, año en que dejó de serlo para las pequeñas transacciones.

En Francia, continuó reinando el bimetalismo.[10] Napoleón elevó la relación oficial de precios de 145/8 a 15½ en 1803 para fomentar la circulación tanto de oro como de plata. El oro representaba inicialmente alrededor de una tercera parte de la oferta monetaria francesa. Pero su precio de mercado subió a partir de entonces y, al estar subvalorado en la casa de la moneda, desapareció de la circulación. Los Países Bajos y Estados Unidos subieron sus relaciones de precios del oro y la plata en 1816 y 1834, atrayendo oro y liberando plata, lo cual redujo aún más el precio de mercado de esta última. Los estudiosos discrepan sobre si el oro desapareció o no de la circulación en Francia o si disminuyó o no su peso en la oferta monetaria francesa. El hecho de que la casa de la moneda francesa acuñara sistemáticamente pequeñas cantidades de oro induce a pensar que continuaba circulando. Pero incluso quienes insisten en que el oro era el «dinero de bolsillo de los ricos» reconocen que la circulación francesa se basaba cada vez más en la plata.[11]

Tras los descubrimientos de oro llevados a cabo en California en 1848 y en Australia en 1851, la producción mundial de este metal se multiplicó aproximadamente por diez. Al caer su precio de mercado, se envió a Francia, cuya casa de la moneda estaba dispuesta a comprarlo a un precio fijo. La plata francesa, que estaba subvalorada, fluyó hacia el Lejano Oriente, donde predominaba el patrón plata. Cuando se descubrieron yacimientos de plata en Nevada en 1859 y se desarrollaron nuevas tecnologías para extraerla de mineral de baja calidad, el metal fluyó en sentido contrario, saliendo oro de Francia y entrando plata.

---

[9] Estos acontecimientos no han empañado la fama que tiene Newton de persona brillante. En su informe sobre la moneda había sugerido que se controlara el precio de mercado de los dos metales y, si era necesario, que se bajara aún más el del oro, pero se jubiló antes de poder poner en práctica su recomendación.

[10] Para una introducción a la historia monetaria francesa de este periodo, véase Willis, 1901, cap. 1.

[11] M. C. Coquelin, 1851, citado en Redish, 1992.

Estas enormes oscilaciones aumentaron la insatisfacción que causaba el patrón bimetálico, lo que llevó al Gobierno francés a emprender una serie de investigaciones monetarias entre 1857 y 1868.

En Estados Unidos, origen de muchas de estas perturbaciones que afectaban a los mercados mundiales de oro y de plata, aún era más difícil mantener la circulación de los dos metales. Durante el primer tercio del siglo XIX, la relación oficial de precios del oro y la plata fue de 15 a 1 [legado de la Coinage Act (ley de acuñación) de 1792], mucho más alejada de la relación de precios de mercado que en Francia, y sólo circulaba plata. Cuando se elevó en 1834 a 16 a 1 aproximadamente, el oro desplazó a la plata.[12]

El atractivo del bimetalismo

Dado lo difícil que era gestionar el patrón bimetálico, resulta desconcertante su persistencia en la segunda mitad del siglo XIX, sobre todo porque ninguna de las explicaciones habituales de su persistencia es totalmente satisfactoria.

Según una teoría, propuesta por Angela Redish, el patrón oro no fue técnicamente viable hasta la llegada de la energía de vapor.[13] La moneda de oro más pequeña que resultaba práctica para el uso corriente era demasiado valiosa para las transacciones diarias. Equivalente al salario de varios días, apenas era útil para un obrero. Tenía que complementarse con monedas de plata menos valiosas, como en un patrón bimetálico, o con monedas fiduciarias cuyo valor de curso legal era superior al valor de su contenido metálico, como acabó ocurriendo en el patrón oro. Pero la circulación de monedas fiduciarias daba un incentivo para producir monedas falsas utilizando metal cuyo valor de mercado era menor que el valor de la moneda de curso legal hecha con él. Como las prensas de husillo impulsadas por

---

[12] La literatura sobre Estados Unidos contiene el mismo debate que la literatura sobre Francia en torno a la posibilidad de que los dos metales circularan simultáneamente durante un periodo significativo. Véase Laughlin, 1885. Robert Greenfield y Hugh Rockoff, 1992, han afirmado que el bimetalismo llevó al monometalismo alternante, mientras que Arthur Rolnick y Warren Weber, 1986, llegan a la conclusión de que los dos metales podían circular y circulaban simultáneamente.

[13] Véase Redish, 1990.

hombres moviendo una barra producían una grabación variable, era difícil detectar las falsificaciones. Se piensa que las dificultades para impedir la falsificación de monedas disuadieron de utilizar monedas fiduciarias y pospusieron la adopción del patrón oro hasta la segunda mitad del siglo XIX, en que se instalaron en las casas de la moneda prensas de vapor capaces de producir monedas con una gran precisión.[14] Por ejemplo, Inglaterra sufrió una escasez crónica de monedas de pequeña denominación y una galopante falsificación. En 1816, se instalaron prensas de vapor en la casa de la moneda británica y cinco años más tarde la plata dejó de tener el rango de moneda de curso legal para la realización de pequeñas transacciones.[15]

Aunque esta teoría ayuda a explicar el entusiasmo por el bimetalismo existente antes de la década de 1820, no puede explicar el retraso con que se adoptó posteriormente el oro. Los estrechos vínculos comerciales de Portugal con Gran Bretaña llevaron al país a adoptar, al igual que este último, el patrón oro en 1854, pero otros aguardaron cincuenta años o más. Naturalmente, era necesario tener experiencia para dominar las nuevas técnicas de acuñación; la casa de la moneda francesa experimentó durante años con prensas de vapor antes de instalar una en la década de 1840.[16] Aun así, Francia se aferró al bimetalismo hasta la década de 1870.

Hay una segunda explicación según la cual las causas que impidieron la desmonetización de la plata fueron de índole política. El mantenimiento de su precio provocado por su uso monetario fomentó su producción, lo cual dio como resultado la aparición de un ruidoso grupo de intereses mineros que presionó en contra de la desmonetización. La utilización de oro complementado con monedas de plata fraccionarias también prometía aumentar la oferta total de dinero en relación con la que habría si todo el dinero se basara en el oro, benefi-

---

[14] Otra alternativa era el monometalismo basado en la plata, si bien el peso de las monedas imponía costes a los que realizaban grandes transacciones. Por otra parte, algunos contemporáneos, como David Ricardo, el economista político inglés, creían que los avances químicos y mecánicos eran más aplicables a la extracción de plata que a la de oro, lo que condenaba a la inflación a los países que adoptaban el monometalismo basado en la plata. Ricardo, 1819, págs. 360-61, citado en Friedman, 1990, pág. 101.

[15] Feavearyear, 1931, describe los frustrados intentos de Gran Bretaña de introducir antes las monedas fiduciarias.

[16] Véase Thuillier, 1983.

ciando a los que tenían deudas expresadas en cantidades nominales, es decir, normalmente a los agricultores. Como señaló David Ricardo, el agricultor se beneficiaba más que ninguna otra clase social de la inflación y resultaba perjudicado cuando bajaba el nivel de precios porque tenía créditos hipotecarios y otras cargas que se fijaban en términos nominales.[17]

Pero aunque el declive secular del poder económico y político de la clase agraria de Ricardo explique en parte el debilitamiento del grupo de presión de la plata, no explica el momento en que se abandonó el bimetalismo en Europa continental. Y no existen muchas pruebas de que en el debate monetario predominara el conflicto entre los agricultores y los industriales o de que uno de los dos grupos presentara un frente unificado. Marc Flandreau ha examinado las audiencias e investigaciones monetarias llevadas a cabo en los países europeos durante las décadas de 1860 y 1870 sin encontrar muchas pruebas de que los agricultores presionaran uniformemente para que se mantuviera la plata o de que los industriales se opusieran uniformemente.[18] Politiqueo sobre el patrón monetario lo hubo, pero las divisiones eran más complejas que la distinción urbano-rural o agrario-industrial.[19]

De no ser estos factores, ¿a qué se debieron entonces la persistencia del bimetalismo y el retraso con que se adoptó el oro? El bimetalismo se mantuvo gracias al tipo de externalidades de red descritas en el prefacio de este libro.[20] El mantenimiento del mismo sistema monetario internacional que había en otros países tenía ventajas. Simplificaba el comercio, como lo demuestra la conducta de Suecia, país que tenía un patrón plata y que estableció un sistema paralelo basado en el oro para saldar sus transacciones con Gran Bretaña. La existencia de un patrón monetario común facilitaba la obtención de créditos

---

[17] Ricardo, 1810, págs. 136-37.

[18] Véase Flandreau, 1993.

[19] Jeffry Frieden (1994) identifica toda una variedad de discrepancias sectoriales sobre el patrón monetario y subraya la distinción entre los productores de bienes comerciados y los de bienes no comerciados.

[20] Además, los Gobiernos que modificaran su patrón monetario desmonetizando la plata podrían no ser creídos cuando afirmaran después que respaldaban su moneda de curso legal. Fueron, pues, consideraciones relacionadas con la reputación las que llevaron a mantener el patrón bimetálico, como ocurre con todos los sistemas monetarios.

extranjeros, como lo demuestra la conducta de Argentina, país deudor que efectuaba sus pagos internacionales con oro, a pesar de que las transacciones interiores se realizaban con papel inconvertible. Y la existencia de un patrón común reducía la confusión que causaba la circulación interna de monedas acuñadas en países vecinos.

Por lo tanto, los inconvenientes del sistema vigente tuvieron que ser grandes para que existiera un incentivo para abandonarlo. Como dijo un diplomático holandés, mientras Holanda se encontrara entre Alemania y Gran Bretaña financiera y geográficamente, tendría un incentivo para adecuarse a sus prácticas monetarias.[21] Era necesario que hubiera perturbaciones que destruyeran la solidaridad del bloque bimetálico para que desapareciera ese incentivo. Esas perturbaciones llegaron finalmente con la difusión de la revolución industrial y la rivalidad internacional que culminó en la guerra franco-prusiana. Hasta entonces, las externalidades de red mantuvieron el bimetalismo.

La llegada del patrón oro

Durante el tercer cuarto del siglo XIX, el sistema bimetálico se vio sometido a crecientes presiones. Gran Bretaña, que había adoptado el patrón oro en gran parte por casualidad, se convirtió en la principal potencia industrial y comercial del mundo. Portugal, que mantenía estrechas relaciones comerciales con Gran Bretaña, adoptó el patrón oro en 1854. De repente, existía la posibilidad de que el mundo occidental se dividiera en dos bloques: el del oro y el de la plata o el del oro y el bimetálico.

Al mismo tiempo, el continente europeo tenía crecientes dificultades para gestionar su patrón bimetálico. El crecimiento de las transacciones internacionales, consecuencia de las reducciones arancelarias de la década de 1860 y de la disminución de los costes de transporte, provocó un aumento de la circulación de monedas extranjeras de plata en muchos países. Habiendo entrado ya la energía de vapor en las casas de la moneda, la mayoría de ellas eran monedas fiduciarias. En 1862, tras la unificación política, Italia introdujo una reforma

---

[21] Citado en Gallarotti, 1993, pág. 38.

monetaria en la que se preveía la emisión de monedas de plata de pequeña denominación de 0,835 de ley (cuyo contenido metálico sólo era un 83,5 % de su valor de curso legal; véase *ley* en el glosario). Los individuos utilizaban monedas italianas cuando era posible y atesoraban sus monedas francesas, que eran más valiosas (de 0,9 de ley). Esta práctica corría el riesgo de inundar Francia de dinero italiano y de retirar dinero francés de la circulación, por lo que Francia redujo en 1864 la ley de sus monedas de pequeña denominación de 0,9 a 0,835. Pero Suiza optó entretanto por acuñar monedas de 0,8 de ley, por lo que las monedas suizas amenazaron entonces con retirar de la circulación el dinero francés, el italiano y el belga.[22]

Conscientes de su interdependencia, los países afectados celebraron una conferencia internacional en 1865 (la primera de las que se celebraron en los veinticinco años siguientes).[23] Bélgica fue uno de los países que más impulsó la reunión, pues la moneda de emisión belga casi había desaparecido de la circulación interna. El resultado fue la Unión Monetaria Latina. El acuerdo por el que se estableció la unión comprometió a Bélgica, Francia, Italia y Suiza (a los que más tarde se sumó Grecia) a acuñar todos ellos monedas de plata de 0,835 de ley.[24] Gran Bretaña fue invitado a participar, pero declinó la invitación. En el Congreso de Estados Unidos, órgano que tenía considerable simpatía por las monedas de plata, se aprobó una ley de autorización. Pero Estados Unidos no había hecho más que comenzar a recuperarse de una guerra civil financiada con la emisión de *greenbacks* inconvertibles, por lo que no estaba en condiciones de tomar las medidas correspondientes (véase *inconvertibilidad* en el glosario).

A esta débil situación vino a sumarse una serie de perturbaciones. El estallido de la guerra franco-prusiana obligó a Francia, Rusia, Italia y el Imperio austro-húngaro a suspender la *convertibilidad*.

---

[22] Para una introducción a esta historia, véase De Cecco, 1974.
[23] La descripción autorizada de estas conferencias sigue siendo la de Russell, 1898.
[24] El otro acuerdo monetario formal de importancia fue la Unión Monetaria Escandinava, establecida en 1873 en respuesta a la sustitución en Alemania de la plata por el oro. Como los miembros de la Unión Escandinava –Suecia, Dinamarca y Noruega– dependían de Alemania para comerciar, trataron de seguir a su vecino mayor. Dado que sus monedas circulaban indistintamente (cada país reconocía las monedas de los demás como monedas de curso legal), los tres Gobiernos tenían poderosos incentivos para coordinar la sustitución.

Gran Bretaña se convirtió en una isla de estabilidad monetaria. De repente dejó de estar clara la forma que adoptaría el sistema monetario tras la guerra.

Alemania inclinó la balanza. Como en Austria-Hungría y Rusia circulaba el papel-moneda inconvertible en lugar de la plata, el patrón plata no tenía ninguna ventaja en el comercio de Alemania con el este. En todo caso, era el mercado británico, organizado en torno al oro y no el de Europa oriental, el que más deprisa se había expandido en los dos primeros tercios del siglo xix. Una proporción significativa del comercio de Alemania se financiaba en Londres por medio de créditos denominados en libras esterlinas y, por lo tanto, estables en relación con el oro. El establecimiento del Imperio alemán redujo la importancia de las consideraciones relacionadas con la reputación; el antiguo sistema monetario pudo desecharse por considerarse un artefacto del régimen anterior, lo que permitió al Gobierno abolir la acuñación ilimitada de plata sin perder su reputación.

La indemnización francesa que recibió Alemania como consecuencia de la derrota de Francia en la guerra franco-prusiana constituyó la base de la nueva unidad monetaria basada en el oro, el marco.[25] Por el tratado de paz de Fráncfort, firmado en 1871, Francia se comprometió a pagar una indemnización de 5.000 millones de francos. Alemania utilizó las cantidades recibidas para acumular oro, que utilizó para acuñar monedas y, al mismo tiempo, vendió plata a cambio de oro en los mercados mundiales.[26]

Este primer paso para la creación de un patrón oro internacional dio un mayor impulso al proceso. Alemania era la principal potencia industrial de Europa continental. Berlín había llegado a rivalizar con París como principal centro financiero del continente. Bastó este cambio de patrón para que aumentaran considerablemente los atractivos del oro.

Los historiadores suelen atribuir el paso siguiente para la creación del patrón oro a los descubrimientos de plata que se realizaron en

---

[25] Al principio, aún podían encontrarse monedas de plata con una relación de precios entre el oro y la plata de 15½ a 1. Sin embargo, sólo se podía acuñar oro a la vista y a partir de 1873 el Gobierno imperial limitó la acuñación de plata.

[26] Alemania moderó el ritmo al que convertía sus existencias de plata en oro con el fin de evitar que bajara el precio del metal del que estaba deshaciéndose. Véanse Eichengreen y Flandreau, 1996.

Nevada y en otros lugares durante la década de 1850 y a la liquidación de este metal por parte de Alemania.[27] Se dice que estos hechos inundaron el mercado mundial de la plata, creando dificultades a los países que trataban de tener un patrón bimetálico. Inmediatamente después del descubrimiento de nuevos yacimientos, la decisión de Alemania provocó supuestamente una reacción en cadena: su liquidación de plata redujo aún más el precio de mercado de este metal, obligando a otros países a admitir las importaciones inflacionistas de plata o a abandonar el bimetalismo en favor del oro.

Es posible que hubiera dificultades, pero no debe exagerarse su magnitud. Francia y los demás países bimetálicos podrían haber absorbido considerables cantidades de plata sin desestabilizar sus patrones bimetálicos. La composición de la circulación podría haber cambiado simplemente en los países bimetálicos, aumentando la importancia de la plata en detrimento del oro. Stefan Oppers calcula que como consecuencia de la desmonetización alemana de la plata, la proporción que representaba el oro en las ofertas monetarias de los países de la Unión Monetaria Latina habría disminuido, pasando del 57% en 1873 al 48% en 1879, pero que la relación de precios de 15½ a 1 no se habría visto amenazada.[28]

¿Por qué entonces toda una sucesión de países europeos eligió la década de 1870 para adoptar el patrón oro? La respuesta es, en cierta medida, la revolución industrial. Su símbolo, la máquina de vapor, eliminó el obstáculo técnico. La industrialización convirtió al país que ya tenía un patrón oro, Gran Bretaña, en la principal potencia económica del mundo y en la principal fuente de financiación exterior, lo cual animó a otros países que trataban de comerciar con Gran Bretaña y de importar capital de este país a seguir su ejemplo. Cuando Alemania, segunda potencia industrial de Europa, lo siguió en 1871, sus incentivos se vieron reforzados. Las externalidades de red que habían mantenido el bimetalismo llevaron a los países a adoptar el patrón oro. Se había puesto en marcha una reacción en cadena, provocada no por la liquidación de plata por parte de Alemania sino por el incentivo de todos los países para adoptar el patrón monetario que compartían sus vecinos comerciales y financieros.

---

[27] Véanse, por ejemplo, las referencias citadas por Gallarotti, 1993.
[28] Oppers, 2000, pág. 3, y Flandreau, 1993, llegan a parecidas conclusiones.

La transformación fue rápida, como predeciría el modelo de las externalidades de red. Dinamarca, Holanda, Noruega, Suecia y los países de la Unión Monetaria Latina fueron algunos de los primeros que se sumaron al patrón oro. Compartían su proximidad a Alemania; comerciaban con ella y la decisión de Alemania afectó poderosamente a sus intereses económicos. Su ejemplo fue seguido por otros países. A finales del siglo XIX, España era el único país europeo que aún seguía teniendo papel inconvertible. Aunque ni Austria-Hungría ni Italia instituyeron oficialmente la convertibilidad del oro –salvo en un paréntesis durante la década de 1880 en que la instituyó Italia– desde finales del siglo XIX fijaron su moneda a la de los países del patrón oro. Estados Unidos no hizo referencia alguna a la plata en la Coinage Act (ley de acuñación) de 1873; cuando el *greenback* alcanzó su valor oficial en oro y se restableció la convertibilidad en 1879, Estados Unidos se encontró efectivamente en el patrón oro. El sistema llegó a Asia en los últimos años del siglo XIX, cuando Rusia y Japón adoptaron el patrón oro. La India, país que tenía un patrón plata desde hacía mucho tiempo, vinculó la rupia a la libra y, por lo tanto, al oro en 1898, al igual que hicieron Ceilán y Siam un poco más tarde. Incluso en Latinoamérica, donde los grupos de intereses de las minas de plata eran poderosos, Argentina, México, Perú y Uruguay instituyeron la convertibilidad del oro. La plata siguió siendo el patrón monetario únicamente en China y en algunos países de Centroamérica.

Milton Friedman y otros autores han afirmado que con el bimetalismo internacional el nivel de precios se habría mantenido más estable que con el patrón oro.[29] El nivel de precios británico descendió un 18 % entre 1873 y 1879 y otro 19 % en 1886, al desmonetizarse la plata y haber menos dinero a la caza de más bienes (véase la figura 2.2). Alfred Marshall se quejó en 1898 de que «los metales preciosos no pueden constituir un buen patrón de valor».[30] Si se hubiera mantenido la libre acuñación de plata en Estados Unidos y en Europa, habría habido más dinero a la caza de la misma cantidad de bienes, por lo que podría haberse evitado esta deflación.

Debemos preguntarnos si cabe esperar que los Gobiernos del siglo XIX comprendieran que el patrón oro favorecía la deflación. Es

---

[29] Véanse también Drake, 1985; Flandreau, 1993b; y Oppers, 1994.
[30] Marshall, 1925, pág. 192.

razonable esperar que comprendieran la naturaleza del problema, pero no su magnitud. Los descubrimientos de plata llevados a cabo después de 1850 llevaron a centrar la atención en la relación entre la acuñación de monedas de plata y la inflación. Pero no existía base alguna para predecir la magnitud del descenso del nivel de precios que comenzó en la década de 1870. Sólo se comprendió en la de 1880, tras una década de deflación, y se tradujo en un malestar populista en Estados Unidos y en otros países.[31]

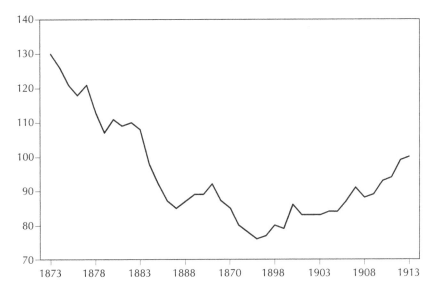

Figura 2.2. Precios al por mayor británicos, 1873-1913.
Fuente: Mitchell, 1978.

¿Por qué no restablecieron los países el bimetalismo internacional a finales de la década de 1870 o a principios de la siguiente cuando quedó patente el sesgo deflacionista del oro? La respuesta se halla en gran parte en que las externalidades de red habrían planteado problemas de coordinación en los países que hubieran deseado dar ese paso. La medida no le interesaba a ninguno de ellos, a menos que

---

[31] El análisis de Robert Barsky y J. Bradford DeLong de las variaciones del nivel de precios registradas en este periodo es coherente con esta idea. Sugiere que la deflación era predecible, al menos en parte, pero que para que lo fuera fue necesaria una acumulación de pruebas desde las décadas de 1870 y 1880. Véase Barsky y DeLong, 1991.

otros la tomaran al mismo tiempo. El retorno de un único país al bimetalismo no habría elevado significativamente la oferta monetaria
y el nivel de precios mundiales. Cuanto más pequeño fuera el país,
mayor era el peligro de que el restablecimiento de la libre acuñación
de plata agotara sus reservas de oro, colocándolo en un patrón plata
y haciendo que su tipo de cambio fluctuara con respecto a los países
que tenían un patrón oro. Cuanto mayores fueran las fluctuaciones
del tipo de cambio, mayor sería la perturbación que sufrirían su comercio y sus finanzas internacionales.

Estados Unidos, donde los grupos de intereses de las minas de
plata eran poderosos y los agricultores que se oponían a la deflación
eran influyentes, celebró una conferencia monetaria internacional en
1878 con la esperanza de coordinar el paso al bimetalismo. Alemania,
que acababa de adoptar el patrón oro, declinó asistir. Es posible que
su Gobierno no deseara que se sometiera al escrutinio internacional
su política de continuas ventas de plata. Gran Bretaña, totalmente
comprometida con el oro, asistió principalmente para bloquear las
propuestas de conceder un papel monetario a la plata. Dada la aversión de estos grandes países a cooperar, los más pequeños no estaban
dispuestos a ser los primeros en dar el paso.

Distintos tipos de patrón oro

A comienzos del siglo xx, había surgido por fin un verdadero sistema
internacional basado en el oro. Sin embargo, ni siquiera entonces
eran iguales todos los sistemas monetarios nacionales. Se diferenciaban principalmente en dos aspectos (véase la figura 2.3).[32] Sólo
cuatro países –Inglaterra, Alemania, Francia y Estados Unidos– mantenían un patrón oro puro, en el sentido de que el dinero que circulaba internamente consistía en monedas de oro; y en la medida
en que también circulaba papel-moneda y monedas fraccionarias,
mantenían oro adicional en las cajas fuertes de sus bancos centrales
o en sus tesoros nacionales en los cuales podían convertirse esos medios de cambio. E incluso en esos cuatro países la adhesión al patrón

---

[32] La referencia básica para los lectores que busquen más detalles sobre las cuestiones aquí analizadas es Bloomfield, 1959.

oro no era total. Francia tenía un patrón oro «renqueante»: la plata seguía siendo de curso legal, aunque ya no podía acuñarse libremente. Los residentes y los extranjeros podían convertir los billetes del Banco de Francia en monedas de oro o de plata a criterio de las autoridades. En Bélgica, Suiza y los Países Bajos, la convertibilidad por parte de los residentes también quedaba a la discreción de las autoridades. Otros instrumentos para fomentar la entrada de oro y reducir las salidas eran los llamados *mecanismos del oro*. Los bancos centrales concedían créditos libres de intereses a los importadores de oro para fomentar las entradas. Los que tenían múltiples sucursales, como el Banco de Francia y el Reichsbank alemán, podían conseguir oro comprándolo en las sucursales situadas cerca de la frontera o de un puerto, reduciendo así el tiempo de tránsito y los costes de transporte. Podían reducir los incentivos para exportar oro redimiendo sus billetes únicamente en la oficina central. Podían elevar el precio de compraventa de las barras de oro o redimir los billetes únicamente por monedas de oro desgastadas y recortadas.

		Circulación interior en forma de:	
		Principalmente monedas de oro	Oro, plata, moneda fiduciaria y papel
Reservas en forma de:	Oro	Inglaterra Alemania Francia Estados Unidos	Bélgica Suiza
	Principalmente divisas	Rusia Australia Suráfrica Egipto	Austria-Hungría Japón Países Bajos Escandinavia Otros dominios británicos
	Sólo divisas		Filipinas India Países latinoamericanos

Figura 2.3. Estructura del patrón oro internacional existente a partir de 1880.

En Estados Unidos, el patrón oro fue limitado hasta 1900, ya que la legislación obligaba al Tesoro a comprar plata. La ley Bland-Allison de 1878 y la ley Sherman de 1890 aprobadas para aplacar a los grupos de intereses de las minas de plata furiosos por «el crimen del 73» (que así es como acabó conociéndose la decisión de no reanudar la libre acuñación de plata) obligaron al Tesoro a comprar plata y a acuñarla en monedas intercambiables por oro a la antigua relación de 16 a 1 (o a emitir certificados de plata que otorgaban a su portador el derecho a recibir una cantidad acorde de oro).[33] La ley de 1878 se había aprobado con el veto de Presidente Hayes, en un momento en el que la admisión de los estados del oeste dominados por hombres partidarios de la libre acuñación de plata inclinó la balanza en el Congreso. La ley de 1890 se aprobó en pago a su aceptación del deseo de los industriales del este de establecer ese mismo año el arancel McKinley, uno de los más proteccionistas de la historia de Estados Unidos.

La obligación de acuñar plata era limitada. En virtud de la ley Sherman, el secretario del Tesoro debía comprar 4,5 millones de onzas de plata al mes y emitir una cantidad correspondiente de billetes del Tesoro de curso legal. Como las compras se realizaban al precio de mercado del oro y la plata y no al oficial, no se trataba de bimetalismo en el sentido estricto. Aun así, suscitaba dudas sobre la credibilidad del compromiso de Estados Unidos con el oro. No fue hasta 1900 cuando se consolidó ese compromiso al aprobarse la Gold Standard Act (ley del patrón oro), que establecía que el dólar contenía 25,8 granos de oro de 0,9 de ley y no preveía la compra o la acuñación de plata.

En otros países, el dinero en circulación consistía principalmente en papel, plata y monedas fiduciarias. Esos países tenían un patrón oro, en el sentido de que sus Gobiernos estaban dispuestos a convertir su dinero en oro a un precio fijo a la vista. El banco central o nacional tenía unas reservas de oro para pagar sus deudas en caso de que éstas se presentaran al cobro. Esos bancos centrales normalmente eran instituciones privadas (son excepciones el Riksbank sueco, el Banco de Finlandia y el Banco Estatal Ruso) que, a cambio del monopolio del derecho a emitir billetes, prestaban servicios al Gobierno (manteniendo una parte de la deuda pública, anticipando dinero en

---

[33] Éstos no son más que dos de los diversos gestos que tuvieron durante una gran parte del siglo xix los grupos partidarios del dinero de valor estable que trataban de mantener a raya a los inflacionistas. Véase Gallarotti, 1995, pág. 156 y *passim*.

metálico al tesoro nacional, vigilando el funcionamiento del sistema financiero).[34] Realizaban negocios con el público, lo que suscitaba la posibilidad de que surgieran conflictos entre sus responsabilidades públicas y sus intereses privados. La Bank Charter Act (ley de Peel), por la que se rigió el Banco de Inglaterra a partir de 1844, reconoció la coexistencia de la función bancaria y la función monetaria creando dos departamentos independientes de emisión y de banca.[35] Otros países siguieron el ejemplo británico en éste y otros aspectos. Pero como veremos, los intentos de segmentar estas responsabilidades no fueron totalmente fructíferos.

La composición de las *reservas internacionales* y las leyes por las que se regía su utilización también variaban de un país a otro. En la India, Filipinas y una gran parte de Latinoamérica, las reservas consistían en derechos financieros sobre países cuya moneda era convertible en oro. En Rusia, Japón, Austria-Hungría, Países Bajos, Escandinavia y los dominios británicos, algunas reservas internacionales, pero no todas, adoptaron esta forma. Esos países podían tener una parte de sus reservas en letras del Tesoro británico o en depósitos bancarios en Londres. Si se presentaban al cobro sus deudas para convertirlas en oro, el banco central o el Gobierno podía convertir una cantidad equivalente de libras esterlinas en oro en el Banco de Inglaterra. Japón, Rusia y la India eran los mayores países que seguían esta práctica; juntos tenían cerca de dos tercios de todas las reservas de divisas.

El peso de los saldos en el extranjero aumentó, pasando quizá del 10 % del total de reservas en 1880 al 20 % en vísperas de la Primera Guerra Mundial.[36] La libra esterlina era la principal moneda de reserva: al final del periodo representaba posiblemente un 40 % de todas las reservas de divisas (véase la tabla 2.1). Los francos franceses y los marcos alemanes representaban conjuntamente otro 40 %. El resto lo constituían los francos belgas, suizos y franceses, la corona

---

[34] El grado en que esos bancos permitían que estas responsabilidades dictaran sus actuaciones variaba de un país a otro y con el paso del tiempo. El Banco de Italia es un ejemplo de una institución que reconoció relativamente tarde sus funciones de banco central. Y su monopolio de la emisión de billetes no era necesariamente total: en Inglaterra, Finlandia, Alemania, Italia, Japón y Suecia otros bancos conservaron el derecho a emitir moneda, aunque en pocas cantidades, que disminuyeron con el paso del tiempo.

[35] Para detalles sobre la ley de Peel, véase Clapham, 1945.

[36] El estudio definitivo de estas cuestiones es el de Lindert, 1969.

holandesa y los dólares americanos; estos últimos eran importantes principalmente en Canadá y Filipinas.

Las reservas de divisas eran atractivas porque rendían intereses. Se tenían porque los Gobiernos que pedían préstamos en Londres, París o Berlín eran obligados por los prestamistas a tener depositada una parte de los ingresos obtenidos en el centro financiero correspondiente. Incluso cuando los países prestatarios no tenían que cumplir ese requisito, podían optar por mantener esos depósitos como señal de su solvencia.

Las disposiciones de las legislaciones nacionales relativas a la cantidad de reservas que debía tener el banco central variaban de unos países a otros. Gran Bretaña, Noruega, Finlandia, Rusia y Japón tenían *sistemas fiduciarios:* el banco central estaba autorizado a emitir una cantidad limitada de moneda (la «emisión fiduciaria») no respaldada por reservas de oro. Normalmente, esta proporción de la circulación estaba garantizada por bonos del Estado. Cualquier otro aumento de la oferta monetaria tenía que estar respaldado totalmente por oro. En cambio, muchos países del continente europeo (Bélgica, los Países Bajos, Suiza y, durante un tiempo, Dinamarca) tenían *sistemas proporcionales:* con algunas salvedades, sus reservas de oro y de divisas no podían ser inferiores a una determinada proporción del dinero en circulación (normalmente, 35 o 40%). Algunos sistemas (los de Alemania, Austria-Hungría, Suecia y, durante un tiempo, Italia) eran híbridos.

Algunas leyes monetarias contenían disposiciones que permitían que las reservas fueran inferiores al mínimo legal siempre que contaran con la autorización del ministro de hacienda (como en Bélgica) o si el banco central pagaba un impuesto (como en Austria-Hungría, Alemania, Italia, Japón y Noruega). También era elástica la relación entre la oferta monetaria y las reservas de oro y divisas por otras razones. Las disposiciones legales por las que se regía el funcionamiento del sistema fiduciario y del proporcional sólo especificaban los niveles mínimos de reservas. Nada impedía a los bancos centrales tener más.[37] Por ejemplo, el Departamento de Banca del Banco de Inglaterra podía tener como reservas en metálico una parte de los 14 millones de libras en moneda fiduciaria emitida por el Depar-

---

[37] Es decir, salvo el deseo de reducir lo más posible las tenencias de activos que no rendían intereses.

Tabla 2.1. Crecimiento y composición de los activos de divisas,
1900-1913 (en millones de dólares).*

	Finales de 1899	Finales de 1913	Variación	Índice 1913 (1899 =100)
Instituciones oficiales	246,6	1.124,7	878,1	456
Libras esterlinas conocidas	105,1	425,4	320,3	405
Francos conocidos	27,2	275,1	247,9	1.010
Marcos conocidos	24,2	136,9	112,7	566
Otras monedas	9,4	55,3	45,9	590
No asignados	80,7	232,0	151,2	287
Instituciones privadas	157,6	479,8	340,2	316
Libras esterlinas conocidas	15,9	16,0	0,1	100
Francos conocidos	–	–	–	–
Marcos conocidos	–	–	–	–
Otras monedas	62,0	156,7	94,7	253
No asignados	79,7	325,1	245,4	408
Total de instituciones	404,2	1.622,5	1.218,3	401
Libras esterlinas conocidas	121,0	441,4	320,4	408
Francos conocidos	27,2	275,1	247,4	1.010
Marcos conocidos	24,2	136,9	112,7	566
Otras monedas	71,4	212,0	140,6	297
No asignados	160,4	557,1	396,7	347

Suma de las tenencias de libras esterlinas, francos, marcos y tenencias
no asignadas

Total de instituciones	332,8	1.410,5	1.077,7	424
Instituciones oficiales	237,2	1.069,4	832,2	451
Instituciones privadas	95,6	341,1	245,5	357

Fuente: Lindert, 1969, pág. 22.
* La suma de las distintas categorías puede no ser igual al total debido al redondeo.
– = no aplicable.

tamento de Emisión. Eso le permitía descontar o comprar bonos y
poner dinero en circulación sin adquirir oro ni infringir las normas
del patrón oro. En los países que tenían sistemas proporcionales, los
bancos centrales podían tener unas reservas superiores al 35 o 40 %
del pasivo que exigía la legislación y aumentar la oferta monetaria
comprando bonos a cambio de dinero en efectivo incluso cuando no
aumentaban sus reservas de oro. Eso daba flexibilidad al funciona-

miento del patrón oro. Si se entregaba moneda en el banco central para convertirla en oro que después se exportaba, la oferta monetaria ya no tenía que disminuir en la cuantía en que disminuía el oro, como ocurriría en un patrón oro clásico.[38]

Eso no quiere decir que el proceso no tuviera límites. Como veremos, éstos constituían la esencia del patrón oro.

Cómo funcionaba el patrón oro

La formalización más influyente del mecanismo del patrón oro es el *modelo de los flujos de oro y los precios* de David Hume,[39] cuya característica más notable posiblemente sea su durabilidad: desarrollado en el siglo XVIII, sigue siendo el enfoque dominante para estudiar el patrón oro en la actualidad.

Al igual que ocurre con cualquier poderoso modelo, sus supuestos simplificadores son fundamentales. Hume partió de un mundo en el que sólo circulaban monedas de oro y en el que el papel de los bancos centrales era insignificante. Cada vez que se exportaban mercancías, el exportador recibía en pago oro, que llevaba a la casa de la moneda para que lo acuñaran. Cada vez que un importador compraba mercancías en el extranjero, pagaba exportando oro.

En los países que tuvieran un déficit comercial, el segundo conjunto de transacciones era superior al primero. Experimentaban una salida de oro, lo que ponía en movimiento una cadena autocorrectora de hechos. Al circular menos dinero (monedas de oro) dentro del país deficitario, sus precios bajaban. Al circular más dinero (monedas de oro) en el extranjero, los precios subían en el país que tenía un superávit. Por lo tanto, el flujo de oro alteraba los precios relativos (de ahí el nombre de «modelo de los flujos de oro y los precios»).

---

[38] Para ser exactos, los responsables del banco central sólo podían alterar la demanda de dinero si el país era suficientemente grande para influir en los tipos de interés mundiales o si los activos interiores y extranjeros portadores de intereses eran sustitutivos imperfectos entre sí. De lo contrario, cualquier intento del banco central de impedir que disminuyera la oferta monetaria aumentando su componente crediticio interior provocaría simplemente la correspondiente pérdida de reservas que no alteraría la cantidad de dinero. Véase Dick y Floyd, 1992.

[39] Véase Hume, 1752.

Al encarecerse los bienes importados, los residentes nacionales compraban menos importaciones. Los extranjeros, para los que se habían abaratado los bienes importados, optaban por comprar más. Las exportaciones del país deficitario aumentaban y sus importaciones disminuían, hasta que desaparecía el desequilibrio comercial.

El poder de esta formulación –uno de los primeros modelos de equilibrio general en economía– radicaba en su elegancia y su sencillez. Era una parca descripción del mecanismo de ajuste de la balanza de pagos de mediados del siglo xviii. Pero a medida que pasó el tiempo y que las instituciones y los mercados financieros continuaron desarrollándose, el modelo de Hume comenzó a ser una caracterización cada vez más parcial del funcionamiento del patrón oro.

La precisión obligó a ampliarlo para introducir dos características del mundo de finales del siglo xix. Una eran los movimientos internacionales de capitales. Los movimientos netos de capitales causados por los préstamos exteriores eran mayores, a menudo considerablemente mayores, que la balanza comercial. Hume no había dicho nada sobre los determinantes de estos movimientos, sobre factores como el nivel de los tipos de interés y las actividades de los bancos comerciales y centrales. La otra característica era la ausencia de movimientos internacionales de oro de la magnitud que predecía el modelo. Dejando a un lado la entrada de oro recién extraído de Suráfrica y de otros lugares en el mercado del oro de Londres, estos movimientos sólo representaban una mínima parte *de* los déficits y los superávits comerciales de los países.

La ampliación del modelo de Hume para admitir el papel de los movimientos de capitales, de los tipos de interés y de los bancos centrales era viable. Pero no fue hasta el final de la Primera Guerra Mundial cuando se amplió como es debido esta versión del modelo en el informe del Comité Cunliffe (comité del Gobierno británico creado para estudiar los problemas monetarios existentes después de la guerra).[40] La versión de Cunliffe era la siguiente. Imaginemos un mundo en el que circulara papel en lugar de monedas de oro o, como en Gran Bretaña, papel y oro. El banco central estaría dispuesto a convertir las mo-

---

[40] Véase Committee on Currency and Foreign Exchanges after the War, 1919. No obstante, también pueden encontrarse algunas insinuaciones de un modelo de los flujos de oro y los precios que tiene en cuenta los movimientos de capitales, entre otros, en Cairnes, 1874.

nedas y billetes en oro. Cuando un país, por ejemplo, Gran Bretaña, incurriera en un déficit comercial con otro, por ejemplo, Francia, importando más bienes de los exportados, pagaría el exceso con billetes de libras, que acabarían en las manos de los comerciantes franceses. Al no poder utilizar las monedas y billetes británicos, estos comerciantes (o sus banqueros radicados en Londres) los presentarían en el Banco de Inglaterra para convertirlos en oro. A continuación, presentarían el oro en el Banco de Francia para convertirlo en francos. La oferta monetaria disminuiría en el país deficitario, Gran Bretaña, y aumentaría en el país que tenía un superávit, Francia. En otras palabras, no había nada esencial que diferenciara este modelo de la versión del modelo de los flujos de oro y los precios de Hume. Al variar en sentido contrario las ofertas monetarias de los dos países, los precios relativos se ajustarían como antes, eliminando el desequilibrio comercial. La única diferencia se hallaba en que la oferta monetaria que iniciaba el proceso adoptaba la forma de papel-moneda. El oro, en lugar de dejar de circular en el país deficitario y comenzar a circular en el país que tenía un superávit, pasaba de un banco central a otro.

Pero la versión del Comité Cunliffe continuaba prediciendo, en desacuerdo con la realidad, que se realizarían considerables transacciones de oro. Para eliminar esta discrepancia, era necesario introducir otras operaciones de los bancos centrales. Cuando un país incurría en un déficit de pagos y comenzaba a perder oro, su banco central podía intervenir para acelerar el ajuste de la oferta monetaria. Reduciendo la oferta monetaria, la intervención del banco central presionaba a la baja sobre los precios y aumentaba la competitividad de los bienes interiores, eliminando el déficit exterior tan eficazmente como una salida de oro. La ampliación del modelo para incluir un banco central que interviniera para reforzar la influencia de los flujos incipientes de oro en la oferta monetaria interior podía explicar, pues, cómo se producía el ajuste externo en ausencia de considerables movimientos de oro.

Normalmente, el instrumento empleado era el tipo de descuento.[41] Los bancos y otros intermediarios financieros (conocidos con el nom-

<hr/>

[41] Otro instrumento utilizado con este fin eran las operaciones de mercado abierto, en las que el banco central vendía bonos de su cartera. El efectivo que recibía se retiraba de la circulación, reduciendo la oferta monetaria de la misma forma que una salida de oro pero sin exigir el envío de oro. Pero las operaciones de mercado

bre de *casas de descuento*) prestaban dinero a los comerciantes durante sesenta o noventa días. El banco central podía adelantar al banco ese dinero inmediatamente, a cambio de la letra firmada por el comerciante y del pago de intereses. El anticipo de dinero se conocía con el nombre de descuento de la letra; el tipo de interés cobrado era el tipo de descuento. Los bancos centrales a menudo estaban dispuestos a descontar tantas letras como se presentaran al tipo vigente (las letras se podían descontar dependiendo del número y de la calidad de las firmas que llevaran, de las condiciones en las que se hubieran girado y de su vencimiento). Si el banco subía el tipo y encarecía el descuento, disminuía el número de intermediarios financieros dispuestos a presentar letras al descuento y obtener dinero en efectivo del banco central. Manipulando su tipo de descuento, el banco central podía influir, pues, en el volumen de crédito interior.[42] Podía aumentar o reducir la disponibilidad de crédito para restablecer el equilibrio de la balanza de pagos sin que fuera necesario que hubiera movimientos de oro.[43] Cuando un banco central subía su tipo de descuento por-

abierto eran relativamente raras en el patrón oro clásico. Exigían la existencia de un mercado de bonos suficientemente profundo para que el banco central interviniera con carácter anónimo. Durante la mayor parte del siglo XIX, sólo Londres reunió las condiciones necesarias para intervenir. A partir de la década de 1840, el Banco de Inglaterra vendió de vez en cuando bonos de Estado *(consols)* para reducir la liquidez en el mercado (lo hizo junto con acuerdos de recompra, cuyo fin era volver a comprar los *consols* un mes más tarde). El Reichsbank alemán también realizó estas operaciones desde finales de siglo, al crecer el mercado de Berlín. En cambio, eran pocos los demás bancos centrales que realizaban operaciones de mercado abierto antes de 1913. Además, los bancos centrales podían intervenir en el mercado de divisas o dar instrucciones a un corresponsal bancario para que interviniera en Londres o en Nueva York, comprando moneda nacional con libras esterlinas o dólares cuando se debilitaba el tipo de cambio. Esta práctica, al igual que una operación de mercado abierto restrictiva, reducía la oferta monetaria sin exigir un movimiento efectivo de oro. El Banco Austro-húngaro utilizó esta técnica frecuentemente. También la emplearon los bancos centrales de Bélgica, Alemania, Países Bajos, Suecia y Suiza. Los países que tenían abundantes reservas de divisas pero unos mercados financieros subdesarrollados, como la India, Filipinas, Ceilán y Siam, utilizaban este mecanismo en lugar de otros. Véase Bloomfield, 1959.
    [42] También podía alterar las condiciones del descuento (ampliando o reduciendo las condiciones que debían reunir las diferentes clases de letras para ser descontables) o anunciar el racionamiento de los descuentos (como hizo el Banco de Inglaterra en 1795-96).
    [43] Así pues, aunque la oferta monetaria fuera exógena (véase Dick y Floyd, 1992), la intervención del banco central podía afectar al volumen de movimientos de oro necesarios para restablecer el equilibrio de la balanza de pagos alterando la proporción de la cantidad de dinero respaldada por reservas internacionales.

que preveía que iba a perder oro, reduciendo sus tenencias de activos interiores portadores de intereses, se retiraba dinero en efectivo del mercado. La oferta monetaria disminuía y el equilibrio exterior se restablecía sin necesidad de que hubiera realmente salidas de oro.[44]

Esta conducta de los bancos centrales llegó a conocerse con el nombre de «seguir las reglas del juego». No existía, por supuesto, ningún reglamento que recomendara ese comportamiento. «Las reglas del juego» es una expresión acuñada en 1925 por el economista inglés John Maynard Keynes, cuando el patrón oro existente antes de la guerra no era más que un recuerdo.[45] El hecho de que el término se introdujera en una fecha tan tardía debería hacernos recelar de que los bancos centrales se rigieran, ni siquiera implícitamente, por una rígida norma de conducta.

De hecho, no se regían por una norma de ese tipo, si bien este descubrimiento sólo se hizo indirectamente. En un influyente tratado publicado en 1944 cuyo propósito era explicar por qué el sistema monetario internacional había funcionado tan insatisfactoriamente en las décadas de 1920 y 1930, Ragnar Nurkse calculó por países y por años el número de veces que entre 1922 y 1938 los activos interiores y exteriores de los bancos centrales variaron al unísono, como si las autoridades hubieran cumplido «las reglas del juego», y el número de veces que no ocurrió así.[46] Observando que los activos interiores y exteriores variaron en sentido contrario la mayoría de los años, Nurkse

---

[44] Este mecanismo, además de dar cabida a los bancos centrales en el funcionamiento del patrón oro, asigna un papel a los movimientos de capitales en el ajuste. Cuando un banco central que estaba perdiendo oro subía su tipo de descuento, hacía que ese mercado fuera más atractivo para los inversores que buscaban inversiones a corto plazo rentables, suponiendo que los activos interiores y los extranjeros eran sustitutivos perfectos, lo que permitía que hubiera alguna diferencia entre los tipos de interés interiores y los extranjeros. El hecho de que los tipos de interés fueran más altos aumentaba el atractivo del mercado interior para los inversores que buscaban inversiones a corto plazo rentables y atraía capital del extranjero. Por lo tanto, las subidas del tipo de descuento frenaban las pérdidas de oro no sólo reduciendo la demanda de importaciones sino también atrayendo capital.

[45] La primera vez que empleó esta expresión posiblemente fuera en *The Economic Consequences of Mr. Churchill* (1925, reimpreso en Keynes, 1932, pág. 259).

[46] Imaginemos que comienza a salir oro y que el banco central responde vendiendo bonos de su cartera a cambio de dinero en efectivo, reduciendo la cantidad de billetes y monedas en circulación y frenando así la salida de oro. Sus activos exteriores e interiores habrán disminuido ambos; por lo tanto, esta correlación positiva es lo que cabría esperar si las autoridades monetarias hubieran seguido las reglas.

atribuyó la inestabilidad del patrón oro de entreguerras al incumplimiento general de las reglas y, por implicación, la estabilidad del patrón oro clásico a su cumplimiento. Pero cuando Arthur Bloomfield repitió en 1959 el ejercicio de Nurkse utilizando datos anteriores a la guerra, observó para su sorpresa que las reglas también se habían incumplido con la misma frecuencia antes de 1913.

Es evidente, pues, que en las decisiones de los bancos centrales de fijar el tipo de cambio en uno u otro nivel influyeron otros factores distintos de la balanza de pagos. La rentabilidad fue uno de ellos, dado que muchos bancos centrales eran de propiedad privada. Si el banco central fijaba un tipo de descuento superior a los tipos de interés de mercado, podía encontrarse sin actividad. Éste fue el problema del Banco de Inglaterra a partir de la década de 1870. El crecimiento que experimentó la banca privada desde mediados de siglo había reducido la cuota de mercado del Banco. Antes era «tan fuerte que podía absorber a todos los demás bancos londinenses, su capital y sus reservas y, aun así, no agotarse su propio capital».[47] Cuando los descuentos del Banco disminuyeron y sólo representaban una pequeña proporción de los descuentos de sus competidores, una subida de su tipo de descuento *(tipo del Banco)* tenía menos repercusión en los tipos de mercado. La subida del tipo del Banco aumentaba la diferencia entre éste y los tipos de mercado, privando al Banco de actividad. Si la diferencia se agrandaba excesivamente, el tipo del Banco podía dejar de ser «eficaz», es decir, podía perder influencia en los tipos de mercado. Sólo el tiempo enseñó al Banco de Inglaterra a aprender a restablecer la eficacia de su tipo vendiendo letras (junto con acuerdos de recompra) para bajar su precio, presionando al alza sobre los tipos de mercado para aproximarlos a su tipo.[48]

Otra consideración era que la subida de los tipos de interés para frenar las salidas de oro podía deprimir la economía. Las subidas de los tipos de interés elevaban el coste de financiación de la inversión y reducían los incentivos para acumular existencias, aunque los bancos centrales estaban aislados en gran medida de las disputas políticas.

---

[47] En palabras de Walter Bagehot, director durante mucho tiempo de la revista *Economist*. Bagehot, 1874, pág. 152.

[48] El banco central también podía conseguir lo mismo pidiendo préstamos a los bancos comerciales, a las casas de descuento y a otros grandes prestamistas.

Por último, los bancos centrales dudaban en subir los tipos de interés porque si los subían, incrementaban el coste que tenía para el Estado el pago de los intereses de su deuda. Ni siquiera los bancos centrales que eran instituciones privadas eran inmunes a las presiones para proteger al Estado de esta carga. El Banco de Francia, aunque era de propiedad privada, estaba presidido por un funcionario público nombrado por el ministro de Hacienda. Tres de los doce miembros del Consejo de Regentes del Banco eran nombrados por el Gobierno. La mayoría de los empleados del Reichsbank alemán eran funcionarios públicos. Aunque la junta directiva del Reichsbank decidía la mayor parte de las cuestiones relacionadas con la política monetaria por mayoría, en caso de conflicto con el Gobierno había que seguir las instrucciones del canciller alemán.[49]

Cualquier simple concepto de «reglas del juego» sería, pues, engañoso, y cada vez más conforme pasaba el tiempo. Los bancos centrales gozaban de una cierta discreción sobre las medidas que adoptaban. Estaban protegidos de las presiones políticas, pero el aislamiento nunca era total. Aun así, su capacidad para defender la convertibilidad del oro de las perturbaciones interiores y exteriores se basaba en límites impuestos a las presiones políticas que podían ejercerse sobre ellos para que siguieran otros objetivos incompatibles con la defensa de la convertibilidad del oro. Entre los que se encontraban en condiciones de influir en la política monetaria, existía un amplio consenso en que el mantenimiento de la convertibilidad debía ser prioritario. Como veremos a continuación, cuanto mayor era ese consenso y la credibilidad que daba a la política monetaria, más margen tenían los bancos centrales para desviarse de las «reglas» sin poner en peligro la estabilidad del patrón oro.

El patrón oro como una institución históricamente específica

Si no era siendo rigurosamente fiel a las reglas del juego, ¿cómo se lograba entonces el ajuste de la balanza de pagos en ausencia de grandes movimientos de oro? Esta pregunta es la clave para com-

---

[49] Sobre la influencia de los factores políticos en la elaboración de la política monetaria en Francia y Alemania, véanse Plessis, 1985, y Holtfrerich, 1988.

prender el funcionamiento del patrón oro. Para darle respuesta es preciso comprender que este sistema monetario internacional era algo más que el conjunto de ecuaciones que aparecen en el apartado de los libros de texto titulado «patrón oro». Era una institución construida socialmente cuya viabilidad dependía del contexto en el que funcionaba.

La piedra angular del patrón oro existente antes de la Primera Guerra Mundial era la prioridad que concedían los Gobiernos al mantenimiento de la convertibilidad. En los países situados en el centro del sistema –Gran Bretaña, Francia y Alemania– no cabía duda de que los responsables harían en última instancia lo que fuera necesario para defender las reservas de oro del banco central y mantener la convertibilidad de la moneda. «En todos los bancos centrales», concluía el economista inglés P. B. Whale en su estudio del sistema monetario del siglo XIX, «la tarea principal era mantener sus reservas de oro en una cifra que salvaguardara la vinculación de su moneda al patrón oro».[50] Las demás consideraciones podían influir a lo sumo en el calendario de las acciones emprendidas por las autoridades. En la medida en que no existía una teoría explícita de la relación entre la política del banco central y la economía, los observadores podían discrepar sobre la posibilidad de que el nivel de los tipos de interés estuviera agravando el paro.[51] Las presiones a las que han estado sometidos los Gobiernos en el siglo XX para subordinar la estabilidad monetaria a otros objetivos no eran una característica del mundo del siglo XIX. La credibilidad del compromiso del Gobierno de mantener la convertibilidad se veía reforzada por el hecho de que los trabajadores que más perjudicados resultaban en las épocas difíciles no se encontraban en una buena posición para hacer oír sus objeciones. En la mayoría de los países, el derecho de voto aún era exclusivo de los hombres que tenían propiedades (las mujeres no podían votar en casi ningún país). Los partidos laboristas que representaban a los obreros todavía estaban en periodo de formación. Los trabajadores

---

[50] Whale, 1939, pág. 41.
[51] La ausencia de una teoría de la relación entre la política del banco central y las fluctuaciones agregadas llama la atención, por ejemplo, en los escritos de Bagehot, destacado periodista financiero inglés de la época. Frank Fetter (1965, pág. 7 y *passim*) menciona lo poco desarrollada que se encontraba la teoría bancaria a finales del siglo XIX.

susceptibles de quedarse en paro cuando el banco central subía el
tipo de descuento tenían pocas oportunidades de hacer oír sus objeciones, y mucho menos de echar al Gobierno y a las autoridades del
banco central responsables de la política económica. El hecho de que
los salarios y los precios fueran relativamente flexibles significaba que
una perturbación de la balanza de pagos que exigiera una reducción
del gasto interior podía acomodarse con un descenso de los precios
y de los costes y no con un aumento del paro, lo que reducía aún más
las presiones a las que se veían sometidas las autoridades para responder a la situación del empleo. Por todas estas razones, raras veces se
ponía en cuestión la prioridad que otorgaban los bancos centrales al
mantenimiento de la convertibilidad de las monedas.

Los inversores eran conscientes de estas prioridades. Machlup
señala que antes de 1914 éstos raras veces discutieron la posibilidad
de que se devaluara.[52] La inversión exterior raras veces se protegía
contra el riesgo cambiario, ya que se consideraba que este riesgo
era mínimo.[53] Cuando las monedas fluctuaban, los inversores reac-
cionaban de una forma estabilizadora. Supongamos que bajaba el
tipo de cambio acercándose al punto de exportación del oro (en el
que la moneda nacional era suficientemente barata para que fuera
rentable convertirla en oro, exportar ese oro y utilizarlo para conseguir divisas). El banco central comenzaba a perder reservas. Pero
entraban fondos del extranjero en previsión de los beneficios que
obtendrían los inversores en activos interiores una vez que el banco
central tomara medidas para fortalecer el tipo de cambio. Como
no había duda alguna sobre el compromiso de las autoridades de
mantener la paridad, entraba capital rápidamente y en grandes cantidades. El tipo de cambio se reforzaba *motu proprio,* reduciendo al
mínimo la necesidad de que interviniera el banco central.[54] Tal vez
sea excesivo afirmar, como hizo el economista sueco Bertil Ohlin,
que hasta 1913 casi no hubo movimientos de capitales de «tipo perturbador», pero es indudablemente cierto que los movimientos des-

---

[52] Machlup, 1964, pág. 294. Queremos distinguir entre los países situados en el
centro del sistema internacional, a los que se refiere principalmente Machlup, y los
países situados en la periferia del patrón oro, tanto de Europa meridional como de
Suramérica.
[53] Bloomfield, 1963, pág. 42.
[54] Olivier Jeanne (1995) ofrece pruebas econométricas que documentan estas
relaciones.

estabilizadores «eran entonces relativamente mucho menos importantes de lo que lo serían después».[55]

Por lo tanto, los bancos centrales podían retrasar la intervención que decretaban las reglas del juego sin sufrir una alarmante pérdida de reservas. Podían intervenir incluso en sentido contrario durante un tiempo, contrarrestando la repercusión de las pérdidas de reservas en la oferta monetaria en lugar de reforzándola. De esa forma neutralizaban la influencia de los movimientos de reservas en los mercados interiores y reducían al mínimo su repercusión en la producción y en el empleo.[56]

Los bancos centrales podían desviarse de las reglas del juego porque su compromiso con el mantenimiento de la convertibilidad del oro era creíble. Aunque era posible encontrar repetidos incumplimientos de las reglas en periodos tan breves como un año, en intervalos más largos los activos interiores y exteriores de los bancos centrales evolucionaban al unísono. Los bancos centrales podían infringir las reglas del juego a corto plazo porque no cabía duda alguna de que las obedecían a largo plazo.[57] Sabiendo que las autoridades acabarían tomando las medidas que fueran necesarias para defender la convertibilidad, los inversores desplazaban capital a los países de moneda débil, financiando sus déficits incluso cuando sus bancos centrales incumplían temporalmente las reglas del juego.[58]

[55] La primera cita de esta frase pertenece a Ohlin, 1936, pág. 34; la segunda a Bloomfield, 1959, pág. 83.

[56] Esta práctica se conocía, por razones obvias, con el nombre de *esterilización* (*neutralisation* en francés). Naturalmente, era imposible en el caso extremo en el que la movilidad internacional perfecta del capital y la sustituibilidad de los activos ligaran estrechamente los tipos de interés interiores y los extranjeros.

[57] Así es como caracteriza John Pippinger (1984) la política de descuento del Banco de Inglaterra en este periodo, de la cual aporta evidencia econométrica.

[58] Una vez más, la analogía con la literatura reciente sobre el establecimiento de bandas de fluctuación de los tipos de cambio es directa (véase Krugman, 1991). Cuando salían reservas y el tipo de cambio se debilitaba, entraba capital porque los inversores esperaban que las autoridades adoptaran medidas que provocaran una apreciación de la moneda, generando ganancias de capital posteriormente. En otras palabras, los incumplimientos de las reglas del juego a corto plazo generaban, pese a todo, movimientos estabilizadores de capitales debido a la confianza del mercado en que las autoridades seguirían las reglas a largo plazo.

La solidaridad internacional

Las subidas del tipo de descuento de un país, que atraían capital financiero y reservas de oro, debilitaban las balanzas de pagos de los países de los que procedían el capital y el oro. Por lo tanto, la subida del tipo de descuento de un banco central podía desencadenar una ronda de subidas. En palabras del economista inglés Ralph Hawtrey, «mientras el Banco de Inglaterra y el Banco de Francia estuvieran escasos de oro, cualquier medida que adoptara uno de ellos provocaría con toda seguridad la adopción de una medida contraria por parte del otro».[59] Asimismo, una reducción del tipo de descuento de un banco central podía permitir que se redujera en el resto. Bloomfield documentó la tendencia de los tipos de cambio a subir y a bajar al unísono durante los veinte años anteriores a la Primera Guerra Mundial.[60]

Idealmente, alguien asumiría la responsabilidad del nivel común de los tipos de descuento, que debería ser alto cuando las economías amenazaran con recalentarse, pero bajo cuando se avecinara una recesión mundial. Por ejemplo, cuando las condiciones crediticias eran excesivamente restrictivas y era necesario suavizarlas, el ajuste tenía que ser realizado simultáneamente por varios bancos centrales. La necesidad de realizar el ajuste la indicaban las subidas de los coeficientes de reservas, ya que al disminuir la actividad económica, se retiraban de la circulación monedas de oro que entraban en los cofres del banco central y las reservas aumentaban en relación con los depósitos y otros pasivos. La necesidad de realizar un ajuste también podía indicarla el nivel de los tipos de interés (altos cuando la economía se encontraba en expansión, bajos cuando atravesaba una recesión). Por lo tanto, los bancos centrales «seguían al mercado», ajustando el tipo del Banco para seguir a los tipos de interés de mercado.

Una de las limitaciones de este enfoque era su imposibilidad de prever los ciclos predecibles de la actividad y de moderarlos. Para que eso fuera posible, los tipos de los bancos centrales tenían que guiar a los tipos de mercado en lugar de seguirlos. Es lo que comenzó a hacer el Banco de Inglaterra en la década de 1870, coincidiendo con

---

[59] Hawtrey, 1938, pág. 44.
[60] Bloomfield, 1959, pág. 36 y *passim*. Véase también Triffin, 1964.

la llegada del patrón oro internacional.[61] Esas prácticas pusieron de relieve la necesidad de coordinarse: si un banco bajaba su tipo de descuento, pero los demás no lo seguían, el primero perdía reservas y la convertibilidad de su moneda podía verse en peligro. Surgió, pues, la convención de seguir al líder. El Banco de Inglaterra, que era el banco central más influyente en su época, indicaba la necesidad de actuar y su tipo de descuento servía de foco de atención para la armonización de las medidas. El Banco de Inglaterra «llevaba la batuta»; en un famoso pasaje, Keynes lo llamó «el director de la orquesta internacional».[62] Siguiendo su ejemplo, los bancos centrales de los diferentes países coordinaban los ajustes de las condiciones crediticias mundiales.[63]

La armonización de las medidas era más difícil en las épocas borrascosas. Para contener una crisis financiera podía ser necesario modificar los tipos de descuento de los diferentes bancos centrales en direcciones opuestas. Un país que experimentara una crisis y sufriera una pérdida de reservas podía verse obligado a subir su tipo de descuento para atraer oro y capital del extranjero. La cooperación exigía que otros países permitieran que fluyera oro hacia el banco central en apuros y no respondieran con la misma moneda. No bastaba con el enfoque de seguir al líder. De hecho, una crisis financiera grave podía obligar a los bancos centrales extranjeros a tomar medidas excepcionales para ayudar al que se encontraba en dificultades. Éstos podían tener que descontar letras en nombre del país afectado y prestar oro a sus autoridades monetarias. En efecto, cualquier país cuya paridad oro estuviera siendo atacada podía recurrir no sólo a sus propias reservas sino también a las de otros países que tuvieran un patrón oro.

---

[61] El Banco había intentado guiar a los tipos de interés en las décadas de 1830 y 1840. Sin embargo, la crisis financiera de 1857 dio lugar a la «regla de 1858» de limitar la ayuda al mercado de dinero con el fin de conseguir que las instituciones financieras se ayudaran mutuamente. Así pues, los intentos de guiar al mercado que se iniciaron en 1873 pueden considerarse como un retorno a una práctica anterior. Véase King, 1936, págs. 284-287. No debería exagerarse, sin embargo, el alcance de esta práctica. Como se ha señalado antes, el Banco no podía alejarse ilimitadamente de los tipos de mercado sin quedarse sin actividad o verse inundado de operaciones.

[62] Keynes, 1930, vol. 2, págs. 306-307.

[63] Existe un debate sobre el grado exacto en que influía el tipo de descuento del Banco de Inglaterra en los de otros bancos centrales, así como sobre el grado de influencia recíproca. Véanse Eichengreen, 1987, y Giovannini, 1989.

Un ejemplo es la crisis de Baring de 1890, en la que el Banco de Inglaterra tuvo que hacer frente a la insolvencia de un gran banco mercantil británico, el Baring Brothers, que había concedido créditos incobrables al Gobierno de Argentina. El Banco de Inglaterra solicitó al Banco de Francia un préstamo de oro por valor de 3 millones de libras y obtuvo de Rusia monedas de oro por valor de 1,5 millones de libras. La medida no carecía de precedentes. El Banco de Inglaterra había tomado en préstamo oro del Banco de Francia en 1839. Había devuelto el favor en 1847. El Riksbank sueco había recibido en préstamo varios millones de coronas del Banco Nacional danés en 1882. Pero en 1890 fue la primera vez que resultó necesaria esa medida para reforzar la estabilidad del patrón oro internacional y su moneda clave, la libra esterlina. En palabras de Hawtrey, «la ayuda prestada por los bancos centrales extranjeros [en 1890) marca, pues, una época».[64]

Las dudas sobre si el Banco de Inglaterra poseía o no los recursos necesarios para defender la paridad de la libra esterlina habían precipitado la crisis. Los inversores se preguntaban si el Banco tenía capacidad para actuar como prestamista de último recurso y para defender al mismo tiempo la libra. Se liquidaron depósitos en el extranjero y el Banco comenzó a perder oro, a pesar de haber subido el tipo de descuento. Parecía que Gran Bretaña podía verse obligado a elegir entre su sistema bancario y la convertibilidad de su moneda en oro. La ayuda del Banco de Francia y del Banco Estatal ruso evitaron el dilema. Una vez repuestas las reservas de oro del Banco de Inglaterra, éste pudo suministrar liquidez al mercado londinense y, con la ayuda de otros bancos de Londres, contribuir a crear un fondo de garantía para el Baring Brothers sin agotar las reservas necesarias para cumplir su promesa de convertir libras esterlinas en oro. Los inversores fueron tranquilizados y la crisis superada.

Habiendo mostrado este episodio lo necesaria que era la solidaridad para apoyar el patrón oro en tiempos de crisis, la cooperación para preservar el régimen comenzó a ser algo cada vez más frecuente. En 1893 un consorcio de bancos europeos, alentado por sus Gobiernos, ayudó al Tesoro de Estados Unidos a defender el patrón oro. En 1898, el Reichsbank y los bancos comerciales alemanes

---

[64] Hawtrey, 1938, pág. 108.

recibieron ayuda del Banco de Inglaterra y del Banco de Francia. En 1906 y 1907, el Banco de Inglaterra, ante otra crisis financiera, volvió a recibir ayuda del Banco de Francia y del Reichsbank alemán. El Banco Estatal ruso envió oro, a su vez, a Berlín para reponer las reservas del Reichsbank. De nuevo, en 1907 el Gobierno canadiense tomó medidas para aumentar la cantidad de pagarés del Tesoro no respaldados, en parte con el fin de liberar reservas para el sistema financiero de Estados Unidos, que estaba experimentando una excepcional contracción del crédito.[65] En 1909 y 1910, el Banco de Francia descontó de nuevo letras inglesas, facilitando oro a Londres. Los países europeos más pequeños, como Bélgica, Noruega y Suecia, recibieron en préstamo reservas de bancos centrales y de Gobiernos extranjeros.

Este tipo de cooperación internacional, aunque no era un acontecimiento diario, resultaba fundamental en tiempos de crisis. Desmiente la idea de que el patrón oro era un sistema fragmentario. Su supervivencia dependía, por el contrario, de la colaboración de los bancos centrales y de los Gobiernos.

El patrón oro y el prestamista de último recurso

El funcionamiento del sistema del patrón oro se basaba, como hemos visto, en el compromiso primordial de los bancos centrales de mantener la convertibilidad exterior. Dado que no existía una teoría totalmente explícita que relacionara en términos generales la política de descuento y los tipos de interés con el ciclo económico, había a lo sumo reducidas presiones para que las autoridades monetarias utilizaran sus instrumentos para alcanzar otros objetivos. La aparición del sistema bancario de reservas fraccionarias, en el que los bancos aceptaban depósitos, pero sólo mantenían una parte de sus activos en efectivo y en títulos líquidos, puso en cuestión este estado de cosas. Planteó la posibilidad de que una retirada masiva de depósitos provocara la quiebra de un banco falto de liquidez pero fundamentalmente solvente. Algunos temían, además, que una retirada masiva de depósitos pudiera hacer tambalear la confianza y extenderse contagio-

---

[65] Para detalles sobre la política canadiense en la crisis de 1907, véase Rich, 1989.

samente a otras instituciones, poniendo en peligro la estabilidad de todo el sistema financiero. El contagio podía actuar a través de cauces psicológicos si la quiebra de un banco minaba la confianza en otros o a través de los efectos relacionados con la liquidez al verse obligados los acreedores del banco en dificultades a liquidar sus depósitos en otros bancos para conseguir dinero en efectivo. Cualquiera de las dos posibilidades justificaba la intervención del banco central como prestamista de último recurso para impedir que se extendiera la crisis.

Aunque es difícil saber en qué momento comenzaron los bancos centrales a tomar conciencia de esta posibilidad, en Inglaterra el momento decisivo fue la crisis de Overend and Gurney en 1866. Overend and Gurney era una empresa de reconocido prestigio desde hacía mucho tiempo que se acababa de constituir en sociedad de responsabilidad limitada en 1865. La quiebra en 1866 de Overend, compañía contratista ferroviaria de Watson, situada en Liverpool, y la quiebra posterior de la empresa mercantil española Pinto Pérez, con la que se sabía que Overend and Gurney se había comprometido, obligaron a la empresa a cerrar. El pánico se extendió por todo el sistema bancario. Los bancos buscaron liquidez descontando letras en el Banco de Inglaterra. Algunos se quejaron de que el Banco no prestó la ayuda necesaria. Preocupado por el nivel de sus propias reservas, el Banco se había negado a satisfacer la demanda de descuentos. En pleno pánico, no había concedido anticipos contra los títulos públicos.[66] El pánico fue grave.

Gracias en parte a esta experiencia, el Banco de Inglaterra se había concienciado más de sus responsabilidades como prestamista de último recurso cuando estalló la crisis del Baring en 1890. El problema estribaba en que su deseo de actuar de prestamista de último recurso podía entrar en conflicto con sus responsabilidades como supervisor del patrón oro. Supongamos que un banco mercantil británico sufriera una retirada masiva de depósitos, porque sus acreedores convirtieran sus depósitos en efectivo y, a continuación, en oro, drenando reservas del Banco de Inglaterra. Para ayudar al banco en dificultades, el Banco de Inglaterra podría suministrar liquidez, pero eso infringiría las reglas del juego del patrón oro. El banco central

---

[66] Estas críticas se describen en diversos artículos de *Bankers' Magazine,* recogidos por Grossman, 1988.

estaba facilitando más crédito al mercado justamente en el mismo momento en que estaban disminuyendo sus reservas de oro. Al disminuir sus reservas y acercarse al límite más bajo establecido en la legislación sobre el patrón oro, podía ponerse en duda su compromiso de mantener la convertibilidad del oro. Al temerse que el banco central suspendiera la convertibilidad del oro y dejara que el tipo de cambio se depreciara en lugar de permitir que la crisis bancaria interior se extendiera, la retirada de depósitos y de efectivo y su conversión en oro podían acelerarse, ya que los inversores tratarían de evitar las pérdidas de capital que experimentarían los titulares de activos denominados en moneda nacional si se depreciara la moneda. Así pues, cuanto más deprisa se inyectara liquidez en el sistema bancario, más deprisa saldría de él. La intervención del banco central como prestamista de último recurso no sólo era difícil sino que, además, podía ser contraproducente.

En la década de 1930, las autoridades se encontraron entre la espada y la pared, como veremos en el capítulo 3. Hasta la Primera Guerra Mundial, la mayoría de ellas consiguió eludir la difícil situación. En cierto modo, la idea de que los bancos centrales tenían responsabilidades como prestamistas de último recurso sólo surgió gradualmente; de hecho, en algunos países como Estados Unidos aún no existía ningún banco central para asumir esta obligación. Muchos bancos centrales y Gobiernos aceptaron primero llevar el peso de la importante responsabilidad de mantener la estabilidad de sus sistemas bancarios en la década de 1920, como uno de los elementos de la expansión general del papel del Estado en la regulación de la economía. Por otro lado, dada la credibilidad del compromiso primordial de los bancos centrales y de los Gobiernos de mantener la paridad del patrón oro, los inversores estaban seguros de que si un banco central incumplía las «reglas» del patrón oro en su papel de prestamista de último recurso, el incumplimiento sería temporal. Por lo tanto, al igual que ocurría en otros contextos, el capital extranjero fluiría produciendo efectos estabilizadores. Si el tipo de cambio se debilitaba al inyectar liquidez el banco central en el sistema financiero, entraba capital del extranjero, ya que los inversores preveían la recuperación posterior de la moneda (y las ganancias de capital de que disfrutarían llegado ese momento). La disyuntiva entre el patrón oro y la estabilidad financiera interior perdió fuerza. Si los inversores necesitaban un incentivo más, el banco central podía subir los tipos de interés para elevar la tasa de rendimiento. Es lo que se conocía con el nombre de regla de Bagehot: descontar libremente en respuesta a un «drenaje interno» (una retirada de depósitos y de efectivo y su conversión en oro) y subir los tipos de interés en respuesta a un «drenaje externo» (con el fin de contener las consecuencias para la balanza de pagos).

Otro elemento que aumentaba el margen de maniobra del banco central era la *cláusula de salvaguardia* que podía invocarse en circunstancias excepcionales. Si una crisis era grave, el banco central podía dejar que sus reservas disminuyeran con respecto al mínimo legal y que el tipo de cambio bajara por debajo del punto de exportación del oro. Como se ha señalado antes, eso se permitía en algunos países con la autorización del ministro de Hacienda o con el pago de un impuesto. Incluso en Gran Bretaña, donde la legislación sobre el patrón oro no preveía una medida de ese tipo, el Gobierno podía pedir al Parlamento que autorizara un aumento excepcional de la emisión de moneda fiduciaria. Como esta cláusula de salvaguardia se invocaba en circunstancias que eran verificables independientemente y que claramente no habían sido creadas por las autoridades, era posible suspender la convertibilidad en circunstancias excepcionales sin minar la credibilidad del compromiso de las autoridades de mantenerla en circunstancias normales.[67] De esta forma podía levantarse temporalmente la restricción del patrón oro que pesaba sobre la intervención del banco central como prestamista de último recurso.

El propio sistema bancario invocaba otra cláusula de salvaguardia. Los bancos podían hacer frente a una retirada en uno de ellos dejando que suspendiera sus operaciones y asumiendo colectivamente el control de sus activos y pasivos a cambio de una inyección de liquidez. Con esas «operaciones de socorro», podían privatizar de hecho la función de prestamista de último recurso. Si se producía un pánico bancario en todo el sistema, podían acordar suspender simultáneamente la convertibilidad de los depósitos en efectivo. A esta última práctica se

---

[67] Michael Bordo y Finn Kydland (1995) y Barry Eichengreen (1994) hacen hincapié en esta disposición de la cláusula de salvaguardia del patrón oro clásico. Matthew Canzoneri (1985) y Maurice Obstfeld (1995) demuestran que una cláusula de salvaguardia viable requiere que las contingencias en respuesta a las cuales se invoca sean verificables independientemente y que claramente no hayan sido creadas por las autoridades.

recurría en los países como Estados Unidos que carecían de un prestamista de último recurso. Como los bancos restringían todos ellos el acceso a sus depósitos simultáneamente, evitaban desviar la demanda de liquidez de uno a otro. Como la restricción limitaba la liquidez de los pasivos de los bancos comerciales, hacía que el efectivo tuviera una prima (es decir, un dólar de efectivo valía más que un dólar de depósitos bancarios). Una vez estimulada la demanda de efectivo, podía entrar, de hecho, oro en el país, a pesar de la crisis bancaria, como ocurrió, por ejemplo, en 1893 durante la crisis financiera de Estados Unidos.[68] Una vez más, se evitaba la posibilidad de que surgiera un conflicto entre la estabilidad financiera interior y la internacional.

Inestabilidad en la periferia

La experiencia fue menos afortunada fuera del centro europeo del patrón oro.[69] Algunos de los problemas que padecían los países situados en la periferia son atribuibles al hecho de que la cooperación raras veces iba tan lejos. No fue una casualidad que el Banco de Inglaterra fuera receptor de ayuda extranjera en 1890 y de nuevo en 1907. La estabilidad del sistema dependía de la participación de los británicos; por entonces, el Banco de Inglaterra tenía influencia cuando llegaba el momento de conseguir ayuda extranjera. La situación era distinta en otros países. Los principales bancos centrales reconocían el peligro de que la inestabilidad financiera se extendiera contagiosamente, por lo que algunos países como Francia y Alemania podían esperar su ayuda. Pero los problemas que surgían en la periferia no ponían en peligro la estabilidad sistémica, por lo que los bancos centrales europeos eran menos proclives a ayudar a un país situado, por ejemplo, en Latinoamérica.

De hecho, fuera de Europa, muchos países carecían de bancos centrales con los que poder organizar esos proyectos de cooperación.

---

[68] Otra manera de comprender la respuesta de los movimientos del oro es que los inversores se daban cuenta de que con una cantidad de oro por valor de un dólar podían adquirir derechos contra los bancos que valdrían más de un dólar una vez que terminara la suspensión temporal; cuando los inversores trataban de aprovechar esta oportunidad, entraba oro. Victoria Miller (1996) describe el funcionamiento de este mecanismo en Estados Unidos durante la crisis de 1893.

[69] Entre los análisis del ajuste del patrón oro en la periferia se encuentran los de Ford, 1962; De Cecco, 1974; y Triffin, 1947 y 1964.

En Estados Unidos, el banco central, el Sistema de la Reserva Federal, se creó en 1913. Muchos países de Latinoamérica y de otras partes del mundo no establecieron bancos centrales siguiendo el ejemplo del americano hasta los años veinte. Los sistemas bancarios de la periferia eran frágiles y vulnerables a las perturbaciones que podían dar al traste con los mecanismos financieros exteriores e interiores de un país, y más cuando no existía un prestamista de último recurso. Una pérdida de oro y de reservas de divisas provocaba una disminución equivalente de la oferta monetaria, ya que no existía ningún banco central que esterilizara la salida y ni siquiera un mercado de bonos o de descuento en el cual realizar operaciones de esterilización.

También había otros factores que contribuían a las especiales dificultades que planteaba el funcionamiento del patrón oro fuera del norte y del centro de Europa. Los mercados de bienes de los países productores de materias primas sufrían perturbaciones excepcionalmente grandes. Muchos estaban especializados en la producción y la exportación de una reducida variedad de materias primas, por lo que su *relación real de intercambio* podía sufrir grandes fluctuaciones. Los movimientos internacionales de capitales de los países situados en la periferia también experimentaban desestabilizadoras oscilaciones. En el caso de Gran Bretaña y, en menor medida, en el de otros acreedores europeos, un aumento de los préstamos exteriores podía provocar un cambio compensatorio de la balanza comercial. A partir de 1870 –coincidiendo con la llegada del patrón oro internacional– los préstamos británicos financiaron cada vez más el gasto de inversión de otros países.[70] Los créditos solicitados por Canadá o Australia para financiar la construcción del ferrocarril crearon una demanda de raíles de acero y de locomotoras. Los préstamos solicitados para financiar la construcción de puertos generaron una demanda de barcos y grúas. El hecho de que Gran Bretaña fuera una destacada fuente de importaciones de bienes de capital para los países a los que prestaba dinero contribuía, pues, a estabilizar su balanza de pagos.[71] En cambio, una disminución del volumen de entradas de capital en las

---

[70] Cairncross, 1953, pág. 188. Véanse también Feis, 1930, y Fishlow, 1985.

[71] Otros países tenían menos vínculos comerciales con los mercados a los que prestaban; sus préstamos exteriores no estimulaban en la misma medida las exportaciones de bienes de capital. Esta cuestión es documentada en el caso de Francia, por ejemplo, por Harry Dexter White (1933).

regiones productoras de materias primas no generaba un aumento estabilizador de la demanda de sus exportaciones de mercancías en otras partes del mundo. Y asimismo, una disminución de los ingresos por exportación de mercancías hacía que un país importador de capital fuera un mercado menos atractivo para invertir. Las entradas financieras desaparecían cuando surgían dudas sobre la capacidad de los ingresos por exportación para pagar los intereses de la deuda exterior. Y cuando dejaba de entrar capital, las exportaciones disminuían como consecuencia de la escasez de crédito. Por lo tanto, las perturbaciones de la cuenta corriente y de la cuenta de capital se reforzaban mutuamente.

Por último, la especial constelación de factores sociales y políticos que facilitaban el funcionamiento del patrón oro en Europa tenía menos poder en otros países. Un ejemplo es el caso de Estados Unidos. Las dudas sobre el grado de compromiso de Estados Unidos de mantener el precio vigente del oro en dólares fueron generales hasta principios de siglo. El sufragio masculino universal aumentó la influencia política del pequeño agricultor, por lo general crítico con la deflación. Cada uno de los estados de Estados Unidos, incluidos los agrícolas y mineros del oeste, escasamente poblados, tenía dos senadores en la cámara alta del Congreso. La minería de la plata era una importante industria y un grupo de presión influyente en la política. A diferencia de los agricultores europeos, que competían con las importaciones y cuya oposición al patrón oro podía compensarse con protección arancelaria, la agricultura americana orientada hacia las exportaciones no se beneficiaba de los aranceles. Y el hecho de que los grupos de intereses de las minas de plata y los endeudados agricultores estuvieran concentrados en las mismas regiones de Estados Unidos facilitaba la formación de coaliciones.

En la década de 1890, el nivel de precios de Estados Unidos venía disminuyendo desde hacía veinte años. Como consecuencia de la deflación, los precios de los productos eran más bajos, pero la carga de la deuda hipotecaria no disminuía en la misma medida. Los líderes del movimiento populista suponían que en la raíz de esta deflación se encontraba el hecho de que la producción mundial estaba creciendo más deprisa que las existencias mundiales de oro. Para frenar el descenso del nivel de precios, concluían, el Gobierno debía emitir más dinero, idealmente en forma de monedas de plata. La Sherman Silver

Purchase Act (ley Sherman de compra de plata) de 1890 pretendía lograr este objetivo.

Cuando el Tesoro compró plata a cambio de billetes de curso legal, los precios dejaron de bajar, como se había predicho. La plata sustituyó al oro en circulación. Pero al aumentar el gasto, la balanza de pagos de Estados Unidos mostró un déficit, drenando oro del Tesoro. Se temía que pudiera llegar un momento en que el Tesoro careciera del metal necesario para convertir los dólares en oro. En 1891, una mala cosecha europea aumentó las exportaciones de Estados Unidos, posponiendo lo inevitable. Pero la victoria de Stephen Grover Cleveland en las elecciones presidenciales de 1892 acrecentó los temores; los agentes del mercado temían que el Gobierno demócrata, recién instalado, se comprometiera con la poderosa ala de su partido partidaria del papel-moneda no respaldado por oro. El fracaso de otra conferencia monetaria internacional celebrada en diciembre de 1892, en la cual los participantes no fueron capaces de ponerse de acuerdo sobre un sistema bimetálico internacional, aumentó esta sensación de inquietud. En abril de 1893, las reservas de oro del Tesoro eran inferiores a 100 millones de dólares, el mínimo que se consideraba compatible con la seguridad, y la preocupación de la opinión pública por la estabilidad monetaria «se agravó».[72] Los inversores se llevaron el capital a las monedas europeas para evitar las pérdidas que les causarían los activos denominados en dólares si se suspendía la convertibilidad y se depreciaba el dólar.[73]

En el otoño de 1893, Cleveland se declaró a favor del dinero respaldado por oro. La ley Sherman se derogó el 1 de noviembre ante la insistencia del presidente, salvando al dólar durante otro día. Pero el conflicto subyacente no había desaparecido. Resurgió durante la siguiente campaña presidencial y sólo se resolvió cuando el electorado rechazó a William Jennings Bryan, candidato de los demócratas y de los populistas, en favor del republicano William McKinley. Bryan había hecho campaña en favor de la acuñación ilimitada de plata, im-

---

[72] Taus, 1943, pág. 91. Recuérdese que el interregno entre las elecciones y la investidura de un presidente iba desde principios de noviembre hasta principios de marzo. La incertidumbre que podía surgir como consecuencia de tan enorme retraso se encuentra, de nuevo, entre los factores importantes en la crisis del dólar de principios de 1933, como señalamos en el capítulo 3.

[73] Véase Calomiris, 1993.

plorando al electorado que no crucificara al agricultor y al trabajador americano en una «cruz de oro». La posibilidad de que se autorizara la libre acuñación de plata y de que se depreciara el dólar había provocado una huida de capital y una subida de los tipos de interés. La tranquilidad (y el capital huido) no retornó hasta la victoria de McKinley, que se había convertido recientemente a la causa del oro y de la ortodoxia monetaria.

El hecho de que en 1896 los precios comenzaran a subir en todo el mundo mejoró las perspectivas electorales de McKinley. Los descubrimientos de oro llevados a cabo en la parte occidental de Australia, Suráfrica y Alaska y el desarrollo del proceso del cianuro para extraer oro del mineral impuro estimularon el crecimiento de las ofertas monetarias. El dinero de los depósitos comenzó a acumularse en forma piramidal sobre el oro monetario como consecuencia del desarrollo del sistema bancario de reservas fraccionarias. La asociación del patrón oro con la deflación desapareció. La posición del dólar se consolidó con la aprobación de la Gold Standard Act (ley del patrón oro) de 1900.

En otros países, las presiones para que se depreciaran las monedas no se eliminaron tan fácilmente. Los países «latinos» del sur de Europa y Suramérica se vieron obligados repetidamente a suspender la convertibilidad del oro y a dejar que se depreciara su moneda. Es el caso de Argentina, Brasil, Chile, Italia y Portugal.[74] La explicación de su incapacidad para defender la convertibilidad fue a menudo la influencia política de grupos partidarios de la inflación y de la depreciación. En Latinoamérica, al igual que en Estados Unidos, la depreciación era vista con agrado por los terratenientes que tenían hipotecas fijas y por los exportadores que deseaban aumentar su competitividad internacional. Y los dos grupos solían ser los mismos. Sus filas se nutrían de grupos de intereses de la minería que veían con buenos ojos la acuñación de plata. Los países latinoamericanos, especialmente los pequeños, continuaron acuñando plata mucho después de que los principales países europeos se pasaran al oro. Sus pérdidas de oro y sus problemas para mantener la convertibilidad de la mone-

---

[74] Las experiencias nacionales fueron distintas, en el sentido de que no todas las suspensiones provocaron una rápida depreciación e inflación. En particular, algunos países europeos que se vieron obligados a suspender la convertibilidad continuaron siguiendo una política de relativa estabilidad.

da en este metal eran predecibles. El hecho de que en una gran parte del mundo no existieran los factores políticos y sociales especiales que prestaron al patrón oro su credibilidad en el núcleo europeo del sistema hacía que su funcionamiento planteara problemas.

La estabilidad del sistema

Abra el lector un libro de texto de economía internacional y probablemente leerá que el patrón oro fue la forma normal de organizar los asuntos monetarios internacionales hasta 1913. Pero como hemos mostrado en este capítulo, el patrón oro sólo se convirtió en la base de los asuntos monetarios internacionales de Europa occidental en la década de 1870. No se extendió a la mayor parte del mundo hasta finales del siglo XIX. La política de estabilidad de los tipos de cambio y la política monetaria mecánica que constituían sus sellos distintivos eran una excepción más que la norma.

Lo menos normal de todo eran quizá las circunstancias económicas y políticas que permitieron que floreciera el patrón oro. La singular posición que ocupaba Gran Bretaña en la economía mundial protegía su balanza de pagos de las perturbaciones y permitía que la libra esterlina constituyera el eje del sistema internacional. Las relaciones entre los préstamos británicos, por una parte, y las exportaciones de bienes de capital, por otra, estabilizaban sus cuentas exteriores y reducían las presiones a las que estaba sometido el Banco de Inglaterra. Lo mismo ocurría, en alguna medida, en otros países del núcleo europeo del patrón oro. En este sentido, el hecho de que los últimos años del siglo XIX constituyeran un periodo de expansión y aumento del comercio multilateral no es una mera consecuencia de la estabilidad de que gozaban los tipos de cambio en el patrón oro. La apertura de los mercados y el dinamismo del comercio contribuyeron por sí mismos al funcionamiento del mecanismo de ajuste del patrón oro. El hecho de que los mercados exteriores de las exportaciones británicas de bienes de capital no tuvieran trabas permitía que las exportaciones británicas de mercancías compensaran las exportaciones británicas de capital, estabilizando la balanza de pagos del país situado en el centro del sistema. El hecho de que Gran Bretaña y otros países industriales aceptaran libremente las exportaciones de mercancías de regiones productoras de materias primas ayudaba a estas últimas a pagar los intereses de sus deudas exteriores y a adaptarse a las perturbaciones de la balanza de pagos. El funcionamiento del patrón oro se basaba en este sistema de comercio, al tiempo que lo apoyaba.

Desde el punto de vista político, el aislamiento de que gozaban las autoridades monetarias les permitía comprometerse a mantener la convertibilidad del oro. Los efectos se reforzaban a sí mismos: la confianza del mercado en el compromiso de las autoridades llevaba a los agentes a comprar una moneda cuando se debilitaba su tipo de cambio, reduciendo al mínimo la necesidad de intervención y las molestias que causaban las medidas tomadas para estabilizar el tipo. El hecho de que el periodo 1871-1913 fuera un interludio excepcional de paz en Europa facilitó la cooperación internacional que apoyó el sistema cuando se vio amenazada su existencia.

Hay razones para dudar de que este equilibrio se hubiera mantenido estable durante muchos más años. A principios de siglo, la aceleración del ritmo de crecimiento económico y de desarrollo financiero de otros países estaba minando el papel de Gran Bretaña. El menor peso de las exportaciones de capital del país era contrarrestado automáticamente por un aumento de sus exportaciones de bienes de capital. Los préstamos que retornaban automáticamente a Londres en forma de depósitos extranjeros también eran menores.

Al ir disminuyendo los descubrimientos de oro en la década de 1890, resurgió el temor a que las existencias de oro no fueran suficientes para satisfacer las necesidades de la creciente economía mundial. No estaba claro que complementando el oro con divisas existiera una base estable para mantener el orden monetario internacional. El crecimiento de las reservas de divisas aumentó el peligro de que las crisis de confianza que llevaban a liquidar las reservas que se tenían en el extranjero provocaran en algún momento la liquidación del sistema. El crecimiento de Estados Unidos, destacada fuente de las perturbaciones que sufrían los mercados financieros mundiales, aumentó el riesgo de que las crisis fueran aún más frecuentes. Estados Unidos, aunque aún era enormemente agrícola, a finales del siglo XIX era la mayor economía del mundo. Dado que su orientación aún era predominantemente agrícola y que su sistema bancario rural era relativamente rudimentario, la demanda de billetes y de moneda –y junto con ella, el nivel de los tipos de interés y la demanda de oro– aumentaba bruscamente en las temporadas de siembra y de recolección. Una gran parte del oro procedía de Londres. Los bancos americanos que se habían quedado sin reservas en respuesta a la demanda de crédito experimentaban con cierta regularidad serias dificultades. Temiendo por la solvencia de los bancos, los inversores americanos se refugiaban en el oro, trayéndolo de países como Gran Bretaña y Canadá y sometiendo a tensiones a sus sistemas financieros. Se ponía a prueba la capacidad del Banco de Inglaterra para traer oro «de la luna», utilizando las famosas palabras del periodista financiero inglés Walter Bagehot.

Los acontecimientos políticos tampoco eran propicios. La extensión del derecho de voto y la aparición de partidos políticos que representaban a las clases trabajadoras planteaban la posibilidad de que se pusiera en cuestión la inquebrantable prioridad que concedían las autoridades monetarias a la convertibilidad. La creciente conciencia del paro y de las disyuntivas entre el equilibrio interior y el exterior politizó la política económica. El aumento de las tensiones políticas y militares entre Alemania, Francia y Gran Bretaña tras la pelea por África socavaron la solidaridad en la que se había basado la cooperación financiera.

La Primera Guerra Mundial impidió saber si estos acontecimientos eran una seria amenaza para la estabilidad del patrón oro o si el sistema se habría adaptado a ellos. Pero para aquellos interesados en especular sobre la respuesta, no hay mejor lugar en el que mirar que en los intentos de reconstruir el sistema monetario internacional en la década de 1920.

3
La inestabilidad del periodo
de entreguerras

El término «patrón oro» encierra una falacia, una de las falacias más
caras que ha engañado al mundo. Es la falacia de que existe un único
patrón oro, y sólo uno. El supuesto de que los patrones monetarios
sumamente divergentes que se ocultan bajo el nombre de patrón oro son
idénticos ha llevado recientemente al mundo al borde de la ruina.

SIR CHARLES MORGAN-WEBB,
The Rise and Fall of the Gold Standard

En el capítulo anterior hemos visto que el patrón oro existente antes de la guerra estaba apoyado por una serie de circunstancias económicas y políticas específicas de esa época y de ese lugar. La experiencia del periodo de entreguerras muestra lo mismo con un ejemplo contrario. La libra esterlina, que había sido el foco de atención para la armonización de la política de los distintos países, ya no disfrutaba de una posición favorecida en la economía mundial. La superioridad industrial y comercial de Gran Bretaña era algo pasado, ya que el país se había visto obligado a vender muchos de sus activos exteriores durante la Primera Guerra Mundial. Las complementariedades entre la inversión exterior británica y las exportaciones británicas de bienes de capital ya no existían en la misma medida que antes de 1913. Los países como Alemania que habían sido acreedores internacionales se convirtieron en países deudores y comenzaron a depender de las importaciones de capital de Estados Unidos para mantener el equilibrio exterior.

Con la difusión del sindicalismo y la burocratización de los mercados de trabajo, los salarios ya no respondían a las perturbaciones con su tradicional rapidez.[1] Las perturbaciones negativas generaban

---

[1] Por «burocratización» de los mercados de trabajo, término procedente del título del libro de Sanford Jacoby de 1985, entiendo la aparición de departamentos de personal y de otras estructuras formales para gestionar las relaciones laborales en las grandes empresas.

paro, intensificando las presiones a las que estaban sometidos los Gobiernos para que reaccionaran tomando medidas que ponían en peligro el patrón monetario.[2] Los Gobiernos del periodo posterior a la Primera Guerra Mundial se volvieron más susceptibles a estas presiones como consecuencia de la extensión del sufragio universal, del desarrollo de los partidos laboristas parlamentarios y del crecimiento del gasto social. Ninguno de los factores que habían apoyado el patrón oro antes de la guerra iba a seguir dándose por sentado.

El patrón oro del periodo de entreguerras, que resurgió en la segunda mitad de los años veinte, compartía, pues, pocas de las ventajas de su predecesor. Como los mercados de trabajo y de mercancías carecían de su flexibilidad tradicional, el nuevo sistema no podía adaptarse fácilmente a las perturbaciones. Como los Gobiernos no estaban aislados de las presiones para que estimularan el crecimiento y el empleo, el nuevo régimen carecía de credibilidad. Cuando el sistema sufría perturbaciones, el capital financiero que antes fluía en un sentido estabilizador huía, transformando una reducida perturbación en una crisis económica y política. La recesión de 1929 que se convirtió en la Gran Depresión no fue más que un reflejo de ese proceso. Finalmente, entre las bajas acabó encontrándose el propio patrón oro.

Una de las enseñanzas de este periodo es lo inútil que resulta intentar atrasar el reloj. La burocratización de las relaciones laborales, la politización de la política monetaria y los demás rasgos distintivos del siglo xx acabaron considerándose permanentes. Cuando se realizó el esfuerzo siguiente, en la década de 1940, para reconstruir el sistema monetario internacional, el nuevo diseño contenía una mayor flexibilidad de los tipos de cambio para adaptarse a las perturbaciones, así como restricciones de los movimientos internacionales de capitales para contener la especulación desestabilizadora.

---

[2] Utilizando datos de una muestra de seis países industriales, Tamim Bayoumi y yo (1996) hemos observado que disminuyó la pendiente media de la curva de oferta agregada, lo cual es coherente con la idea de que la flexibilidad nominal se redujo entre el periodo anterior a la guerra y el periodo de entreguerras. Robert Gordon (1982) muestra que este aumento de la rigidez nominal fue mayor en Estados Unidos que en el Reino Unido o en Japón, lo cual es coherente con su atribución a la burocratización de los mercados de trabajo, dado que los departamentos de personal y los mercados internos de trabajo se desarrollaron y se difundieron por primera vez en Estados Unidos.

Cronología

Si la esencia del sistema existente antes de la guerra era el compromiso de los Gobiernos de convertir la moneda nacional en cantidades fijas de oro y la libertad de los individuos para exportar e importar oro obtenido en fuentes oficiales y de otros tipos, la Primera Guerra Mundial puso fin bruscamente a esta situación. El metal precioso se convirtió en un recurso esencial para comprar en el extranjero los suministros necesarios para alimentar la maquinaria de la guerra. Los Gobiernos aprobaron leyes e impusieron reglamentaciones que prohibían las exportaciones de oro, salvo previa concesión de licencias, lo que raras veces estaban dispuestos a hacer. Al interrumpirse el arbitraje del mercado del oro, los tipos de cambio empezaron a fluctuar. La imposición de controles que prohibían la mayoría de las transacciones en divisas limitó sus fluctuaciones.

Para movilizar recursos para la guerra, las autoridades establecieron nuevos impuestos y emitieron bonos del Estado. Cuando los recursos así movilizados resultaron insuficientes, suspendieron las disposiciones legales que las obligaban a respaldar la moneda con oro o divisas. Emitieron *dinero fiduciario* (papel no respaldado) para pagar a los soldados y comprar material de guerra en su propio país. Como el ritmo de creación de dinero fiduciario variaba de un país a otro, los tipos de cambio experimentaban grandes fluctuaciones.

Por consiguiente, parte de la reconstrucción llevada a cabo después de la guerra fue monetaria. Haciendo anticipos a los Gobiernos de Francia y Gran Bretaña, Estados Unidos había ayudado a sus aliados a fijar su moneda con respecto al dólar a unos tipos algo depreciados. El fin de la guerra supuso el fin de esta ayuda. Al ser mayor la inflación de Gran Bretaña y de otros países europeos que la de Estados Unidos, el Gobierno británico se dio cuenta de que el fin de la ayuda americana supondría una enorme pérdida de oro si intentaba mantener su libra sobrevaluada, por lo que suspendió la convertibilidad. Por lo que se refiere a las grandes monedas, el dólar fue la única que siguió siendo convertible en oro. Aunque los controles se desmantelaron rápidamente, pasaron años hasta que se restableció la convertibilidad.

Una notable característica de los mecanismos monetarios internacionales existentes después de la guerra es el sistema de tipos de cambio libremente fluctuantes. Por regla general, los bancos centrales no intervenían en el mercado de divisas. La primera mitad de la década de 1920 constituye, pues, un ejemplo relativamente claro de un sistema de tipos de cambio fluctuantes.

Entre los primeros países que restablecieron la convertibilidad del oro se encontraban los que habían sufrido una *hiperinflación*: Austria, Alemania, Hungría y Polonia. Sus inflaciones se habían visto avivadas por el papel-moneda utilizado para financiar los déficits presupuestarios públicos. Finalmente, el problema engendró su propia solución. El trauma de la inflación incontrolada y la quiebra de la economía monetaria eclipsaron la oposición a las subidas de los impuestos y a los recortes del gasto. Austria estabilizó su tipo de cambio en 1923, Alemania y Polonia en 1924 y Hungría en 1925. Emitieron nuevas monedas cuya oferta se regía por las disposiciones de las leyes del patrón oro. Las reservas se repusieron por medio de préstamos avalados por la Sociedad de Naciones (y en el caso de Alemania por la Comisión de Reparaciones establecida para supervisar las transferencias compensatorias a los aliados). Esta ayuda exterior se subordinó al reforzamiento de la independencia de los bancos centrales.

Los países que habían experimentado una inflación moderada estabilizaron su moneda y restablecieron la convertibilidad del oro sin una *reforma monetaria* como la alemana. Bélgica estabilizó su moneda en 1925, Francia en 1926 e Italia en 1927.[3] Todos habían sufrido una inflación y una depreciación de la moneda durante el periodo de tipos fluctuantes. A finales de 1926, con un franco francés, por ejemplo, sólo se podía comprar una quinta parte de los dólares que se podían adquirir antes de la guerra. Dado que una reducción algo significativa de esta inflación amenazaba con perturbar la economía, Francia y otros países que se encontraban en su misma situación optaron por estabilizar sus tipos de cambio en torno a los niveles vigentes.

Los países que habían contenido la inflación en una fecha temprana pudieron restablecer el precio que tenía el oro antes de la guerra y el tipo de cambio tradicional con respecto al dólar. Así lo hizo Suecia en 1924. El restablecimiento en 1925 de la paridad existente en Gran

---

[3] En el caso francés, se refiere a la estabilización *de facto* del franco. La estabilización *de jure* se produjo en junio de 1928.

Bretaña antes de la guerra impulsó a Australia, los Países Bajos, Suiza y Suráfrica a seguir su ejemplo. Una vez que una masa crítica de países restableció el patrón oro, las externalidades de red del sistema llevaron al redil al resto de los países. Canadá, Chile, Checoslovaquia y Finlandia estabilizaron su moneda en 1926. Francia siguió su ejemplo a finales de año. La figura 3.1 representa la evolución año a año del número de países que tenían un patrón oro.

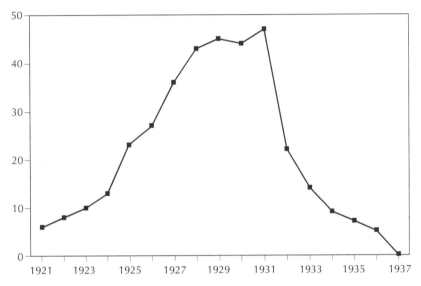

Figura 3.1. Número de países que se regían por el patrón oro (1921-37).
Fuente: Palyi, 1972, cuadro IV-1.

Si se considera que la estabilización de Francia en 1926 señala el restablecimiento del patrón oro y la devaluación de la libra esterlina de Gran Bretaña en 1931 su desaparición, el patrón oro del periodo de entreguerras funcionó como un sistema mundial durante menos de cinco años. Incluso antes de este triste final, su funcionamiento se consideraba insatisfactorio. El *mecanismo de ajuste* era inadecuado: los países de moneda débil, como Gran Bretaña, tenían que cargar con déficits crónicos de balanza de pagos y padecer sangrías de reservas de oro y de divisas, mientras que los países de moneda fuerte como Francia tenían persistentes superávits. Los ajustes de los mercados de activos y de mercancías necesarios para restablecer el equilibrio de las cuentas exteriores no parecían funcionar. La oferta mundial de reservas era insuficiente: disminuyó bruscamente en 1931 cuando los bancos centrales se pelearon por convertir divisas en oro.

Como hemos visto en el capítulo 2, antes de la Primera Guerra Mundial el patrón oro nunca se estableció firmemente fuera de los países industriales, algo de lo que se culpó a la ausencia de las instituciones necesarias. Siguiendo el ejemplo de Estados Unidos, que trató de subsanar las deficiencias de su sistema financiero creando el Sistema de la Reserva Federal en 1913, los países de Latinoamérica y de otras regiones establecieron bancos centrales en la década de 1920. Los «doctores en dinero», como Edwin Kemmerer, profesor de la Universidad de Princeton, iban por el mundo predicando el evangelio del patrón oro y de la independencia del banco central. Pero la mera existencia de un banco central no era ninguna garantía de estabilidad. Siguiendo la pauta anterior a la guerra, la aparición de la Gran Depresión en 1929 provocó la caída del patrón oro en la periferia. Los países productores de materias primas se vieron sacudidos por una disminución simultánea de las importaciones de capital y de los ingresos generados por las exportaciones de mercancías. Al disminuir sus reservas, los bancos centrales se vieron obligados a consentir la contracción de la oferta monetaria. Entonces entró en juego la política. El aumento de la deflación afianzó la posición de los que abogaban por suavizar las restricciones del patrón oro con el fin de detener la espiral descendente. En respuesta a sus peticiones, los Gobiernos de Argentina y Uruguay limitaron la convertibilidad del oro a finales de 1929. Canadá introdujo un embargo de las exportaciones de oro equivalente a una devaluación. Brasil, Chile, Paraguay, Perú, Venezuela, Australia y Nueva Zelanda recortaron su patrón oro dificultando la obtención de oro, con lo que permitieron que su moneda se deslizara hasta caer por debajo de su paridad oficial.

Durante el verano de 1931, la inestabilidad se extendió al núcleo industrial del sistema. Austria y Alemania sufrieron crisis bancarias y ataques contra sus reservas internacionales. Cuanto mayor era la ayuda que prestaban a sus sistemas bancarios, más deprisa perdían oro sus bancos centrales. Se vieron obligados a suspender la convertibilidad y a imponer *controles de divisas*. La crisis bancaria de Europa central desestabilizó aún más la balanza de pagos de Gran Bretaña, ya debilitada por la disminución de los ingresos procedentes de las inversiones exteriores provocada por la Gran Depresión. El Gobierno británico suspendió la convertibilidad en septiembre de 1931 tras las presiones sufridas por las reservas del Banco de Inglaterra. Pocas semanas después, una veintena de países siguió su ejemplo. Muchos mantenían estrechas relaciones comerciales con Gran Bretaña y recurrían al mercado londinense en busca de recursos financieros: para ellos tenía sentido fijar su moneda a la libra y mantener sus reservas de divisas en forma de saldos en libras en Londres.

Hacia 1932 el sistema monetario internacional se había dividido en tres bloques: los pocos países que tenían un patrón oro, encabezados por Estados Unidos; la *zona de la libra esterlina* (Gran Bretaña y los países que fijaron su moneda a la libra); y los países de Europa central y oriental, encabezados por Alemania, en los que existían controles de divisas. Algunos no pertenecían a ningún grupo: Canadá, que mantenía vínculos tanto con Estados Unidos como con el Reino Unido, siguió el ejemplo de Gran Bretaña abandonando el patrón oro, pero no dejó que su moneda se depreciara tanto como la libra para evitar perturbar las relaciones financieras con Estados Unidos. Japón, que competía con Lancashire en los mercados mundiales de textiles, también siguió el ejemplo de Gran Bretaña abandonando el patrón oro, pero no se sumó a la zona de la libra. Las externalidades de red que habían llevado a los países a tener un patrón monetario común en la economía mundial integrada de finales del siglo XIX tenían menos poder en el mundo económico fragmentado de los años treinta.

Y este sistema monetario internacional tripolar tampoco era especialmente estable. La depreciación de las monedas de Gran Bretaña y de sus socios de la zona de la libra, junto con la imposición de controles de divisas por parte de Alemania y de sus vecinos de Europa oriental, erosionaron la balanza de pagos de los países que aún tenían un patrón oro. Estos últimos se vieron obligados a aplicar medidas monetarias y fiscales restrictivas para defender sus reservas, lo que deprimió aún más su economía. Aumentaron las presiones políticas para que se suavizara esta política de austeridad. Los agentes comenzaron a vender monedas respaldadas por oro en previsión de un inminente cambio de política. Los bancos centrales, al perder reservas, se vieron obligados a subir los tipos de interés, agravando el paro e intensificando las presiones para que se devaluara, lo que motivó la *huida de capitales*. A la larga, todos los miembros del *bloque del oro* se vieron obligados a suspender la convertibilidad y a depreciar su moneda.

Herbert Hoover fue derrotado por Franklin Delano Roosevelt en las elecciones presidenciales de Estados Unidos de 1932 debido en buena medida a las consecuencias macroeconómicas de la determinación de Hoover de defender el patrón oro. Una de las primeras medidas que tomó el nuevo presidente fue sacar a Estados Unidos del patrón oro en un intento de detener el descenso de los precios. Todos los días Roosevelt subía el precio en dólares al que la *Reconstruction Finance Corporation* (sociedad financiera para la reconstrucción) compraba oro, lo que provocó en los nueve meses siguientes una depreciación de la moneda de un 40 % con respecto a las de los países del patrón oro. Aunque la devaluación del dólar ayudó a contener la crisis en el sistema bancario americano y a lanzar a Estados Unidos por el camino de la recuperación, otros países pensaban que deterioraba su posición competitiva. Las presiones sobre el resto de los miembros del bloque del oro se intensificaron en consecuencia. Checoslovaquia devaluó en 1934, Bélgica en 1935 y Francia, los Países Bajos y Suiza en 1936. A través de este caótico proceso, el patrón oro dejó paso, una vez más, a unos tipos fluctuantes.

Sin embargo, en esta ocasión, a diferencia de lo que ocurrió en el episodio de tipos de cambio libremente flexibles de la primera mitad de los años veinte, los Gobiernos intervinieron en el mercado de divisas. Se crearon unas *Cuentas de Compensación de Cambios* para realizar esta función. Normalmente, «navegaban contra el viento», comprando una moneda cuando se debilitaba su tipo de cambio y vendiéndola cuando se reforzaba. A veces vendían activos interiores con el fin de presionar a la baja sobre el tipo de cambio y conseguir una ventaja competitiva para los productores.

La experiencia de la fluctuación: el controvertido caso del franco

La década de 1920, como primer periodo del siglo xx en que se dejó que los tipos de cambio fluctuaran libremente, tuvo una profunda repercusión en la manera en que se percibían los mecanismos monetarios. Los tipos fluctuantes fueron acusados de su inestabilidad y de su susceptibilidad a la especulación desestabilizadora, es decir, de su tendencia a ser perturbados por ventas y compras especulativas («flujos de dinero caliente» como se llamaban) que no estaban relacionadas con variables económicas fundamentales. Consternados por esta experiencia, los responsables de la política económica trataron de evitar que se repitiera. Cuando se reanudó la fluctuación tras la caída del patrón oro del periodo de entreguerras, los Gobiernos intervinieron para limitar las fluctuaciones de las monedas. Esa actitud intervencionista de la década de 1930 se debió precisamente a la insatisfacción causada por el comportamiento de la libre fluctuación diez años antes. Y cuando tras la Segunda Guerra Mundial llegó el momento de reconstruir el sistema monetario internacional, no se dudó en imponer controles sobre los movimientos internacionales de capitales. La década de 1920 proyectaba claramente su larga sombra.

La descripción definitiva de la experiencia del periodo de entreguerras fue un estudio de la Sociedad de Naciones realizado por el economista Ragnar Nurkse, cuya publicación coincidió con las negociaciones de Bretton Woods sobre el diseño del orden monetario internacional que debía imperar después de la Segunda Guerra Mundial.[4] Nurkse formuló una acusación general contra los tipos fluctuantes. Su ejemplo prototípico fue el franco francés, del cual escribió lo siguiente:

«La historia del franco francés desde el fin de la Segunda Guerra Mundial hasta finales de 1926 constituye un interesante caso de variaciones totalmente libres e incontroladas de los tipos de cambio […] El caso francés muestra claramente los peligros que entrañan […] las variaciones que van acumulándose y agravándose en un sistema de tipos de cambio libremente fluctuantes […] Estas variaciones, en lugar de fomentar el ajuste de la balanza de pagos, son propensas a intensificar cualquier desequilibrio inicial que hubiera y a producir lo que podría calificarse de situación "explosiva" de inestabilidad […] Podemos recordar, en particular, el ejemplo del franco francés durante los años 1924-26.»

---

[4] Nurkse, 1944. Se trata del influyente estudio citado en el capítulo 2 que calculó los casos en los que los bancos centrales incumplieron las reglas del juego durante el periodo de entreguerras.

Resulta difícil imaginar una acusación más condenatoria. Sin embargo, cuando se desvanecieron los traumas del periodo de entreguerras, los revisionistas pusieron en cuestión la teoría de Nurkse. El más destacado fue Milton Friedman, quien señaló que la crítica de Nurkse contra los tipos fluctuantes se basaba casi por completo en la conducta de esta única moneda, el franco, y se preguntó incluso si confirmaba la interpretación de Nurkse. «La evidencia aportada por Nurkse no permite extraer ninguna conclusión firme», decía Friedman. «De hecho, hasta donde puede decirse, me parece claramente menos favorable a la conclusión que extrae Nurkse, que la especulación era desestabilizadora, que a la conclusión contraria, que la especulación era estabilizadora».[5]

Ni Friedman ni sus seguidores ponían objeciones a la afirmación de Nurkse de que el tipo de cambio del franco era inestable, sino que sostenían que su inestabilidad se debía simplemente a la inestabilidad de la política monetaria y fiscal. El tipo de cambio había sido inestable porque lo había sido la política económica. Para ellos, la historia del franco no permite dudar de que los tipos fluctuantes pueden funcionar satisfactoriamente cuando la política monetaria y fiscal que se adopta es razonable y coherente.

Sin embargo, Nurkse había diagnosticado certeramente el problema de los tipos fluctuantes: sufrían «variaciones que van acumulándose y agravándose» y tendían a «intensificar cualquier desequilibrio inicial que hubiera». No existía, pues, ninguna discrepancia sobre la inestabilidad de la política económica. La disputa giraba en torno al argumento de Nurkse de que la inestabilidad de la política económica era provocada o, al menos, agravada por las fluctuaciones de los tipos de cambio; sus críticos sostenían que la inestabilidad de la política económica era un dato conocido y la inestabilidad de los tipos de cambio su consecuencia. Desde su punto de vista, el tipo de cambio respondía a la política económica, mientras que para Nurkse la causalidad también iba en el otro sentido.

Friedman *et al.* tienen pocos problemas para explicar los acontecimientos tal como se desarrollaron hasta 1924.[6] La inflación y la de-

---

[5] Friedman, 1953, pág. 176. Leland Yeager (1966, pág. 284) también sugiere que «los detalles históricos [...] socavan las conclusiones [de Nurkse]».
[6] La descripción y el análisis más completos de la conducta del franco en la década de 1920 siguen siendo los de Dulles, 1929.

preciación de la moneda que se registraron en Francia durante este periodo son atribuibles a los grandes déficits presupuestarios en que se incurrió para financiar los costes de la reconstrucción y que fueron financiados mediante la compra de deuda pública por parte del Banco de Francia. La depreciación se aceleraba cada vez que aparecía nueva información sobre la magnitud de los déficits presupuestarios previstos y sobre la forma en que se financiarían.

Esos déficits persistieron durante más de cinco años. Los hombres y mujeres que habían defendido a la nación francesa demandaron nuevos programas sociales. El elevado coste de la reparación de las carreteras, los ferrocarriles, las minas, las fábricas y las casas destruidos en los diez *départements* del noreste, región en la que se habían librado las batallas más devastadoras, supuso otra nueva carga para las autoridades fiscales. Al mismo tiempo, los ingresos eran bajos debido al lento ritmo de la recuperación. Las discrepancias sobre los programas sociales que debían recortarse y sobre los impuestos que debían subirse desembocaron en una prolongada paralización fiscal. Los partidos de la izquierda exigían una subida de los impuestos sobre el capital y sobre el patrimonio y los de la derecha reclamaban una reducción del gasto social. Mientras se ponían de acuerdo, la inflación continuó aumentando y la moneda depreciándose.

El Gobierno francés estaba obligado por una ley de 1920 a devolver al banco central todos sus anticipos a un ritmo de 2.000 mil millones de francos al año. Como para eso se necesitaban superávits presupuestarios, esta ley estabilizó las expectativas sobre la política fiscal y reforzó la confianza en la moneda. Pero era más fácil exigir la devolución que llevarla a cabo. El Gobierno incumplió repetidamente los plazos de las entregas anuales e incluso cuando observó la letra de la ley, infringió su espíritu financiando la devolución al banco central con créditos concedidos por bancos privados a los que el banco central prestaba. Hacia 1922, había quedado patente esta pauta de engaños, por lo que se aceleró la depreciación de la moneda.

El conflicto sobre la contribución de Alemania a la reconstrucción de la economía francesa vino a agravar la disputa sobre los impuestos. Una subida de los impuestos habría minado el argumento de que el enemigo derrotado debía financiar los costes de la reconstrucción de Francia. La postura francesa era que la nación había sufrido tanto como consecuencia de la guerra que carecía de los recursos necesarios para financiar la reconstrucción. Prueba de ello eran los déficits presupuestarios. Cuanto mayores fueran los déficits y más rápidas la inflación y la depreciación de la moneda que provocaban, mayor sería el poder de negociación de Francia.

Hasta 1924, las fluctuaciones del franco vinieron determinadas por el curso de esas negociaciones. Cada vez que parecía que iban a entregarse cuantiosas indemnizaciones, los observadores revisaban a la baja sus previsiones sobre los déficits presupuestarios franceses, así como sus expectativas sobre la inflación y sobre la depreciación de la moneda. Por ejemplo, el franco se reforzó en 1921, cuando los aliados acordaron obligar a Alemania a pagar 31.000 millones de dólares. Cayó en junio de 1922 cuando un comité de expertos presentó a la Comisión de Reparaciones una pesimista evaluación de la capacidad de pago de Alemania (véase la figura 3.2).

Para entonces ya estaba claro que el nuevo primer ministro francés, Raymond Poincaré, no estaba dispuesto a transigir sino a conseguir las reparaciones por la fuerza. Para cumplir esta amenaza, en enero de 1923 el ejército francés y el belga invadieron la región alemana del Ruhr. Esta región producía el 70 % del carbón, el hierro y el acero de Alemania, por lo que constituía una fuente obvia de reparaciones en especie. Durante los primeros meses de la ocupación, el franco se fortaleció, debido a la creencia de que la ocupación resolvería el problema presupuestario de Francia. Cuando quedó patente que la resistencia pasiva de Alemania frustraba los intentos de conseguir por la fuerza la transferencia, se perdió el terreno que se había ganado. Los trabajadores alemanes se negaron a cooperar con los ejércitos ocupantes y su Gobierno imprimió cantidades astronómicas de billetes (en alguna ocasión sólo por una de las caras para ahorrar tiempo y capacidad de impresión) para pagar sus salarios. Al quedar empantanada la expedición, el franco reanudó su marcha descendente, esta vez –con el gasto adicional de mantener un ejército de ocupación– a un ritmo más rápido que antes.

Cuando surgió la posibilidad de llegar a un acuerdo a finales de 1923, el franco se estabilizó. Se nombró un comité presidido por Charles Dawes, banquero americano, para actuar de mediador. Una vez que quedó patente que el Comité Dawes estaba dispuesto a recomendar la posposición de la mayoría de las transferencias, el franco volvió a depreciarse. Por segundo año consecutivo, el Gobierno pidió al Parlamento que aprobara una ley especial que lo eximiera de la obligación de devolver 2.000 millones de francos por los anticipos realizados por el banco central, lo que desmoralizó al mercado.

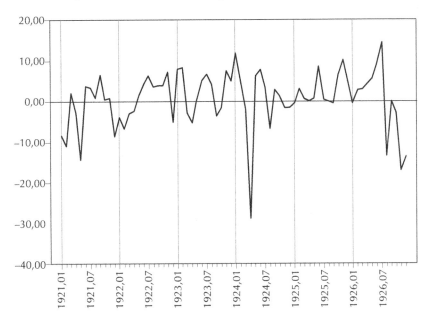

Figura 3.2. Tipo de cambio nominal entre el franco francés y el dólar americano, 1921-26 (variación porcentual mensual).
Fuente: Federal Reserve Board, 1943.
Nota: El tipo de cambio se define de tal forma que una subida indica una depreciación del franco francés. Las líneas verticales corresponden a los meses de enero.

Finalmente, se llegó a una solución de compromiso sobre las reparaciones: el Plan Dawes. Alemania iba a pagar anualmente alrededor de un 1 % de su renta nacional. El valor absoluto de la transferencia aumentaría conforme se expandiera la economía alemana. Además de complementar otras fuentes de ingresos del Gobierno francés, el acuerdo aclaró la situación internacional lo suficiente para que las autoridades francesas pudieran abordar sus problemas fiscales sin socavar su posición internacional. Eliminó los incentivos para posponer la negociación de un acuerdo nacional con el fin de afianzar la posición del país en sus relaciones con Alemania. El *Bloc National*, coalición de partidos de centro-derecha, consiguió que se subieran los impuestos sobre el tráfico de empresas y sobre consumos específicos alrededor de un 20 %. Se restableció el equilibrio presupuestario. El endeudamiento del Estado disminuyó, pasando de 3.800 millones de francos de antes de la guerra en 1923 a 1.400 millones en 1924 y a 800 millones en 1925, lo cual permitió al Gobierno pedir un crédito de 100 millones de dólares a través del banco de inversiones J. P. Morgan and Co. de Nueva York y más de 20 millones de dólares a través de Lazard Frères en Londres. El tipo de cambio mejoró bruscamente.[7]

Si ése hubiera sido el final de la historia, los críticos de Nurkse tendrían razón al afirmar que la inestabilidad del franco se debió simplemente a la inestabilidad de la política económica francesa. Sin embargo, a pesar del restablecimiento del equilibrio presupuestario y de la eliminación de las causas más graves de incertidumbre sobre las reparaciones, el franco comenzó a depreciarse de nuevo en 1925, pasando de diecinueve francos por dólar a comienzos de año a veintiocho a finales de 1925 y a cuarenta y uno en julio de 1926. Los agentes vendieron francos en previsión de una nueva caída, provocando la propia depreciación que temían. Cuanto más se alejaba el tipo de cambio de su paridad anterior a la guerra, menos probable era que el Gobierno estuviera dispuesto a imponer la deflación radical necesaria para restablecer el nivel de precios y el tipo de cambio existentes antes de la guerra; los que consideraban la posibilidad de que se depreciara la moneda tenían ante sí una apuesta de sentido único. Cuando los responsables de fijar los salarios y los precios comenzaron a considerar que la depreciación era permanente, se aceleró la transmisión de la depreciación de la moneda a la inflación. El franco no se estabilizó hasta año y medio más tarde, cuando ya había perdido más de la mitad de su valor restante, habiendo sufrido al parecer precisamente las «variaciones que van acumulándose y agravándose» de las que advertía Nurkse.[8]

---

[7] Esta mejora es evidente en el pico descendente que aparece en la figura 3.2. Este giro de los acontecimientos tiene dos interpretaciones. Según la primera, el Gobierno utilizó estos recursos para intervenir en el mercado de divisas, comprando francos y dando así una dolorosa lección a los especuladores que los habían vendido a corto en previsión de una nueva depreciación. Según la otra interpretación, se habían transformado las variables fundamentales: el saldo presupuestario, el acuerdo sobre las indemnizaciones y un préstamo que suministró suficiente moneda fuerte para defender el tipo de cambio fueron sólidas razones para que cambiara el sentimiento del mercado.
[8] Ésta es la conclusión que extrae Pierre Sicsic (1992) en su estudio del episodio.

Desgraciadamente para los que creen que este episodio confirma la hipótesis de la especulación desestabilizadora, hay una segunda interpretación que también es coherente con los hechos. Aunque no existan pruebas de inestabilidad de la política económica del momento en las estadísticas sobre el presupuesto o sobre la tasa de creación de dinero, es posible que hubiera razones para prever una nueva inestabilidad en el futuro.[9] El Plan Dawes había resuelto el conflicto entre Francia y Alemania sobre las reparaciones, pero no había puesto fin a la pelea interna sobre los impuestos. Las subidas de los impuestos indirectos decididas en 1924 por el Gobierno de centro-derecha de Poincaré contrariaron a la izquierda. La coalición de Poincaré fue derrotada en las elecciones celebradas más tarde ese mismo año y sustituida por un Gobierno de centro-izquierda presidido por Édouard Herriot, que era más conocido por su biografía de Beethoven que por su competencia en asuntos económicos. Los inversores temían que el nuevo Gobierno sustituyera el impuesto indirecto de Poincaré por impuestos sobre el patrimonio y sobre la renta, concretamente, por un *impuesto sobre el capital* de un 10% aplicable a toda la riqueza y pagadero en diez años. El Senado, dominado por grupos de intereses adinerados elegidos por los ayuntamientos, derribó al Gobierno de Herriot con una moción de censura en la primavera de 1925. En los catorce meses siguientes se sucedieron cinco inútiles Gobiernos minoritarios. Entretanto, persistía la posibilidad de que se estableciera un impuesto sobre el capital. Refiriéndose en mayo de 1926 a su viaje por Europa, Benjamin Strong, del Banco de la Reserva Federal de Nueva York, mencionó los rumores sobre la disolución del Gobierno y su sustitución por otro Gobierno de Herriot, «que tendría, por supuesto, el respaldo de la facción de Blum [socialista], que tan firme partidaria es del impuesto sobre el capital. Si tuvieran un Gobierno de ese tipo, la situación empeoraría indudablemente mucho más. El pueblo francés se asustaría y me temo que la huida del franco sería mucho peor que ahora».[10]

Para protegerse, las personas acaudaladas hicieron desaparecer sus activos del país como por arte de magia. Cambiaron bonos del

---

[9] Es lo que se afirma en Prati, 1991, y Eichengreen, 1992b.

[10] Citado en Eichengreen, 1992c, pág. 93. Thomas Sargent (1983) también hace hincapié en el continuo temor a un impuesto sobre el capital como motivo para la huida del capital.

Tesoro y otros activos denominados en francos por títulos y depósitos bancarios denominados en libras esterlinas y en dólares en Londres y Nueva York, lo que provocó la caída del franco. Y cuantos más inversores sacaban sus activos del país, mayores eran los incentivos de los demás para seguir su ejemplo. La huida del capital redujo la base a la que podía aplicarse un impuesto sobre el capital, lo que implicaba un aumento de los impuestos sobre los activos que se habían quedado. Al igual que una retirada masiva de depósitos avivada por la formación de una cola en un banco, la huida del franco, una vez en marcha, se alimentó sola.

Al final, la izquierda carecía de la mayoría parlamentaria necesaria para imponer el gravamen. Pero esto no fue evidente hasta el verano de 1926. En las últimas fases de la crisis, es decir, entre octubre de 1925 y julio de 1926, el ministro de Hacienda cambió, por término medio, cada cinco semanas. Las consecuencias para la confianza eran predecibles. En palabras de un periódico, «actualmente, toda Francia hierve de ansiedad».[11]

«La crisis del franco» la resolvió finalmente en julio de 1926 una comunidad política cansada del caos financiero. Diez años de inflación habían resignado al hombre de la calle a llegar a una solución de compromiso. Poincaré volvió al poder como presidente de un Gobierno de unión nacional. Desempeñando él mismo las funciones de ministro de Hacienda y teniendo plenos poderes para decidir la política económica, decretó una subida simbólica de los impuestos indirectos y recortes del gasto público. Y lo que es más importante, la consolidación política hizo desaparecer de una vez por todas de la agenda fiscal el impuesto sobre el capital. La recuperación del franco fue inmediata. Se repatriaron fondos que habían huido al extranjero y se estabilizó la moneda.

¿Cómo queda después de esto el debate sobre la especulación desestabilizadora? No cabe duda de que la depreciación del franco de 1925-26 se debió a las expectativas de los agentes de divisas sobre los futuros desequilibrios de la política económica (la reaparición de los déficits presupuestarios públicos y la monetización del Banco de Francia). La cuestión estriba en saber si la reaparición de los déficits se debió a las ventas especulativas de francos, que provocaron la ace-

---

[11] Citado en Eichengreen, 1992a, pág. 182.

leración de la inflación y la caída del valor real de la recaudación de impuestos en relación con el gasto público (como sugiere la teoría de Nurkse sobre la especulación desestabilizadora), o si esos déficits presupuestarios y esa inflación se debieron a que no se resolvió el conflicto distributivo y habrían resurgido incluso aunque no hubiera habido ataques especulativos. Es inevitable que el debate quede inconcluso hasta cierto punto, dada la imposibilidad de observar realmente las expectativas de los agentes de divisas.

Así pues, tanto los defensores de los tipos de cambio fluctuantes como sus críticos pudieron ver confirmados sus argumentos en la primera mitad de los años veinte. La cuestión es por qué predominó el punto de vista negativo. Podría argumentarse que la historia reciente siempre tiende a ser la que más influye, que el temor a la inestabilidad con un sistema de tipos fluctuantes era mayor que el temor a la fragilidad de los tipos fijos porque la primera experiencia era más inmediata. Y lo que es más fundamental, los observadores no se dieron cuenta de que las circunstancias políticas sin precedentes que permitieron la inestabilidad en el sistema de tipos fluctuantes constituían una amenaza igualmente seria para los tipos de cambio fijos del patrón oro. El mero restablecimiento del patrón oro no eliminó las presiones políticas que habían provocado los movimientos especulativos de capitales. Las disputas sobre la incidencia de los impuestos y los costes de la política del banco central para el paro, que se habían reavivado desde la guerra, no podían hacerse desaparecer fijando la moneda. La lección que *debería* haberse extraído de la experiencia de la fluctuación era que el nuevo patrón oro carecería inevitablemente de la credibilidad y la durabilidad de su predecesor anterior a la guerra.

La reconstrucción del patrón oro

Sin embargo, lo que sucedió fue que la experiencia de la primera mitad de los años veinte reforzó el deseo de resucitar el patrón oro existente antes de la guerra. Los que creían que los tipos fluctuantes habían sido desestabilizados por la especulación anhelaban el patrón oro para negar a los agentes de divisas esta oportunidad. Los que le echaban la culpa a la errática política económica pensaban que el restablecimiento de la convertibilidad del oro era una manera de imponer la disciplina a los Gobiernos. La descripción que hizo Wicker de los Estados Unidos de los años veinte tiene una aplicación más general: «La "solidez" de la moneda y la convertibilidad interior del oro eran indistinguibles y constituían la base de la opinión pública en lo referente a las cuestiones cambiarias».[12]

El paso clave fue la reanudación de la convertibilidad en Gran Bretaña. Lo que Gran Bretaña consiguió restablecer en 1925 fue la convertibilidad al precio existente antes de la guerra: 3 libras, 17 chelines, 9 peniques por onza de oro de 11/12 de ley. Como Estados Unidos no había alterado el precio del oro en dólares, la paridad anterior a la guerra implicaba el tipo de cambio entre el dólar y la libra esterlina que existía antes de la guerra (4,86$ por libra). Para que ese tipo fuera defendible, había que bajar los precios británicos, si no al nivel vigente antes de la guerra, sí al menos a un nivel algo más alto que el alcanzado por los precios en Estados Unidos.

La transición se llevó a cabo gradualmente para evitar las perturbaciones de una rápida deflación. Los precios británicos habían bajado bruscamente en 1920-21, al reducirse el gasto público para impedir que se descontrolara la expansión existente después de la guerra; al mismo tiempo, el Banco de Inglaterra había subido su tipo de descuento para evitar que la libra bajara aún más frente al dólar. La subida de los tipos de interés y el descenso de los precios provocaron una recesión; en el plazo de un año el porcentaje de la población activa asegurada que estaba registrada como parada había aumentado de 2,0 a 11,3 %. La lección extraída fue la conveniencia de realizar la transición gradualmente y no de inmediato.

Quedaba mucho camino por recorrer. Estados Unidos había recortado el gasto público tras el armisticio y había subido los tipos de interés para frenar la expansión. Benjamin Strong, gobernador del Banco de la Reserva Federal de Nueva York, recién establecido, pensaba que era aconsejable que los precios de Estados Unidos retrocedieran al nivel en el que se encontraban en 1913. Durante el verano de 1920, en plena expansión, el Sistema de la Reserva Federal tenía poco oro; la tasa de cobertura cayó peligrosamente situándose cerca del nivel mínimo legal del 40 %. El Fed adoptó duras medidas deflacionistas para elevar sus reservas.

---

[12] Wicker, 1966, pág. 19.

Esta medida aumentó la carga del Banco de Inglaterra. La reducción del nivel de precios británico en relación con el de Estados Unidos era mucho más difícil cuando estaban bajando los precios americanos. El Banco se vio obligado a adoptar medidas aún más restrictivas para que subiera la libra frente al dólar, dada la política más restrictiva que estaba siguiéndose en la Reserva Federal.

Cuando dejó de bajar el nivel de precios de Estados Unidos en 1922, mejoraron las perspectivas de Gran Bretaña. El Banco de Inglaterra hizo lentos pero continuos progresos durante un par de años. Pero la ley que había suspendido el patrón oro británico expiraba a finales de 1925. El Gobierno conservador se vería en apuros si siete años después de la guerra no había conseguido restablecer la convertibilidad. Algunos aliados tradicionales de Gran Bretaña, entre los cuales se encontraban Australia y Suráfrica, anunciaron su intención de restablecer la convertibilidad independientemente de que lo hiciera o no Gran Bretaña; su distanciamiento pondría aún más en apuros a Londres.

En 1924 el Banco de la Reserva Federal de Nueva York bajó su tipo de descuento a instancias de Benjamin Strong con el fin de ayudar a Gran Bretaña a retornar al oro.[13] Al fluir fondos de Nueva York a Londres en busca de mayores rendimientos, la libra se fortaleció. Dándose cuenta de que los conservadores se verían obligados a actuar como consecuencia de la expiración de la Gold and Silver (Export Control) Act [ley de (control de las exportaciones) de oro y plata] a finales de 1925, los mercados pujaron al alza sobre la moneda en previsión.[14] A comienzos de 1925, la libra esterlina giraba en torno a su paridad anterior a la guerra y el Gobierno anunció la reanudación de los pagos de oro el 25 de abril. Pero la relación entre los precios británicos y los extranjeros no se había restablecido. El hecho de que el tipo de cambio hubiera variado antes que el nivel de precios significaba que los precios británicos eran demasiado altos, lo que causaba dificultades competitivas a los exportadores de textiles de Lancashire y a las empresas químicas que competían con las importaciones. La *sobrevaluación* de la libra redujo la demanda de bienes británicos, agravando el paro. Drenó oro del Banco de Inglaterra, obligándolo a subir los

---

[13] Véase Howson, 1975, cap. 3.
[14] Ésta es la interpretación del episodio que se deduce del modelo de Marcus Miller y Alan Sutherland (1994).

tipos de interés, aun a costa de deprimir la economía. Suele considerarse que los factores determinantes de la decisión de restablecer la paridad existente antes de la guerra fueron el lento crecimiento y la tasa de paro de dos dígitos que asolaron la economía británica durante el resto de la década.

Keynes estimaba que la libra esterlina estaba sobrevaluada entre un 10 y un 15 %. En *The Economic Consequences of Mr. Churchill* (1925) lamentó la decisión. Posteriormente se pusieron en duda los detalles de sus cálculos. De una variedad de índices de precios de Estados Unidos, daba la casualidad de que había elegido el del estado de Massachusetts, que era el que indicaba la mayor diferencia entre los niveles nacionales de precios.[15] Pero aun cuando los índices más representativos inducían a pensar que la sobrevaluación era algo menor –del orden de 5 o 10 % y no de 15 %– la conclusión cualitativa era la misma.

¿Por qué estaba dispuesto el Gobierno a pasar por alto estos hechos? Sir James Grigg, secretario privado de Winston Churchill, Ministro de Hacienda, habla de una cena en la que los partidarios de la vuelta al oro y sus oponentes trataron de influir en el ministro.[16] Keynes y Reginald McKenna, antiguo ministro de Hacienda y posteriormente presidente del Midland Bank, sostenían que la sobrevaluación expulsaría a los bienes británicos de los mercados mundiales por sus elevados precios y que las reducciones de los salarios necesarias en respuesta provocarían malestar laboral. Según Grigg, es posible que Churchill optara, no obstante, por seguir adelante, porque Keynes no estaba en plena forma y no supo expresar sus puntos de vista convincentemente. Es posible que el conflicto de personalidades entre el obstinado Churchill y Keynes llevara al ministro a desestimar las recomendaciones del profesor universitario. Y es posible que Churchill temiera que la vuelta al oro a un tipo devaluado privara a la política económica de sus ventajas. Según este razonamiento, para que el compromiso de Gran Bretaña con el oro fuera creíble,

[15] Para el debate y los diferentes índices de precios de que podían disponer los contemporáneos, véase Moggridge, 1969. Los autores modernos han refinado estos cálculos, comparando los precios británicos, no con los americanos solamente, sino también con una media ponderada por el comercio de los niveles de precios vigentes en los diferentes países con los que competían los productores británicos. Véase Redmond, 1984.
[16] Grigg, 1948, págs. 182-84.

había que restablecer la convertibilidad a la paridad existente antes de la guerra. Retocar la paridad una vez significaba que las autoridades podían estar dispuestas a hacerlo de nuevo. Los Gobiernos, los bancos centrales, las empresas y los inversores extranjeros tenían depósitos en libras en Londres y realizaban operaciones financieras internacionales en esa ciudad. La devaluación de la libra, incluso en circunstancias excepcionales, los llevaría a reconsiderar su estrategia de inversión. La pérdida de operaciones financieras internacionales perjudicaría a Gran Bretaña y a sus intereses financieros. Es posible, pues, que la contienda política entre los distintos grupos de intereses, que reflejaba el triunfo de los intereses financieros sobre un sector industrial estancado, influyera en la decisión de los políticos.

La reanudación de la convertibilidad por parte de Gran Bretaña fue la señal para que otros países siguieran su ejemplo. Australia, Nueva Zelanda, Hungría y Danzig lo siguieron inmediatamente. En los países en los que los precios habían subido espectacularmente como consecuencia de la inflación existente durante la guerra y durante los años posteriores, su reducción a los niveles existentes antes de la guerra habría implicado una enorme redistribución de los deudores en favor de los acreedores, por lo que se excluyó. Por lo tanto, cuando Italia, Bélgica, Dinamarca y Portugal retornaron al patrón oro, lo hicieron, al igual que Francia, a tipos devaluados (es decir, estipulando unos precios del oro en moneda nacional más altos). Su experiencia posterior, en comparación con la de Gran Bretaña, puede utilizarse para contrastar la proposición de que el restablecimiento de la paridad existente antes de la guerra aumentó la credibilidad.

Hacia 1926 el patrón oro funcionaba en treinta y nueve países.[17] Hacia 1927, su reconstrucción casi había terminado. Francia no había legalizado la decisión de diciembre de 1926 de estabilizar el franco al tipo vigente, medida que tomó finalmente en junio de 1928. Y los países situados en la periferia de Europa, los países bálticos y balcánicos, aún tenían que restablecer la convertibilidad. España nunca la restableció. Ni China ni la Unión Soviética quisieron sumarse al club del patrón oro. Pero a pesar de estas excepciones, el patrón oro se extendía de nuevo por una gran parte del mundo.

---

[17] Véase Brown, 1940, vol. 1, pág. 395.

El nuevo patrón oro

Durante la Primera Guerra Mundial las monedas de oro casi habían desaparecido de la circulación. Estados Unidos era el único país en el que una proporción significativa del dinero en circulación –el 8 %– consistía en monedas de oro. Los Gobiernos de la posguerra confiaban en que las escasas existencias mundiales de oro se estiraran aún más si se concentraban en las cajas fuertes de los bancos centrales. Para conseguir que no circulara oro, los Gobiernos sólo lo facilitaban a quienes tuvieran suficiente dinero para comprar una cantidad considerable. Para conseguir el mínimo de 400 onzas de oro fino que exigía el Banco de Inglaterra era necesario realizar una inversión de unas 1.730 libras (8.300 dólares). Otros países impusieron parecidas restricciones.

Otro recurso utilizado para estirar aún más las reservas de oro existentes (y contar así con los niveles tradicionales de respaldo de una oferta monetaria mayor) era extender la práctica que se seguía antes de la guerra y que consistía en complementar el oro con divisas, es decir, en transformar el patrón oro en un *patrón de cambio-oro*. Bélgica, Bulgaria, Finlandia, Italia y Rusia eran los únicos países europeos que no habían limitado el uso de reservas de divisas en 1914.[18] Los países que estabilizaron su moneda con la ayuda de la Sociedad de Naciones (y como condición para recibir préstamos patrocinados por la Sociedad reforzaron la independencia de sus bancos centrales) incluyeron en los estatutos de su banco central una disposición que daba derecho a esa institución a tener todas sus reservas en activos exteriores portadores de intereses. Otros países autorizaron a su banco central a tener una proporción fija de sus reservas en divisas.

El deseo de concentrar el oro en los bancos centrales y de complementarlo con divisas se debía al temor a una escasez mundial de oro. La demanda de efectivo y de depósitos se había incrementado como consecuencia de la subida de los precios y del crecimiento de la economía mundial. Entretanto, las existencias de oro sólo habían aumentado moderadamente. Los responsables de la política econó-

---

[18] Austria, Dinamarca, Grecia, Noruega, Portugal, Rumanía, España y Suecia habían permitido que sus bancos centrales y sus Gobiernos tuvieran divisas como reservas, pero lo habían limitado en la práctica.

mica temían que esta «escasez de oro» impidiera expandir aún más las ofertas monetarias y que la austeridad financiera redujera la tasa de crecimiento económico.

Si el oro era escaso y costoso de obtener, ¿no podían los bancos centrales hacer más uso individualmente de las reservas de divisas? Los contemporáneos dudaban de que fuera viable. Un país que adoptara unilateralmente esta práctica podía ser presa de los especuladores, que venderían su moneda por otra respaldada únicamente por oro. Los países sólo se librarían de esta amenaza si todos acordaran tener una parte de sus reservas en divisas. La existencia de un problema de coordinación impedía, pues, el cambio.

Los problemas de coordinación se resuelven por medio de la comunicación y de la cooperación. La década de 1920 fue testigo de una serie de conferencias internacionales en las que se intentó resolverlos de esta forma. La más importante fue la Conferencia de Génova celebrada en 1922.[19] Congregó a todos los grandes países del patrón oro, salvo Estados Unidos, cuyo Congreso aislacionista pensaba que la reunión era una fuente de embrollos internacionales similar a la Sociedad de Naciones, en la que había vetado la participación de ese país. Bajo el liderazgo de la delegación británica, un subcomité sobre cuestiones financieras redactó un informe que recomendaba a los países negociar una convención internacional que autorizara a sus bancos centrales a tener unas reservas ilimitadas de divisas.

El otro tema de la Conferencia de Génova fue la cooperación internacional. Se dieron instrucciones a los bancos centrales para que formularan su política «no sólo con la idea de mantener sus monedas a la par, sino también con la idea de impedir que el poder adquisitivo del oro fluctuara excesivamente»[20] («el poder adquisitivo del oro» era una expresión que se utilizaba para referirse al nivel de precios; como los bancos centrales fijaban el precio del oro en la moneda nacional, el poder adquisitivo del metal aumentaba cuando bajaba el nivel de precios). Si los bancos centrales se enzarzaban en una pelea por las escasas reservas mundiales de oro y no cooperaban, subiendo cada uno los tipos de interés en un intento de atraer oro de los demás, ninguno lo conseguiría (ya que las subidas de sus tipos de interés se

---

[19] Para una historia de la Conferencia de Génova, véase Fink, 1984.
[20] *Federal Reserve Bulletin*, junio, 1922, págs. 678-80.

contrarrestarían mutuamente), sino que los precios y la producción disminuirían. Si armonizaban sus tipos de descuento y los situaban en unos niveles más adecuados, podía conseguirse la misma distribución internacional de las reservas sin provocar una desastrosa deflación.

Keynes y Ralph Hawtrey (que era por entonces director de investigaciones financieras del Tesoro) desempeñaron un importante papel en la redacción de las resoluciones de Génova, que reflejaron, pues, el punto de vista británico sobre las relaciones monetarias internacionales. Los dominios británicos como la India tenían reservas de divisas desde hacía mucho tiempo; Londres consideraba, pues, que esta práctica era una solución lógica para resolver los problemas monetarios mundiales. El Banco de Inglaterra había participado en la mayoría de los casos de cooperación de los bancos centrales antes de la guerra y mantenía contactos regulares con los bancos de la Commonwealth y los dominios; consideraba que esa cooperación era tanto deseable como práctica. Las resoluciones de Génova reflejaron los intereses británicos: un nuevo descenso de los precios mundiales causado por la existencia de unas reservas internacionales insuficientes complicaría su intento de restablecer la paridad de la libra existente antes de la guerra. Londres, con su desarrollada estructura financiera, estaba seguro de ser un destacado depositario de reservas de divisas, como lo había sido en el siglo XIX. Reavivando su papel, atraería a la City (como se conocía su distrito financiero) negocios bancarios internacionales, de los que tan necesitada estaba. Contribuiría a reconstruir el mecanismo de ajuste de la balanza de pagos que tan admirablemente había funcionado antes de la guerra.

El subcomité que redactó las resoluciones de Génova sobre las finanzas recomendó la celebración de una reunión de los bancos centrales para acordar los detalles. Sin embargo, esa reunión nunca se celebró, debido a la falta de apoyo de Estados Unidos. Aunque este último país había declinado participar en la Conferencia de Génova, a los responsables de la Reserva Federal les molestó la decisión de asignar al Banco de Inglaterra la responsabilidad de organizar la cumbre de los bancos centrales. Los observadores americanos dudaban de la eficacia del patrón de cambio-oro y de la necesidad de que los bancos centrales cooperaran. Durante la Primera Guerra Mundial, Estados Unidos había exportado productos agrícolas y manufacturados a cambio de oro y de divisas. Sus reservas de oro habían aumentado, pasando de 1.300 millones de dólares en 1913 a 4.000 millones en 1923. Estados Unidos no necesitaba deflactar para restablecer la convertibilidad. Es posible, además, que los responsables del Sistema de la Reserva Federal, recién establecido, albergaran la falsa impresión de que el patrón oro era automático. Al no haber contribuido a su gestión antes de la guerra, no supieron apreciar el papel que desempeñaban las reservas de divisas y la cooperación de los bancos centrales.[21]

Así pues, nunca se celebró la reunión propuesta de bancos centrales. Se dejó que los esfuerzos para fomentar la cooperación de los bancos centrales y el uso de reservas de divisas prosiguieran de una manera *ad hoc*. Los intentos de reconstruir el sistema monetario internacional partiendo de cero resultaron infructuosos. El patrón oro del periodo de entreguerras se desarrolló paulatinamente, al igual que el sistema existente antes de la guerra. Su estructura era la suma de mecanismos monetarios internacionales, ninguno de los cuales se había seleccionado por sus implicaciones para el funcionamiento del sistema en su conjunto. Como se lamentaba Nurkse, «la manera fragmentaria y aleatoria en que se llevó a cabo la reconstrucción monetaria sembró las semillas de la desintegración posterior».[22]

Problemas del nuevo patrón oro

Hacia la segunda mitad de los años veinte, las monedas eran de nuevo convertibles en oro a unos precios interiores fijos y se había eliminado la mayoría de las restricciones significativas a las que estaban sometidas las transacciones internacionales de capital y de oro. Estos dos elementos contribuyeron conjuntamente, al igual que antes de la Primera Guerra Mundial, a estabilizar los tipos de cambio entre las monedas nacionales y a hacer de los movimientos internacionales de oro el medio último para saldar la balanza de pagos.

---

[21] En particular, Benjamin Strong, gobernador del Banco de la Reserva Federal de Nueva York y destacada figura en las relaciones monetarias internacionales de Estados Unidos durante la década de 1920, se convirtió en un crítico cada vez más feroz del patrón de cambio-oro.

[22] Véase Nurkse, 1944, pág. 117.

Los años comprendidos entre 1924 y 1929 fueron un periodo de crecimiento económico y elevada demanda de dinero y de crédito en todo el mundo. Una vez que se restableció el patrón oro, la liquidez adicional que necesitaba la pujante economía mundial tenía que basarse en un aumento de la cantidad de reservas internacionales. Sin embargo, las existencias mundiales de oro monetario sólo habían crecido lentamente durante la Primera Guerra Mundial y en la primera mitad de los años veinte, a pesar de la concentración de las existencias de oro en las cajas fuertes de los bancos centrales. El cociente entre las reservas de oro de los bancos centrales y los billetes y depósitos a la vista disminuyó de 48 % en 1913 a 40 % en 1927.[23] Los bancos centrales se vieron obligados a establecer una superestructura cada vez mayor de pasivos sobre una reducida base de oro monetario.

Especialmente desconcertante fue el hecho de que dos países, Francia y Alemania, absorbieran casi todo el aumento de las reservas monetarias mundiales en la segunda mitad de la década de 1920 (véase la tabla 3.1). Las reservas de oro del Banco de Francia se duplicaron con creces entre 1926 y 1929. A finales de 1930, se habían triplicado. A finales de 1931, se habían cuadruplicado. Francia se convirtió en el principal depositario de oro monetario después de Estados Unidos. Esta avalancha de oro indicaba que el franco Poincaré (como se conocía la moneda en honor al primer ministro que había presidido su estabilización) estaba subvalorado. Si el tipo que habían elegido las autoridades francesas para estabilizar no hubiera dado a los productores interiores una ventaja competitiva indebida, no habría entrado tanto oro en las arcas del Banco de Francia. Si hubieran dejado que actuaran las fuerzas del mercado en lugar de intervenir para impedir la apreciación de la moneda a finales de 1926, la mayor fortaleza del franco habría eliminado esta ventaja competitiva artificial y habría neutralizado las consecuencias para la balanza de pagos. Si el franco hubiera estado más fuerte, habría descendido el nivel de precios y habría aumentado al mismo tiempo el valor real de los billetes y de los depósitos en circulación, lo que habría evitado la necesidad de importar oro. Francia no habría sido un sumidero del oro mundial, lo que habría reducido las presiones sobre el sistema internacional.

---

[23] Sociedad de Naciones, 1930, pág. 94.

Tabla 3.1. Reservas de oro de los bancos centrales y de los estados, 1913-35 (porcentaje del total).

País	1913	1918	1923	1924	1925	1926	1927	1928	1929	1930	1931	1932	1933	1934	1935
Estados Unidos	26,6	39,0	44,4	45,7	44,4	44,3	41,6	37,4	37,8	38,7	35,9	34,0	33,6	37,8	45,1
Reino Unido	3,4	7,7	8,6	8,3	7,8	7,9	7,7	7,5	6,9	6,6	5,2	4,9	7,8	7,3	7,3
Francia	14,0	9,8	8,2	7,9	7,9	7,7	10,0	12,5	15,8	19,2	23,9	27,3	25,3	25,0	19,6
Alemania	5,7	7,9	1,3	2,0	3,2	4,7	4,7	6,5	5,3	4,8	2,1	1,6	0,8	0,1	0,1
Argentina	5,3	4,5	5,4	4,9	5,0	4,9	5,5	6,0	4,2	3,8	2,2	2,1	2,0	1,9	2,0
Australia	0,5	1,5	1,5	1,5	1,8	1,2	1,1	1,1	0,9	0,7	0,5	0,4	a	a	a
Bélgica	1,0	0,7	0,6	0,6	0,6	0,9	1,0	1,3	1,6	1,7	3,1	3,0	3,2	2,7	2,7
Brasil	1,9	0,4	0,6	0,6	0,6	0,6	1,1	1,5	1,5	0,1	n.d.	n.d.	0,1b	0,1b	0,1
Canadá	2,4	1,9	1,5	1,7	1,7	1,7	1,6	1,1	0,8	1,0	0,7	0,7	0,6	0,6	0,8
India	2,5	0,9	1,3	1,2	1,2	1,2	1,2	1,2	1,2	1,2	1,4	1,4	1,4	1,3	1,2
Italia	5,5	3,0	2,5	2,5	2,5	2,4	2,5	2,7	2,7	2,6	2,6	2,6	3,1	2,4	1,6
Japón	1,3	3,3	7,0	6,5	6,4	6,1	5,7	5,4	5,3	3,8	2,1	1,8	1,8	1,8	1,9
Países Bajos	1,2	4,2	2,7	2,3	2,0	1,8	1,7	1,7	1,7	1,6	3,2	3,5	3,1	2,6	2,0
Rusia	16,2	–	0,5	0,8	1,0	0,9	1,0	0,9	1,4	2,3	2,9	3,1	3,5	3,4	3,7
España	1,9	6,3	5,6	5,5	5,5	5,4	5,2	4,9	4,8	4,3	3,8	3,6	3,6	3,4	3,3
Suiza	0,7	1,2	1,2	1,1	1,0	1,0	1,0	1,0	1,1	1,3	4,0	4,0	3,2	2,9	2,0
Todos los demás	9,9	7,8	7,1	6,9	7,4	7,3	7,4	7,3	7,0	6,3	6,4	6,0	6,9	6,7	6,6
Total	100,0	100,0	100,0	100,0	100,0	100,0	100,0	100,0	100,0	100,0	100,0	100,0	100,0	100,0	100,0

Fuente: Hardy, 1936, pág. 93.
a. Menos de 0,05 de un 1%.
b. Bolivia, Brasil, Ecuador y Guatemala.
n.d. = No disponible.

¿Por qué siguió el Banco de Francia una política tan perjudicial? Ante las abusivas facilidades crediticias de los Gobiernos franceses anteriores, el Parlamento adoptó unas normas que prohibían al banco central extender créditos al Gobierno o expandir de alguna otra forma el componente de crédito interior de la *base monetaria*. La ley de 1928 que colocó a Francia en el patrón oro no sólo le exigía tener una cantidad de oro igual como mínimo a un 35 % de sus billetes y depósitos sino que también limitaba su utilización de las operaciones de mercado abierto. Otro banco central que hubiera tenido una ley que exigiera un respaldo del 35 % podría haber recurrido a *operaciones de mercado abierto* expansivas para aumentar el efectivo en circulación en casi tres francos cada vez que adquiriera oro por valor de un franco. Pero la ley de estabilización prohibía al Banco de Francia hacerlo. Como hemos visto en el capítulo anterior, Francia no era uno de los países en los que se utilizaban frecuentemente las *operaciones de mercado abierto* antes de 1913. Una vez más, la experiencia anterior a la guerra condicionó poderosamente –demasiado poderosamente– las percepciones de la estructura y del funcionamiento adecuados del sistema del periodo de entreguerras.

El banco central francés conservó otros instrumentos que podría haber empleado para expandir el crédito interior y frenar la entrada de oro. Podría haber animado a los bancos a redescontar sus letras bajando el tipo de descuento. Podría haber vendido francos en el mercado de divisas. Pero el mercado de descuento de París era pequeño, lo que limitaba la eficacia de la política de descuento. Y las autoridades francesas se sentían incómodas teniendo divisas. De hecho, en 1927 el Banco de Francia comenzó a liquidar sus reservas de divisas. Para limitar la apreciación del franco, había adquirido 750 millones de dólares en divisas durante el segundo semestre del año anterior, cantidad casi equivalente a sus reservas de oro. Las autoridades francesas recordaban que el Banco de Francia tuvo grandes cantidades de oro y pocas divisas hasta la Primera Guerra Mundial. Pensaban que las propuestas de Génova de institucionalizar el patrón de cambio-oro eran una estratagema británica para reforzar la posición de Londres como centro financiero a expensas de París.

Los problemas que planteó el endurecimiento de la política monetaria francesa se vieron exacerbados cuando en 1927 Émile Moreau, el obstinado caballero provinciano que gobernaba entonces el Banco de Francia, comenzó a convertir las divisas de su banco en oro. Cuando Moreau presentó el 20 % de lo que había adquirido en los seis meses anteriores para su conversión en el Banco de Inglaterra, este último lo advirtió de que esas demandas podían obligar a Gran Bretaña a suspender la convertibilidad. Para las autoridades francesas que veían en el patrón oro el baluarte de la estabilidad financiera, esta amenaza era grave; Moreau moderó sus demandas.[24]

El hecho de que Alemania fuera el otro país cuyas reservas de oro aumentaron extraordinariamente en la segunda mitad de la década de 1920 es sorprendente a primera vista. Alemania aún tenía que hacer frente a las dificultades creadas por las transferencias de las reparaciones, pero era el principal destino de la inversión exterior de Estados Unidos. Para tranquilizar a los ciudadanos, todavía asustados por el recuerdo de la hiperinflación, el Reichsbank mantenía unos tipos de interés más altos que los de otros países del patrón oro, lo que hacía de Alemania un atractivo destino para los fondos. Como consecuencia de la entrada de capitales, las reservas de oro del Reichsbank se triplicaron con creces entre 1924 y 1928.[25]

Su presidente, Hjalmar Horace Greeley Schacht, nacido en Brooklyn, compartía el escepticismo de Moreau sobre el patrón de cambio-oro (no sin razón, cabría añadir, ya que el político y periodista americano del siglo XIX al cual debía su nombre Schacht era un ferviente creyente en el oro). La hiperinflación alemana había reforzado la creencia de Schacht de que era conveniente adoptar un patrón oro rígido para aislar a los bancos centrales de las presiones políticas. Pero Schacht había heredado considerables cantidades de divisas debido al Plan Dawes, que contenía disposiciones en virtud de las cuales Alemania había recibido un préstamo en divisas. Mientras las monedas europeas, como la libra esterlina, se apreciaran en previsión del retorno de Gran Bretaña al oro, tenía sentido para Alemania conservar las divisas de libras del préstamo Dawes y recoger las ganancias de capital. Sin embargo, a partir de 1926 Schacht comenzó a convertir sus reservas de divisas en oro.[26] Para fomentar las importaciones de

---

[24] Como se explica más adelante, los intentos franceses de convertir las divisas del Banco de Francia en oro se reanudaron en 1931, en lo que resultó ser el peor momento posible para el sistema mundial.

[25] Véase Lüke, 1958.

[26] Véase Schacht, 1927, pág. 208.

oro, anunció que el Reichsbank aceptaría oro en Bremen, así como en Berlín, ahorrando a los arbitrajistas el coste de enviarlo a una ciudad del interior.

La absorción de oro por parte de Francia y Alemania aumentó las presiones sobre otros bancos centrales. El Banco de Inglaterra se encontraba continuamente, en palabras de su gobernador durante el periodo de entreguerras, Montagu Norman, «en el potro de tormentos».[27] Al entrar oro en Francia y Alemania, otros bancos centrales se veían obligados a subir los tipos de interés y a endurecer el crédito para defender sus reservas cada vez más precarias.

El país que más oro monetario tenía, Estados Unidos, no servía de ninguna ayuda. En 1926, tenía casi el 45 % de las existencias mundiales (véase la tabla 3.1). Casi una cuarta parte era *encaje oro*, es decir, superaba el 40 % de respaldo que exigía la ley del patrón oro del país.[28] Reduciendo los tipos de descuento del Banco de la Reserva o realizando operaciones de mercado abierto expansivas se habría fomentado la salida de capital y se habría redistribuido este oro entre el resto del mundo. En 1927 se realizaron modestos esfuerzos en este sentido, sobre todo cuando el Fed de Nueva York bajó su tipo de descuento y realizó compras de mercado abierto para ayudar a Gran Bretaña a salir de una crisis de pagos. A continuación, Estados Unidos adoptó una política restrictiva. La tasa de crecimiento de su oferta monetaria se redujo. Los rendimientos de los bonos del Estado dejaron de disminuir. Los tipos a corto plazo comenzaron a aumentar. Estos acontecimientos desconcertaron aún más a los bancos centrales extranjeros.

Lo que pensaban los responsables de la Reserva Federal no era ningún misterio. Durante 1927 habían mostrado una creciente preocupación por el auge de Wall Street, que, en su opinión, estaba des-

---

[27] En su comparecencia ante el Comité Macmillan, citado en Sayers, 1976, vol. 1, pág. 211.

[28] Las disposiciones legales precisas eran más complejas. Hasta 1932 los pasivos monetarios de la Reserva Federal no respaldados por oro tenían que ser garantizados por tenencias de «títulos negociables» del Fed; entre éstos estaba incluido el papel comercial, pero no los bonos del Tesoro. Por lo tanto, el excedente oro del banco central quedaba limitado a la parte, una vez descontado el mínimo del 40 %, que no era necesaria para respaldar los pasivos adquiridos por medio de compras de bonos del Tesoro y demás. Existe un debate sobre si esta restricción se dejaba sentir antes de su eliminación en 1932, que gira en torno a si el Fed podía adquirir más títulos negociables siempre que quería. Véanse Friedman y Schwartz, 1963, y Wicker, 1966.

viando recursos de usos más productivos. Para disuadir de especular en la bolsa, el Banco de la Reserva Federal de Nueva York subió su tipo de descuento de 3,5 a 5% en el primer semestre de 1928. Por otra parte, al Fed le preocupaba la disminución de la tasa de cobertura de su oro. El auge de la bolsa de finales de los años veinte había aumentado la cantidad de dinero y de crédito más espectacularmente que las reservas de oro de Estados Unidos, por lo que el Fed subió los tipos de interés, algo que consideraba que era responsabilidad de cualquier banco central.[29]

Sus medidas se dejaron sentir tanto en el interior como en el extranjero. La contracción monetaria frenó la expansión de la economía de Estados Unidos.[30] La subida de los tipos de interés frenó la salida de capital americano. El hecho de que el Fed no liberara oro aumentó las presiones sobre otros países, que se vieron obligados a responder subiendo sus propios tipos de descuento.

La pauta de pagos internacionales

No tardaron mucho los artífices del nuevo patrón oro en llegar a la conclusión de que éste no estaba funcionando conforme se había planeado. Algunos países incurrieron en persistentes déficits de balanza de pagos, agotando sus reservas de oro y de divisas. Exceptuando un pequeño superávit registrado en 1928, Gran Bretaña tuvo un déficit global de pagos todos los años comprendidos entre 1927 y 1931. Otros países disfrutaron de persistentes superávits y entradas de reservas. Como se ha señalado antes, entre 1927 y 1931 la balanza de pagos francesa mostró un superávit todos los años. La de Estados Unidos tuvo superávit durante la mayor parte de la década de 1920. Parecía que el mecanismo de ajuste que debía eliminar los superávits y los déficits y restablecer el equilibrio en las cuentas internacionales funcionaba incorrectamente. Y ya no se podía recurrir a los movimientos estabili-

---

[29] Wicker (1966) y Wheelock (1991) subrayan el papel que desempeñaron las reservas de oro en la gestión de la política monetaria de la Reserva Federal en este periodo.

[30] Actualmente existe un amplio consenso sobre este punto. Véanse Field, 1984, y Hamilton, 1987.

zadores de capitales que habían financiado los déficits *por cuenta corriente* de los países industriales en épocas pasadas.

Los cambios de la pauta de pagos internacionales que sometieron a duras pruebas la capacidad de ajuste del sistema pusieron de manifiesto estas deficiencias. Cuando se habían reducido las exportaciones europeas de mercancías a Latinoamérica en 1914, los productores de Estados Unidos habían corrido inmediatamente a colmar este vacío. Las redes de comercialización y distribución que habían creado durante la guerra resultaron difíciles de eliminar después de 1918. Por ejemplo, el peso de Estados Unidos en las importaciones de Argentina aumentó de 15 % en 1913 a 25 % en 1927, mientras que el del Reino Unido disminuyó de 31 a 19 %. Las perturbaciones causadas por la guerra también brindaron a Japón la oportunidad de entrar en los mercados asiáticos dominados durante mucho tiempo por los productores europeos. La consecuencia fue un empeoramiento de la posición competitiva de Europa.

Las deudas y las reparaciones relacionadas con la guerra agravaron las dificultades de Europa. Entre 1924 y 1929, las potencias victoriosas recibieron de Alemania cerca de 2.000 millones de dólares en reparaciones. Transfirieron una parte a Estados Unidos como principal e intereses sobre las deudas contraídas durante la guerra. Entre mediados de 1926 y mediados de 1931, se transfirieron a Estados Unidos alrededor de 1.000 millones de dólares en relación con deudas contraídas durante la guerra.

Estas transacciones intensificaron la entrada de oro y de divisas en Estados Unidos. Reforzaron su balanza de pagos y debilitaron la de otros países. La respuesta lógica a estos cambios fue la que predecía el modelo de los flujos de oro y los precios: una subida de los precios y de los costes en Estados Unidos en relación con los del resto del mundo. Pero el ajuste fue pequeño. Estados Unidos volvió a prestar, por el contrario, una gran parte de su superávit a Europa y a otras partes del mundo. Mientras persistieran las exportaciones de capital de Estados Unidos, éstas podían financiar los déficits por cuenta corriente europeos, evitando la necesidad de modificar considerablemente los precios relativos. Y los préstamos americanos alcanzaron elevados niveles en la segunda mitad de la década de 1920. La guerra había transformado el país, que de ser un deudor internacional pasó a convertirse en el principal acreedor del mundo.[31] Los inversores europeos se habían visto obligados a liquidar sus tenencias de títulos de Estados Unidos y a contraer nuevas deudas exteriores. Como consecuencia de la devastación causada por la guerra, Europa tenía escasez de capital, mientras que Estados Unidos salió indemne. Al ser escaso el capital, las tasas de rendimiento eran altas, lo que daba un incentivo al capital americano para cruzar el Atlántico.

Salvo en 1923, año de la invasión del Ruhr, Estados Unidos realizó grandes préstamos exteriores (véase la figura 3.3). El principal componente de este flujo fueron las nuevas emisiones de títulos para prestatarios extranjeros, que alcanzaron un máximo en 1927-28. La emisión de bonos denominados en dólares en nombre de Gobiernos y empresas de otros países era algo nuevo para los bancos de inversión americanos. De hecho, las propias dimensiones del negocio de los bonos eran nuevas: todavía en 1914, el número de americanos que invertía en bonos no sobrepasaba los 200.000; esta cifra se quintuplicó hacia 1929.[32] Los bancos nacionales, que habían participado en la campaña llevada a cabo durante la guerra para distribuir bonos *Liberty*, trataron de conservar a los clientes recién adquiridos haciéndoles interesarse por los títulos extranjeros. Para conseguir un suministro continuo de bonos extranjeros, comenzaron a crearlos, práctica que aumentó aún más las presiones para comercializarlos. Los bancos abrieron escaparates a través de los cuales sus departamentos de bonos podían atraer a nuevos clientes y contrataron representantes para vender de puerta en puerta bonos extranjeros a agricultores y viudas.

Dado que otros países dependían de las importaciones de capital procedentes de Estados Unidos, el derrumbamiento del proceso de reciclaje en 1928 fue un duro golpe. Las subidas de los tipos de interés iniciadas por el Fed para frenar el auge de Wall Street y la caída de la tasa de cobertura del oro aumentaron el atractivo de las inversiones en títulos americanos de interés fijo. También dañaron la solvencia de los países que tenían grandes deudas y que de repente se vieron obligados a pagar más intereses. Los préstamos exteriores de Estados Unidos, que habían sido elevados en el primer semestre de 1928, cayeron a cero durante el segundo.

---

[31] La introducción clásica a esta transformación es la de Lewis, 1938.
[32] Estas estimaciones proceden de Stoddard, 1932, y de Cleveland y Huertas, 1985.

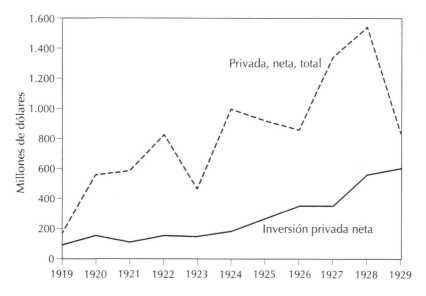

Figura 3.3. Salida privada, neta, total de capital de Estados Unidos, 1919-29.
Fuente: Office of Business Economics, 1954.

Cuando dejó de entrar capital, disminuyó la demanda en los países deudores. El consiguiente descenso de los precios relativos de los bienes que producían fue el mecanismo por medio del cual aumentaron sus exportaciones y redujeron sus importaciones para salvar la diferencia creada por la evaporación de las entradas de capital. En otras palabras, por fin comenzó a funcionar el mecanismo de los flujos de oro y los precios. Pero con la llegada de la Gran Depresión en 1929, los mercados de exportaciones recibieron un nuevo golpe, que hizo que las modificaciones anteriores de los precios relativos resultaran totalmente insuficientes.

Había dos claras maneras de atenuar la repercusión de la disminución de los préstamos de Estados Unidos y de la perturbación que supuso para las balanzas de pagos el comienzo de la Gran Depresión. En primer lugar, podían suprimirse las deudas y las reparaciones relacionadas con la guerra. La eliminación de las transferencias no correspondidas de Alemania a Francia y a Gran Bretaña y de Francia y Gran Bretaña a Estados Unidos habría reforzado la balanza de pagos de Europa y reducido su dependencia del capital americano. Pero resultó imposible negociar en el plazo de tiempo suficiente una moratoria en el pago de las deudas y las reparaciones relacionadas con la guerra. En segundo lugar, según el modelo de los flujos de oro y los precios, una nueva reducción de los precios y de los costes podría haber devuelto a los bienes europeos y latinoamericanos a los mercados internacionales. Pero era limitado el grado en que podían bajarse los precios sin desencadenar una espiral deflacionista. Como las deudas exteriores estaban denominadas en términos nominales, las reducciones del nivel de precios elevaban el coste real en recursos de los intereses, agravando el problema del equilibrio exterior. Como las deudas de los agricultores y de las empresas estaban expresadas en términos nominales, las reducciones del nivel de precios, que recortaban los ingresos generados por las ventas, agravaban los problemas de incumplimiento y de ejecución. Si el volumen de préstamos fallidos creciera excesivamente como consecuencia, podría verse en peligro la estabilidad del sistema bancario.[33] Por todas estas razones, la eficacia de la medicina deflacionista clásica era limitada.

Respuestas a la Gran Depresión

A los lectores que estén familiarizados con la historia del patrón oro no les resultarán nada sorprendentes estas perturbaciones simultáneas del mercado de capitales y del mercado de bienes; los países productores de materias primas las habían sufrido repetidamente antes de la guerra. Al igual que en ese periodo anterior, los países en vías de desarrollo tenían pocas opciones. Podían utilizar los ingresos de divisas que les quedaban para mantener al día el pago de los intereses de sus obligaciones exteriores, o podían administrar las reservas de su banco central y defender la convertibilidad de su moneda. Si no devolvían la deuda, los acreedores les impedirían entrar en el mercado de capitales, pero si no mantenían suficientes reservas en el banco central, surgirían serias dudas sobre su estabilidad financiera. Tras llegar a la conclusión de que era más fácil dar marcha atrás en las medidas que resultaran comprometedoras para sus leyes sobre el patrón oro, Argentina, Australia, Brasil y Canadá modificaron las reglas de convertibilidad y deja-

---

[33] El término técnico de este proceso, «deflación mediante deuda», fue acuñado por Irving Fisher (1933).

ron que sus monedas se depreciaran en el segundo semestre de 1929 y en el primero de 1930. Otros países siguieron su ejemplo.

Aunque la suspensión de la convertibilidad del oro no carecía de precedentes en los países que experimentaban perturbaciones, las suspensiones anteriores habían sido de menor alcance; entre 1880 y 1913, no hubo ningún momento en el que casi todos los países de la periferia abandonaran simultáneamente el patrón oro. Las suspensiones habían sido provocadas por malas cosechas, conflictos militares y una mala gestión económica en países específicos, acontecimientos que habían hecho que disminuyeran las exportaciones y se evaporaran las entradas de capitales. En 1929, las suspensiones se debieron a una crisis económica mundial, por lo que fueron más perjudiciales para el sistema internacional.

La desintegración del patrón oro en la periferia minó su estabilidad en el centro. Los contemporáneos eran conscientes de este peligro; el informe del Comité Macmillan de Gran Bretaña (que se creó para averiguar las conexiones entre las finanzas y la industria), elaborado durante el verano de 1931, advertía de lo siguiente: «Los países acreedores deben estar dispuestos a volver a prestar su superávit en lugar de quedárselo en forma de oro, a menos que estén dispuestos a perturbar la situación económica, primero la de los países deudores y después la suya».[34] Era más fácil decirlo que hacerlo.

A esta frágil situación financiera vino a sumarse un problema más importante: la caída de la producción industrial. El mundo industrial ya había visto antes recesiones, pero no como la que comenzó en 1929. La producción industrial de Estados Unidos disminuyó nada menos que un 48 % entre 1929 y 1932 y la de Alemania un 39 %. El paro alcanzó un máximo del 25 % de la población activa en Estados Unidos; en Alemania, el paro industrial llegó al 44 %.[35]

Naturalmente, los Gobiernos quisieron estimular sus moribundas economías. Pero la inyección de crédito y la reducción de los tipos de interés para fomentar el consumo y la inversión eran incompatibles con el mantenimiento del patrón oro. El aumento del crédito significó un incremento de las demandas de importaciones de mercancías. La reducción de los tipos de interés fomentó la inversión extranjera.

[34] Committee on Finance and Industry, 1931, párrafo 184.
[35] Véase Galenson y Zellner, 1957.

Las pérdidas de reservas provocadas llevaron a temer que se depreciara la moneda, desencadenando la huida del capital. Los Gobiernos que sintieron la tentación de utilizar la política económica para detener la espiral descendente de la actividad económica se encontraron con la incompatibilidad de las iniciativas expansivas y la convertibilidad del oro.

En este momento entraron en juego los cambios de las circunstancias políticas de los años veinte. Antes de la guerra había quedado claro que los Gobiernos de los países que pertenecían al núcleo industrial del patrón oro estaban dispuestos a defender el sistema. Cuando se debilitaba el tipo de cambio de un país, entraba capital, apoyando los esfuerzos del banco central para defender la convertibilidad en lugar de minarlos, ya que los agentes de divisas confiaban en el compromiso oficial de mantener el tipo de cambio dentro de los *puntos del oro* y, por lo tanto, esperaban que se invirtiera la tendencia de debilitamiento de la moneda. En este nuevo entorno, ya no era evidente que la debilidad de la moneda fuera temporal. «El hecho más importante de este periodo», en palabras de Robert Triffin, «fue la creciente importancia de los factores interiores como determinante último de la política monetaria».[36] En este entorno más politizado, no se sabía a ciencia cierta cómo reaccionarían las autoridades si se veían obligadas a elegir entre defender el patrón oro y adoptar medidas para reducir el paro.

Tan pronto como los especuladores tuvieron razones para pensar que un Gobierno podía aumentar el crédito interior, aun cuando eso implicara dejar que se depreciara el tipo de cambio, comenzaron a vender su moneda para evitar las pérdidas de capital que entrañaría la depreciación. Las pérdidas que sufrirían si se recuperaba la moneda débil no eran nada comparadas con las ganancias que obtendrían si se suspendía la convertibilidad y se dejaba que se depreciara la moneda. A diferencia de lo que ocurrió antes de la Primera Guerra Mundial, se extendieron los movimientos de capitales «de tipo perturbador» (por invocar la expresión de Bertil Ohlin citada en el capítulo 2).

Al aumentar el temor por la estabilidad de los tipos de cambio, surgieron algunas dudas sobre las monedas clave, como la libra esterli-

---

[36] Triffin, 1947, pág. 57.

na y el dólar. Un banco central prudente dudaría en tener depósitos en Londres o en Nueva York si existía el riesgo de que se devaluara la libra o el dólar. Los británicos recurrieron a la persuasión moral para disuadir a otros países de que liquidaran los saldos que tenían en Londres. Cuando resultó vana su promesa de defender la libra, los bancos centrales sufrieron cuantiosas pérdidas y se volvieron aún más reacios a tener reservas de divisas. Los países sustituyeron uno tras otro sus reservas de divisas por oro, presionando al alza sobre el precio relativo de este último. En aquellos cuyo banco central aún fijaba el precio nominal del oro, eso significó un descenso aún mayor de los precios de las mercancías. La liquidación de las divisas redujo el volumen de reservas internacionales (oro más divisas): las reservas de veinticuatro destacados países disminuyeron alrededor de 100 millones de dólares durante 1931.[37] Con esta nueva disminución de las reservas, los bancos centrales se vieron obligados a subir sus tipos de descuento para conseguir que las reservas fueran suficientes y para mantener la convertibilidad.

El grado de especulación contra una moneda dependía de la credibilidad del compromiso del Gobierno de mantener su paridad del patrón oro. Allí donde mayor era la credibilidad, el capital siguió fluyendo en un sentido estabilizador, suavizando la disyuntiva entre el equilibrio interior y el exterior. Allí donde era cuestionable, la especulación desestabilizadora agravó las presiones a las que se veía sometido el Gobierno que trataba de equilibrar los intereses contrapuestos. Cabría pensar que la credibilidad se derivaba del comportamiento mostrado en el pasado, es decir, dependía de que un país hubiera defendido o no su paridad del patrón oro en las crisis pasadas y de que cuando se hubiera visto obligado a suspender la convertibilidad del oro, la hubiera restablecido posteriormente al tipo inicial. La creencia de que la credibilidad podía conseguirse de esa manera había sido uno de los motivos de la decisión británica de volver al oro a la paridad existente antes de la guerra. Ahora resultaba que los Gobiernos de los países que habían mantenido la paridad existente antes de la guerra, el Reino Unido y Estados Unidos entre otros, eran los que menos credibilidad tenían, mientras que los agentes de los mercados

---

[37] Nurkse, 1944, pág. 235.

financieros confiaban más en los Gobiernos de los países que habían retornado al oro a un tipo depreciado, como Francia y Bélgica. Este cambio se debió a dos hechos. En primer lugar, cuando un país había sufrido la dolorosa experiencia de una inflación que impedía el restablecimiento de la convertibilidad a la paridad existente antes de la guerra, el Gobierno solía comprometerse especialmente a defender su nueva paridad para evitar una reaparición del malestar financiero y social de la década anterior. Es el caso, por ejemplo, de Francia, Bélgica e Italia. En otras palabras, las prioridades económicas del momento importaban más que el comportamiento del pasado. En segundo lugar, la situación económica del momento importaba tanto, cuando no más, que el comportamiento del pasado para la posibilidad de cumplir el compromiso de mantener el patrón oro. Cuando la recesión era grave, como ocurrió en Estados Unidos, las dudas sobre la viabilidad política de las duras medidas deflacionistas necesarias para defender la paridad del patrón oro podían ser más generales que cuando el declive inicial era relativamente suave, como en Francia. La credibilidad era la víctima.

Las crisis bancarias y su gestión

Estos dilemas eran más dolorosos en los países que tenían un débil sistema bancario. El descenso de los precios relacionado con la Depresión hizo que los prestatarios tuvieran dificultades para devolver los préstamos bancarios. Al erosionar el valor de la garantía, los bancos no sabían si refinanciar los préstamos existentes o conceder otros nuevos. Las pequeñas empresas incapaces de obtener capital circulante se vieron obligadas a reducir sus operaciones. Las que tenían inversiones rentables se encontraron con que carecían de la financiación necesaria para realizarlas.

Los bancos centrales, como prestamistas de último recurso del sistema bancario, eran conscientes de estos problemas. Pero la prioridad que concedían a los tipos fijos del patrón oro los disuadía de intervenir en defensa del sistema bancario. La inyección de liquidez en los mercados financieros podría haber infringido las normas que los obligaban a tener un cociente mínimo entre el oro y los pasivos exteriores. Habría reforzado las dudas sobre su grado de compromiso con la defensa de la paridad del patrón oro. De hecho, el temor a que los bancos centrales estuvieran dispuestos a sacar de apuros al sistema bancario, aun cuando para hacerlo fuera necesario dejar que se depreciara la moneda, provocaba una nueva liquidación de depósitos, ya que los inversores trataban de evitar las pérdidas de capital que experimentarían si se depreciaba la moneda. Como consecuencia, cuanto más deprisa inyectaban los bancos centrales liquidez en el sistema financiero, más deprisa salía a través de la huida de capital. En estas circunstancias, la intervención en calidad de prestamista de último recurso podía no sólo ser difícil sino también contraproducente.[38]

A estas dificultades vino a sumarse el hecho de que no podían invocarse muchos de los mecanismos que se habían utilizado para gestionar las crisis bancarias antes de la guerra. Cuando todo el sistema bancario estaba en peligro, era imposible organizar operaciones colectivas de ayuda en las que los bancos fuertes ayudaran a los débiles. En los países como Estados Unidos, no eran viables las operaciones de socorro que había organizado el Banco de Inglaterra en 1890 en respuesta a la crisis del Baring. La suspensión general de la convertibilidad de los depósitos en efectivo como la que se había decidido en 1893 no se llevó a cabo hasta cuatro años después de que hubiera comenzado la Depresión, cuando tomó posesión un nuevo presidente, Franklin Roosevelt, que declaró un cierre bancario en todo el país. Según una explicación, el consorcio de bancos de Nueva York y de otros centros financieros, que habían suspendido conjuntamente las operaciones en 1893 y en otras ocasiones, desatendieron sus responsabilidades colectivas en la creencia de que el Sistema de la Reserva Federal, recién creado, acudiría al rescate. De ser eso cierto, se equivocaron.

Por otra parte, en la década de 1930 no se optó por desviarse temporalmente del patrón oro, solución que había permitido a los Gobiernos y a los bancos centrales del siglo xix suavizar las restricciones de este patrón.[39] Como señalamos en el capítulo 2, esta «cláusula de

---

[38] Estados Unidos es el único país cuyo banco central poseía, al parecer, suficiente oro para resolver sus problemas bancarios y monetarios sin poner en peligro la convertibilidad del oro. Ésta es, al menos, la opinión de Milton Friedman y Anna Schwartz (1963). Entre las opiniones discrepantes se encuentran las de Barrie Wigmore (1984) y Barry Eichengreen (1992b).

[39] Como veremos más adelante, la mayoría de los países que suspendieron la convertibilidad del oro no lo hicieron definitivamente. Los pocos que la restablecieron posteriormente, como Estados Unidos, sólo la restablecieron tras depreciarse su moneda.

salvaguardia» sólo podía invocarse sin dañar la credibilidad del compromiso del Gobierno de defender su paridad del patrón oro si se cumplían rigurosas condiciones. Tenía que estar claro que el drenaje interno o externo en respuesta al cual se suspendía temporalmente la convertibilidad se debía a circunstancias que no habían sido creadas por las autoridades. Como hasta la Primera Guerra Mundial nunca se dudó de que la prioridad primordial de los bancos centrales era la defensa de la convertibilidad, no había razón alguna para creer que las medidas excesivamente expansivas del banco central eran ellas mismas responsables de la crisis en respuesta a la cual se había decidido la suspensión temporal.

Después de la Primera Guerra Mundial, las prioridades eran diferentes y los bancos centrales y los Gobiernos sufrían poderosas presiones para que bajaran los tipos de interés y realizaran operaciones de mercado abierto expansivas para hacer frente al empeoramiento de la situación económica interior. En otras palabras, ya no estaba claro que el drenaje externo se debiera a circunstancias que no habían sido creadas por el Gobierno. Podía considerarse que la suspensión de la convertibilidad y la depreciación de la moneda validaban este hecho y dañaban seriamente la credibilidad de la política económica. Al ponerse ya en duda la credibilidad de su compromiso de mantener la convertibilidad, los bancos centrales no tenían más remedio que tranquilizar a los mercados defendiendo valientemente la paridad del oro hasta el final. Por lo tanto, el patrón oro representaba una restricción vinculante para cualquier intervención en apoyo del sistema bancario.

La forma de resolver este problema era la cooperación internacional. Si otros países apoyaban el tipo de cambio del que se encontraba en dificultades, ya no era cierto que cuando su banco central inyectara liquidez en el sistema financiero, estallaría necesariamente una crisis cambiaria. Asimismo, si se hubieran coordinado internacionalmente las iniciativas monetarias y fiscales expansivas, se habría suavizado la restricción externa. La expansión interior aún podría haber debilitado la balanza de pagos, pero la expansión exterior la habría reforzado. La coordinación de la política económica interior y la extranjera habría permitido neutralizar las consecuencias para la balanza de pagos. Se habría evitado la escasez mundial de liquidez provocada por el derrumbamiento de la intermediación financiera.

Desgraciadamente, las diferencias de interpretación fueron un obstáculo para los intentos de coordinar internacionalmente la reflación. En Gran Bretaña, la depresión se atribuyó a que el Banco de Inglaterra no suministró suficiente dinero y crédito. Este punto de vista fue expuesto en 1931 por Keynes en su comparecencia privada ante el Comité Macmillan y por otros que criticaban la decisión de Churchill de restablecer en 1925 la paridad anterior a la guerra. En Francia se pensaba, por el contrario, que la expansión monetaria no era la solución sino el problema. Dada la inflación de dos dígitos que había sufrido el país durante la primera mitad de la década de 1920, los franceses asociaban expansión monetaria con caos financiero y político. Pensaban que la Depresión era una consecuencia de la excesiva creación de crédito por parte de los bancos centrales que no se habían adherido a las reglas del patrón oro. Creían que el barato crédito había alimentado una especulación excesiva, abonando el terreno para la crisis de 1929. Una nueva intervención de los bancos centrales cuando los precios no habían hecho más que comenzar a descender amenazaba con provocar otra ronda de excesos especulativos y, a la larga, otra depresión. Sería más saludable purgar esos excesos liquidando las empresas cuyo pasivo era superior a su activo. También adoptó un enfoque liquidacionista similar la política económica en Estados Unidos hasta que Franklin Roosevelt tomó posesión en 1933.

Dadas estas perspectivas incompatibles, la cooperación internacional resultaba imposible. Y las restricciones del patrón oro impedían las iniciativas unilaterales para estabilizar la economía.

Desintegración del patrón oro

Teniendo en cuenta estos hechos, es posible comprender el derrumbamiento del patrón oro. Austria fue el primer país europeo que experimentó una crisis bancaria y de balanza de pagos. El hecho de que fuera el primer afectado no fue ninguna casualidad. El endeudamiento exterior a corto plazo de Austria era superior a 150 millones de dólares, cantidad considerable para un país pequeño. Una gran parte de esta deuda consistía en depósitos líquidos en bancos vieneses. Y los bancos ya estaban debilitados por los grandes préstamos concedidos a un sector industrial que sufrió desproporcionadamente con la depresión.

El mayor banco de depósitos de Austria, el Credit Anstalt, se encontraba en una situación especialmente desesperada. El principio «demasiado grande para quebrar» se aplicó de verdad: el pasivo del Credit Anstalt era mayor que el presupuesto del Estado austriaco.[40] La congelación de sus depósitos durante un tiempo habría tenido devastadoras consecuencias, por lo que las autoridades no dudaron en sacar de apuros al banco cuando sus consejeros revelaron en mayo de 1931 que los préstamos fallidos habían agotado su capital.

Aunque el Gobierno actuó rápidamente para reponer el capital del Credit Anstalt, su intervención no tranquilizó a los depositantes. Había rumores, que acabaron confirmándose, de que las pérdidas del banco eran mayores de lo anunciado. Se reveló que Austria y Alemania habían hablado de la posibilidad de establecer una unión aduanera, incumpliendo el Tratado de Versalles, lo cual no aumentó precisamente las posibilidades de recibir ayuda francesa y británica. Pero sobre todo, la inyección de liquidez en el sistema bancario por parte del Estado podía ser incompatible con el mantenimiento del patrón oro. El banco central aumentó su circulación de billetes más de un 25 % durante las tres últimas semanas de mayo al comprar acciones de Credit Anstalt y prestar también ayuda a instituciones financieras en dificultades, esta vez durante un periodo en el que sus reservas internacionales no estaban aumentando sino disminuyendo. El presupuesto ya había incurrido en un déficit debido a la caída de la actividad económica. El hecho de que el Gobierno hubiera asumido la responsabilidad de lo que en realidad era una garantía estatal ilimitada de las deudas del Credit Anstalt no podía sino augurar más déficits.[41] Aunque la ley prohibía al banco central financiar directamente esos déficits, éste había incumplido antes sus estatutos al redes-

---

[40] Véase Schubert, 1990, págs. 14-15. Las dificultades del CreditAnstalt se habían agravado a causa de los créditos fallidos que había heredado como consecuencia de su absorción de otro banco, el Bodenkreditanstalt, en 1929. Esa fusión le había sido impuesta a un reacio Credit Anstalt por un Gobierno que quería proteger al banco nacional de las pérdidas en los redescuentos que había extendido al Bodenkreditanstalt, lo cual dio al Credit Anstalt un derecho especial a recibir ayuda en 1931.

[41] Esta relación es puesta de manifiesto por Harold James (1992, pág. 660 y *passim*).

contar letras financieras.[42] Ninguna de estas operaciones tranquilizó a los mercados. Temiendo una devaluación o la imposición de controles de divisas, los ahorradores liquidaron sus depósitos con la idea de sacar fondos del país.

Para ayudar al sistema bancario sin poner en peligro el patrón oro (y, lo que es lo mismo, para defender la convertibilidad del oro sin desestabilizar el sistema bancario) era necesario un préstamo extranjero. Las negociaciones comenzaron en el Banco de Pagos Internacionales (BPI), el banco de los banqueros situado en Basilea que era el agente lógico para coordinar la cooperación financiera. Se prolongaron sin llegar a ningún resultado. El hecho de que el BPI se hubiera creado para gestionar la transferencia de las reparaciones alemanas dio a sus deliberaciones un tinte político. Los franceses insistieron en que Austria renunciara primero a la propuesta de la unión aduanera para poder recibir ayuda. Y el préstamo obtenido finalmente no sirvió para nada dado el ritmo al que estaban saliendo los fondos del país.

Incapaz de evitar la necesidad de elegir entre defender su sistema bancario y defender el patrón oro, Austria optó por la primera posibilidad. Pero como aún estaba vivo el recuerdo de la hiperinflación en un sistema de tipos fluctuantes, el Gobierno optó por imponer controles de divisas en lugar de dejar que su moneda se depreciara. Al principio, los controles fueron administrados sin carácter oficial por el sistema bancario. En pago por la ayuda prestada por el Gobierno, los principales bancos vieneses acordaron no transferir capital u oro al extranjero ni facilitar fondos a sus clientes con ese fin. Aunque estas restricciones funcionaron sorprendentemente bien, los bancos aún tenían un incentivo para incumplir el acuerdo, por lo que en septiembre se hicieron oficiales los controles de divisas. El chelín austriaco se llegó a vender con un descuento de 10-15 % en los cafés vieneses, único lugar en el que aún se negociaban divisas.[43]

La crisis austriaca se extendió a Hungría y Alemania. El Credit Anstalt tenía una participación mayoritaria en el mayor banco de Hungría. Cuando estalló el pánico en Viena, los inversores extranjeros comenzaron, pues, a retirar sus fondos de los bancos

[42] Schubert, 1991, págs. 59-61.
[43] Véase Ellis, 1941, pág. 30.

de Budapest. Hungría también tenía que pagar reparaciones y su relación real de intercambio había empeorado considerablemente como exportador agrícola. El banco central tenía pocos recursos a su disposición. En julio se declaró el cierre bancario. El Gobierno congeló los depósitos extranjeros e impuso controles de divisas. Se suspendieron la convertibilidad de la moneda nacional en oro y el derecho a exportarlo. Al igual que en Austria, el patrón oro se convirtió en una concha vacía.

Aunque las inversiones del Credit Anstalt en Alemania eran insignificantes y los depósitos alemanes en Viena eran reducidos, los sistemas bancarios de Austria y de Alemania se parecían en importantes aspectos. Los bancos alemanes, al igual que los austriacos, estaban muy comprometidos con la industria y sufrieron cuantiosas pérdidas como consecuencia de la Depresión. La crisis del Credit Anstalt alertó, pues, a los observadores de su vulnerabilidad.[44] En Alemania, al igual que en Austria, las cuentas exteriores estaban débilmente equilibradas y la estabilidad de los pagos alemanes dependía de las entradas de capital. La *balanza comercial* alemana seguía mostrando un modesto superávit (la relación de intercambio de Alemania, como exportador de bienes industriales, había mejorado en lugar de empeorar), pero ese superávit era suficiente para financiar las reparaciones, pero no para pagar también los intereses de las deudas comerciales.

Tanto los depositantes interiores como los extranjeros retiraron su dinero de los bancos alemanes tras el estallido de la crisis austriaca.[45] Al principio, el Reichsbank suministró liquidez al sistema bancario. Pero como las deudas a corto plazo contraídas por Alemania con los extranjeros eran el triple de las reservas del Reichsbank, el banco central tenía poco margen de maniobra. A finales de mayo, la cantidad de oro monetario de Alemania era la cuarta mayor del mundo y su cociente entre el oro y los billetes y obligaciones a la vista

---

[44] Harold James, 1984, y Peter Temin, 1994a, ponen en cuestión la interdependencia de las crisis de Austria y Alemania y restan importancia a estos canales de información.

[45] De la misma manera que las autoridades suecas se quejaron en 1992 de que los inversores extranjeros a los que pilló desprevenidos la crisis finlandesa no eran capaces de distinguir un país nórdico del otro, los políticos alemanes se quejaban de que los extranjeros no distinguían Berlín de Viena y Budapest. Véase el capítulo 5.

era superior al 50 %. El 21 de junio, este cociente había descendido al 40 %, que era el mínimo legal. Este tipo de episodios «demostraba claramente», en palabras de un observador, «que ninguna cantidad de reservas de oro puede ser nunca suficiente si la prueba de que es suficiente es la capacidad de un país para hacer frente a los drenajes de oro que se deben a una pérdida de confianza en la estructura crediticia del país».[46]

Alemania, al igual que Austria, buscó un préstamo extranjero y una moratoria en el pago de las reparaciones. Pero Clément Moret, gobernador del Banco de Francia, haciéndose eco de la postura de su país en sus negociaciones con Austria, exigió que el Gobierno alemán reafirmara primero su promesa de transferir las reparaciones. George Harrison, del Banco de la Reserva Federal de Nueva York, insistió en que Alemania aceptara limitar la provisión de crédito al sistema bancario, postura claramente perniciosa. ¡Harrison sólo estaba dispuesto a prestar dinero al Reichsbank si este último prometía no utilizarlo!

Entretanto, el Reichsbank hizo lo que pudo para defender el patrón oro, limitando el crédito al sistema bancario en un intento de defender sus reservas. El resultado de esta austeridad fue, como era predecible, una crisis bancaria. El hecho que la precipitó fue la quiebra de una empresa textil, Nordwolle, que era cliente de uno de los grandes bancos de Berlín. El 13 de julio el Gobierno se vio obligado a declarar un cierre bancario. A continuación impuso controles de divisas. Alemania, el mayor país industrial de Europa y la segunda potencia industrial del mundo, ya no era miembro del club del patrón oro.

La crisis de la libra esterlina

Como los bancos británicos sólo tenían vagas relaciones con la industria, estaban relativamente bien aislados de la caída de la producción industrial.[47] Pero los acuerdos de moratoria firmados en

---

[46] Hardy, 1936, pág. 101.

[47] Además, la banca británica estaba concentrada, en comparación con la de Estados Unidos, lo que suponía una protección añadida a los beneficios, y tenía muchas sucursales, lo que la aislaba de las perturbaciones regionales. Para un análisis de las implicaciones para la estabilidad financiera, véase Grossman, 1994.

Europa central plantearon dificultades a algunos bancos mercantiles; por ejemplo, Lazard Frères estuvo a punto de cerrar en julio y sólo aguantó porque recibió una cuantiosa ayuda del Banco de Inglaterra. Cundió el rumor de que otros bancos tenían similares dificultades.[48]

Además, el Banco de Inglaterra había venido luchando contra las pérdidas de reservas desde la vuelta al oro en 1925. Para ello había recurrido a los «ingresos invisibles» del país, es decir, a los intereses y los dividendos sobre las inversiones exteriores, a la renta procedente del turismo y a los ingresos derivados de los servicios de transporte, seguros y servicios financieros proporcionados a los extranjeros (véase *cuenta de invisibles* en el glosario). A partir de 1930, otros países impusieron aranceles para proteger de la competencia extranjera a las industrias sacudidas por la depresión, por lo que el comercio mundial se hundió, reduciendo los ingresos británicos generados por el transporte y los seguros. Aun mayor fue la disminución de los intereses, los dividendos y los beneficios de las inversiones exteriores. En 1930, esta disminución se debió al empeoramiento general de la situación económica. En 1931 se vio reforzada por el impago de la deuda en Latinoamérica y la prohibición de transferir intereses en Austria, Hungría y Alemania. Entre 1929 y 1931, la balanza comercial del Reino Unido empeoró en 60 millones de libras, pero su balanza de invisibles empeoró más del doble de esa cantidad, haciendo que resultara cada vez más difícil para el Banco de Inglaterra mantener la libra dentro de los puntos del oro.[49] Las pérdidas de oro se aceleraron en el segundo semestre de 1930, obligando al Banco de Francia y al Banco de la Reserva Federal de Nueva York a intervenir en apoyo de la libra. El tipo de cambio cayó de 4,86¼$ a 4,85½$ en enero de 1931 antes de recuperarse (véanse las figuras 3.4-3.7).

---

[48] Véanse Sayers, 1976, vol. 2, págs. 530-31, y James, 1992, pág. 602.
[49] Sayers, 1976, vol. 3, págs. 312-13.

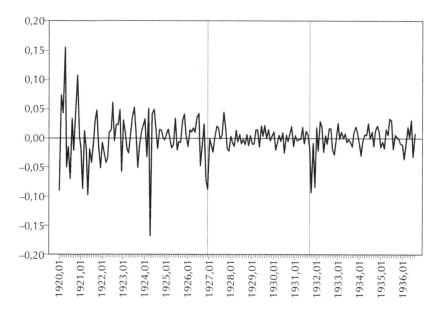

Figura 3.4. Tipo de cambio real entre el franco y la libra, enero de 1920-agosto de 1936 (variación mensual de los precios al por mayor relativos). *Fuentes:* Los tipos de cambio nominales proceden de Federal Reserve Board, 1943; los precios al por mayor de International Conference of Economic Services, 1938.

Los historiadores han puesto énfasis en estas tendencias de la balanza de pagos.[50] Señalan que el empeoramiento de la cuenta corriente drenó oro del Banco de Inglaterra y preparó el terreno para el ataque contra la libra. El problema de esta explicación se halla en que el Banco poseía un poderoso instrumento, el tipo de descuento, para defenderse. Utilizándolo no ponía en peligro el sistema bancario, a diferencia de lo que ocurría en Austria y Alemania. El Banco subió su tipo un punto el 23 de julio y otro una semana más tarde. Si sirve de algo la experiencia histórica, estas subidas deberían haber bastado para atraer una cantidad de capital más que suficiente para contrarrestar el empeoramiento de la cuenta corriente.[51]

---

[50] Véase, por ejemplo, Moggridge, 1970.
[51] Ésta es la conclusión que extraen Cairncross y Eichengreen (1983, págs. 81-82) basándose en simulaciones de un pequeño modelo de la balanza de pagos británica.

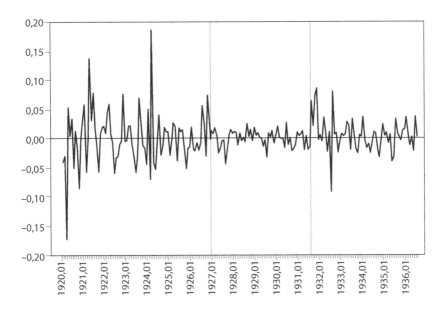

Figura 3.5. Tipo de cambio real entre la corona sueca y el franco francés, enero de 1920-agosto de 1936 (variación mensual de los precios al por mayor relativos).
Fuentes: Los tipos de cambio nominales proceden de Federal Reserve Board, 1943; los precios al por mayor de International Conference of Economic Services, 1938.

La cuestión es, pues, por qué continuó saliendo capital. Es posible que los mercados consideraran que las subidas del tipo de descuento del Banco eran insostenibles. Las subidas de los tipos de interés exacerbaron el paro y debilitaron el apoyo a un Gobierno laborista que sólo poseía una minoría parlamentaria.[52] Agravaron el problema de los préstamos fallidos, debilitando la posición de los bancos cuyos beneficios ya habían sido devastados por la moratoria centroeuropea. Los altos tipos de interés elevaron el coste de los intereses de la deuda pública y socavaron aún más la posición fiscal. La mayor parte de la deuda pública correspondía a una enorme cantidad de bonos líqui-

---

[52] En palabras de Sidney Pollard (1969, pág. 226), «fueron en parte la gravedad de la recesión y el nivel de paro los que impidieron que el tipo del banco subiera hasta alcanzar niveles alarmantes». Según Diane Kunz (1987, pág. 184), «al estar ya muy hundida la actividad económica, ni la patronal ni los sindicatos ni sus representantes en el Parlamento estaban dispuestos a pagar el precio que haría pagar un elevado tipo del Banco».

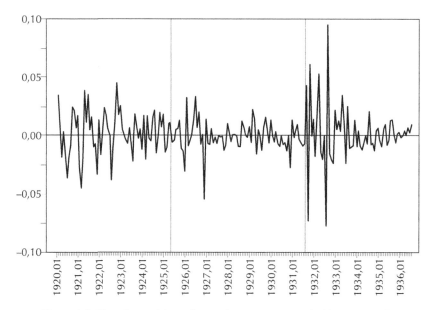

Figura 3.6. Tipo de cambio real entre la corona sueca y la libra, enero de
1920-agosto de 1936 (variación mensual de los precios al por mayor relativos).
Fuentes: Los tipos de cambio nominales proceden de Federal Reserve
Board, 1943; los precios al por mayor de International Conference of Economic Services, 1938.

dos conocidos con el nombre de «deuda de guerra», y los intereses
que había que pagar absorbían una tercera parte del gasto público.
El presupuesto, que había mostrado un superávit a finales de los años
veinte, incurrió en un déficit en 1930-31.[53] Si la situación no mejoraba y
el paro continuaba aumentando, las presiones a las que se vería sometido el Banco para que abandonara su política de austeridad podrían
ser irresistibles.[54] La crisis alemana, que no auguraba nada bueno para
la recuperación económica europea, aumentó las probabilidades de
que esto acabara produciéndose. El informe del Comité Macmillan
ya había reclamado la adopción de medidas para detener «la violenta
caída de los precios, cuya repercusión en la estabilidad política y so-

---

[53] El Comité sobre el Gasto Nacional, presidido por Sir George May, llamó
la atención sobre estos problemas en un informe publicado en julio.
[54] Ozkan y Sutherland (1994) han analizado formalmente en un modelo
estas dinámicas.

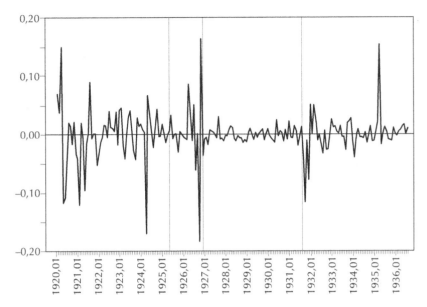

Figura 3.7. Tipo de cambio real entre el franco belga y la libra,
enero de 1920-agosto de 1936 (variación mensual de los precios al
por mayor relativos).
Fuentes: Los tipos de cambio nominales proceden de Federal
Reserve Board, 1943; los precios al por mayor de International
Conference of Economic Services, 1938.

cial ya ha sido muy grande».[55] Previendo que el Gobierno y el Banco
de Inglaterra podían verse obligados a dar un giro, los especuladores
vendieron libras esterlinas.[56]

El Banco estaba dispuesto a mantener su tipo de descuento en un
2,5 %, el nivel del 16 de julio, o en un 3,5, el nivel del 23 de julio, a

---

[55] Committee on Finance and Industry, 1931, pág. 92.

[56] El calendario de los acontecimientos confirma esta interpretación: el 15
de julio, dos días después de que el Darmstädter und Nationalbank, una de las
mayores instituciones financieras de Alemania, no abriera sus puertas, la libra
cayó un centavo y medio, pasando por el punto más bajo del oro frente a otras
grandes monedas. Cuando la conferencia sobre las reparaciones alemanas llegó
a un punto muerto, poniendo de manifiesto que la crisis alemana no se resolvería
rápidamente, la libra cayó de nuevo. Los recortes del gasto público de 56 millones
de libras propuestos por el Gobierno y el éxito que tuvo el Banco de Inglaterra al
obtener créditos del Banco de Francia y del Banco de la Reserva Federal de Nueva
York retrasaron la caída hasta septiembre, pero ninguno de estos recursos redujo
el paro o eliminó el problema que creó para defender la paridad de la libra.

pesar de que el paro era del 20 %. Si no se producía un ataque, era posible mantener la paridad de la libra con un tipo de descuento de ese nivel. Lo que no era posible por razones políticas era subir de nuevo los tipos de interés y ni siquiera mantener los vigentes en ese momento, ya que la depresión continuaba empeorando. Dándose cuenta de que el Banco de Inglaterra no estaba dispuesto a ir muy lejos y de que era probable que el Banco y el Gobierno bajaran los tipos de interés y adoptaran una política de «dinero barato» una vez perdida su inversión en el patrón oro, los mercados presionaron. La crisis alemana constituyó el centro de la acción concertada de los agentes de divisas. Vendiendo una cantidad suficiente de libras para provocar una subida de los tipos de interés de una magnitud que ningún Gobierno elegido democráticamente que se enfrentara a un 20 % de paro podría soportar, precipitaron el abandono de una paridad que, de lo contrario, habría seguido siendo viable. Pidiendo en préstamo pequeñas cantidades de dinero en moneda fuerte en Nueva York y Londres, como hizo el Gobierno a principios de septiembre, no se hizo sino aplazar el día del juicio final; aunque este préstamo puso en manos del Gobierno más recursos, también aumentó el endeudamiento exterior del país, reforzando el escepticismo de los especuladores sobre sus perspectivas a largo plazo y animándolos a redoblar sus esfuerzos.[57] Una vez lanzado el ataque contra la libra, fue imposible detenerlo.

La suspensión de la convertibilidad en Gran Bretaña el 19 de septiembre de 1931 simboliza, más que cualquier otro acontecimiento, la desintegración del patrón oro del periodo de entreguerras. La libra esterlina había estado en el centro del sistema existente antes de la guerra. Había sido una de las dos anclas de su sucesor en el periodo de entreguerras. Entonces perdió un tercio de su valor frente al oro en tres meses, lo que mermó la confianza en otras monedas. Los bancos centrales de otros países sustituyeron sus reservas de dólares por oro por temor a sufrir pérdidas de capital en sus saldos de dólares. Los mercados, dispuestos de repente a imaginar lo inimaginable –que el dólar podría devaluarse–, se desprendieron de la moneda, obligando a la Reserva Federal a subir los tipos de interés.

---

[57] Buiter (1987) analiza un modelo en el que los créditos pedidos en otros países para defender el tipo de cambio no pueden sino intensificar una crisis.

La sustitución de los dólares por oro redujo la base de reservas del sistema monetario mundial. Hacia principios de 1932, alrededor de dos docenas de países respondieron a las presiones abandonando la convertibilidad y depreciando su moneda. El patrón oro, como sistema mundial, ya era historia.

El dólar sigue a la libra

El campo de influencia de la convertibilidad del oro se limitó a partir de entonces a Europa occidental (donde Francia, Bélgica, Suiza, Holanda, Checoslovaquia, Polonia y Rumanía continuaban manteniéndola), a Estados Unidos y a los países latinoamericanos, así como a los dominios que tenían esos países en ultramar (por ejemplo, las Indias Orientales Holandesas y las Filipinas). Otro grupo de países de Europa central y oriental apoyaban sus monedas aplicando controles de divisas. Aunque sus tipos de cambio no variaban en términos nominales, los movimientos financieros internacionales eran controlados y las existencias de divisas estaban racionadas, lo que provocó la aparición de descuentos en el mercado negro. Otro grupo estaba formado por países que siguieron el ejemplo del Banco de Inglaterra cuando abandonó el patrón oro y fijaron su moneda a la libra. Disfrutaban de muchas de las ventajas de la estabilidad de los tipos de cambio ligando su moneda a la libra y, al igual que Gran Bretaña, bajaron los tipos de interés para estimular la recuperación de la Depresión.

En los países que abandonaron el patrón oro y depreciaron su moneda, se redujo el gasto en los productos del bloque del oro, que se habían encarecido. Los controles de divisas de Alemania y de sus vecinos de Europa oriental surtieron el mismo efecto. Los miembros del bloque del oro vieron cómo empeoraban su posición competitiva y su balanza de pagos. La demanda disminuyó en el mundo del patrón oro, agravando la Depresión e intensificando las presiones para que se imprimiera un giro a la política de austeridad. Viéndolo venir, los inversores comenzaron a poner en cuestión la estabilidad de las monedas que continuaban basándose en el oro.

La primera fue el dólar, que se devaluó en 1933. Hasta que F. D. Roosevelt tomó posesión en marzo, la producción continuó disminuyendo y el paro empeoró. Los bancos quebraban a un ritmo alarmante. La Administración Hoover tenía pocas opciones, pues el patrón oro impedía tomar iniciativas reflacionistas. A finales de 1931, el Banco de Francia, cuyas divisas en libras habían sufrido una pérdida de valor del 35 % como consecuencia de la devaluación británica, reanudó la liquidación de sus saldos en moneda extranjera, incluidos sus dólares. La Reserva Federal, que tenía poco encaje oro, se vio obligada a permitir que estas pérdidas de reservas redujeran aún más la oferta monetaria de Estados Unidos.

En marzo de 1932, el Congreso, que esperaba ansioso la campaña electoral, comenzó a presionar al Fed para que empezara a realizar operaciones expansivas de mercado abierto. Aprobó la ley Glass-Steagall, eliminando la restricción del patrón oro que impedía tomar iniciativas expansivas (si bien mantuvo el requisito de la tasa de cobertura del oro del 40 %).[58] El Comité del Mercado Abierto accedió a las presiones del Congreso, expandiendo el crédito interior mediante la compra de bonos. Como era predecible, salieron reservas y se puso en peligro la paridad-oro del dólar. El Congreso terminó justo a tiempo el periodo de sesiones para la campaña de reelección, permitiendo que el Fed dejara de intervenir. Aunque el cambio radical de postura del Fed consiguió apoyar la paridad-oro del dólar, el episodio reveló el enorme apoyo con que contaban las medidas reflacionistas. Aumentó el escepticismo en los mercados de divisas sobre el compromiso de los políticos electos, especialmente de los demócratas, de mantener el patrón oro.[59]

La victoria de Roosevelt confirmó sus temores. Los observadores, conociendo la afición de éste por los experimentos, eran conscientes de la presión que sentiría ante la variedad de propuestas que estaban en marcha en el Congreso para obligar al Tesoro y al Sistema de la Reserva Federal a reflactar la economía. Haciéndose eco de la Alianza Populista de la década de 1890, los representantes de los estados agrícolas se unieron a los grupos de intereses de las minas de plata en un intento de legislar la compra de plata, que estaban dispuestos a defender aun cuando el inicio de esas compras los obligara a abandonar el patrón oro.

---

[58] Para detalles sobre el funcionamiento de la restricción del excedente oro, véase la nota 28.

[59] Para un análisis de estos acontecimientos políticos y su influencia en los mercados, véase Epstein y Ferguson, 1984.

Era imaginable que Roosevelt cedería a estas presiones. Previendo esta posibilidad, los inversores retiraron dinero de los bancos para convertirlo en oro y divisas.[60] El nuevo presidente no tardó mucho en validar sus expectativas. Tras tomar posesión en marzo, se encontró con pánicos bancarios en casi todos los estados y declaró un cierre bancario. En la tercera semana de abril siguió suspendiendo la convertibilidad del oro. El dólar cayó más de un 10% durante el resto del mes.

Tras un periodo de estabilidad que coincidió con la discusión de un posible acuerdo de estabilización cambiaria en la Conferencia Económica de Londres, la administración presionó a la baja sobre el dólar comprando oro a unos precios cada vez más altos fijados cada mañana por Roosevelt y un círculo de asesores que desayunaban huevos y café en el dormitorio del presidente.[61] En enero de 1934, cuando por fin se estabilizó el dólar, el precio del oro había subido de 20,67 dólares la onza a 35.

El alejamiento de Estados Unidos del patrón oro animó a otros países a seguir su ejemplo. Dio lugar a la formación de un «pequeño bloque del dólar», formado por Estados Unidos, Filipinas, Cuba y una gran parte de Centroamérica y seguido a distancia por Canadá y Argentina. La repercusión en el resto de los países del patrón oro era predecible. Su depresión se agravó, aumentando las presiones para que se adoptaran medidas reflacionistas. La posición de su balanza de pagos se debilitó, poniendo en peligro el mantenimiento de la convertibilidad del oro, a menos que se reforzaran las medidas de austeridad. Los miembros del bloque del oro se vieron obligados uno por uno a suspender la convertibilidad: Checoslovaquia en 1934, Bél-

[60] Para los detalles, véanse Kennedy, 1973, y Wigmore, 1989. En el capítulo 4 veremos que hay paralelismos con la reacción del mercado a la elección de John F. Kennedy en 1960.

[61] Ni Roosevelt ni sus asesores tenían una visión coherente de la política económica internacional. Fred Block (1977, pág. 26) dice de ellos que «tenían fama de ineptos» en sus conocimientos de economía. Las ideas de Roosevelt estaban muy influidas por las de los dos economistas agrarios de la Universidad de Cornell, George Warren y Frank Pearson. Warren y Pearson habían descubierto una correlación entre los precios de los bienes agrícolas (que consideraban que era una variable que recogía aproximadamente la salud de la economía) y el precio del oro. Para fomentar la recuperación de los precios agrícolas, instaron a Roosevelt a que subiera el precio del oro en dólares, provocando indirectamente la devaluación del dólar. Véase Warren y Pearson, 1935.

gica en 1935 y Francia, los Países Bajos y Suiza en 1936. El retorno a los tipos fluctuantes ya era total.

La fluctuación dirigida

Los tipos de cambio, aunque fluctuaban de nuevo, a menudo variaban menos que en la primera mitad de la década de 1920 (véase *fluctuación dirigida* en el glosario). Las Cuentas de Compensación de Cambios intervenían en los mercados, navegando contra viento y marea para impedir que las monedas experimentaran grandes fluctuaciones. La política monetaria y fiscal era menos errática que en los países de elevada inflación durante la década de 1920. En el caso de algunos tipos de cambio, sobre todo del tipo entre el franco francés y la libra esterlina mostrado en la figura 3.4, las fluctuaciones intermensuales de los tipos reales se parecían a las que se produjeron en los años del patrón oro inmediatamente anteriores más que a las de la primera mitad de los años veinte. La inestabilidad de casi todos los demás tipos de cambio era mayor, pareciéndose a la de principios de los años veinte.[62]

Habiendo roto el vínculo con el patrón oro, los Gobiernos y los bancos centrales tenían más libertad para seguir una política económica independiente. Gran Bretaña podía conceder prioridad a la adopción de medidas para estimular la recuperación; el Banco de Inglaterra tenía libertad para bajar el tipo del Banco mientras estuviera dispuesto a permitir que la libra bajara con respecto a las monedas respaldadas por oro. La bajada del tipo de descuento contribuyó a reducir los tipos de interés de mercado, tanto nominales como reales, lo que avivó la recuperación impulsada por los sectores sensibles a los tipos de interés, como la construcción de viviendas.[63] En un intento de conciliar las ba-

---

[62] No se puede rechazar la hipótesis de que la varianza del tipo entre el franco y la libra no fue diferente en el tercer periodo representado en el gráfico (septiembre de 1931-agosto de 1936) de la del segundo (enero de 1927-agosto de 1931). Las diferencias de conducta de los otros tres tipos de cambio mostrados en las figuras 3.5-3.7 son más evidentes, pero también es cierto en el caso del tipo entre la corona y la libra que no se puede rechazar la hipótesis nula de que las varianzas son iguales.

[63] Matte Viren (1994) muestra que los *tipos de descuento de los bancos centrales* influían poderosamente en los tipos reales y nominales y que ese efecto era claramente superior al de otros determinantes macroeconómicos de los tipos de interés.

jadas de los tipos de interés con unos mercados de cambios ordenados, el Banco de Inglaterra y la Cuenta de Compensación de Cambios británica (que se abrió en julio de 1932) intervinieron para conseguir que la libra esterlina bajara de una manera ordenada.[64]

Un programa internacionalmente coordinado de reflación macroeconómica habría sido aún mejor: si todos los países hubieran acordado bajar los tipos de interés y aumentar su oferta monetaria, podrían haber estimulado su economía más eficazmente y sin desestabilizar sus tipos de cambio. Cuando Estados Unidos tomó medidas expansivas, como hizo en 1932, el dólar se debilitó, pero si Francia hubiera tomado medidas similares al mismo tiempo, el dólar se habría fortalecido. El patrón oro y la reflación podrían haberse conciliado. Pero no fue posible organizar iniciativas coordinadas internacionalmente. Estados Unidos, Francia y Gran Bretaña fueron incapaces de acordar una acción concertada. En particular, los esfuerzos realizados en la Conferencia Económica de Londres de 1933 se malograron. Los franceses, preocupados por la inflación de los años veinte, rechazaron la reflación monetaria por ser fuente de excesos especulativos e inestabilidad económica, es decir, por ser parte del problema más que parte de la solución. Los británicos se negaron a unir su política a la de un socio extranjero de cuyas intenciones no estaban seguros. Estados Unidos se negó a esperar.

Por lo tanto, las medidas reflacionistas que se adoptaron en los años treinta se iniciaron unilateralmente. Entrañaron inevitablemente una depreciación de las monedas. La depreciación aumentó la competitividad de los bienes producidos en el interior, desplazando la demanda hacia ellos e impulsando las exportaciones netas. La mejora de la competitividad del país que dio el primer paso supuso, por supuesto, el deterioro de la competitividad de sus socios comerciales, lo cual llevó a los observadores a calificar desdeñosamente la depreciación de las monedas de *devaluación que empobrece al vecino.* Pero el hecho de que estas depreciaciones fueran interesadas no debería ocultar su eficacia. El calendario de la depreciación explica en

---

[64] La Cuenta de Compensación de Cambios fue autorizada inicialmente a emitir 150 millones de libras en letras del Tesoro, que utilizó para adquirir oro. Posteriormente, empleó esas reservas para intervenir en el mercado de divisas con el fin de frenar las fluctuaciones del tipo de cambio, que consideraba excesivas. Para los detalles, véase Howson, 1980.

gran medida el calendario de la recuperación. La temprana devaluación de la libra británica contribuye a explicar el hecho de que la
recuperación de Gran Bretaña comenzara en 1931. La recuperación
de Estados Unidos coincidió con la devaluación del dólar en 1933. La
tardía recuperación de Francia estuvo claramente unida a su negativa
a devaluar hasta 1936. El mecanismo que conectaba la devaluación y
la recuperación era sencillo. Los países que permitieron que su moneda se depreciara expandieron su oferta monetaria. La depreciación eliminó la necesidad de recortar el gasto público y de subir los
impuestos para defender el tipo de cambio. Suprimió las restricciones
que impedían a los países estabilizar su sistema bancario.[65]

Así pues, la depreciación de las monedas llevada a cabo en los años
treinta no fue una parte del problema de la Depresión sino una parte
de su solución. Sus efectos habrían sido más poderosos si la decisión de
abandonar el patrón oro hubiera provocado la adopción de medidas
más expansivas. Si los bancos centrales hubieran iniciado unos diná-
micos programas de operaciones de mercado abierto expansivas, habría desaparecido más deprisa el problema de la insuficiente demanda
agregada. El crecimiento de la demanda de dinero que acompañó a la
recuperación podría haberse satisfecho con una expansión del crédito
interior en lugar de exigir más importaciones de oro y de capital del
extranjero. Eso habría reducido las pérdidas de oro que sufrieron los
países aferrados al patrón oro, atenuando el empobrecimiento del vecino provocado por la depreciación de las monedas.

Pero como el temor a una inflación era general, incluso en la depresión, las iniciativas expansivas eran vacilantes. Los países que depreciaron su moneda y desplazaron la demanda hacia los productos interiores satisfacían su creciente demanda de dinero y de crédito reforzando
su balanza de pagos e importando capital y reservas del extranjero. Los
aumentos de sus reservas eran pérdidas de reservas para los países que
aún seguían en el patrón oro. Pero el problema no fue la devaluación,
sino el hecho de que esta práctica no estuviera más extendida y no
impulsara la adopción de medidas más expansivas. El abandono del
patrón oro permitió a los países recuperar la independencia de su política económica. Y al dedicar parte de esa independencia a medidas que

[65] Como evidencia que documenta estas relaciones, véanse Eichengreen y Sachs,
1985. Campa, 1990, y Eichengreen, 1988, muestran que existen las mismas relaciones
en Latinoamérica y Australasia.

navegaban a contra corriente en los mercados de cambios, pudieron hacerlo sin dejar que éstos se sumieran en el caos. Si esta fluctuación dirigida conjugaba un mínimo de estabilidad de los tipos de cambio con la autonomía de la política económica, ¿por qué no sirvió de modelo al sistema monetario internacional después de la Segunda Guerra Mundial? Los observadores de la posguerra veían en gran medida la fluctuación dirigida de los años treinta a través de gafas coloreadas por la libre fluctuación menos satisfactoria de los veinte. La experiencia pasada continuaba configurando –algunos dirían distorsionando– las percepciones contemporáneas del sistema monetario internacional. Otra objeción era que la fluctuación dirigida llevaba al proteccionismo. La depreciación del Reino Unido y Estados Unidos llevó a Francia y a Bélgica a subir sus aranceles y a endurecer los contingentes sobre las importaciones en un intento de defender su moneda sobrevaluada. Los responsables de la política económica no se oponían meramente a la inestabilidad de los tipos de cambio a corto plazo que consideraban que era una fuente de incertidumbre, sino también a las oscilaciones predecibles de los tipos de cambio a medio plazo que avivaban las presiones proteccionistas.[66]

En 1936, cuando se avecinaba la última ronda de devaluaciones, Francia, Estados Unidos y el Reino Unido negociaron el Acuerdo Tripartito. Francia prometió limitar la depreciación del franco a cambio de que Estados Unidos y Gran Bretaña prometieran abstenerse de responder a una depreciación con otra. El acuerdo comprometió a los firmantes a eliminar los contingentes sobre las importaciones y a trabajar por la reconstrucción del sistema comercial multilateral. Aunque el conflicto comercial no fue responsable directamente de las nubes de guerra que oscurecían los cielos europeos, las fluctuaciones de los tipos de cambio que provocaban conflictos comerciales no colaboraron mucho a cultivar la cooperación entre los países que compartían el interés de frenar las ambiciones expansionistas de Alemania. Cuando Estados Unidos encabezó durante y después de la Segunda Guerra Mundial los esfuerzos para reconstruir el sistema

---

[66] En el capítulo 5 se expone un argumento similar en el contexto de la unificación monetaria europea y el Programa del Mercado Único de la Unión Europea. En ese capítulo sugiero que las oscilaciones de los tipos de cambio podrían socavar los intentos de construir un mercado realmente integrado, como socavaron el comercio internacional en los años treinta.

monetario internacional, buscó mecanismos que estabilizaran los tipos de cambio, con el objetivo específico de apoyar el establecimiento de un sistema comercial duradero.

Conclusiones

El desarrollo del sistema monetario internacional entre las guerras puede comprenderse si se tienen en cuenta tres cambios políticos y económicos interrelacionados. El primero fue la creciente tensión entre los objetivos contrapuestos de la política económica. La estabilidad de las monedas y la convertibilidad del oro fueron las prioridades incuestionables de los bancos centrales y de los tesoros hasta que estalló la Primera Guerra Mundial. En las décadas de 1920 y 1930, las cosas fueron distintas. Toda una variedad de objetivos económicos interiores que podían alcanzarse utilizando activamente la política monetaria adquirieron una prioridad que no tenían en el siglo xix. La disyuntiva entre los objetivos internos y los externos comenzó a dejarse sentir. La búsqueda inquebrantable de la estabilidad de los tipos de cambio que caracterizó la política de los bancos centrales antes de la guerra se convirtió en cosa del pasado.

El segundo cambio, relacionado con el anterior, es el hecho de que los movimientos internacionales de capitales tenían cada vez más dos caras. Los movimientos de capitales formaban parte del pegamento que unía a las economías nacionales. Financiaban el comercio y la inversión exterior a través de los cuales estaban unidas esas monedas. Cuando la política monetaria gozaba de credibilidad, esos movimientos de capitales reducían las presiones a las que estaban sometidos los bancos centrales para que defendieran temporalmente los tipos de cambio débiles. Pero la nueva prioridad que se concedió a los objetivos internos hizo que la credibilidad ya no se diera por sentada. En las nuevas circunstancias del periodo de entreguerras, los movimientos internacionales de capitales podían agravar las presiones que sufrían los bancos en lugar de reducirlas.

El tercer cambio que distingue el periodo anterior a la guerra del periodo de entreguerras es el desplazamiento del centro de gravedad del sistema internacional; éste se desplazó del Reino Unido a Estados Unidos. Hasta la Primera Guerra Mundial, el sistema monetario internacional y el sistema de comercio internacional encajaron perfectamente. Gran Bretaña era la principal fuente tanto de capital financiero como de capital físico para las regiones de ultramar de reciente asentamiento; era el principal mercado de exportaciones de materias primas que generaba las divisas necesarias para pagar los intereses de las deudas externas de los prestatarios. En el periodo de entreguerras, Estados Unidos ocupó el lugar de Gran Bretaña como principal agente en el terreno comercial y financiero. Pero las relaciones financieras y comerciales exteriores de Estados Unidos aún no encajaban de una manera que generara un sistema internacional que funcionara armoniosamente.

Así pues, cuando los planificadores consideraron de nuevo la posibilidad de reconstruir el sistema internacional después de la guerra, buscaron un marco capaz de tener en cuenta estos cambios de la situación. La solución a su problema no era sencilla.

4
El sistema de Bretton Woods

Suponer que existe un mecanismo automático de ajuste que funciona fluidamente y que preserva el equilibrio si sólo confiamos en métodos basados en el laissez faire *es una vana ilusión doctrinaria que hace caso omiso de las lecciones de la experiencia histórica sin tener una teoría sólida en la que apoyarse.*

John Maynard Keynes

Aun hoy, más de tres décadas después de que desapareciera, el sistema monetario internacional de Bretton Woods sigue siendo un enigma. Para algunos, Bretton Woods fue un componente fundamental de la edad de oro del crecimiento después de la Segunda Guerra Mundial. Consiguió un grado admirable de estabilidad de los tipos de cambio cuando se compara con la inestabilidad del periodo anterior y del siguiente. Resolvió los problemas de pagos, haciendo posible el aumento sin precedentes del comercio y la inversión internacionales que avivó la expansión registrada después de la Segunda Guerra Mundial.

Hay otras opiniones sobre Bretton Woods menos optimistas. Se dice que la facilidad de ajuste no fue una causa del elevado crecimiento sino una consecuencia. Y la idea de que Bretton Woods concilió la estabilidad de los tipos de cambio con los mercados abiertos fue en gran medida una ilusión. Los Gobiernos restringieron los movimientos internacionales de capitales durante todos los años en que se mantuvo el sistema de Bretton Woods. Hubo inversión exterior a pesar de –no a causa de– las implicaciones de Bretton Woods para la movilidad internacional del capital.

El sistema de Bretton Woods se alejó del patrón de cambio-oro en tres aspectos fundamentales. Los tipos de cambio fijos se volvieron ajustables en determinadas condiciones (a saber, la existencia de lo que se conocía con el nombre de «desequilibrio fundamental»). Se permitieron los controles para limitar los movimientos internacionales de capitales. Y se creó una nueva institución, el Fondo Monetario

Internacional (FMI), para vigilar la política económica de los distintos países y facilitar la financiación de la balanza de pagos a los países en peligro. Estas innovaciones resolvieron las principales preocupaciones que heredaron de los años veinte y treinta los responsables de la política económica. La fijación ajustable era un instrumento para eliminar los déficits de la balanza de pagos, una alternativa a las subidas deflacionistas de los tipos de descuento de los bancos centrales que tan dolorosas habían resultado en el periodo de entreguerras. Los controles tenían por objeto evitar la amenaza que suponían los inestables movimientos de capitales que habían sido tan perturbadores en las dos décadas del periodo de entreguerras. Y el FMI, dotado de recursos financieros, poderes de vigilancia y una *cláusula de la moneda escasa,* podía sancionar a los Gobiernos responsables de medidas que desestabilizaran el sistema internacional y compensar a los países que resultaran afectados.

En principio, estos tres elementos del sistema de Bretton Woods se complementaban mutuamente. Los tipos de cambio fijos pero ajustables sólo eran viables porque los controles de capitales aislaban a los países que trataban de proteger su moneda de los movimientos de capitales desestabilizadores y daban el margen de respiro necesario para organizar ajustes ordenados. Los recursos del FMI constituían otra línea de defensa para los países que intentaban mantener fijos los tipos de cambio a pesar de las presiones del mercado. Y la vigilancia del FMI reducía los incentivos para realizar la clase de cambios de las paridades y de los controles que podían llevar a abusar del sistema.

Desgraciadamente, los tres elementos de esta tríada no funcionaban con total armonía en la práctica. La fijación ajustable resultó ser un oxímoron: era extraordinariamente raro que se modificaran las paridades, sobre todo en los países industriales que constituían el centro del sistema. La vigilancia del FMI resultó no servir para nada. Por lo que se refiere a los recursos del Fondo, en seguida se observó que no eran nada comparados con los problemas de pagos de la posguerra, y en cuanto a la cláusula de la moneda escasa que debía sancionar a los países cuya política pusiera en peligro la estabilidad del sistema, ésta nunca llegó a invocarse.

Los controles de capitales fueron el único elemento que funcionó más o menos como se había planeado. Actualmente, los observadores, en cuyas impresiones influyen los mercados financieros perfectamente articulados de finales del siglo XX, dudan de que pudieran aplicarse esas medidas. Pero las circunstancias eran diferentes en los veinticinco años posteriores a la Segunda Guerra Mundial. Fue un periodo en el que los Gobiernos intervinieron frecuentemente en sus economías y sus sistemas financieros. Se impusieron topes a los tipos de interés. Se limitaron los activos en los que podían invertir los bancos. Los Gobiernos regularon los mercados financieros para canalizar el crédito hacia los sectores estratégicos. La necesidad de obtener licencias de importación complicó los intentos de canalizar las transacciones de capital a través de la cuenta corriente. Los controles contenían la crecida porque no eran simplemente una roca en medio de una veloz corriente. Formaban parte de la serie de diques y esclusas con que se domeñaban los embravecidos rápidos.

No debe exagerarse, sin embargo, su eficacia. Fueron más eficaces en las décadas de 1940 y 1950 que después. Como sugiere la analogía de los rápidos, la suavización de las reglamentaciones internas y de las restricciones de la cuenta corriente debilitaron su funcionamiento. Con el retorno a la convertibilidad de las operaciones por cuenta corriente en 1959, resultó más fácil facturar más o menos importaciones y exportaciones de las realmente realizadas y canalizar mediante otros procedimientos las transacciones de capital a través de la cuenta corriente. Pero los que restarían importancia a la eficacia de los controles de capitales durante los años de Bretton Woods no tienen en cuenta el hecho de que los Gobiernos ponían a prueba sus límites continuamente. Las necesidades de la reconstrucción que había que llevar a cabo tras la guerra eran inmensas. Para reducir el paro y estimular el crecimiento era preciso gestionar la economía bajo una elevada presión de la demanda. Los Gobiernos llevaron al límite las implicaciones para la balanza de pagos, forzando al máximo los controles. De hecho, en la década de 1950, antes de que comenzara a funcionar plenamente el sistema de Bretton Woods, los países que tenían persistentes déficits de balanza de pagos y pérdidas de reservas endurecieron no sólo los controles de capitales sino también las restricciones cambiarias y las condiciones que debían reunir los importadores para obtener una licencia o, al menos, frenaron el ritmo al que los suavizaron, con el fin de reforzar la balanza comercial. Esas restricciones de las transacciones por cuenta corriente no habrían sido eficaces sin el mantenimiento simultáneo de los controles de capitales.

El mantenimiento de los controles era esencial debido a la ausencia de un mecanismo convencional de ajuste. El compromiso con el pleno empleo y con el crecimiento que era una parte integral del pacto social tras la guerra impedía utilizar medidas que redujeran el gasto. La política deflacionista del banco central que había resuelto los déficits de pagos en el patrón oro ya no era aceptable desde el punto de vista político. El Fondo Monetario Internacional carecía del poder necesario para influir en la política nacional y de los recursos para financiar los desequilibrios resultantes de la balanza de pagos. El hecho de que sólo se permitiera a los países modificar su tipo de cambio en caso de un desequilibro fundamental les impedía utilizar una *política de desviación del gasto* para adelantarse a los problemas. El tipo de cambio sólo podía alterarse en un clima de crisis; por lo tanto, para no provocar situaciones de crisis, las autoridades no podían considerar ni siquiera esa posibilidad. Como dice William Scammell, «intentando buscar una solución de compromiso entre el patrón oro y los tipos fijos, por una parte, y los tipos flexibles, por otra, los planificadores de Bretton Woods llegaron a una situación que [...] no [era] en absoluto un verdadero sistema de ajuste».[1]

Los controles de divisas sustituyeron al mecanismo de ajuste que faltaba, reprimiendo la demanda de importaciones cuando la restricción exterior comenzaba a dejarse sentir. Pero a partir de 1959, con el restablecimiento de la convertibilidad de las operaciones por cuenta corriente, ya no se pudo disponer de este instrumento.[2] Continuó habiendo controles sobre las transacciones por *cuenta de capital,* pero su empleo no garantizaba el ajuste; sólo retrasaba el día del juicio final. Al no existir un mecanismo de ajuste, la caída del sistema monetario internacional de Bretton Woods fue inevitable. Lo maravilloso es que sobreviviera tanto tiempo.

---

[1] Scammell, 1975, págs. 81-82.

[2] Algunos países mantuvieron unos modestos controles: por ejemplo, el Reino Unido levantó los controles de divisas para los que no eran residentes, como exigía el Artículo VIII del Convenio Constitutivo del FMI, pero mantuvo algunos controles sobre las transacciones financieras internacionales realizadas por los residentes. En todo caso, se redujo extraordinariamente el margen para utilizar esas restricciones con fines relacionados con la balanza de pagos.

La planificación llevada a cabo durante la guerra y sus consecuencias

La planificación del orden monetario internacional de la posguerra llevaba en marcha desde 1940 en el Reino Unido y desde 1941 en Estados Unidos.[3] En la Carta del Atlántico de agosto de 1941 y en el Acuerdo de Ayuda Mutua de febrero de 1942, los británicos prometieron restablecer la convertibilidad de la libra para las operaciones por cuenta corriente, y aceptaron el principio de no discriminar en el comercio a cambio de la promesa de Estados Unidos de conceder ayuda financiera en términos favorables y de respetar la prioridad que concedían los británicos al pleno empleo. Intentando conciliar estos objetivos se encontraban John Maynard Keynes, que ya era por entonces el patriarca de la economía y asesor no remunerado del ministro de Hacienda, y Harry Dexter White, un insolente y agresivo antiguo profesor universitario y economista del Tesoro de Estados Unidos.[4] Sus planes rivales pasaron por una serie de borradores. Las versiones finales, publicadas en 1943, constituyeron la base de la «Declaración Conjunta» de los expertos británicos y americanos y del Convenio Constitutivo del Fondo Monetario Internacional.

El Plan de Keynes y el de White se diferenciaban en las obligaciones que imponían a los países acreedores y en la flexibilidad de los tipos de cambio y la movilidad del capital. El Plan de Keynes habría permitido a los países alterar sus tipos de cambio y aplicar restricciones cambiarias conforme fuera necesario para conciliar el pleno empleo con la balanza de pagos. El Plan de White, en cambio, preveía un mundo sin controles y de monedas fijas supervisado por una institución internacional que tuviera poder para vetar los cambios de las paridades. Para impedir que las medidas deflacionistas extranjeras obligaran a los países a importar paro, la Asociación Internacional de Compensación de Keynes preveía una extensa financiación de la

---

[3] El fracaso de la Conferencia de Génova, que se celebró tres años después de que terminara la Primera Guerra Mundial, y el insatisfactorio funcionamiento del sistema monetario internacional en los años veinte recordaron a los Gobiernos de Estados Unidos y de Gran Bretaña que no debían descuidar la planificación. El mejor análisis de las negociaciones llevadas a cabo durante la guerra sigue siendo el de Gardner, 1969.

[4] Éste es el mismo Harry D. White cuya investigación sobre la balanza de pagos francesa en el siglo XIX figura en el capítulo 2.

balanza de pagos (basada en unos criterios cada vez más rigurosos y con unos tipos de interés penalizadores) y una significativa flexibilidad de los tipos de cambio. Si Estados Unidos incurría en persistentes superávits de la balanza de pagos, como ocurrió en los años treinta, estaría obligado a financiar los derechos totales de giro de otros países, que eran de 23.000 millones de dólares en el Plan de Keynes.

Como era predecible, los americanos se opusieron a la Asociación de Compensación por «implicar una responsabilidad ilimitada de los posibles acreedores».[5] Los negociadores insistieron en que el Congreso no firmaría un cheque en blanco. El Plan de White limitó, pues, los derechos totales de giro a una cifra mucho más modesta, 5.000 millones de dólares, y la obligación de Estados Unidos a 2.000 millones.

La Declaración Conjunta y el Convenio Constitutivo eran una solución de compromiso, que reflejaba el poder de negociación asimétrico de los británicos y los americanos. Las cuotas eran de 8.800 millones de dólares, cifra más cercana a los 5.000 millones del Plan White que a los 26.000 millones del Plan Keynes.[6] La obligación máxima de Estados Unidos era de 2.750 millones de dólares, cifra mucho más cercana a los 2.000 millones de White que a los 23.000 millones de Keynes.[7]

Cuanto menos generosa fuera la financiación, mayor sería la necesidad de que los tipos de cambio fueran flexibles. Y por eso se echa-

---

[5] Véase Harrod, 1952, pág. 3. Existe una analogía con la situación de Europa a finales de los años setenta. En 1978, cuando se debatió la creación del Sistema Monetario Eu ropeo, el Bundesbank alemán también era reacio a aceptar un sistema que lo obligaba a prestar una ayuda ilimitada a los países de moneda débil (véase el capítulo 5).

[6] Esta cifra de 26.000 millones de dólares es la suma de los 3.000 millones de derechos de giro a los que habría tenido derecho Estados Unidos en el Plan Keynes y los 23.000 millones antes mencionados de otros países.

[7] Las cuotas estaban sujetas, sin embargo, a una revisión quinquenal en aplicacion del Convenio Constitutivo (Artículo III, Sección 2) y podían elevarse con la aprobación de los países que poseyeran el 80 % del poder total de voto. White insistió a Keynes (en una carta fechada el 24 de julio de 1943) en que sería imposible conseguir el apoyo de un Congreso aislacionista a más de 2.000-3.000 millones de dólares. Véase Keynes, 1980, pág. 336. Ni siquiera era seguro que esa cantidad fuera ratificada por el Congreso. El calendario de la Conferencia de Bretton Woods dependía del deseo de acabar el Convenio Constitutivo antes de las elecciones al Congreso que se celebraban en noviembre de 1944 y en las cuales se esperaba que los republicanos aislacionistas aumentaran mucho sus votos. El lugar en el que se celebró, el Mount Washington Hotel situado en Bretton Woods (New Hampshire), se eligió en parte para ganarse al senador republicano del estado, Charles Tobey, que se presentaba a la reelección.

ron por la borda las propuestas americanas en favor de los tipos fijos. La solución de compromiso entre la insistencia de Estados Unidos en que los tipos de cambio fueran fijos y la insistencia británica en que fueran flexibles fue, como era predecible, la «fijación ajustable». El Artículo XX del acuerdo exigía a los países declarar la paridad de su moneda en oro o en una moneda convertible en oro (lo que en la práctica significaba el dólar) y mantener sus tipos de cambio dentro de un 1 % de esos niveles. La paridad podía modificarse un 10 % para corregir un «desequilibrio fundamental» tras consultar con el Fondo pero sin su aprobación previa, y en un margen mayor con la aprobación de tres cuartas partes del poder de voto del Fondo. El significado de la expresión crucial «desequilibrio fundamental» quedó sin definir. O, como dice Raymond Mikesell, nunca se definió en menos de diez páginas.[8]

El Convenio Constitutivo permitía, además, el mantenimiento de los controles de los movimientos internacionales de capitales, lo cual era contrario a la visión inicial de White de un mundo libre de controles tanto de los movimientos comerciales como de los movimientos financieros. De la misma manera que la insistencia de los americanos en limitar el volumen de financiación los obligó a acceder a las demandas de flexibilidad de los tipos de cambio, también los obligó a aceptar el mantenimiento de los controles de capitales.

Por último, los británicos consiguieron una cláusula de la moneda escasa que autorizaba el control de las importaciones procedentes de países que incurrieran en persistentes superávits de pagos y cuya moneda se volviera escasa dentro del Fondo. Eso ocurriría, por ejemplo, si los superávits acumulados de Estados Unidos alcanzaran los 2.000 millones de dólares y su contribución a los recursos del Fondo se utilizara totalmente para financiar los déficits de dólares de otros países. Los británicos consiguieron, además, que Estados Unidos aceptase que pudieran mantenerse los controles de las transacciones por cuenta corriente durante un periodo limitado. Según el Artículo XIV, el FMI informaría sobre los controles de los países pasados tres años y comenzaría pasados cinco a asesorar a los miembros sobre las medidas que podían facilitar su eliminación; implícita estaba la amenaza

---

[8] Véase Mikesell, 1994.

de que los países que no realizaran suficientes avances podían ser invitados a abandonar el Fondo.

Retrospectivamente, la creencia de que este sistema podía funcionar era extraordinariamente ingenua. Las modestas cuotas y derechos de giro del Convenio Constitutivo no eran nada comparados con la escasez de dólares que surgió antes de que el FMI comenzara a funcionar en 1947. La Europa de la posguerra tenía inmensas demandas insatisfechas de productos alimenticios, bienes de capital y otros bienes producidos en Estados Unidos y sólo una capacidad limitada para producir bienes para la exportación; su déficit comercial consolidado con el resto del mundo aumentó a 5.800 millones de dólares en 1946 y a 7.500 millones en 1947. Reconociendo este hecho, entre 1948 y 1951, periodo que coincide con los cuatro primeros años de funcionamiento del FMI, Estados Unidos incrementó en unos 13.000 millones de dólares la ayuda intergubernamental para financiar los déficits de Europa (de acuerdo con las disposiciones del Plan Marshall). Esta cantidad era más del cuádruple de los derechos de giro establecidos para Europa y más de seis veces la obligación máxima de Estados Unidos prevista en el Convenio Constitutivo. Sin embargo, a pesar de que la ayuda superó con creces la prevista en el Convenio Constitutivo, el sistema inicial de paridades resultó inviable. En septiembre de 1949, las monedas europeas se devaluaron, en promedio, un 30 %. Y aun así fue imposible suprimir los controles de las importaciones.

¿Cómo pudieron los planificadores americanos subestimar tanto la gravedad del problema? Estados Unidos no supo apreciar, desde luego, lo suficiente los daños sufridos por las economías de Europa y Japón ni los costes de la reconstrucción.[9] Este sesgo se vio reforzado por la fe de los planificadores americanos en el poder del comercio internacional para curar todas las heridas. Cordell Hull, secretario de Estado de Roosevelt durante mucho tiempo, había convertido el restablecimiento de un sistema comercial multilateral abierto en una prioridad de Estados Unidos. En su opinión, el establecimiento de unos extensos vínculos comerciales aumentaría la interdependencia de la economía francesa y la alemana, suprimiría los conflictos políticos y diplomáticos e impediría que los dos países volvieran a la

---

[9] Los europeos más cercanos al problema apreciaron la magnitud de sus futuras dificultades de pagos. El FMI, por su parte, mencionó en sus dos primeros informes la necesidad de ajustar los tipos.

guerra. El comercio impulsaría la recuperación y facilitaría a Europa los ingresos en moneda fuerte necesarios para importar materias primas y bienes de capital. Una vez restablecido un sistema comercial multilateral abierto, Europa podría resolver gracias a los exportadores el problema de su escasez de dólares y de la reconstrucción de la posguerra, permitiendo que se mantuviera el sistema de monedas convertibles.

La inclinación de la administración por el libre comercio era apoyada por la industria americana, que consideraba que los mercados de exportación eran vitales para la prosperidad en la posguerra y que el sistema británico de *preferencia imperial* obstaculizaba su acceso al mercado. La industria bélica había prosperado en el sur de Estados Unidos y a lo largo de la costa del Pacífico; el crecimiento que experimentaron en estas zonas las fábricas de aviones y municiones llevó a más estados a sumarse al bando del libre comercio.[10] En el Congreso era mayor el entusiasmo por el empuje del Acuerdo de Bretton Woods al comercio que por sus abstrusas disposiciones monetarias; si en el Convenio Constitutivo no se hubiera puesto énfasis en el primero, es improbable que el Congreso hubiera aceptado ratificarlo.

Así pues, el restablecimiento del comercio multilateral y abierto iba a ser el tónico que fortaleciera el sistema de Bretton Woods. Todo el acuerdo estaba orientado a alcanzar este objetivo. En palabras de un autor, «los americanos concedían una gran importancia a las disposiciones para el restablecimiento del comercio multilateral, creyendo que ésa era la principal razón de ser del Fondo [Monetario Internacional], igual de importante que sus funciones de estabilización».[11] La insistencia de los americanos en un sistema de tipos de cambio fijos en el que sólo fuera posible introducir considerables modificaciones con la aprobación del FMI pretendía evitar el tipo de perturbaciones monetarias internacionales que dificultarían la reconstrucción del comercio. Además de negociar el Convenio Constitutivo del FMI, los delegados de Bretton Woods adoptaron una serie de recomendaciones, incluida la de crear una organización hermana encargada de reducir los aranceles de la misma forma que

---

[10] Frieden, 1988, hace hincapié en que las perturbaciones de la economía europea que aumentaron la competitividad de las exportaciones de los fabricantes americanos también contribuyeron a llevarlos al bando del libre comercio.

[11] Scammell, 1975, pág. 115.

el FMI iba a supervisar la eliminación de los obstáculos monetarios que impedían el comercio. El Artículo VIII prohibía a los países restringir los pagos por cuenta corriente sin la aprobación del Fondo. Las monedas habían de ser convertibles a los tipos oficiales y ningún miembro podía adoptar mecanismos cambiarios discriminatorios. El Artículo XIV ordenaba a los países reducir considerablemente las restricciones monetarias que obstaculizaban el comercio en un plazo de cinco años a partir de la fecha en que comenzara a funcionar el FMI.

Nunca sabremos si el rápido desmantelamiento de los controles de las transacciones por cuenta corriente habría impulsado las exportaciones europeas lo suficiente para eliminar la escasez de dólares, pues en lugar de eliminar las restricciones, los países de Europa occidental mantuvieron y en algunos casos aumentaron las que existían durante la guerra. En Europa oriental, los controles de divisas se utilizaban para eliminar lagunas que habrían socavado el comercio estatal. Los países sudamericanos utilizaban tipos de cambio múltiples para fomentar la industrialización y sustituir las importaciones. Aunque algunos países eliminaron lentamente los obstáculos monetarios que impedían el comercio, otros se vieron obligados a dar marcha atrás. En conjunto, se dieron algunos pasos encaminados a la liberalización, pero el periodo quinquenal de transición acabó durando más del doble.

El hecho de que no se liberalizara el comercio al ritmo previsto tiene varias explicaciones. El mantenimiento de un sistema más liberal de comercio habría obligado a los países europeos a aumentar sus exportaciones, lo cual habría entrañado a su vez una depreciación considerable de los tipos de cambio para que sus bienes fueran más competitivos en los mercados mundiales. Los Gobiernos se opusieron a la liberalización del comercio alegando que empeoraría la relación real de intercambio y reduciría el nivel de vida. Las restricciones de las importaciones actuaron como los aranceles; volvieron la relación real de intercambio favorable a Europa a expensas de Estados Unidos. Un empeoramiento considerable de la relación real de intercambio y un descenso del nivel de vida corrían el riesgo de provocar malestar laboral y de interrumpir el proceso de recuperación.[12] El FMI era cons-

---

[12] Ésta es la línea de pensamiento que sigo en mi libro de 1993. El razonamiento se expresa a veces de forma distinta, a saber, que las considerables devaluaciones que habría exigido la eliminación de los controles no habrían dado resultado, ya que las subidas de los precios de las importaciones habrían provocado una inflación de sala-

ciente de que las paridades presentadas en 1945-46 implicaban que las monedas estarían sobrevaluadas si se eliminaban las restricciones de las importaciones. Aunque la inflación había avanzado durante la guerra mucho más deprisa en Europa que en Estados Unidos, alrededor de la mitad de los tipos de cambio eran tan altos frente al dólar americano como en 1939.[13] En lugar de oponerse, el Fondo aceptó las alegaciones europeas de que era necesario que los tipos de cambio fueran altos por razones políticas internas.[14]

Las restricciones comerciales podían desmantelarse sin provocar unos déficits insostenibles o sin exigir una considerable depreciación de las monedas si se recortaba el gasto público y se reducía la demanda. Si los Gobiernos de la posguerra no hubieran concedido prioridad al mantenimiento de la inversión, la restricción externa no se habría dejado sentir con tanta intensidad.[15] Una vez más, la política interna fue lo que impidió actuar. Mientras que los americanos consideraban que el comercio era el motor del crecimiento, los europeos creían que la inversión era clave. Y la reducción de la inversión, además de frenar la recuperación y el crecimiento, sería para los sindicatos europeos como incumplir el compromiso de mantener el pleno empleo.

Los esfuerzos para liberalizar el comercio se vieron frustrados sobre todo por un problema de coordinación, por la necesidad de que los países europeos actuaran simultáneamente. Los países sólo podían importar más si exportaban más, pero eso sólo era posible si también liberalizaban otros. La Organización Internacional del Comercio (OIC) se había diseñado para romper este nudo gordiano coordinando la reducción simultánea de los aranceles y de los contingentes. Por lo tanto, el hecho de que Estados Unidos no ratificara la Carta de La Habana (el acuerdo para crear la OIC, firmado por los cincuenta y seis países participantes en la Conferencia de las Naciones Unidas sobre Comercio y Empleo celebrada en la capital de Cuba) fue un duro golpe. El acuerdo se vio sometido a las presiones de los proteccionistas que se oponían a su impulso liberal y de los

---

rios (véase Scammell, 1975, pág. 142 y *passim*). Pero la cuestión es la misma, a saber, que los trabajadores no habrían aceptado la significativa reducción del nivel de vida que implicaba una depreciación real.

[13] Esto se afirmó en la época; véase, por ejemplo, Metzler, 1947.

[14] Sin embargo, sí presionó para que se devaluara en 1948-49.

[15] Ésta es la conclusión de Milward, 1984.

perfeccionistas que criticaban la multitud de excepciones al libre comercio concedidas a los países que trataban de establecer el pleno empleo, acelerar su desarrollo económico o estabilizar los precios de las exportaciones de materias primas.[16] Cogida entre dos fuegos, la Administración Truman se negó a volver a presentar la carta al Congreso en 1950.[17]

El Acuerdo General sobre Aranceles Aduaneros y Comercio (GATT), arrojado a la arena, hizo pocos progresos en los primeros años.[18] La primera ronda del GATT, celebrada en Ginebra en 1947, llevó a Estados Unidos a reducir un tercio sus aranceles, pero las otras veintidós partes firmantes hicieron mínimas concesiones. En la segunda ronda, celebrada en Annecy en 1949, los veintitrés países fundadores no hicieron ninguna otra concesión. La tercera (celebrada en Torquay en 1950-51) fue un fracaso, ya que las partes firmantes sólo se pusieron de acuerdo en 144 de los 400 puntos sobre los que esperaban negociar. El ambiguo estatus del GATT limitó las posibilidades de coordinación con el FMI, lo que complicó los intentos de intercambiar las concesiones arancelarias por la eliminación de los controles de divisas. El FMI, por su parte, pensaba que su papel no era conseguir concesiones recíprocas.

Así pues, el tipo de externalidades de red al que nos referimos en el prefacio de este libro y en el que pusimos énfasis en el análisis del patrón oro clásico del capítulo 2 impidió que la transición a la convertibilidad de las operaciones por cuenta corriente fuera rápida. Mientras otros países siguieran teniendo una moneda inconvertible, tenía sentido para cada uno de ellos mantener la suya inconvertible, aun cuando todos hubieran disfrutado de un bienestar mayor si hubieran hecho convertibles sus monedas simultáneamente. Los artífices del Acuerdo de Bretton Woods habían tratado de salir de este atolladero estableciendo un calendario para el restablecimiento de la convertibilidad y creando una institución, el FMI, que supervisara el proceso. Al final, las medidas que establecieron fueron insuficientes.

---

[16] La autopsia definitiva de la Carta de La Habana es el trabajo de Diebold, 1952.
[17] La carta de la OIC también fue víctima, en cierto sentido, de la guerra fría. Una vez que estalló el conflicto con los soviéticos, tuvieron prioridad el Plan Marshall (cuyo segundo proyecto de ley sobre asignaciones estaba siendo examinado por el Congreso) y la OTAN.
[18] Para los detalles, véase Irwin, 1995.

Los países industriales crearon finalmente la Unión Europea de Pagos para coordinar la eliminación de las restricciones por cuenta corriente. Entretanto, sufrieron una serie de convulsiones, sobre todo, la crisis de la convertibilidad de 1947 y las devaluaciones de 1949 de Gran Bretaña.

La crisis de la libra esterlina y el realineamiento de las monedas europeas

La situación de Gran Bretaña en 1947 es un ejemplo del intento de un país de restablecer la convertibilidad sin la cooperación de otros. La inflación no había avanzado tan deprisa en Gran Bretaña como en el continente europeo y no estaba claro que la libra estuviera sobrevaluada desde el punto de vista de la paridad del poder adquisitivo.[19] Tampoco fue la destrucción de la infraestructura y de la capacidad industrial relacionada con la guerra tan grande como en muchos otros países europeos. Pero mientras otros países europeos mantuvieran unos elevados aranceles y restricciones cuantitativas, las posibilidades de aumentar las exportaciones eran reducidas. El país se encontró con que era incapaz de penetrar en otros mercados europeos lo suficiente para conseguir los ingresos por exportaciones necesarios para mantener una moneda convertible.[20]

La delicada situación financiera de Gran Bretaña complicó aún más su intento de restablecer la convertibilidad. El país había terminado la Segunda Guerra Mundial con un excedente monetario (la oferta monetaria se había triplicado entre 1938 y 1947 pero el PIB nominal sólo se había duplicado, debido a la utilización de controles de precios para contener la inflación). Las tenencias privadas y oficiales de oro y de dólares habían disminuido un 50 %. Los activos exteriores habían sido requisados y los controles de la inversión exterior habían impedido a los residentes británicos reponerlos. Entre 1939 y 1945, la Commonwealth y el Imperio habían acumulado saldos de libras por suministrar productos alimenticios y materias primas a la

---

[19] Una vez más, ésta es la conclusión de Metzler (1947).

[20] La respuesta del Reino Unido fue estrechar sus relaciones comerciales con la Commonwealth y con el Imperio (tal como describe Schenk, 1994). Sin embargo, eso no redujo la diferencia en la escasez de dólares.

maquinaria británica de guerra. Al final de la guerra, los saldos de libras existentes en ultramar superaban los 3.500 millones de libras, es decir, representaban una tercera parte del PNB del Reino Unido. Las reservas británicas de oro y de divisas apenas llegaban a los 500 millones de libras.

Si los que tenían libras en ultramar hubieran intentado reequilibrar su cartera o comprar bienes en la zona del dólar, se habría producido una liquidación total de activos denominados en libras. Huyendo de las opciones radicales, como la conversión forzosa de los saldos en libras en derechos no negociables, el Gobierno británico trató de que sólo pudieran convertirse en dólares las libras ganadas en ese momento, bloqueando los saldos existentes por medio de una serie de acuerdos bilaterales. Pero era difícil saber exactamente cuántas libras se habían ganado recientemente y existían poderosos incentivos para eludir las restricciones.

En estas circunstancias, la decisión de restablecer la convertibilidad en 1947 fue el colmo de la imprudencia. Fue una decisión americana, no británica. En 1946, Estados Unidos concedió a Gran Bretaña un préstamo de 3.750 millones de dólares a condición de que aceptara restablecer la convertibilidad de las operaciones por cuenta corriente en el plazo de un año tras la aprobación del préstamo.[21] El postrado Reino Unido no tenía otra opción. La convertibilidad se restableció el 15 de julio de 1947, casi cinco años antes de la fecha límite del Acuerdo de Bretton Woods.[22] Exceptuando algunos saldos acumulados anteriormente, la libra se volvió convertible en dólares y en otras monedas a la paridad oficial de 4,03 dólares.

Las seis semanas de convertibilidad fueron un desastre. Las pérdidas de reservas fueron enormes. El Gobierno, viendo que éstas estaban a punto de agotarse, suspendió la convertibilidad el 20 de agosto

---

[21] Otros 540 millones de dólares cubrieron los bienes de préstamo y arriendo ya en tramitación.

[22] En realidad, la convertibilidad se introdujo paulatinamente. Hacia comienzos de año, las autoridades británicas complementaron sus acuerdos bilaterales de compensación con otros países con un sistema de cuentas transferibles. Los residentes de los países participantes podían transferir libras unos a otros, así como a Gran Bretaña, para utilizarlas en las transacciones corrientes. En febrero, se añadieron las transferencias a residentes de la zona del dólar. A cambio, los países participantes tuvieron que acordar aceptar libras de otros participantes sin límite alguno y continuar restringiendo las transferencias de capital. Véase Mikesell, 1954.

con el consentimiento de Estados Unidos. Un préstamo que se había concebido para que durara hasta el final de la década se agotó en cuestión de semanas.

La insistencia de Estados Unidos en la pronta reanudación de la convertibilidad se debió a la preocupación de Washington por la preferencia imperial. La convertibilidad era la manera obvia de garantizar a los exportadores americanos la igualdad de condiciones. Además, los responsables americanos de la política económica consideraban que el restablecimiento de la convertibilidad en Gran Bretaña era un importante paso para la creación de un sistema de comercio multilateral y abierto. La libra era la moneda de reserva y de transacciones más importante después del dólar. Las probabilidades de que otros países restablecieran la convertibilidad si sus saldos de libras eran convertibles y servían de reservas internacionales eran mayores. Pero las autoridades americanas subestimaron la dificultad de la tarea, al igual que cuando especificaron las modestas cuotas y derechos de giro del Convenio Constitutivo.

La crisis de la libra de 1947 hizo que se les cayera la venda de los ojos. Estados Unidos ya no insistiría tanto en el pronto restablecimiento de la convertibilidad; a partir de entonces, consintió en que la política europea se mantuviera durante toda la transición. Reconociendo la gravedad del problema de Europa, accedió a que se discriminaran algo las exportaciones americanas. Y siguió con el Plan Marshall. La ayuda se había discutido en Washington, D. C., antes de que fracasara el restablecimiento de la convertibilidad en Gran Bretaña, y el discurso del general George Marshall anunciando el plan se había pronunciado en Harvard más de un mes antes de la fecha límite del 15 de julio de Gran Bretaña. Pero la ayuda del Plan Marshall no había sido aprobada por el Congreso: la crisis de la libra islas británicas, al poner de relieve la debilitada situación de las economías europeas, minó los argumentos de sus oponentes.

Finalmente se transfirió una significativa cantidad de ayuda del Plan Marshall en el segundo semestre de 1948. Hasta entonces, la postura de Gran Bretaña había sido endeble. Y las islas británicas no fueron las únicas que tuvieron problemas. Francia, Italia y Alemania, países todos ellos en los que la situación política seguía sin resolverse, sufrieron una huida de capital. Francia incurrió en persistentes déficits de dólares, agotando sus reservas y provocando la devaluación del franco de 119 francos por dólar a 214 a comienzos de 1948. Aunque el comercio con la mayoría de los países europeos se realizaba a este tipo, los ingresos generados por las exportaciones a la zona del dólar podían venderse la mitad al tipo oficial y la mitad al tipo de los mercados paralelos. Dado que el tipo libre era superior a 300 francos, el tipo de cambio efectivo para las transacciones con Estados Unidos era de 264 francos. El encarecimiento del dólar tenía por objeto fomentar las exportaciones a Estados Unidos y reducir los incentivos para importar con el fin de reponer las reservas de dólares de Francia. Pero la política creó ineficiencias y colocó en una situación de desventaja a otros países; por ejemplo, dio un incentivo para enviar las exportaciones británicas a Estados Unidos a través de terceros países. Ésta era precisamente la clase de tipos de cambio múltiples discriminatorios que desaprobaban los artífices del Acuerdo de Bretton Woods. Pese a la oposición del director ejecutivo francés, que negaba que el Convenio Constitutivo constituyera una base legal para actuar, el FMI declaró que Francia no podía utilizar sus recursos. El Gobierno francés, humillado, se vio obligado a devaluar de nuevo y a unificar el tipo en 264.

A la larga, la ayuda del Plan Marshall aligeró la carga que pesaba sobre los receptores. Estados Unidos pidió a los Gobiernos europeos que propusieran un plan para repartirse la ayuda entre ellos; éstos lo hicieron teniendo en cuenta las previsiones consensuadas sobre sus déficits de dólares. Se confiaba en que los 13.000 millones de dólares facilitados por Estados Unidos en los cuatro años siguientes serían suficientes para financiar los déficits de dólares en que incurrirían los receptores a medida que llevaran a cabo su reconstrucción y realizaran los últimos preparativos para la convertibilidad.[23]

La recesión que sufrió Estados Unidos en 1948-49 truncó las esperanzas de que el comercio con la zona del dólar volviera a equilibrarse rápidamente. La recesión redujo las demandas americanas de bienes europeos, haciendo que aumentara la escasez de dólares. Aunque la recesión fue temporal, no ocurrió así con los efectos que produjo en las reservas europeas. Lo que Estados Unidos dio con una mano, se lo llevó con la otra.

---

[23] Para impedir que los países receptores obtuvieran ayuda por partida doble y que disminuyera el control financiero de Washington, Estados Unidos hizo depender la prolongación de la ayuda del Plan Marshall del acuerdo del FMI de no conceder créditos a los Gobiernos receptores.

La recesión fue lo que impulsó inmediatamente las devaluaciones de 1949. Por muy atractivas que fueran las mejoras de la relación real de intercambio provocadas por la sobrevaluación de las monedas y por los controles de las importaciones, su viabilidad era limitada. La Segunda Guerra Mundial había alterado los tipos de cambio de equilibrio, al igual que había hecho la Primera.[24] Esto quedó patente cuando cayeron las importaciones americanas procedentes de la zona de la libra un 50% entre el primer y tercer trimestres de 1949. La zona de la libra, que producía las materias primas que constituían el grueso de las importaciones americanas, y no el propio Reino Unido, fue la que resultó más afectada por el deterioro. Pero los residentes de otros países de la zona de la libra trataron de mantener el nivel habitual de importaciones procedentes de la zona del dólar convirtiendo sus saldos de libras en dólares. Los controles restringieron las posibilidades de hacerlo pero no las eliminaron. Al disminuir sus reservas, Gran Bretaña endureció aún más sus controles y consiguió que otros países de la Commonwealth hicieran lo mismo. Aún así, el drenaje de oro y dólares continuó. Entre julio y mediados de septiembre, sobrepasó los 300 millones de dólares. El 18 de septiembre se produjo la devaluación.

Este episodio enterró la creencia de que se podía devaluar una gran moneda como si fuera un punto del orden del día de un comité. El Artículo IV daba derecho al Fondo a ser informado del cambio de una paridad con setenta y dos horas de antelación. Aunque los Gobiernos extranjeros y el FMI fueron informados de que la devaluación era inminente, al Fondo sólo se le notificó su magnitud con veinticuatro horas de antelación a fin de reducir lo más posible el peligro de que la información se filtrara a los mercados. Aunque hubo tiempo de hacer preparativos, no fue posible entrar en el tipo de deliberaciones internacionales que preveía el Convenio Constitutivo.[25]

Otros veintitrés países devaluaron en el plazo de una semana después de Gran Bretaña y siete más tarde. La mayoría ya había tenido dificultades de balanza de pagos y la devaluación de la libra implicaba que su problema probablemente empeoraría. Las únicas monedas

---

[24] Como afirma Triffin (1964), los controles no hicieron más que «frenar o posponer los reajustes de los tipos de cambio que caracterizaron la década de 1920 y agruparon muchos de ellos en septiembre de 1949» (pág. 23).

[25] Véase Horsefield, 1969, vol. 1, págs. 238-39.

que no se devaluaron fueron el dólar americano, el franco suizo, el yen japonés y las de algunos países de Latinoamérica y de Europa oriental. Las devaluaciones surtieron el efecto deseado. El hecho de que se discutieran en ese momento y de que se pongan en cuestión hoy demuestra la desconfianza hacia las modificaciones de los tipos de cambio heredadas de los años treinta. Las reservas británicas dejaron de disminuir inmediatamente y se triplicaron en dos años. Otros países también mejoraron su posición. Los franceses fueron capaces de levantar sus restricciones cambiarias, liberalizando el derecho de los viajeros a sacar billetes bancarios del país y de otros a realizar transacciones en el mercado a plazo. El superávit por cuenta corriente de Estados Unidos disminuyó más de la mitad entre el primer semestre de 1949 y el primero de 1950. La devaluación no fue el único factor que contribuyó a ello; la recesión americana terminó a finales de 1949 y la guerra de Corea estalló en 1950.[26] Pero donde más mejoraron las balanzas comerciales fue en los países que más devaluaron, lo que induce a pensar que el realineamiento de 1949 produjo efectos distintos y económicamente significativos.

La escasez de dólares, aunque moderada, no desapareció. En el primer semestre de 1950, el superávit por cuenta corriente de Estados Unidos siguió aumentando a un ritmo anual de 3.000 millones de dólares. No estaba en absoluto claro que otros países pudieran terminar la transición a la convertibilidad en dos años, teniendo en cuenta que sus reservas eran reducidas y sus déficits considerables. Una asfixiante serie de restricciones de las transacciones por cuenta corriente seguía dificultando el comercio intraeuropeo. Hacia 1950 los países implicados llegaron a la conclusión de que para resolver este problema era necesario tomar medidas monetarias internacionales extraordinarias.

---

[26] La guerra produjo diferentes efectos en las distintas economías: la zona de la libra, que era exportadora neta de materias primas, se benefició de la subida del precio relativo de las materias primas que provocó, mientras que Alemania, que era un importador neto de materias primas, vio cómo empeoraba su relación real de intercambio. Este último punto es subrayado por Temin, 1995. Es contrario a una gran parte de la literatura alemana, en la cual se sugiere que Alemania se benefició de la expansión generada por la guerra de Corea.

La Unión Europea de Pagos

Esos pasos extraordinarios consistieron en complementar el FMI con una entidad regional, la Unión Europea de Pagos o UEP, para resolver los problemas de comercio y de pagos de Europa. La UEP entró en funcionamiento en 1950, inicialmente para dos años, si bien su existencia acabó prolongándose hasta finales de 1958. Era, en cierto sentido, una prolongación obvia del modelo de Bretton Woods. Sus miembros, esencialmente los países de Europa occidental y sus territorios de ultramar, reafirmaron su intención de avanzar simultáneamente en pos del restablecimiento de la convertibilidad de las operaciones por cuenta corriente. Adoptaron un Código de Liberalización, que exigía la eliminación de las restricciones a las que estaba sometida la conversión de las monedas para realizar transacciones corrientes. En febrero de 1951, menos de un año después de que se creara la UEP, todas las restricciones existentes tenían que aplicarse por igual a todos los países participantes y los miembros habían de reducir sus barreras a la mitad de los niveles iniciales y, a continuación, un 60 y un 75 %. Era, pues, una versión más detallada, aunque geográficamente limitada, del compromiso del Acuerdo de Bretton Woods de suprimir todas las restricciones que pesaban sobre las transacciones corrientes.

Los países que incurrieran en déficit con la UEP podrían acceder a los créditos, si bien tendrían que cancelar sus deudas con sus socios en oro y dólares una vez agotadas sus cuotas. Este mecanismo también se inspiraba en el Convenio Constitutivo: los créditos a los que tenían derecho los países participantes se parecían a las cuotas y a los derechos de giro del Acuerdo de Bretton Woods. Al igual que las cuotas del FMI, el acceso a estos créditos podía estar sujeto a determinadas condiciones. Cuando se puso fin a la UEP en 1958, había cerca de 3.000 millones de dólares en créditos pendientes; esta cifra equivalía a un aumento de las cuotas previsto en el Convenio Constitutivo de cerca del 50 %.

La UEP se distinguía en otro aspecto del modelo de Bretton Woods y ponía en cuestión las instituciones establecidas en él. Al acceder a que se elaborara el Código de Liberalización, Estados Unidos reconoció la falta de realismo del calendario de Bretton Woods para restablecer la convertibilidad de las operaciones por cuenta corriente. Al ayudar a facilitar más créditos para financiar la balanza de pagos, reconoció que las cuotas previstas en los Artículos del Acuerdo eran insuficientes. Al permitir a los países de la UEP reducir las barreras comerciales entre ellos más deprisa de lo que suprimieron las restricciones de las importaciones procedentes de Estados Unidos, aceptó la discriminación en el comercio. Reconoció que la escasez de dólares era el problema monetario fundamental del periodo de la posguerra, a pesar de la ayuda del Plan Marshall.[27] Los países europeos, al crear una institución para la adopción de medidas discriminatorias, admitieron lo que no se había dicho en Bretton Woods: que el sistema monetario internacional de la posguerra era un sistema asimétrico en el que Estados Unidos y el dólar desempeñaban un papel excepcional.

El hecho de que la UEP se alejara del sistema de Bretton Woods se reconoció de varias formas. La responsabilidad de compensar los pagos se encomendó al Banco de Pagos Internacionales, vestigio de los años treinta, no al FMI. La junta directiva, que supervisaba el funcionamiento de la UEP, tenía su sede en Basilea, no en Washington, D. C. El Código de Liberalización, en lugar de agregarse al Convenio Constitutivo, era una idea de la Organización Europea para la Cooperación Económica (OECE), que se había creado para facilitar el reparto de la ayuda del Plan Marshall. De hecho, la supervisión del restablecimiento de la convertibilidad y la rehabilitación del comercio dejaron de ser responsabilidad de las instituciones de Bretton Woods, cuya autoridad disminuyó como consecuencia.

Si hay un factor que puede explicar estas desviaciones de la senda trazada en Bretton Woods son las crisis de 1947 y 1949. Estos episodios impidieron que Estados Unidos negara la gravedad de los problemas de ajuste de la posguerra. La llegada de la guerra fría reforzó su cambio de opinión. La URSS había estado presente en Bretton Woods, aunque sus delegados se habían mostrado activos principalmente en las sesiones de ocio dedicadas a la bebida. Europa oriental aún no era una esfera de influencia ni una amenaza para la estabilidad política de Occidente. Pero hacia 1950 la guerra fría estaba en marcha

---

[27] Así, en el Segundo Informe Anual de la OECE se reconocía que los déficits de dólares de Europa no se reducirían hasta el punto de que pudieran eliminarse las restricciones monetarias sin discriminaciones cuando concluyera el Plan Marshall. Organización Europea para la Cooperación Económica, 1950, págs. 247-51.

y la Unión Soviética se había negado a asumir las obligaciones de los miembros del FMI, lo que llevó a Estados Unidos a mostrarse más dispuesto a tolerar la discriminación en el comercio si de esa forma se facilitaban la recuperación y el crecimiento económico en Europa occidental.

Las instituciones de Bretton Woods perdieron autoridad debido no sólo a la creación de la OIC, que nació muerta, sino también a la decisión del FMI y del Banco Mundial de distanciarse de los problemas de pagos de la posguerra. Aunque el Banco concedió más crédito a Europa que a cualquier otro continente en sus siete primeros años, sus compromisos europeos totales entre mayo de 1947, en que concedió su primer préstamo, y finales de 1953, periodo de vigencia del Plan Marshall, sólo ascendieron a 753 millones de dólares, lo que representa algo más de un 5 % de la ayuda de dicho plan.[28] Los giros efectuados en el FMI entre 1947 y 1951, de 812 millones de dólares, no fueron mucho mayores.

El Fondo se había creado para supervisar el funcionamiento de las monedas convertibles y para financiar los desequilibrios temporales de pagos; tardó en adaptarse a un mundo de inconvertibilidad y de persistentes problemas de pagos. Accedió a las demandas de Estados Unidos de que se negara a financiar a los países que estaban recibiendo ayuda del Plan Marshall para impedir que los Gobiernos minaran los esfuerzos realizados por Estados Unidos para controlar sus asuntos financieros. Incluso después de que el experimento británico de 1947 hubiera demostrado la necesidad de ofrecer abundante ayuda, no puso más recursos a disposición de los países que restablecieron la convertibilidad. Los *acuerdos de derecho de giro (stand-by)*, inaugurados en 1952, simplificaron el acceso a los recursos del Fondo, pero no los aumentaron. Por todas estas razones, el Fondo fue incapaz de ofrecer el volumen de ayuda necesario para hacer frente a las perturbaciones de la posguerra.

---

[28] El Banco Mundial concedió préstamos a Dinamarca, Francia, Luxemburgo y los Países Bajos para financiar las importaciones de materias primas y bienes de capital procedentes de la zona del dólar. Pero como tenía pocos fondos propios (Estados Unidos era el único país que aportaba capital), para tener liquidez dependía de su capacidad para emitir préstamos en el mercado de capitales de Estados Unidos.

Los problemas de pagos y los controles selectivos

Gran Bretaña, Francia y Alemania se encontraban desde hacía mucho tiempo en el centro de los asuntos monetarios europeos. Nunca fue esto más cierto que en los años 50, si bien Estados Unidos y el poderoso dólar habían hecho sombra a los tres países y a sus monedas.

En los tres, la Segunda Guerra Mundial, al igual que la Primera, reforzó la posición de los sindicatos, haciendo que los partidos laboristas de izquierdas se convirtieran en una fuerza con la que había que contar. Los portavoces sindicales presionaron, como habían hecho después de la Primera Guerra Mundial, para que se subieran los salarios y los impuestos sobre el patrimonio y se ampliaran los programas sociales. A esta lista se añadió ahora la exigencia de que se controlaran los tipos de interés, los movimientos de capitales, los precios y los alquileres, y de que se ampliara la variedad de actividades públicas. Si Europa quería evitar que los factores políticos y laborales perturbaran su recuperación y su crecimiento, era fundamental llegar a un acuerdo con los sindicatos.

El proceso mediante el cual se llegó a este acuerdo fue complejo. Por ejemplo, en Francia y en Italia, Estados Unidos lo alentó subordinando la ayuda del Plan Marshall a la exclusión de los partidos comunistas del Gobierno. Pero fueron los propios europeos los que dieron los pasos fundamentales.[29] Los partidos socialistas moderaron sus demandas con el fin de ampliar su base electoral. Los trabajadores aceptaron el mantenimiento de la propiedad privada a cambio de una ampliación del Estado de bienestar. Aceptaron moderar sus reivindicaciones salariales a condición de que el Gobierno se comprometiera a mantener el pleno empleo y el crecimiento.

Desde el punto de vista del ajuste de la balanza de pagos, el compromiso de mantener el crecimiento y el pleno empleo fue clave. El instrumento empleado para eliminar los déficits exteriores en el

---

[29] La mejor introducción a la literatura sobre esta cuestión probablemente sea la de Maier, 1987. Esposito, 1994, se ocupa expresamente de la importancia relativa de la política de Estados Unidos y de los factores autóctonos en el acuerdo político europeo de la posguerra.

patrón oro era subir los tipos de interés.[30] Una subida del tipo de descuento de los bancos centrales presionaba al alza sobre toda la variedad de tipos de interés, reduciendo la inversión en existencias y la formación de capital. El descenso del nivel de actividad reducía la demanda de importaciones a costa del crecimiento y del empleo interiores. La firme utilización de este instrumento por parte de los Gobiernos se habría considerado un acto de mala fe. El sacrificio del crecimiento y del empleo subiendo los tipos de interés para restablecer el equilibrio exterior habría puesto en peligro el acuerdo entre el capital y el trabajo.[31]

De ahí que los países europeos, cuando tenían problemas de balanza de pagos, no pudieran realizar ajustes subiendo los tipos de interés. Su único recurso era imponer controles de divisas. El hecho de que estas restricciones se impusieran de común acuerdo con la UEP hacía que la política resultara aceptable a sus socios comerciales. El hecho de que los controles fueran una excepción a un proceso de liberalización en curso y de que su imposición tuviera que contar con la aprobación de la UEP daba credibilidad a las declaraciones de que serían temporales.[32] Significaba que los controles se aplicaban simultáneamente a las importaciones de todos los países de la UEP, lo que reducía extraordinariamente las distorsiones.

---

[30] Una vez más, esta afirmación se refiere a los países cuyo banco central podía influir en los tipos interiores. Las pequeñas economías abiertas cuyos activos denominados en moneda nacional eran sustitutivos perfectos de los activos exteriores no controlaban sus tipos de interés y, por lo tanto, apenas podían utilizar este instrumento. Un ejemplo es Canadá (véase Dick y Floyd, 1992).

[31] Esta descripción del acuerdo de la posguerra es esquemática. No tiene en cuenta las diferencias entre los países en lo que se refiere a las condiciones y la eficacia del pacto social de la posguerra. Aunque en Gran Bretaña y Francia se concedió prioridad al crecimiento y al pleno empleo, la fragmentación de las relaciones laborales existente en ambos países redujo la eficacia de la colaboración entre los sindicatos y la patronal. En Alemania, la presencia de tropas americanas y la entrada de trabajadores del este redujo el poder de negociación de los sindicatos. Pero aunque Alemania no alcanzó el pleno empleo hasta finales de los años 50, los bajos niveles de vida y de producción industrial de los primeros años de la posguerra hicieron del compromiso de mantener el crecimiento una prioridad.

[32] El hecho de que Estados Unidos, aunque no participara en la UEP, fuera miembro de su junta directiva, habiendo contribuido con 350 millones de dólares al capital circulante para financiar su funcionamiento, reforzaba aún más la credibilidad. Por lo tanto, los países que no se adherían a su acuerdo con la junta directiva ponían en peligro su acceso a la ayuda de Estados Unidos.

Alemania sufrió crisis de balanza de pagos durante el segundo semestre de 1950, debido a que la guerra de Corea había empeorado su relación de intercambio subiendo los precios relativos de las materias primas importadas. Durante los cinco primeros meses de funcionamiento de la UEP (julio-noviembre de 1950), el país agotó su cuota.[33] El Gobierno alemán negoció entonces un acuerdo especial con la UEP. Volvió a imponer controles de cambios y recibió un crédito especial de 120 millones de dólares. A cambio, declaró que se comprometía a mantener el tipo de cambio vigente y acordó subir los impuestos sobre el tráfico de empresas y reformar los impuestos sobre la renta de las personas y de las sociedades con el fin de restringir el consumo. Aunque las restricciones de las importaciones no fueron el único recurso que se empleó para eliminar los déficits exteriores, constituyeron una importante parte del conjunto de medidas. Su aplicación permitió superar la crisis. La posición de Alemania se fortaleció lo suficiente como para poder devolver el crédito especial a la UEP a mediados de 1951. El crecimiento continuó incólume y Alemania comenzó a mostrar un superávit permanente dentro de la UEP.

La junta directiva de la UEP subordinó el crédito de 120 millones de dólares a la reafirmación alemana de que los controles de divisas serían temporales. El Gobierno había intentado dar un giro a sus medidas de liberalización del comercio unilateralmente; Per Jacobsson, asesor especial de la UEP, convenció a las autoridades alemanas de que hicieran tiempo hasta que pudieran volver a restringirse las importaciones de común acuerdo con la UEP. Por otra parte, los créditos recibidos de la UEP permitieron al ministro de Economía de Alemania, Ludwig Erhard, conseguir que se aprobaran subidas de los impuestos y de los tipos de interés a pesar de las objeciones del canciller, Konrad Adenauer, quien temía que estas subidas empeoraran las perspectivas del crecimiento y de la paz social.[34]

Las crisis y los esfuerzos de Gran Bretaña para hacer frente a la situación pueden describirse en términos similares. Cuando decayó la expansión de la demanda de materias primas provocada por la

---

[33] Esa cuota se había calibrado en función de las exportaciones y las importaciones de 1949, que no eran nada comparadas con el nivel mucho mayor de comercio que surgió una vez que se dejaron sentir plenamente los efectos de la reforma monetaria de 1948.
[34] Véase Kaplan y Schleiminger, 1989, págs. 102-4.

guerra de Corea y disminuyeron los ingresos de la zona de la libra, surgió un problema de pagos.[35] A finales de 1951, los ministros de Hacienda de la Commonwealth acordaron endurecer los controles de las importaciones procedentes de la zona del dólar y alejarse del calendario de liberalización establecido en el código de la OECE. La libra se recuperó y pronto fue posible reducir los controles.

A medida que cobraba vigor el crecimiento económico británico, las autoridades recurrieron a regañadientes al tipo del Banco para regular la balanza de pagos. Aunque la tasa anual media de paro descendió a 1,8 % en 1953 y no sobrepasó ese nivel hasta 1958, lo cual permitió a las autoridades alterar los tipos de interés sin exponerse a la acusación de estar provocando paro, siguieron mostrándose reacias a utilizar el instrumento. El resultado fue la política británica de frenazo y reactivación *(stop-go policy)*, que consistía en bajar los tipos, expandir la demanda de consumo y permitir que aumentaran las rentas, sobre todo conforme se aproximaban las elecciones, y a continuación subir los tipos para restringir la demanda, generalmente demasiado tarde para evitar una crisis.

La experiencia francesa de la década de 1950 también muestra la importancia del instrumento de la restricción del comercio para ajustar la balanza de pagos. Mientras que Alemania experimentó una única crisis de pagos a principios de la década, Francia sufrió varias. El factor común en estos episodios fue el gasto deficitario. Los gastos militares realizados en Indochina y en otros países vinieron a sumarse a un ambicioso programa de inversión pública y a unos generosos programas de prestaciones sociales y de subvenciones a la vivienda. Al igual que en la década de 1920, en el país no hubo consenso político sobre la forma de pagar estos programas. Un tercio del electorado votó a un Partido Comunista partidario de subir los impuestos sobre los ricos y contrario a recortar el gasto. Los partidos restantes de la Cuarta República formaron sucesivos y efímeros Gobiernos, ninguno de los cuales fue capaz de resolver el problema fiscal, por lo que las consecuencias financieras del ambicioso programa de modernización del Gobierno acabaron provocando déficits de balanza de pagos.

---

[35] El hecho de que el Gobierno perdiera las elecciones de octubre de 1951, de que Irán nacionalizara las propiedades petrolíferas británicas y de que hubiera que devolver los préstamos americanos y canadienses que vencían contribuyó a exacerbar el problema.

Las consecuencias quedaron patentes en 1951. El gasto en la guerra de Indochina estaba aumentando. Los déficits de pagos agotaron las reservas del fondo de estabilización de Francia y obligaron a recurrir en gran medida a sus cuotas de la UEP. En respuesta, el Gobierno endureció las restricciones de las importaciones y extendió las bonificaciones fiscales a los exportadores. Suspendió las medidas que exigía el Código de Liberalización de la OECE. El endurecimiento de las restricciones de las importaciones, junto con la ayuda financiera procedente de Estados Unidos, permitió superar la crisis.

Las restricciones de las operaciones por cuenta corriente volvieron a eliminarse en 1954 en cumplimiento del código de la OECE, pero los gastos militares aumentaron de nuevo en 1955-56 en respuesta al malestar existente en Argelia y a la crisis de Suez. El Gobierno socialista que tomó posesión en 1956 introdujo un plan de pensiones de vejez y aumentó otros gastos. Francia perdió la mitad de sus reservas entre principios de 1956 y el primer trimestre de 1957. Una vez más, se endurecieron las restricciones sobre las importaciones. Los importadores debían depositar con antelación un 25 % del valor de las importaciones para las que tenían licencia. En junio de 1957, el depósito se elevó a un 50 % y se suspendió una vez más la adhesión de Francia al código de la OECE. El Gobierno recibió un crédito del FMI y utilizó su posición en la UEP.

Aunque estas medidas dieron un margen de respiro, no eliminaron el desequilibrio subyacente. En agosto, dando un paso equivalente a una devaluación (pero que no exigía consultarlo con el FMI), se añadió una prima del 20 % a las compras y ventas de divisas, con la excepción de las que estuvieran relacionadas con las importaciones y las exportaciones de determinados productos primarios. Dos meses más tarde, la medida se extendió a todas las mercancías. A cambio de liberalizar los controles de las importaciones, el Gobierno obtuvo 655 millones de dólares en créditos de la UEP, el FMI y Estados Unidos.

Pero hasta que no se abordó el problema presupuestario, el margen de respiro sólo fue temporal. Durante el verano de 1957, esta realidad ya no podía negarse. Al igual que había ocurrido durante «la batalla del franco» de 1924, la frustración de la opinión pública ante la perpetua crisis acabó echando abajo la oposición a las medidas necesarias. Se formó un nuevo gabinete en el que Félix Gaillard, de ideas económicas conservadoras, ocupó la cartera de ministro de Hacienda. Gaillard pasó a ser más tarde primer ministro y presentó en la Cámara de Diputados un presupuesto que prometía reducir significativamente el déficit. Pero, al igual que en 1924, la voluntad política de mantener el equilibrio presupuestario era dudosa. En Argelia la situación continuaba empeorando y en la primavera de 1958 estallaron varias huelgas.[36] La crisis sólo remitió cuando el héroe de la guerra, Charles de Gaulle, formó Gobierno y volvió a situar en el Ministerio de Hacienda a Antoine Pinay, de ideas financieras ortodoxas,[37] lo que dejó claro que no se daría marcha atrás a las medidas de austeridad. Un comité de expertos recomendó entonces nuevas subidas de los impuestos y reducciones de las subvenciones públicas. Aunque De Gaulle no estaba dispuesto a aceptar todos los recortes del gasto que se propusieron, aceptó subir los impuestos y limitar el déficit presupuestario. El comité de expertos, junto con Estados Unidos y los socios de Francia en la UEP, exigió que el país también se comprometiera de nuevo a cumplir el código de la OECE. Para que eso fuera posible, volvió a devaluarse el franco, en esta ocasión un 17%.

La devaluación y la reducción del gasto surtieron conjuntamente el efecto deseado. La cuenta exterior de Francia pasó del déficit al superávit y en 1959 el país aumentó significativamente sus reservas de divisas, lo que le permitió liberalizar el 90% de su comercio intraeuropeo y el de 88% su comercio en dólares.[38]

La importancia de la coordinación de la devaluación y la corrección fiscal, que abordaron así las causas tanto del desequilibrio interior como del desequilibrio exterior, fue una lección clave del caso francés. Los controles de las importaciones no podían garantizar por sí solos el restablecimiento del equilibrio. Al igual que en Alemania, tuvieron que ir acompañados de medidas monetarias y fiscales. Y el recorte del gasto tuvo que ser reforzado por la consolidación política, como también había ocurrido durante la década de 1920. Hasta entonces, los cambios del rigor de las restricciones de

---

[36] Los trabajadores se quejaban de que estaban siendo obligados a soportar los costes de los compromisos del país en ultramar. Véase Kaplan y Schleiminger, 1989, pág. 281.

[37] Los lectores reconocerán los paralelismos con la estabilización de Poincaré de 1926: el fuerte parón fiscal, la formación de un nuevo Gobierno por parte de un líder carismático y el nombramiento de un comité de expertos.

[38] Véase Kaplan y Schleiminger, 1989, pág. 284.

las importaciones habían sido el principal instrumento con el que se defendía el tipo de cambio.

La convertibilidad: problemas y avances

Estas crisis periódicas no deben ocultar los avances que se realizaron en pos del restablecimiento del equilibrio. Sin embargo, muchos observadores, perspicaces por lo demás, continuaban viendo en la escasez de dólares una característica permanente del mundo de la posguerra. Influidos por la devastación de Europa y por el poderío industrial de Estados Unidos, creían que el crecimiento de la productividad de Estados Unidos continuaría siendo superior al de otros países. Estados Unidos seguiría teniendo un superávit permanente, sumiendo a sus socios comerciales en una crisis perpetua.[39] No habían hecho más que publicarse sus estudios advirtiendo de este funesto escenario cuando desapareció el déficit de dólares. Al reanudarse el crecimiento en Europa y Japón, se fortalecieron sus respectivas balanzas comerciales. Europa se convirtió en un atractivo destino para la inversión de las empresas americanas. Los gastos militares realizados por Estados Unidos en el extranjero y su ayuda exterior bilateral, que llegó inmediatamente después del Plan Marshall, contribuyeron con otros 2.000 millones de dólares al año a la entrada de dólares. Fue Estados Unidos, y no los demás países industriales, quien cayó en un persistente déficit.

El desplazamiento de reservas de Estados Unidos al resto del mundo sentó las bases necesarias para la convertibilidad de las operaciones por cuenta corriente. En 1948, Estados Unidos tenía más de dos tercios de las reservas monetarias mundiales; diez años más tarde, esta proporción había descendido a la mitad. El 31 de diciembre de 1958 los países de Europa restablecieron la convertibilidad de las operaciones por cuenta corriente.[40] El FMI reconoció la nueva situación

---

[39] Para una muestra de valoraciones pesimistas de las perspectivas de Europa en la posguerra, véanse Balogh, 1946, 1949; Williams, 1952, y MacDougall, 1957.

[40] Las condiciones de los pagos que se realizaban dentro de la UEP ya se habían endurecido en 1954, haciendo que las monedas de los países miembros fueran convertibles de hecho para las transacciones que se efectuaban dentro de Europa. Las restricciones monetarias existentes en el comercio se habían suavizado en cumplimiento de lo dispuesto en el código de la OECE. Pero sólo puede decirse que el sistema de Bret-

en 1961 incluyendo a estos países entre los que cumplían el Artículo VIII del Convenio Constitutivo (véase la figura 4.1).

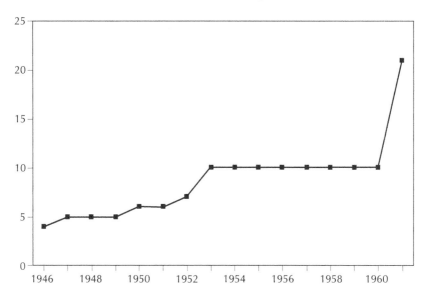

Figura 4.1. Número de miembros del FMI que habían aceptado el Artículo VIII, 1946-61.
Fuente: Fondo Monetario Internacional, *Annual Report on Exchange and Trade Restrictions,* varios años.

Un sistema de tipos de cambio fijos entre monedas convertibles necesitaba crédito para financiar los desequilibrios, como habían reconocido los artífices del Acuerdo de Bretton Woods. Cuanto mayor fuera la aversión a ajustar la fijación y a subir los tipos de interés y los impuestos, mayores serían los créditos necesarios. Y cuanto más deprisa se levantaran los controles de capitales, mayor sería la financiación necesaria para contrarrestar las salidas especulativas. Éste fue el contexto de los debates sobre la *liquidez internacional* que predominaron en la década de 1960. Los países de moneda débil presionaron para que las cuotas del FMI fueran más generosas y para que se incrementaran las reservas internacionales. Los países de moneda fuerte

---

ton Woods entró plenamente en funcionamiento en enero de 1959, cuando al abrir los mercados de divisas, las principales monedas eran totalmente convertibles para realizar transacciones por cuenta corriente.

se oponían porque pensaban que los créditos adicionales animarían a los países deficitarios a vivir por encima de sus posibilidades.

El hecho de que el sistema de Bretton Woods, al igual que el patrón oro antes, generara su propia liquidez, complicó la situación. Los Gobiernos y los bancos centrales complementaron sus reservas de oro con divisas, al igual que habían hecho en el patrón oro. Dada la posición dominante de Estados Unidos en el comercio y las finanzas internacionales y sus abundantes reservas de oro, las complementó principalmente acumulando dólares. Estados Unidos podía incurrir en déficit de pagos de una cuantía igual a la adquisición de dólares deseada por los Gobiernos y los bancos centrales extranjeros. Estados Unidos podía limitar esta cantidad subiendo los tipos de interés, haciendo que resultara costoso para los bancos centrales extranjeros adquirir dólares. O podía inundar el sistema internacional de liquidez mostrándose insuficientemente comedido. De cualquiera de las dos formas, el sistema continuaba dependiendo de los dólares para sus crecientes necesidades de liquidez.

Esta dependencia minó la simetría del sistema monetario internacional. Es posible que el Acuerdo de Bretton Woods llevara a Estados Unidos a declarar una paridad con respecto al oro y permitiera a otros países declarar paridades con respecto al dólar, pero se presuponía que el sistema sería más simétrico con el paso del tiempo. Se suponía que la cláusula de la moneda escasa garantizaba el ajuste tanto de los países que tenían superávit como de los deficitarios. Y una vez que Europa se hubiera recuperado, se suponía que las cuotas del FMI satisfarían la demanda mundial de liquidez. En lugar de eso, el sistema comenzó a ser menos simétrico conforme el dólar reforzó su rango de principal moneda de reserva. Podríamos llamarlo el problema de De Gaulle, ya que el presidente francés fue su crítico más destacado.

La coherencia histórica de la postura francesa fue llamativa.[41] Desde la Conferencia de Génova celebrada en 1922, Francia se había opuesto a cualquier plan que otorgara un estatus especial a una moneda. El hecho de que París nunca fuera un centro financiero comparable a Londres o a Nueva York limitó la liquidez de los activos denominados en francos y, por lo tanto, su atractivo como reservas internacionales; en otras palabras, si había de haber una moneda de

---

[41] Esta coherencia se documenta en Bordo, Simard y White, 1994.

reserva, era improbable que fuera el franco. Como hemos visto en el capítulo 3, en las décadas de 1920 y 1930, los esfuerzos de Francia para liquidar sus saldos exteriores con el fin de aumentar la pureza del patrón oro puro habían contribuido a la escasez de liquidez que agravó la Gran Depresión. La crítica de De Gaulle al «exorbitante privilegio» de Estados Unidos y su amenaza de liquidar los saldos de dólares del Estado francés actuaron en el mismo sentido.[42]

Otro problema era el «dilema de Triffin». Robert Triffin, economista monetario belga, profesor de Yale y artífice de la UEP, había observado ya en 1947 que la tendencia del sistema de Bretton Woods a hacer frente a los excesos de demanda de reservas por medio del crecimiento de los saldos extranjeros en dólares hacía que fuera dinámicamente inestable.[43]

La acumulación de reservas de dólares sólo era atractiva en la medida en que no hubiera ninguna duda sobre su convertibilidad en oro. Pero cuando los saldos extranjeros en dólares crecieran en relación con las reservas de oro de Estados Unidos, podría ponerse en duda la credibilidad de este compromiso. Los pasivos monetarios exteriores de Estados Unidos fueron superiores por primera vez a sus reservas de oro en 1960 y a los pasivos de Estados Unidos con las autoridades monetarias extranjeras en 1963. Si algunos extranjeros trataran de convertir sus reservas, sus operaciones podrían producir el

---

[42] Jacques Rueff, que había sido agregado financiero en la embajada francesa en Londres entre 1930 y 1934 y firme oponente del patrón de cambio-oro, fue presidente de la comisión de expertos que contribuyó a configurar el conjunto de reformas fiscales y monetarias de De Gaulle en 1958. Tanto en la década de 1930 como en la de 1960, Rueff y sus seguidores del Gobierno francés sostenían que el patrón de cambio-oro permitía a los países que tenían una moneda de reserva vivir por encima de sus posibilidades, lo que producía periodos de expansión y de depresión cuando estos países primero contraían demasiadas obligaciones financieras y después se veían obligados a economizar (esta interpretación de los acontecimientos se analiza en el capítulo 3). La solución era restablecer un patrón oro puro que prometiera imponer una continua disciplina. Rueff publicó una serie de artículos, sobre todo en junio de 1961, que señalaban los paralelismos que existían entre los acontecimientos monetarios internacionales de 1926-29 y los de 1958-61, dos casos en los que los países europeos acumularon las monedas de los «países anglosajones» y en los que la inflación se había acelerado en el Reino Unido y en Estados Unidos. Pidió la liquidación del componente de divisas del sistema de Bretton Woods y la vuelta a un sistema que se pareciera más al patrón oro. Véase Rueff, 1972.

[43] Véase Triffin, 1947. Triffin repitió su advertencia al comienzo de la convertibilidad de Bretton Woods (Triffin, 1960) y a él se sumaron otros observadores (Kenen, 1960).

mismo efecto que una cola de depositantes en la puerta de un banco. Otros se sumarían por miedo a que se les negara el acceso. Los países se apresurarían a hacer efectivos sus dólares antes de que Estados Unidos se viera obligado a devaluar.[44]

Es evidente que los problemas de De Gaulle y Triffin estaban relacionados. De Gaulle era un gran acreedor del Tesoro de Estados Unidos que amenazaba con liquidar su saldo. Éste era precisamente el tipo de hecho que amenazaba con desestabilizar el dólar, como había advertido Triffin.[45]

Los derechos especiales de giro

La respuesta lógica fue introducir otros tipos de liquidez internacional. El problema para el que estaba pensada esta solución no era una escasez mundial de liquidez sino la necesidad de sustituir el dólar por un nuevo activo de reserva con el fin de impedir que el proceso descrito por Triffin desestabilizara el sistema de Bretton Woods.[46] Como hemos señalado antes, de esta solución eran partidarios los países

---

[44] Lo que temía Triffin era que Estados Unidos, para evitar la caída de la paridad del dólar con respecto al oro de 35 dólares, volviera a adoptar medidas deflacionistas, privando al mundo de liquidez. Para defender su moneda, otros países se verían obligados a responder en especie, desencadenando una espiral deflacionista como la de los años treinta. De hecho, las Administraciones Johnson y Nixon continuaron permitiendo que la oferta de dólares y la tasa de inflación de Estados Unidos se rigieran por consideraciones internas, haciendo que el verdadero problema no fuera la deflación sino la inflación y el exceso de oferta de dólares. Estados Unidos intentó reprimir las consecuencias estableciendo el *pool* del oro con sus aliados europeos y animando a estos últimos a abstenerse de convertir dólares en oro. Sin embargo, finalmente las conversiones de dólares en oro por parte de los mercados privados minaron la posición de la moneda. Véanse Williamson, 1977, y De Grauwe, 1989.

[45] Aunque Estados Unidos tenía activos exteriores, así como deudas exteriores, el desequilibrio entre el vencimiento de los activos y el de las deudas le hacía correr el peligro del equivalente internacional de una retirada masiva de depósitos bancarios. El hecho de que no se tuviera en cuenta el problema de las retiradas es el fallo de la idea de Emile Deprés y de Charles Kindleberger de que los déficits de pagos de Estados Unidos eran benignos porque el país estaba actuando simplemente como banquero del mundo, endeudándose a corto y prestando a largo.

[46] Cabe imaginar que los países podrían haber resuelto este problema por sí solos elevando a otros países a la categoría de país de moneda de reserva. Pero el predominio de los controles y la estrechez de los mercados impedían que algunas monedas como el marco alemán, el franco y el yen adquirieran un papel de reserva considerablemente mayor. La única moneda que tenía un mercado suficientemente

de moneda débil y contrarios los de moneda fuerte. El hecho de que el dólar fuera tanto débil como fuerte complicó las conversaciones. Era fuerte en el sentido de que seguía siendo la principal moneda de reserva y de que la creación de otros tipos de liquidez amenazaba con reducir su papel. Era débil en el sentido de que el crecimiento de los saldos extranjeros en dólares sembraba dudas sobre su convertibilidad; la creación de otros tipos de liquidez prometía frenar el crecimiento de las deudas monetarias exteriores de Estados Unidos y contener así las presiones que socavaban la estabilidad de la moneda. Dadas estas consideraciones contrapuestas, no es sorprendente que Estados Unidos distara de ser coherente en su forma de abordar el problema.

Las negociaciones sobre la creación de más reservas fueron iniciadas por el *Grupo de los Diez* (G-10), el club de países industriales que se consideraba sucesor de las delegaciones americana y británica que habían dominado en las negociaciones de Bretton Woods. En 1963 creó el Grupo de Suplentes, comité de altos responsables, que recomendó que se incrementaran las cuotas del FMI. Propuso asignar reservas a un pequeño número de economías industriales y encomendar a estas últimas la tarea de extender créditos condicionados a otros países.

Aunque este enfoque pareció suficientemente lógico a los responsables de los países industriales, éstos no habían tenido en cuenta la aparición del Tercer Mundo.[47] Los países en vías de desarrollo participaban plenamente en el sistema de Bretton Woods: muchos de ellos mantenían fijos los tipos de cambio durante largos periodos protegidos por las restricciones comerciales y los controles de capitales. Casi al igual que en el patrón oro, sufrían perturbaciones de balanza de pagos excepcionalmente graves, que afrontaban devaluando más a menudo que en el mundo industrial.[48] Habiendo aumentado su número y formado sus propias organizaciones, los líderes del Tercer Mundo respondieron diciendo que sus necesidades de financiación de la balanza de pagos eran como mínimo tan grandes como las de los países

---

amplio, la libra, comenzó a ser cada vez menos atractiva como forma de reserva por razones explicadas en otra parte de este capítulo.

[47] Éste es uno de los temas de la introducción de Gardner, 1969, y de Eichengreen y Kenen, 1994.

[48] Edwards (1993, pág. 411) identifica sesenta y nueve devaluaciones considerables entre 1954 y 1971 en unos cincuenta países en vías de desarrollo.

industriales. Sostenían que los recursos adicionales debían asignarse directamente a los países que más los necesitaran (a saber, ellos mismos). Consideraban que el G-10 no era un foro adecuado para resolver la cuestión. Los intentos de elevar el nivel de reservas quedaron, pues, estrechamente ligados a la cuestión de su distribución.

Las cuotas del FMI ascendían a 9.200 millones de dólares a finales de 1958, cifra algo superior a la inicial de 8.800 millones debido a la admisión en el Fondo de países que no habían estado representados en Bretton Woods (así como a la falta de participación de la Unión Soviética y a la retirada de Polonia). Reconociendo la expansión que había experimentado la economía mundial desde 1944, en 1959 se acordó elevar las cuotas un 50 %.[49] Pero como el valor en dólares del comercio mundial se había duplicado con creces desde 1944, este aumento no situó los recursos del Fondo ni siquiera en los modestos niveles, en relación con las transacciones internacionales, del Plan White. En 1961, los diez países industriales que iban a constituir posteriormente el G-10 acordaron prestar al Fondo hasta 6.000 millones de dólares en sus monedas a través del *Acuerdo General sobre Préstamos*. Pero este préstamo no supuso un aumento de las cuotas del Fondo; simplemente elevó las cantidades de determinadas monedas que el Fondo podía facilitar, y para acceder a estos fondos había que cumplir unas condiciones que resultaran satisfactorias para los ministros de Hacienda del G-10.[50] Las cuotas del Fondo se elevaron en 1966, pero sólo un 25 %, ya que Bélgica, Francia, Italia y los Países Bajos se opusieron a que se incrementaran más.[51]

Finalmente, la cuestión se solucionó elaborando una Primera Enmienda al Convenio Constitutivo, por la que se crearon los *derechos especiales de giro* (DEG). El conflicto entre los países industriales y los países en vías de desarrollo, que insistían ambos en que se les asignara una parte desproporcionada de los recursos adicionales, encontró una sencilla solución en la decisión de aumentar todas las cuotas en un porcentaje uniforme. Pero el conflicto entre los países de moneda débil y los de moneda fuerte dentro del mundo industrial fue más difícil de resolver. Los países de moneda débil querían más créditos

---

[49] Estados Unidos, que entonces era el país de moneda fuerte, se había opuesto a que se incrementaran las cuotas en las dos primeras revisiones quinquenales.
[50] Véase Horsefield, 1969, vol. 1, págs. 510-12.
[51] Se elevaron por tercera vez en 1970 un 30 % aproximadamente.

para resolver sus problemas de balanza de pagos, mientras que los de moneda fuerte temían las consecuencias inflacionistas de los créditos adicionales. Estados Unidos se opuso inicialmente a la creación de un instrumento como el DEG por miedo a que disminuyera el papel del dólar como moneda clave. En las reuniones anuales celebradas en el FMI en 1964, los franceses, para los que la posición asimétrica del dólar era la manzana de la discordia, propusieron la creación de un instrumento de ese tipo, pero la idea fue torpedeada por Estados Unidos. De Gaulle, que no era dado a rehuir la provocación, señaló que la única forma de restablecer la simetría en el sistema internacional era retornar al patrón oro, y el Banco de Francia aceleró su conversión de dólares en oro.

Estas veladas amenazas aceleraron la transformación de la opinión oficial en Estados Unidos. Habían pasado cinco años desde que las deudas exteriores en dólares de Estados Unidos habían sobrepasado por primera vez las reservas de oro del país y desde que el precio del oro en Londres había traspasado significativamente el nivel en el que el Tesoro de Estados Unidos lo fijó en Nueva York, indicando que los operadores pensaban que las probabilidades de que se devaluara el dólar no eran insignificantes. Dándose cuenta de que la posición monetaria internacional del país ya no era inexpugnable, Estados Unidos cambió de opinión en 1965, poniéndose de parte de los partidarios de asignar DEG. Los detalles se acordaron finalmente en la reunión que celebró el Fondo en Río de Janeiro en 1967. La guinda la puso Francia al imponer la condición de que el plan sólo se activara cuando «funcionara mejor» el proceso de ajuste, en otras palabras, cuando Estados Unidos eliminara su déficit de la balanza de pagos.

Para cuando Estados Unidos demostró en 1969 que tenía el superávit de pagos que se le exigía, lo que permitió que se desembolsara en 1970 la primera asignación de DEG, el problema ya no era una cuestión de insuficiente liquidez. Los déficits de la balanza de pagos que tuvo Estados Unidos en la década de 1960 habían inflado el volumen de reservas internacionales y existían fundadas razones para pensar que la política monetaria restrictiva de 1969 sólo era temporal. La liquidez aumentó aún más con la política monetaria cada vez más expansiva de los demás países industriales. Lo que se necesitaba en este clima inflacionista no era más liquidez, en forma de DEG. Dados los inevitables retrasos intrínsecos a las negociaciones, las autoridades económicas estaban resolviendo problemas pasados con implicaciones contraproducentes para el futuro.

¿Podrían haberse evitado antes estas inestabilidades con una asignación más generosa de DEG? Si se hubieran satisfecho las necesidades de liquidez de esa manera, no cabe duda de que no habría sido necesario aumentar el *stock* de saldos oficiales en dólares. Estados Unidos, para defender el dólar, se habría visto obligado a frenar sus déficits, resolviendo tanto el problema de Triffin como el de De Gaulle. La cuestión es saber si el país contaba con instrumentos para hacerlo. Dados los compromisos militares de Estados Unidos y las presiones para que se incrementara el gasto en programas sociales, no era posible adoptar una política de reducción del gasto. Los desequilibrios exteriores sólo podían resolverse ajustando la fijación supuestamente ajustable, algo que Estados Unidos y otros países aún no estaban dispuestos a considerar.

La reducción de los controles y el aumento de la rigidez

Entretanto, la eliminación de las restricciones comerciales puso de manifiesto las limitaciones del mecanismo de ajuste de Bretton Woods. Con el restablecimiento de la convertibilidad de las operaciones por cuenta corriente, ya no era posible endurecer las condiciones para conceder licencias de importación.[52] Los socios comerciales de un país aún podían ser inducidos a reducir sus aranceles, estrategia que siguió Estados Unidos proponiendo una nueva ronda de negociaciones del GATT cuando empeoró su balanza comercial en 1958. Pero como indica el retraso de cuatro años con que concluyó la Ronda Dillon en 1962, este mecanismo difícilmente funcionaba con la suficiente rapidez para hacer frente a las presiones especulativas.

Los Gobiernos aún podían intentar corregir los desequilibrios manipulando la cuenta de capital. Podían endurecer los controles de los movimientos de capitales. Podían emplear medidas como el *im-*

---

[52] Sin embargo, había detalles que recordaban a la estrategia de los años cincuenta como el recargo del 10% sobre los derechos aduaneros y los impuestos sobre consumos específicos establecidos por Gran Bretaña en 1961, su recargo del 15% de 1964 y el recargo del 10% sobre las importaciones impuesto por el presidente Nixon en 1971.

puesto de igualación de los tipos de interés de Estados Unidos, que disuadía a los residentes de invertir en bonos extranjeros. Pero los intentos
de reducir los incentivos para sacar capital sólo servían para ganar
tiempo. No eliminaban el problema subyacente que había provocado
la tendencia del capital a salir. En otras palabras, daban una cierta
autonomía temporal a la política interior pero no constituían un mecanismo eficaz de ajuste.

Una medida de la eficacia de los controles de capitales es la magnitud de las diferencias cubiertas entre los tipos de interés (las diferencias entre los tipos de interés ajustadas para tener en cuenta el descuento a plazo aplicado a las divisas). Maurice Obstfeld ha calculado
las diferencias existentes en los años sesenta y ha observado que eran
nada menos que de dos puntos porcentuales en el Reino Unido y de
más de un punto en Alemania.[53] La magnitud de estas diferencias,
que no puede atribuirse a las variaciones previstas de los tipos de
cambio, confirma que los controles de capitales eran importantes. Richard Marston ha comparado las diferencias cubiertas entre los tipos
de las eurolibras (exteriores) y los tipos británicos (interiores). La ventaja de esta comparación radica en que elimina el riesgo-país, es decir,
el peligro de que un país tenga más probabilidades de no devolver sus
deudas portadoras de intereses. Entre abril de 1961, en que el Banco
de Inglaterra publicó por primera vez los tipos de interés de las eurolibras, y abril de 1971, en que comenzó el final del sistema de Bretton
Woods, la diferencia fue, en promedio, del 0,78 %. Marston llega a la
conclusión de que los controles «claramente [...] ejercían una influencia considerable en las diferencias entre los tipos de interés».[54]

Pentti Kouri y Michael Porter analizaron en un estudio realizado en 1974 las implicaciones para la balanza de pagos.[55] Estos autores
observaron que alrededor de la mitad de una variación del crédito
interior era neutralizada por los movimientos internacionales de capitales en los casos de Australia, Italia y los Países Bajos y entre dos tercios y tres cuartos en el caso de Alemania. Sus resultados sugieren que
aunque los movimientos internacionales de capitales respondían a las
variaciones de las condiciones crediticias, aún había un cierto mar-

---

[53] Véase Obstfeld, 1993b. Aliber, 1978 y Dooley e Isard, 1980, realizan análisis
similares y llegan a conclusiones parecidas.
[54] Marston, 1993, pág. 523.
[55] Kouri y Porter, 1974.

gen para que la política monetaria gozara de autonomía. Los bancos centrales todavía podían alterar las condiciones monetarias sin ver cómo el crédito interior fluía al extranjero en su totalidad. Dada la aversión de los Gobiernos a modificar el tipo de cambio o a reducir la demanda interior, la utilización de los controles para influir en los movimientos de capitales era el único mecanismo que quedaba para conciliar el equilibrio interior y el exterior a corto plazo.

Con el restablecimiento de la convertibilidad de las operaciones por cuenta corriente, comenzó a resultar más difícil aplicar los controles de capitales. Era más fácil facturar más o menos importaciones o exportaciones y hacer desaparecer del país los fondos como por arte de magia. El crecimiento de las multinacionales creó otro conducto para las transacciones por cuenta de capital, al igual que el desarrollo de los mercados de eurodivisas. Cuando se levantaron los controles de las transacciones bancarias en Europa, los bancos radicados en Londres comenzaron a aceptar depósitos en dólares atrayendo fondos de bancos americanos en los que los tipos de los depósitos estaban sujetos a un tope en aplicación de la Regulación Q. Los que tenían depósitos de eurodólares, cuando comenzaban a temer por la estabilidad del dólar, podían cambiar sus saldos por euromarcos alemanes. Aunque el volumen de transacciones de eurodivisas era limitado, los controles de los movimientos de capitales aplicados por el Gobierno de Estados Unidos en la frontera eran menos eficaces en la medida en que ya existía en otros países un *pool* de dólares.

El motivo por el que los países eran tan reacios a devaluar en respuesta a los desequilibrios exteriores tal vez sea la cuestión más polémica en la literatura sobre Bretton Woods. En realidad, los artífices del sistema, preocupados por las perturbaciones que podrían causar al comercio los ajustes frecuentes de las paridades, habían tratado de limitarlos. El hecho de que los países tuvieran la obligación de contar con la aprobación del Fondo para modificar su paridad reducía los incentivos para devaluar debido al peligro de que sus intenciones pudieran filtrarse al mercado. Las devaluaciones y revaluaciones pequeñas y frecuentes, que podían realizarse sin consultar al Fondo, no podían ser más que desestabilizadoras; se considerarían demasiado pequeñas para eliminar el desequilibrio subyacente, pero sí una prueba de que las autoridades estaban dispuestas a considerar la posibilidad de modificar de nuevo los tipos de cambio, razones ambas que provocarían movimientos de capitales. Ésta es la enseñanza que se extrajo de las revaluaciones alemana y holandesa en 1961. Y el hecho de permitir a un país devaluar significativamente sólo si había pruebas de que existía un desequilibrio fundamental impedía que se devaluara en previsión de graves problemas. La posibilidad de que un aumento de las presiones no constituyera finalmente un desequilibrio fundamental obligaba a los Gobiernos a reiterar su compromiso de mantener el tipo de cambio vigente para no provocar la salida de capitales y exacerbar las dificultades existentes. Un cambio de rumbo sería un motivo de enorme bochorno.[56]

La rigidez de los tipos de cambio de este sistema de «flexibilidad dirigida» se debía a estos incentivos negativos. El problema se agravó con el aumento de la movilidad del capital y la creciente porosidad de los controles de capitales. La debilidad externa podía desatar un torrente de salidas de capital. Los Gobiernos tenían que hacer declaraciones aún más enérgicas y comprometerse a tomar medidas aún más draconianas para defender su moneda. Devaluar era admitir un fracaso demasiado visible.[57]

Tampoco había mucho margen para subir los tipos de interés y adoptar medidas fiscales restrictivas con el fin de frenar los déficits de pagos. El pacto social de la posguerra, en el que los trabajadores moderaban sus reivindicaciones salariales siempre y cuando los capitalistas invirtieran sus beneficios, sólo era atractivo en la medida en que el acuerdo generara un elevado crecimiento. Así, por ejemplo,

---

[56] Como afirma Akiyoshi Horiuchi (1993, pág. 102) refiriéndose a Japón, que sufrió problemas de balanza de pagos hasta mediados de los años sesenta, el Gobierno «se negó a restablecer el equilibrio exterior de pagos devaluando el yen por miedo a que se considerara que la devaluación era una admisión pública de que se habían cometido algunos errores fatales en la política económica». En palabras de John Williamson (1977, pág. 6), «las alteraciones de los tipos de cambio se relegaron a la categoría de confesiones de que el proceso de ajuste había fracasado». Las pruebas de Richard Cooper (1971) de que la devaluación de las monedas de los países en vías de desarrollo solía ir seguida de la dimisión del ministro de Hacienda muestra que esta embarazosa situación podía tener elevados costes. La revaluación era, desde luego, menos embarazosa para el país de moneda fuerte. Pero perjudicaba a los productores de bienes comerciados, que formaban un grupo de intereses concentrado y, por lo tanto, tenía costes políticos. No podía recurrirse a ella con la libertad que habría sido necesaria para resolver los dilemas de Bretton Woods.

[57] Leland Yeager puso énfasis en 1968 en la aversión de los Gobiernos a ajustar los tipos de cambio «por temor a mermar la confianza y agravar el problema de la especulación». Véase Yeager, 1968, pág. 140.

John F. Kennedy se presentó a las elecciones presidenciales de 1960 prometiendo un crecimiento del 5 %. En las elecciones generales británicas de 1962, los dos partidos prometieron un crecimiento del 4 %.[58] Este tipo de compromisos dejaban poco margen para adoptar medidas de reducción del gasto.

Todo esto hace que la supervivencia del sistema de Bretton Woods hasta 1971 resulte algo sorprendente. Una gran parte de la explicación radica en la cooperación internacional entre los Gobiernos y los bancos centrales.[59] De la misma forma que la cooperación para preservar el sistema apoyó el patrón oro en tiempos de crisis, el apoyo internacional a sus monedas clave permitió que Bretton Woods se mantuviera en pie. Los gobernadores y responsables de los bancos centrales se reunían mensualmente en el BPI en Basilea. El Grupo de Trabajo 3 del Comité de Política Económica de la OECE servía de foro para el intercambio de información y asesoramiento.[60] En 1961, en respuesta a las presiones que sufría la libra a causa de la revaluación del marco alemán llevada a cabo el 4 de marzo, los principales bancos centrales crearon los *acuerdos swap* (acuerdos bilaterales de crédito), por medio de los cuales iban a conservar temporalmente sus saldos de monedas débiles en lugar de exigir su conversión en oro. En 1961, Gran Bretaña recibió casi 1.000 millones de dólares de ayuda en virtud de estos acuerdos. En 1964, cuando la libra volvió a ser atacada, el Banco de la Reserva Federal de Nueva York ofreció a Gran Bretaña una línea de crédito especial de 3.000 millones de dólares. El tipo de cooperación entre los bancos centrales que había sido característico de los años veinte revivía, en efecto, tras un paréntesis de más de treinta años.

Otros ejemplos de cooperación son los Acuerdos Generales de Préstamos y la prohibición de Alemania y Suiza de pagar intereses por los depósitos extranjeros.[61] El *pool* del oro establecido en noviembre de 1961 por Gran Bretaña, Suiza y los miembros de la Comunidad Económica Europea (CEE) también puede verse desde esta óptica. Hacia 1961, el cociente entre los dólares y el oro existentes fuera de

---

[58] Para un análisis más extenso de esta cuestión, véase James, 1995.

[59] Aunque éste es un tema recurrente en todo este libro, Fred Block (1977) subraya su especial importancia para el periodo de Bretton Woods.

[60] Sobre estas iniciativas, véanse Roosa, 1965, y Schoorl, 1995.

[61] Alemania prohibió el pago de intereses únicamente en el caso de los nuevos depósitos extranjeros, mientras que Suiza estableció, de hecho, un impuesto del 1 % sobre los depósitos extranjeros.

Estados Unidos había traspasado los niveles que se estaba dispuesto a mantener a 35 dólares la onza de oro. El precio relativo del dólar comenzó a bajar (en otras palabras, el precio de mercado del oro comenzó a sobrepasar los 35 dólares). El incentivo de los bancos centrales para demandar al Tesoro de Estados Unidos oro a cambio de dólares aumentó en la misma medida. Los países industriales crearon, pues, el *pool* del oro, prometiendo abstenerse de convertir sus divisas de dólares y vendieron oro de sus reservas en un intento de reducir las presiones que estaba sufriendo Estados Unidos.[62]

La ayuda exterior tenía costes para los Gobiernos y los bancos centrales que la concedían, pues éstos no tenían garantía alguna de que recuperarían pronto sus créditos a corto plazo.[63] Eran reacios a ofrecer ayuda a menos que los países que la recibieran se comprometieran a realizar ajustes, garantizándoles que la ayuda sería limitada y que produciría los resultados deseados. Cuando Estados Unidos se negó a subordinar otros objetivos económicos y políticos a la defensa del precio del oro en dólares, sus socios se mostraron menos entusiastas a la hora de apoyar el *greenback*. Gran Bretaña, Suiza y los miembros de la Comunidad Económica Europea habían contribuido con un 40 % del oro vendido en el mercado de Londres; cuando quedó patente la aversión de Estados Unidos a ajustar, llegaron a la conclusión de que se verían obligados a contribuir con una parte cada vez mayor del total. Francia, escéptico como siempre ante este tipo de acuerdos, se retiró del *pool* del oro en junio de 1967, obligando a Estados Unidos a aumentar su contribución. Cuando la devaluación de la libra socavó la confianza en el dólar, obligando a los miembros del *pool* a vender oro por valor de 800 millones de dólares en un mes, el acuerdo tenía los días contados. Éste concluyó en la primavera siguiente. Para impedir que el Fed perdiera oro, se permitió que subiera su precio en las

---

[62] En la práctica, este sistema actuaba a través de los bancos centrales extranjeros y del BPI, que concedían préstamos de monedas extranjeras y dólares. El Fed normalmente pedía préstamos para comprar dólares que se encontraban en el extranjero en lugar de vender oro.

[63] Cuando comenzaron a vencer los créditos a corto plazo obtenidos a través del *pool* del oro, el Tesoro de Estados Unidos intentó colocar bonos Roosa (bonos del Estado que tenían una garantía contra la pérdida de capital debida a la devaluación del dólar) en bancos centrales extranjeros, aumentando el vencimiento de los empréstitos. Éste es un ejemplo, pues, de una situación en la que los préstamos a corto plazo no se devolvieron rápidamente. Véase Meltzer, 1991.

transacciones privadas, si bien se mantuvo el precio al que se intercambiaba en las transacciones oficiales. Cuando el precio sobrepasó los 40 dólares en los mercados privados, los incentivos de otros bancos centrales para obtener oro del Fed a 35 dólares la onza eran considerables. El coste de apoyar el dólar quedó claro para otros bancos centrales. La caída subsiguiente del sistema monetario internacional de Bretton Woods era cuestión de lógica.

Esa caída tardó varios años en llegar, debido a que Estados Unidos endureció los controles de capitales. Como hemos señalado antes, el impuesto de igualación de los intereses de septiembre de 1964 había ido seguido de una restricción de las transferencias de fondos al extranjero por parte de los bancos y de las empresas. Esta restricción se endureció en 1965, coincidiendo con el aumento de la participación de Estados Unidos en Vietnam y, de nuevo, en 1966 y en 1968.

La batalla por la libra

Dos manifestaciones de estas presiones fueron las batallas por la libra esterlina y el dólar americano. Como hemos visto antes, la lucha por mantener la convertibilidad de la libra para las transacciones por cuenta corriente se remontaba a 1947. Estados Unidos consideraba que la libra era la primera línea de defensa del dólar. La libra seguía siendo la segunda moneda de reserva más importante; para los miembros de la Commonwealth británica era la principal forma de reservas internacionales. Si se devaluaba, se debilitaría la confianza en todo el sistema de monedas de reserva. Pocos observadores habían olvidado 1931, año en que el abandono del patrón oro por parte de Gran Bretaña había provocado una salida de fondos huyendo del dólar y había obligado al Fed a subir los tipos de interés.

Los Gobiernos británicos se encontraban en situación de desventaja en su intento de defender el tipo de cambio de 2,80 dólares. El crecimiento de la producción era lento en comparación con Europa occidental y Estados Unidos.[64] La estructura fragmentada del mo-

---

[64] Creció un 2,7% al año durante la década de 1950, en comparación con las cifras de 3,2% de Estados Unidos y 4,4% de Europa occidental en su conjunto. Las cifras correspondientes a la década de 1960 son 2,8% en el caso del Reino Unido, 4,3% en el de Estados Unidos y 4,8 en el de Europa occidental. Calculadas a partir de Van der Wee, 1986.

vimiento sindical británico hacía que resultara difícil coordinar la negociación, moderar los salarios y fomentar la inversión como se hacía en los estados europeos más corporatistas. Las deudas exteriores eran considerables y los intentos de preservar el rango de la libra como moneda de reserva aumentaron la vulnerabilidad financiera de Gran Bretaña. Si había algún país que tenía argumentos para dejar fluctuar su moneda, ése era Gran Bretaña. La posibilidad de hacer convertible la libra y de dejarla fluctuar se propuso en 1952 (con el nombre de Plan ROBOT, llamado así en honor a sus creadores *Ro*wan, *Bo*lton y *Ot*to Clarke), pero se rechazó por temor a que la libra fluctuante fuera inestable y a que una depreciación repentina provocara inflación y malestar laboral.[65] En lugar de eso, Gran Bretaña emprendió el largo y pedregoso camino que llevó a la reanudación de la convertibilidad a un tipo fijo a finales de 1958.

La figura 4.2 muestra una estimación de las tasas esperadas de devaluación (la probabilidad implícita de devaluación multiplicada por la magnitud esperada de la devaluación en caso de que ocurriera).[66] Llama la atención la senda ascendente de las expectativas de devaluación que se inicia en 1961. El crecimiento se había acelerado en 1959-60, tirando de las importaciones y transformando un modesto supe-

---

[65] Se habría permitido que la libra fluctuara dentro de una amplia banda, entre 2,40 y 3,20 dólares. Sin embargo, el tipo fluctuante habría infringido el Convenio Constitutivo e impedido el acceso a los recursos del Fondo. Bien es verdad que un par de países, sobre todo Canadá, dejó fluctuar su tipo de cambio en los años cincuenta, pero Canadá disfrutó de entradas de capital durante todo el periodo y nunca tuvo que considerar la posibilidad de efectuar retiradas del FMI.

[66] Esta estimación se ha realizado por medio del método de ajuste de la tendencia, es decir, restando la tasa esperada de depreciación del tipo de cambio dentro de la banda (calculada realizando una regresión de la variación efectiva del tipo de cambio con respecto a un término constante y la posición del tipo en la banda) del descuento porcentual a plazo. Las cifras representadas en la figura 4.2 se han obtenido por medio de una regresión, que añade una variable ficticia que representa el periodo anterior al tercer trimestre de 1967 como una variable independiente adicional (aunque su coeficiente es pequeño y no es estadísticamente significativo). Los controles de capitales plantean complicaciones en este método, ya que las diferencias entre las tasas de rendimiento de la libra y del dólar denominadas en la moneda nacional contienen no sólo las variaciones esperadas del tipo de cambio sino también los costes de evadir los controles. Aunque la utilización de las diferencias entre los tipos de interés de las eurodivisas evita este problema, introduce otro, ya que en la primera parte de este periodo los euromercados eran relativamente estrechos. Resulta tranquilizador el hecho de que las estimaciones basadas en las diferencias entre los tipos de interés del euromercado en lugar del descuento a plazo den unos resultados muy similares.

rávit por cuenta corriente en un considerable déficit. Los problemas de competitividad de los precios impedían que las exportaciones respondieran. Los ingresos provenientes de los invisibles estaban estancados, en una inquietante rememoración de 1931. La diferencia se eliminó mediante entradas de capital a corto plazo atraído por los tipos de interés más altos. El tipo del banco se elevó un punto en enero de 1961, situándose en un 5 %, y otros dos puntos porcentuales en junio. Tras bajarse a 5,5 y a continuación a 5 en octubre y diciembre, volvió a subir al 7 % en el mes de julio. Las subidas de los tipos de interés fueron acompañadas de medidas de reducción del gasto. El presupuesto del Estado de abril de 1961 preveía una reducción del déficit total. En julio el ministro de Hacienda anunció un recargo del 10 % sobre las importaciones, la implantación de impuestos sobre consumos específicos y toda una variedad de recortes del gasto. Como muestra la figura 4.2, estas medidas consiguieron calmar los mercados.

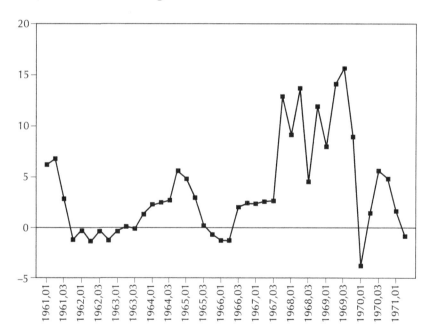

Figura 4.2. Tasa esperada de devaluación de la libra frente al marco alemán, 1961-71 (porcentaje anual).
Fuentes: Cálculos del autor. Los tipos de interés de la libra proceden del Banco de Inglaterra, *Quarterly Bulletin,* varios números. Los demás datos proceden del Fondo Monetario Internacional, *Estadísticas Financieras Internacionales,* varios años.

Éste era el tipo de medidas de reducción del gasto a las que se oponían normalmente los países en el sistema de Bretton Woods. Gran Bretaña no era una excepción; la reducción del gasto de 1961 no fue especialmente grande. En todo caso, se dijo que las medidas fiscales eran temporales. Se permitió que el paro sólo subiera de 1,6 % en 1961 a 2,1 en 1962. La política se ajustó lo suficiente para convencer a la comunidad internacional de la determinación del Gobierno. En marzo de 1961, los bancos centrales europeos intervinieron enormemente en defensa de la libra. Gran Bretaña giró 1.500 millones de dólares del FMI, el cual facilitó otros 500 millones por medio de un acuerdo de derecho de giro. Cabría afirmar que fue la ayuda extranjera tanto como las medidas interiores la que tranquilizó a los mercados.

El año 1962 fue tranquilo, pero 1963 estuvo marcado por el invierno más duro desde hacía más de cien años (que elevó el paro), el veto de De Gaulle a la entrada de Gran Bretaña en la Comunidad Económica Europea y la incertidumbre preelectoral. En enero de 1964 el comercio de mercancías registró un déficit sin precedentes, la economía se expandió de nuevo rápidamente y el Gobierno conservador se mostró reacio a adoptar medidas deflacionistas justo antes de las elecciones. En octubre fue elegido el primer Gobierno laborista en trece años.

El gabinete recién formado de Harold Wilson rechazó la devaluación. Temía las consecuencias inflacionistas en una economía que ya estaba aproximándose al pleno empleo y que acabara considerándose que el Partido Laborista era el partido que devaluaba habitualmente.[67] La única alternativa del Gobierno era adoptar medidas fiscales deflacionistas, algo sobre lo que tenía dudas. Cuando estas dudas se confirmaron en el discurso del ministro de Hacienda sobre el presupuesto pronunciado en noviembre, la crisis se agravó. Sólo se superó cuando el Gobierno endureció los controles de capitales y acordó con el FMI un crédito de 1.000 millones de dólares y con once países una línea de crédito de otros 3.000 millones. Estados Unidos instó a los británicos a oponerse a la devaluación, temiendo que las presiones especulativas se extendieran al dólar, y tomó las riendas de la organización de la ayuda extranjera.

---

[67] Véase Cairncross y Eichengreen, 1983, pág. 164. Este motivo de los Gobiernos de izquierda para oponerse a la devaluación es corriente (véase, para una comparación, el capítulo 5 dedicado al Gobierno socialista francés en 1981).

Pero al no realizarse ajustes más fundamentales, la ayuda extranjera sólo pudo retrasar lo inevitable. La figura 4.2 indica que la tendencia bajista se reanudó en 1966, pero también que las expectativas dejaron de empeorar en el primer semestre de 1967 gracias a la reducción del gasto y a otros 1.300 millones de dólares de créditos extranjeros. El cierre del canal de Suez durante la guerra de los Seis Días en 1967, augurando una nueva interrupción del comercio, no sirvió de ninguna ayuda, pero Wilson confiaba en que podría aguantar, previendo que la economía americana pronto experimentaría una expansión, ya que 1968 era un año de elecciones. Sin embargo, cuando Maurice Couve de Murville, ministro francés de Exteriores, decepcionado por la incapacidad del Gobierno británico para adoptar las debidas medidas de ajuste, manifestó sus dudas sobre la estabilidad de la libra, planteando la cuestión de si cabía esperar nueva ayuda extranjera, las cosas empeoraron considerablemente.[68]

En esta situación, el capital huyó. El FMI subordinó la concesión de créditos a la adopción de rigurosas medidas deflacionistas, que el Gobierno británico se mostró reacio a aceptar. No quedaba, pues, más alternativa que la devaluación. El valor de la libra se redujo un 17% el 18 de noviembre de 1967. Como consecuencia de la liberalización de los mercados de capitales y de la rapidez con que se desarrollaron los acontecimientos, el FMI sólo se enteró con una hora de antelación (mientras que en 1949 lo supo veinticuatro horas antes).

La crisis del dólar

En octubre de 1960, el precio del oro en los mercados privados se disparó, alcanzando los 40 dólares la onza. La victoria de John F. Kennedy en las elecciones presidenciales un mes más tarde provocó la salida de

---

[68] Los lectores familiarizados con la historia financiera reciente reconocerán un paralelismo con los comentarios realizados por el presidente del Bundesbank Helmut Schlesinger en 1992. La ausencia de una situación de crisis hasta las últimas semanas anteriores a la devaluación se parece a lo que sucedió tanto en 1931 como en 1992 (como veremos en el siguiente capítulo). Las memorias del primer ministro Wilson confirman la impresión que transmiten nuestras estimaciones de las expectativas sobre la devaluación: que los mercados no pensaron que existía una probabilidad significativa de que se devaluara hasta inmediatamente antes de la crisis. Wilson, 1971, pág. 460.

capital y nuevas subidas del precio del oro en dólares. Era como si los mercados, repitiendo su reacción a la elección de Roosevelt en 1932, temieran que el nuevo presidente, que había prometido «conseguir que América avance de nuevo», sintiera la necesidad de devaluar.[69]

El hecho de que los mercados reaccionaran de esta forma da una idea de hasta dónde habían llegado las cosas desde la década de 1940, en que el precio del oro de 35 dólares parecía inamovible.[70] La dinámica del sistema de Bretton Woods, que generaba reservas multiplicando las deudas exteriores oficiales americanas con respecto al menguante oro del país, colocó la moneda en una situación que se parecía cada vez más a la de la libra tras la Segunda Guerra Mundial. Las consecuencias sólo eran manejables si Estados Unidos reforzaba su cuenta corriente; al igual que en el Reino Unido durante la década de 1940, los observadores especularon con que quizá fuera necesaria una devaluación. El Gobierno americano, de la misma manera que antes el británico, trató de contener las presiones imponiendo controles sobre los movimientos de capitales y, más tarde, a medida que se acercaba el final, estableciendo un recargo sobre las importaciones.

Antes de abandonar el cargo en enero de 1961, el presidente Dwight D. Eisenhower dictó un decreto que prohibía a los americanos tener oro en el extranjero. Kennedy prohibió después a los ciudadanos americanos coleccionar monedas de oro. Aumentó el personal comercial existente en las embajadas de Estados Unidos en un intento de estimular las exportaciones. Se simplificaron los requisitos exigidos para obtener el visado en un intento de obtener más ingresos por turismo y se aumentaron los seguros de crédito a la exportación del Export-Import Bank (Banco de Exportación e Importación). El Tesoro probó a denominar los bonos en moneda extranjera y la Reserva Federal, en calidad de agente, intervino en el mercado a plazo.[71] En 1962, con el fin de fomentar el mantenimiento de los saldos extranjeros oficiales en dólares, el Congreso suspendió los topes que

---

[69] En realidad, Kennedy no tenía la menor intención de hacerlo, pues consideraba que la estabilidad del dólar era una cuestión de prestigio. Véase Sorensen, 1965, págs. 405-10.

[70] El mensaje se reforzó cuando los alemanes y los holandeses revaluaron un 5 % el 5 de marzo de 1961, sugiriendo de nuevo que podía haber monedas más atractivas que el dólar en las que invertir.

[71] En 1962, la Reserva Federal reanudó la intervención en el mercado de divisas por su cuenta por primera vez desde la Segunda Guerra Mundial.

había impuesto a los depósitos a plazo que tenían las autoridades monetarias extranjeras. El impuesto de igualación de los intereses sobre las compras americanas de títulos que tenían su origen en otros países industriales, propuesto en julio de 1963 y aplicado en septiembre de 1964, redujo el rendimiento después de impuestos de los títulos extranjeros a largo plazo alrededor de un punto porcentual. En 1965 se introdujeron restricciones voluntarias sobre los préstamos concedidos al extranjero por bancos comerciales americanos y se extendieron a las compañías de seguros y a los fondos de pensiones. En enero de 1968, algunas de estas restricciones sobre los intermediarios financieros se hicieron obligatorias.

La variedad de recursos a los que acudieron las Administraciones Kennedy y Johnson se volvió claramente bochornosa. Reconocían la gravedad del problema del dólar, pero sólo estaban dispuestas a abordar los síntomas, no las causas. Para abordar las causas era necesaria una reforma del sistema internacional en la que el papel del dólar como moneda de reserva fuera menor, algo que Estados Unidos aún no estaba dispuesto a considerar.

La cooperación internacional contribuyó a esta situación, por lo demás, insostenible. Ya hemos examinado un ejemplo, el *pool* del oro de Londres. En 1962-63, la Reserva Federal negoció, además, una serie de acuerdos *swap*, en virtud de los cuales los bancos centrales extranjeros le prestaron divisas. El Fed intervino en los mercados al contado y a plazo para apoyar el dólar y el Bundesbank alemán y otros bancos centrales europeos realizaron una intervención coordinada en su nombre. Los bancos centrales extranjeros compraron bonos Roosa (bonos del Estado que tenían una garantía contra la pérdida de capital provocada por la devaluación del dólar y llamados así en honor al subsecretario del Tesoro Robert Roosa) a pesar de sus reducidas posibilidades de negociación.

La amenaza última de Estados Unidos era entrar como un elefante en una cacharrería: interrumpir el comercio y los sistemas monetarios si los bancos centrales extranjeros no apoyaban el dólar y los Gobiernos extranjeros no impulsaban las importaciones de mercancías procedentes de Estados Unidos. Los Gobiernos extranjeros apoyaron el dólar porque era el eje del sistema de Bretton Woods y porque no existía ningún consenso sobre la forma en que podría reformarse y sustituirse ese sistema.

Pero los Gobiernos y los bancos centrales extranjeros no estaban dispuestos a colaborar ilimitadamente. Nadie, en este clima de incertidumbre sobre la reforma, veía con buenos ojos la ruptura de Bretton Woods, pero podía llegar un momento en el que las medidas necesarias para apoyarlo fueran inaceptables. Por ejemplo, la idea de que el Bundesbank pudiera dedicarse a realizar grandes compras de dólares alimentó el temor de los alemanes a la inflación. Para que Alemania apoyara el dólar interviniendo en el mercado de divisas sería necesario que los precios alemanes y los americanos subieran al unísono a medio plazo. Aunque la inflación de Estados Unidos aún no era excesiva desde el punto de vista alemán, existía el peligro de que llegara a serlo, sobre todo si la escalada de la guerra de Vietnam llevaba a Estados Unidos a subordinar la búsqueda de la estabilidad de los precios y del tipo de cambio a otros objetivos. Y cuanto mayor era la ayuda extranjera, mayor la tentación de Estados Unidos de no tener en cuenta las consecuencias de su política para la inflación y la balanza de pagos y menos aceptables las consecuencias para Alemania, que tenía miedo a la inflación, y para Francia, que recordaba la negativa de otros países a contribuir a financiar sus propias operaciones militares. El hecho de que esa cooperación fuera *ad hoc* y no a través del FMI hizo que resultara mucho más difícil condicionar verdaderamente la ayuda. Eso llevó a los Gobiernos extranjeros a confiar menos en que se introdujeran ajustes en la política económica de Estados Unidos.

En realidad, las pruebas de que la inflación, el crecimiento del dinero y los déficits presupuestarios eran excesivos en Estados Unidos distan de ser abrumadoras.[72] Entre 1959 y 1970, periodo de convertibilidad de Bretton Woods, la inflación americana –2,6%– fue más baja que en cualquiera de los demás países del G-7. La tasa de crecimiento del dinero, medida por medio de M1, fue más baja en Estados Unidos que en el resto del G-7 durante todos los años comprendidos entre 1959 y 1971.[73] Y a pesar de las quejas generales sobre la laxitud

---

[72] Este hecho se subraya en Cooper, 1993.
[73] Si se ajusta esta tasa para tener en cuenta la tasa más rápida de crecimiento de la producción (y de la demanda de dinero) de los demás países, la situación sólo cambia algo; 1961 fue el último año en el que la tasa de crecimiento del dinero menos la tasa de crecimiento de la producción del resto del G-7 fue inferior a la de Estados Unidos, y sólo algo inferior. Y la conducta de estas variables no auguraba una aceleración de la inflación en el futuro. La diferencia entre las tasas de crecimiento del dinero del resto del G-7 y las de Estados Unidos aumentó en los últimos años de Bretton Woods.

LA GLOBALIZACIÓN DEL CAPITAL

de la política fiscal de Estados Unidos, sus déficits presupuestarios no fueron excepcionalmente grandes.[74]

¿Cómo pudo, pues, la insuficiente disciplina monetaria y fiscal de Estados Unidos provocar movimientos especulativos contra el dólar? La respuesta se halla en que no fue suficiente que Estados Unidos situara simplemente su tasa de inflación en el mismo nivel que la de otros países. Una vez solucionada la reconstrucción de la posguerra, las economías más pobres de Europa y Japón pudieron crecer más deprisa que Estados Unidos simplemente porque partieron de una posición inferior a la del líder tecnológico. Y los países que estaban creciendo más deprisa y que habían partido de un bajo nivel de renta pudieron permitirse unas tasas de inflación relativamente rápidas (recogidas por indicadores del conjunto de la economía como el deflactor del PNB). Al aumentar la renta, también subió el precio relativo de los servicios, la producción del sector en el que menor es el margen para que crezca la productividad (fenómeno conocido con el nombre de *efecto Balassa-Samuelson*). Como pocos productos del sector servicios se comercian internacionalmente, la subida relativamente rápida de los precios sectoriales se reflejaba en el deflactor del PNB, pero no era perjudicial para la competitividad. Por lo tanto, Europa y Japón, que estaban creciendo más deprisa que Estados Unidos, podían tener unas tasas de inflación más altas.[75] Japón, por ejemplo, tuvo durante todo el periodo de Bretton Woods unas tasas de inflación altas desde el punto de vista internacional (véase la figura 4.3).

Absorbiendo dólares en lugar de obligar a Estados Unidos a devaluar, los bancos centrales de los demás países permitieron que sus tasas de inflación subieran aún más.[76] Pero el proceso tenía límites: por ejemplo, Alemania no estaba dispuesto a tolerar unas tasas de

---

[74] Sobre la política monetaria, la inflación y los déficits presupuestarios, véanse Darby, Gandolfi, Lothian, Schwartz y Stockman, 1983, y Bordo, 1993.

[75] Esta misma cuestión surge en nuestro análisis de las causas de la crisis que sufrió el Sistema Monetario Europeo en 1992. Existe una extendida explicación de esa crisis que centra la atención en la inflación de algunos países como España y Portugal. Pero en éstos, como eran dos de los países de la Comunidad Europea de renta relativamente baja que estaban experimentando el crecimiento más rápido, es posible que la diferencia de inflación sobrestime de nuevo la pérdida de competitividad a causa del efecto Balassa-Samuelson.

[76] Ésta es una posible explicación de por qué podía ser la inflación de Estados Unidos más baja que la del resto del mundo y, a pesar de eso, seguir siendo Estados Unidos el motor del proceso.

inflación muy superiores a un 3 %.[77] Por lo tanto, en ausencia de variaciones del tipo de cambio del dólar, la inflación tenía que mantenerse en Estados Unidos considerablemente por debajo de ese nivel. Aunque Alemania revaluó modestamente en 1961 y en 1969, dudaba en alterar los tipos de cambio por las razones antes expuestas. El ajuste sólo podía conseguirse reduciendo la tasa de inflación de Estados Unidos por debajo de la del resto del G-7.[78] Y en un mundo de mercados líquidos, incluso una pequeña desviación de la política viable podía provocar una crisis.[79]

Durante la primavera de 1971, huyó del dólar al marco alemán un enorme volumen de capital. Alemania, temiendo una inflación, detuvo la intervención y permitió que el marco fluctuara al alza. Los Países Bajos se le sumaron. Otras monedas se revaluaron. Pero la huida del dólar, una vez comenzada, no fue fácil de detener. Durante la segunda semana de agosto, la prensa informó de que Francia y Gran Bretaña planeaban convertir dólares en oro. Durante el fin de semana del 13 de agosto, la Administración Nixon cerró la ventanilla del oro, suspendiendo el compromiso de facilitar oro a los tenedores extranjeros oficiales de dólares a 35 dólares la onza o a cualquier otro precio. Impuso un recargo del 10 % sobre las importaciones de mercancías para presionar a otros países para que revaluaran, ahorrándose así el bochorno de tener que devaluar. En lugar de consultar al

---

[77] La tasa media de aumento del deflactor del PIB de Alemania fue del 3,2 % durante el periodo de convertibilidad de Bretton Woods. La media correspondiente a los países del G-7 fue del 3,9 %. Una vez más, véase Bordo, 1993.

[78] Llaman la atención los paralelismos con la crisis del SME de 1992. En 1992 volvió a ser necesario que los niveles de precios de otros países subieran menos deprisa que el de Alemania, en ese caso debido al desplazamiento de la demanda hacia los productos de la industria alemana relacionado con la unificación. Como el Bundesbank se negó a tolerar una aceleración significativa de la inflación y no estaba dispuesto a alterar los tipos de cambio entre las monedas de la CE, el ajuste sólo podía realizarse por medio de una deflación en otros países, algo que los socios de Alemania en el SME creían difícil de conseguir (al igual que Estados Unidos en la década de 1960). En 1991-92, las tasas de inflación de otros países del SME, como Francia, bajaron, de hecho, con respecto a la de Alemania, pero no en el margen necesario para la estabilidad de la balanza de pagos y del tipo de cambio. Los apuros de estos países son, pues, similares en todos estos aspectos a los de Estados Unidos en los años sesenta.

[79] Peter Garber (1993) muestra que la acumulación de pequeñas divergencias de la política económica culminó en un ataque especulativo contra el dólar en 1971.

FMI, informó de su programa al director gerente del Fondo como si se tratara de un hecho consumado.

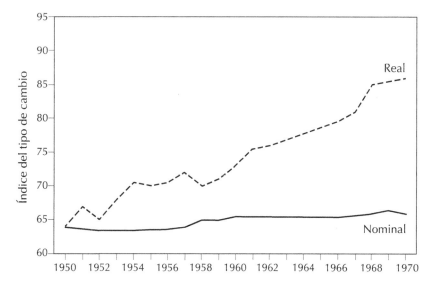

Figura 4.3. Tipo de cambio real y nominal del yen japonés, 1950-70.
Fuente: Penn World Tables (Mark V), descrito en Summers y Heston, 1991.
Nota: El índice del tipo de cambio real es el nivel de precios de Japón dividido por la media geométrica del nivel de precios en dólares de once países de la OECE.

Durante los cuatro meses siguientes, los países industriales celebraron extensas negociaciones sobre la reforma del sistema monetario internacional, que culminaron en un acuerdo firmado en la conferencia celebrada en la Smithsonian Institution, situada en Washington. Ante la insistencia europea, el dólar sólo se devaluó un 8 %. El resto de la modificación de los precios relativos se realizó revaluando el yen, el franco suizo, el marco alemán y las monedas del Benelux. Las bandas de fluctuación se ampliaron de 1 a 2¼ %. El recargo americano sobre las importaciones se suprimió. Pero Estados Unidos no fue obligado a reabrir la ventanilla del oro; si se mantenían los tipos de cambio dentro de las paridades establecidas, ahora sólo ocurriría gracias a la intervención de los Gobiernos y de los bancos centrales pertinentes. El ajuste dependería de los efectos de las revaluaciones de las monedas europeas que se habían llevado a cabo durante el verano de 1971.

Claramente, no había cambiado nada fundamental, a pesar de la afirmación de Nixon, retrospectivamente cargada de ironía, de que el Acuerdo de la Smithsonian era «el acuerdo monetario más importante de la historia mundial». El dilema de Triffin no se había eliminado; el valor de las reservas mundiales de oro en dólares sólo había aumentado levemente. La revaluación de las monedas europeas mejoró la competitividad de las exportaciones de Estados Unidos, pero, al no realizarse ajustes en otras medidas, el efecto sólo fue temporal. La política económica de Estados Unidos continuó siendo demasiado expansiva para ser compatible con el mantenimiento de tipos fijos entre el dólar y las demás monedas; los agregados monetarios crecieron más de un 6 % al año a medida que se avecinaban las elecciones americanas de 1972. Habiéndose devaluado el dólar una vez, no había razón alguna para dudar de que pudiera devaluarse de nuevo.

Otro ataque contra la libra esterlina, impulsado por la política inflacionista del primer ministro británico Edward Heath, obligó a Gran Bretaña a dejar que la moneda se saliera de su banda smithsoniana en 1972. Este hecho preparó el escenario para el acto final. La huida del dólar registrada a principios de 1973 llevó a Suiza y a otros países a dejar fluctuar sus monedas. Se negoció una segunda devaluación del dólar, un 10 % frente a las principales monedas europeas y algo más frente al yen, pero sin asegurar a los mercados que se había eliminado el desequilibrio subyacente. La huida del dólar se reanudó, y en esta ocasión Alemania y sus socios de la CEE decidieron conjuntamente dejar fluctuar sus monedas al alza. El sistema monetario internacional de Bretton Woods había dejado de existir.

Las lecciones de Bretton Woods

En 1941 John Maynard Keynes, en una afirmación reproducida al comienzo de este capítulo, descartó la idea de que existiera un mecanismo automático de ajuste de la balanza de pagos diciendo que era una «ilusión doctrinaria». No era la primera vez que daba muestras de una notable clarividencia. Apenas cabe duda de que existió alguna vez un mecanismo de ese tipo. Cuando un país experimentaba un déficit exterior en el patrón oro existente antes de la guerra, entraba automáticamente en juego el mecanismo de los flujos de oro y los precios: los déficits reducían las cantidades de dinero y de crédito, disminuyendo la demanda de importaciones y restableciendo el equilibrio exterior. El descenso de la demanda de importaciones no se producía, por supuesto, por medio de grandes salidas de oro sino de subidas de los tipos de descuento y de la adopción de otras medidas restrictivas. Keynes tenía razón al afirmar que eso difícilmente era *laissez faire;* el mecanismo dependía tanto de la gestión del banco central como de la situación política.

Cuando se restableció la convertibilidad de las operaciones por cuenta corriente a finales de 1958, la idea de que aún existía un mecanismo de ese tipo era realmente una ilusión. El cambio de las circunstancias políticas hizo que a los bancos centrales y a los Gobiernos les resultara difícil eliminar los déficits de pagos endureciendo las condiciones financieras. El sustituto desarrollado en los años cincuenta, los ajustes del ritmo al que se levantaban los controles, siempre se había considerado temporal. Lo debilitaron el restablecimiento de la convertibilidad de las operaciones por cuenta corriente y el desarrollo de los euromercados y otras innovaciones financieras que hicieron que resultara cada vez más difícil aplicar los controles de capitales.

Sólo quedaron, pues, los ajustes de las paridades para eliminar los desequilibrios, ajustes que el Acuerdo de Bretton Woods había tratado de impedir. Sus artículos disuadían de realizar ajustes en previsión de los desequilibrios. Obligaban a los Gobiernos a negar que estuvieran considerando la posibilidad de modificar las paridades y a pasar por una situación embarazosa si se veían obligados a devaluar. Al aumentar la movilidad internacional del capital durante la década de 1960, el conflicto se agravó. Los Gobiernos que se pensaba que estaban considerando la posibilidad de devaluar exponían a sus monedas a ataques especulativos. La disposición a devaluar una vez llevaba a creer que las autoridades podían devaluar de nuevo, dada su manifiesta aversión a adoptar medidas deflacionistas, lo cual las llevaba a negarse totalmente a devaluar. Los insuficientes mecanismos de ajuste existentes y lo enormemente difícil que resultaba gestionar un sistema de tipos de cambio fijos en presencia de un capital sumamente móvil constituyen la primera lección de Bretton Woods.

El hecho de que este sistema llegara a funcionar es una demostración de la cooperación internacional que lo apoyaba. Ésta es la segunda lección de Bretton Woods. A diferencia de lo que ocurría a finales del siglo XIX, en que los países sólo prestaban ayuda cuando estaba en peligro la estabilidad del sistema, la cooperación entre los Gobiernos y los bancos centrales era permanente, en el contexto de una alianza en la que Estados Unidos, Europa occidental y Japón eran socios en la guerra fría. Otros países apoyaban el dólar y, por lo tanto, el sistema de Bretton Woods a cambio de que Estados Unidos soportara una parte desproporcionada de la carga de la defensa. La tercera lección de Bretton Woods es, pues, que la cooperación para apoyar un sistema de monedas fijas es mayor cuando forma parte de un entramado de acuerdos políticos y económicos.

Pero Europa y Japón no estaban dispuestos a colaborar ilimitadamente. Los gastos militares de Estados Unidos en el sudeste asiático eran menos de su agrado que sus compromisos con la OTAN. Cuando el apoyo al dólar puso en peligro la estabilidad de los precios y otros objetivos económicos internos, Alemania y otros países industriales mostraron crecientes reservas. En el siglo XIX, la cooperación internacional fue viable –y la necesidad de cooperar reducida– porque no había razón alguna para poner en duda el firme compromiso de los Gobiernos de defender sus paridades con respecto al oro. Al final, era seguro que los Gobiernos y los bancos centrales tomarían las medidas necesarias para realizar el ajuste, lo cual reducía la necesidad de que otros países les prestaran ayuda. En cambio, en el sistema de Bretton Woods había razones para dudar de que se produjera el ajuste. La cooperación, aunque era extensa, iba contra el establecimiento de límites obligatorios. El carácter inevitable de esos límites en un entorno politizado es la cuarta lección de Bretton Woods.

5
De la fluctuación a la unificación monetaria

Es nuestra moneda, pero es su problema.

JOHN CONNALLY, SECRETARIO DEL TESORO DE ESTADOS UNIDOS

La desaparición del Sistema Monetario Internacional de Bretton Woods en 1973 marcó una línea divisoria. Transformó los asuntos monetarios internacionales, incluso más que la reconstrucción del patrón oro en 1925 o que el restablecimiento de la convertibilidad en 1958. Desde que los bancos centrales y los Gobiernos tomaron conciencia de la existencia de un instrumento que acabó conociéndose con el nombre de política monetaria, la estabilidad del tipo de cambio había sido el objetivo primordial al que ésta iba encaminada. La política monetaria se empleaba para fijar el tipo de cambio, salvo durante los periodos excepcionales y limitados de guerra, reconstrucción y depresión. En 1973, la política monetaria cortó amarras y permitió la fluctuación de los tipos de cambio.

Esta transición fue una consecuencia del aumento de la movilidad internacional del capital. Durante los años en que existió el sistema de Bretton Woods, los controles de capitales habían aislado en alguna medida de las presiones de la balanza de pagos a los Gobiernos que sentían la necesidad de dedicar la política monetaria a alcanzar otros objetivos. Los controles daban el margen de respiro necesario para organizar un ajuste ordenado de la fijación ajustable. Los responsables de la política económica podían considerar la posibilidad de modificar la paridad sin provocar un maremoto desestabilizador de movimientos internacionales de capitales. Pero la eficacia de los controles había disminuido en las últimas décadas. La recuperación de las transacciones y de los mercados financieros internacionales de las perturbaciones causadas por la depresión y la guerra se había retrasado, pero hacia la década de 1960 estaba muy avanzada. Con el restablecimiento de la convertibilidad de las operaciones por cuenta corriente, comenzó a ser difícil distinguir y separar la compraventa de divisas relacionada con transacciones por cuenta corriente y por cuenta de capital. Los participantes en el mercado encontraron nuevas e inteligentes maneras de soslayar las barreras a los movimientos internacionales de capitales.

Privados de este aislamiento, a los Gobiernos y los bancos centrales les planteaba crecientes problemas el funcionamiento de los tipos de cambio fijos pero ajustables. El mero indicio de que un país estaba considerando la posibilidad de modificar la paridad podía provocar enormes salidas de capital, lo que disuadía a las autoridades de considerar incluso la posibilidad de modificarla. La defensa de la paridad no impedía, por supuesto, que continuaran aumentando las presiones de la balanza de pagos sobre los tipos fijos o que los mercados pusieran en cuestión las paridades que sospechaban que eran insostenibles. En un mundo de elevada movilidad del capital, la defensa de una paridad exigía unos niveles sin precedentes de intervención en el mercado de divisas y de apoyo internacional. Un apoyo de esta magnitud era algo que los países dudaban en prestar cuando recelaban de la disposición y de la capacidad de un Gobierno para eliminar la causa del desequilibrio de pagos.

Las alternativas a los tipos fijos pero ajustables eran extremos opuestos: la fluctuación y la fijación de unos tipos definitivos. Los grandes países como Estados Unidos y Japón, para quienes la importancia de las transacciones internacionales aún era escasa, optaron por la fluctuación. Para ellos, la incertidumbre de un tipo de cambio fluctuante, aunque no era agradable, resultaba tolerable. Para las economías más pequeñas y más abiertas, especialmente para los países en vías de desarrollo que tenían un mercado financiero estrecho, los tipos de cambio fluctuantes eran aún más inestables y perturbadores. Optaron por la otra posibilidad: intentar mantener un tipo de cambio fijo. Los países en vías de desarrollo tenían unos rigurosos controles de capitales en un intento de mantener el tipo de cambio fijo de su moneda frente a la de sus principales socios comerciales.[1] Los

---

[1] Muchos de estos países endurecieron los controles en los años setenta y ochenta en respuesta al aumento de la movilidad del capital. Edwards y Losada, 1994, documentan este endurecimiento, por ejemplo, en algunos países de Centroamérica que mantenían desde hacía mucho tiempo un tipo de cambio fijo con respecto al dólar.

países de Europa occidental, para los que el comercio intraeuropeo era excepcionalmente importante y cuya Política Agrícola Común (PAC) podía verse gravemente perturbada por las oscilaciones de los tipos de cambio, trataron de fijar sus monedas entre sí, también en este caso con la protección de controles. Crearon nuevas instituciones para estructurar la cooperación internacional necesaria para apoyar la fijación colectiva.

Pero no se dio marcha atrás. El continuo desarrollo de los mercados financieros, dotados de los avances de las telecomunicaciones y las tecnologías de la información, dificultó los intentos de contener los movimientos financieros internacionales. Contenerlos no sólo era difícil sino también cada vez más costoso: con el desarrollo de centros financieros rivales, los países que imponían onerosos controles corrían el riesgo de perder su actividad financiera en favor de los mercados extranjeros. Los países en vías de desarrollo que no liberalizaban corrían el riesgo de ser dejados de lado por los inversores extranjeros. La liberalización, aunque inevitable, exacerbó las dificultades para fijar el tipo de cambio, lo que llevó a un creciente número de países en vías de desarrollo a optar por la fluctuación.

Esta tendencia también fue evidente en Europa, si bien en este caso la transformación adoptó una forma distinta. Las economías dependientes de Europa occidental habían tratado repetidamente de fijar sus monedas entre sí. En la década de 1970, habían intentado mantener las bandas de fluctuación del 2¼ % del Acuerdo de la Smithsonian en lo que se conocía con el nombre de *Serpiente Europea*. En la década de 1980 trataron de limitar las fluctuaciones de los tipos de cambio creando el Sistema Monetario Europeo (SME). Pero con la eliminación de los controles de capitales a finales de los años ochenta, cada vez era más difícil gestionar el SME. Resultaba casi imposible modificar ordenadamente las paridades. Los países de moneda fuerte eran reacios a ayudar a sus socios de moneda débil, dado que la ayuda efectiva tenía que ser casi ilimitada en un mundo de mercados líquidos y elevada movilidad del capital. Quedaron claros los límites de la cooperación internacional en una Europa de autoridades monetarias soberanas. Una serie de crisis obligó a los miembros de la CE a ampliar las bandas de fluctuación del SME de 2¼ a 15 % en 1993. La otra opción era dar nuevos pasos para hacer más rígidas las paridades. Algunos países –Hong Kong, Bermudas, las Islas Caimán y, más recientemente, Argentina, Estonia, Lituania y Bulgaria– lo hicieron creando *cajas de conversión (currency boards)*. Aprobaron leyes parlamentarias o introdujeron enmiendas constitucionales que exigían al Gobierno o al banco central fijar su moneda a la de un socio comercial. Las autoridades monetarias que tenían el mandato constitucional de fijar el tipo de cambio estaban aisladas de las presiones políticas para que hicieran lo contrario y gozaban de la confianza de los mercados. El problema de las cajas de conversión se hallaba en que las autoridades monetarias tenían aun menos libertad que en el patrón oro del siglo XIX para intervenir como prestamistas de último recurso. Las cajas de conversión sólo eran atractivas para los países que se encontraban en circunstancias especiales: normalmente eran muy pequeños, sus bancos estaban estrechamente ligados a instituciones de otros países y, por lo tanto, podían esperar ayuda extranjera, poseían unos mercados financieros excepcionalmente subdesarrollados o tenían una historia de inflación especialmente espeluznante.

La otra manera de hacer más rígidas las paridades era avanzar en pos de la unión monetaria. A pesar de los rodeos, ésta fue la vía que siguieron los miembros de la Comunidad Europea. En 1991 elaboraron un plan para establecer un Banco Central Europeo (BCE) que asumiera el control de su política monetaria, fijara irrevocablemente sus tipos de cambio entre sí y sustituyera sus monedas nacionales por una única moneda europea. Está por ver que lo consigan. Lo que resulta evidente es que los tipos de cambio fijos sin carácter oficial o fijos pero ajustables ya no son una opción viable. En la mayoría de los casos, la única alternativa a la unión monetaria han sido unos tipos más libremente fluctuantes.

Los tipos de cambio fluctuantes en la década de 1970

La transición a la fluctuación tras la caída de Bretton Woods fue un salto en el vacío. Los responsables –especialmente los de organismos como el FMI que estaban profundamente comprometidos con el antiguo sistema– no saltaron de buen grado; tuvieron que ser empujados. En julio de 1972, los gobernadores del Fondo Monetario Internacional crearon el Comité de los Veinte (C-20), formado por representantes de cada uno de los veinte grupos de países representados por un director ejecutivo del FMI, con el fin de elaborar propuestas para reformar el sistema de paridades.[2] Su «grandioso diseño» suponía, en desacuerdo con la realidad, el mantenimiento de paridades ajustables y centraba la atención en la provisión de reservas internacionales y en la adopción de medidas para fomentar el ajuste. Los trabajos sobre esta propuesta continuaron incluso después de que las monedas se salieran de sus bandas smithsonianas en 1973 y de que hubiera expirado la paridad ajustable.

Mientras que los europeos y los japoneses confiaban en que se restablecerían las paridades, Estados Unidos, habiendo soportado repetidos ataques contra el dólar, se mostró inclinado a mantener la fluctuación (sobre todo cuando George Shultz sustituyó a John Connally como secretario del Tesoro). Los americanos consideraban que el problema era la decisión de los países europeos de tener superávit y la solución –reminiscencia del Plan Keynes– la creación de un conjunto de «indicadores de reservas» que obligaran a sus Gobiernos a tomar medidas correctoras. Los Gobiernos de los países que tenían superávit –especialmente Alemania– dudaban en someterse a sanciones que pudieran obligarlos a inflar. Se oponían a que se utilizaran los recursos del FMI para comprar el excedente de dólares. La imposibilidad de vencer estos obstáculos obligó al C-20 a abandonar en 1974 sus trabajos sobre su «grandioso diseño».

Los miembros del FMI trataron entonces de elaborar con grandes dificultades la Segunda Enmienda al Convenio Constitutivo, que legalizó la fluctuación. En Bretton Woods, treinta años antes, un pequeño grupo de países había tenido la suerte del sistema monetario en sus manos. Y ahora ocurría de nuevo lo mismo: tras la caída del proceso del C-20, el G-10, que había sido responsable de las infortunadas negociaciones smithsonianas, reanudó sus deliberaciones. El FMI estableció un grupo bautizado con el irónico nombre de Comité Provisional (irónico porque aún existe en la actualidad). El foro más importante

---

[2] Estados Unidos había llegado a sentirse aislado del resto del G-10 y se dio cuenta de que la introducción de una enmienda en el Convenio Constitutivo del FMI que regularizara un nuevo sistema exigiría el consentimiento de países no representados en ese grupo, por lo que respaldó la idea de celebrar negociaciones con representantes de un grupo mayor de países en el marco del FMI.

era el G-5, formado por los ministros de Hacienda de Estados Unidos, Japón, Francia, Alemania y el Reino Unido, más los invitados. Los franceses abogaron por los tipos fijos y por un sistema que impidiera que los países de moneda de reserva vivieran por encima de sus posibilidades. Trataron de limitar el exorbitante privilegio de Estados Unidos de financiar sus deudas exteriores con dólares. El secretario del Tesoro de Estados Unidos, Shultz, y su subsecretario, Paul Volcker, sólo se mostraron dispuestos a considerar la posibilidad de estabilizar el dólar si las bandas eran lo bastante amplias para que su política económica tuviera suficiente libertad, y si los países participantes se ponían de acuerdo en unos indicadores cuyo incumplimiento obligara a los que tuvieran superávit a revaluar o, en caso contrario, a asumir una parte de la carga del ajuste. Esta inversión de las posturas que mantuvieron Estados Unidos y los europeos en Bretton Woods y que reflejaba el cambio de posición de las balanzas de pagos de sus respectivas economías, no pasó desapercibida.

Los franceses, obligados a reconocer el grado de firmeza de la oposición de Estados Unidos, aceptaron en la Cumbre de Rambouillet celebrada en 1975 una fórmula que cubría las apariencias: un «sistema estable» de tipos de cambio en lugar de un «sistema de tipos estables». Esta concesión abrió la puerta a la Segunda Enmienda al Convenio Constitutivo, que entró en vigor en 1978. La Segunda Enmienda legalizó la fluctuación y eliminó el papel especial del oro. Obligó a los países a promover la estabilidad de los tipos de cambio fomentando la existencia de unas condiciones económicas ordenadas y autorizando al Fondo a supervisar la política de sus miembros.

Se hicieron predicciones de todo tipo sobre el funcionamiento del nuevo sistema. Jacques Rueff, economista francés detractor de Bretton Woods, predijo que la caída de las paridades provocaría la liquidación de las reservas de divisas y una lucha deflacionista por el oro como la que había agravado la Gran Depresión.[3] Esta opinión no tenía en cuenta lo que se había aprendido entretanto. La experiencia de los años treinta había enseñado a los Gobiernos y a los bancos centrales que cuando se eliminaban las restricciones a que estaban sometidos los tipos de cambio, eran los responsables de la política económica y no los mercados los que podían controlar la oferta mo-

---

[3] Véase Rueff, 1972, cap. 5 y *passim*.

netaria. De hecho, habían aprendido demasiado bien esta lección; pusieron en marcha las prensas monetarias para financiar los déficits presupuestarios y las facturas de las importaciones de petróleo. El problema de los años setenta fue la inflación, no la deflación, como temía Rueff.

Y no hubo una predicción unánime sobre la conducta de los tipos fluctuantes. Algunos creían que la desaparición de las paridades eliminaba el problema de las apuestas de sentido único y los alineamientos incorrectos. Los tipos fluctuantes se asentarían en unos niveles de equilibrio de los que tendrían poca tendencia a alejarse. Según la opinión contraria, el mundo estaba a punto de entrar en una peligrosa etapa de convulsiones e inestabilidad financieras.

Hoy sabemos que ambas posturas eran exageradas. Los tipos de cambio nominales y reales resultaron ser más inestables que cuando eran fijos y más de lo que habían predicho los defensores académicos de los tipos fluctuantes. Los tipos nominales variaban frecuentemente un 2 o 3 % al mes; su variabilidad era muy superior a la de las ofertas monetarias relativas y otras variables económicas fundamentales.[4] Los tipos reales eran casi tan variables (véanse las figuras 5.1 y 5.2). Aun así, no se produjo el caos financiero que habían previsto los que se oponían a la fluctuación.

Al principio, pareció que los pesimistas iban a tener razón. El dólar se depreció un 30 % frente al marco alemán durante los seis primeros meses de fluctuación. Sin embargo, a partir de entonces se estabilizó. Una gran parte de la caída del dólar había sido necesaria para eliminar su sobrevaluación anterior. Los alineamientos incorrectos, aunque constituían un motivo de queja, no eran tan graves como temían los detractores de la fluctuación (véase *moneda alineada incorrectamente* en el glosario). Es posible que la libra estuviera subvaluada en 1976 y el dólar sobrevaluado en 1978. Puede que el subvaluado yen se apreciara excesivamente en 1977-79. Pero ninguna de estas monedas estaba tan mal alineada como lo iba a estar el dólar a mediados de los años ochenta. Eso fue un gran logro, ya que las economías se vieron sacudidas en la década de 1970 por dos crisis del petróleo y otras perturbaciones de los precios de las materias primas.

---

[4] Quien mejor documenta, quizá, esta regularidad, actualmente bien conocida, es Rose, 1994.

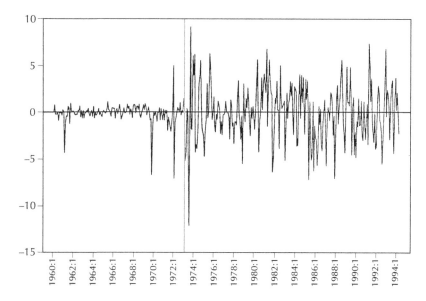

Figura 5.1. Variación mensual del tipo de cambio real entre el marco alemán
y el dólar estadounidense, febrero de 1960-marzo de 1994 (variación porcentual mensual de los precios relativos al por mayor).
Fuente: Fondo Monetario Internacional, *Estadísticas Financieras
Internacionales,* varios años.

La ausencia de alineamientos incorrectos en la segunda mitad de
los años setenta del estilo de los que hubo en los ochenta se debió a
dos factores: los Gobiernos intervinieron en los mercados de divisas
y mostraron una cierta disposición –en contraste con la política que
siguió Estados Unidos durante la primera mitad de los años ochenta– a ajustar la política monetaria y fiscal teniendo presente el tipo de
cambio. El dólar canadiense, el franco francés, el franco suizo, la lira,
el yen y la libra esterlina eran dirigidos enérgicamente. Se intervenía
en ambos lados del mercado: se recurría a la intervención para apoyar a las monedas débiles y para limitar la apreciación de las fuertes.
Por ejemplo, el Banco de Japón intervino tanto para apoyar al yen en
1973-74 como para detener su apreciación en 1975-77.

El tipo entre el dólar y el marco alemán sólo era dirigido levemente;
durante 1977 apenas se intervino. Durante los dos primeros años de
fluctuación, la Reserva Federal se limitó a suavizar las fluctuaciones diarias sin intentar influir en la tendencia. Pero cuando el dólar cayó más
de un 11 % frente al marco alemán durante seis meses hasta marzo de

1975, la Reserva Federal emprendió una intervención concertada con el apoyo a regañadientes del Bundesbank alemán y del Banco Nacional suizo. Sus operaciones detuvieron durante un tiempo la caída de la moneda. Pero en 1977, ante la creencia de que se aceleraría la inflación en Estados Unidos debido a la política de estímulo de la demanda adoptada por la Administración Carter, el dólar volvió a depreciarse.

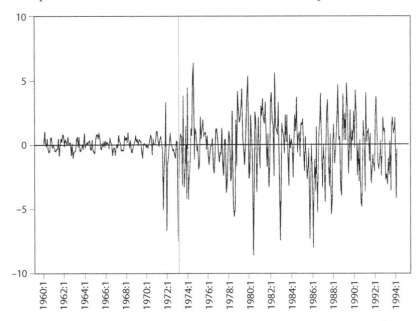

Figura 5.2. Variación mensual del tipo de cambio real entre el yen japonés y el dólar americano, febrero de 1960-marzo de 1994 (variación porcentual mensual de los precios relativos al por mayor).
Fuente: Fondo Monetario Internacional, *Estadísticas Financieras Internacionales*, varios años.

Esta vez el Bundesbank aceptó facilitar un crédito especial al Fondo de Estabilización Cambiaria del Tesoro de Estados Unidos. Las líneas de crédito *swap* entre el Bundesbank y el Fed se duplicaron. La intervención aumentó, pasando de 2.000 millones de marcos alemanes durante los tres primeros trimestres de 1977 a más de 17.000 millones durante los dos siguientes.[5] El dólar se recuperó durante un tiempo. Cuando se debilitó de nuevo en el segundo semestre de 1978,

---

[5] *Reports* del Bundesbank alemán correspondientes a 1977, 1978 y 1979, citados en Tew, 1988, pág. 220.

los dos bancos centrales intervinieron de nuevo con otros 17.000 millones de marcos alemanes.[6] Fundamentales para el éxito de estas operaciones, por muy limitado que éste resultara, fueron los ajustes de la política económica interna. La política económica no siempre iba encaminada, desde luego, a alcanzar objetivos relacionados con los tipos de cambio. La política macroeconómica expansiva aplicada por la Administración del presidente Jimmy Carter cuando tomó posesión a comienzos de 1977 se adoptó sabiendo perfectamente que sus efectos inflacionistas debilitarían el dólar. La Administración confiaba en que otros países también adoptarían medidas más expansivas y limitarían la inestabilidad cambiaria. Temiendo una inflación, los japoneses y los europeos se negaron a hacerlo a pesar de que eran conscientes de que se agravaría el problema cambiario.

Pero cuando las fluctuaciones de los tipos de cambio amenazaron con escapar a su control, llegaron a un acuerdo. Los detalles se negociaron en la Cumbre de Bonn celebrada en julio de 1978. La Administración Carter anunció un conjunto de medidas antiinflacionistas para contener los salarios y el gasto público. Acordó subir los precios interiores del petróleo hasta situarlos en los niveles mundiales, eliminando una discrepancia que, a juicio de los europeos y de los japoneses, agravaba los déficits exteriores responsables de la caída del dólar. A cambio, los europeos y los japoneses acordaron adoptar medidas expansivas. El primer ministro japonés, Takeo Fukuda, presentó un presupuesto complementario que incrementaba el gasto público un 1,5 % del PNB en 1978. Las autoridades japonesas bajaron su tipo de descuento en marzo de 1978 a un 3,5 %, cifra sin precedentes. Bonn acordó aumentar el gasto público federal y bajar los impuestos lo suficiente para aumentar la demanda interior alemana alrededor de un 1 % en 1979. El Gobierno francés se comprometió a tomar medidas parecidas. En palabras de Putnam y Henning, «sorprendentemente, casi todas las promesas cruciales de la Cumbre de Bonn se cumplieron».[7] Es posible que estos ajustes conjuntos de la

---

[6] Estados Unidos y otros países también intervinieron en los mercados del franco suizo y del yen japonés.

[7] Véase Putnam y Henning, 1989, pág. 97. Sin embargo, el cumplimiento de la promesa de Estados Unidos de liberalizar los precios del petróleo se retrasó hasta después de las elecciones de 1978, para enfado de los europeos.

política económica fueran demasiado pequeños para estabilizar los tipos de cambio, pero impidieron que las principales monedas se alejaran aún más.[8]

¿Cómo conciliaron los Gobiernos los objetivos de la política interior con los imperativos de la estabilización de los tipos de cambio? En realidad, estos dos objetivos no siempre entraron en conflicto. En todos los países que participaron en la Cumbre de Bonn, había una poderosa facción partidaria por motivos internos de que se introdujeran en la política económica las modificaciones necesarias para estabilizar los tipos de cambio. Y en los casos en los que había conflictos, los Gobiernos recurrieron a los controles de capitales para suavizar la disyuntiva entre la autonomía de la política interior y la estabilidad de los tipos de cambio. En 1977-78, como alternativa a la adopción de medidas más inflacionistas, las autoridades alemanas revocaron la autorización que tenían los no residentes para comprar ciertos tipos de bonos alemanes y subieron los coeficientes de reservas de los depósitos de los no residentes en los bancos alemanes con el fin de limitar la entrada de capitales en Alemania y de impedir que se apreciara aún más el marco. El Gobierno japonés apoyó el yen en 1973-74 revisando los controles de capital para favorecer las entradas de capitales y reducir las salidas.[9] En 1977 impuso un coeficiente de reservas del 50 % sobre la mayoría de los depósitos de los no residentes y en 1978 lo subió a un 100 % y prohibió a los extranjeros la compra de la mayoría de los títulos nacionales en el mercado extrabursátil.

Los lectores no deben quedarse con la impresión de que la década de 1970 fue pacífica. Con la transición a los tipos de cambio fluctuantes, tanto los tipos de cambio reales como los nominales se volvieron más volátiles que antes. El contraste es evidente en la conducta tanto del tipo entre el yen y el dólar como del tipo entre el marco y el dólar (véanse, de nuevo, las figuras 5.1 y 5.2). No sólo eran las variaciones intermensuales de los tipos reales mayores que antes sino que, además, las fluctuaciones en un único sentido podían persistir. Pero estos problemas, aunque graves, no lo eran tanto como los que surgieron en la década de 1980 cuando el valor del dólar se alejó espectacularmente del que justificarían las variables económicas fundamentales. Lo que

---

[8] Véanse Henning, 1994, pág. 129; Gros y Thygesen, 1991, pág. 37; y Sachs y Wyplosz, 1986, pág. 270.

[9] Véase Horiuchi, 1993, págs. 110-13.

diferencia a la década de 1970 es la intervención más concertada, la utilización más general de los controles de capitales y la mayor disposición a adaptar la política económica a los imperativos de los mercados de divisas.

Los tipos de cambio fluctuantes en la década de 1980

Tres acontecimientos transformaron el entorno monetario internacional a finales de los años setenta. Uno de ellos, la llegada del Sistema Monetario Europeo, se analizará más adelante. Los otros fueron los cambios de orientación de la política económica de Estados Unidos y de Japón.

Pocos países se habían comprometido más que Japón a intervenir en el mercado de divisas. Japón atravesó, al igual que Alemania, un periodo de rápida inflación tras la Segunda Guerra Mundial, y concedía un gran valor a su paridad nominal. En una economía profundamente dependiente de las exportaciones, había poderosos grupos de intereses que se oponían a la revaluación. Fue sintomático el intento del Banco de Japón de continuar fijando el yen con respecto al dólar en el nivel de 360 establecido en abril de 1949 incluso después de que Nixon cerrara la ventanilla del oro en agosto de 1971.[10] Sin embargo, después de dos semanas el Banco de Japón se vio obligado a dejar que la moneda fluctuara al alza hasta un nivel de 308 yenes por dólar, en el que se volvió a fijar tras la negociación de la Smithsonian. Cuando se deshizo el Acuerdo de la Smithsonian en febrero de 1973, se dejó de nuevo que el yen fluctuara. Al principio se recurrió a la intervención para mantener la moneda dentro de una estrecha banda de fluctuación. Sin embargo, a partir de la primera crisis del petróleo, se permitió que el tipo de cambio fluctuara más (véase la figura 5.3).

Esta transición a una política más flexible tuvo importantes implicaciones para el sistema monetario internacional. Hacia la década de 1970, con el considerable crecimiento de la economía japonesa, el nivel del yen se había convertido en un motivo de preocupación para otros países. Aunque el Gobierno japonés continuó interviniendo selectivamente en el mercado de divisas, la conducta del tipo entre el

---

[10] Véase Volcker y Gyohten, 1992, págs. 93-94.

dólar y el yen llegó a parecerse a la del tipo entre el dólar y el marco alemán: cada vez se dejaba más que fuera determinado por las fuerzas del mercado y se permitía que fluctuara dentro de una amplia banda. Estados Unidos también tendió a adoptar una política cambiaria más flexible. Si existía alguna duda sobre sus prioridades, éstas se disiparon con el nombramiento de Paul Volcker como presidente de la Junta de la Reserva Federal en 1979 y con la elección presidencial de Ronald Reagan en 1980. Volcker estaba dispuesto a subir los tipos de interés y a reducir el crecimiento de la oferta monetaria hasta el nivel que fuera necesario para reducir la inflación, que era de dos dígitos. El conocido modelo de determinación de los tipos de cambio de Dornbusch, que se había ganado numerosos adeptos en la década de 1970, sugería que el tipo de cambio sobrepasaría su nivel de equilibrio a largo plazo si variaban las tasas de inflación y de crecimiento del dinero.[11] Esto fue lo que ocurrió: al abandonar Alemania y Japón su política basada en la existencia de un objetivo de tipo de cambio, el dólar se apreció un 29 % en términos nominales y un 28 % en términos reales entre 1980 y 1982.

La Administración Reagan bajó entonces los impuestos sobre la renta de las personas. Indició los tramos impositivos con respecto a la inflación e incrementó el gasto militar. Al aumentar el déficit presupuestario, los tipos de interés americanos subieron: la diferencia en relación con los tipos extranjeros era en 1983-84 un punto mayor que en 1981-82. Como ha señalado Jeffrey Frankel, «los libros de texto [no] tuvieron muchos problemas para explicar la causa de esta subida de los tipos de interés de Estados Unidos».[12] Lo mismo puede decirse de la revalorización del dólar. Los elevados tipos de interés de Estados Unidos atrajeron capital extranjero, presionando aún más al alza sobre la moneda.

Al principio, esta espectacular apreciación apenas obtuvo respuesta alguna de la política económica. Estados Unidos estaba poco dispuesto a considerar la posibilidad de subir los impuestos, reducir el

---

[11] Véase Dornbusch, 1976. Aunque el modelo de Dornbusch sugería que la apreciación del dólar debería haberse producido de una sola vez, en el momento en que se modificó la política monetaria de Estados Unidos, la moneda se fortaleció en realidad gradualmente durante el periodo 1980-82. Michael Mussa (1994) sugiere que se debió a que la opinión pública fue dándose cuenta paulatinamente de que el cambio de política era creíble y permanente.

[12] Véase Frankel, 1994, pág. 296.

gasto público o modificar la política de la Reserva Federal para bajar los tipos de interés y reducir el atractivo del dólar para los inversores extranjeros. Para el Fed de Volcker aún era prioritario reducir la inflación; Donald Regan, secretario del Tesoro, era partidario de confiar el tipo de cambio al mercado.

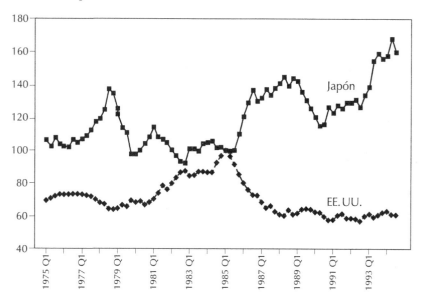

Figura 5.3. Tipos de cambio reales de Estados Unidos y Japón, 1975-94
(1985 = 100).
Fuente: Fondo Monetario Internacional, *Estadísticas Financieras
Internacionales,* varios años.

La apreciación del dólar de 1983-85 puso de relieve la necesidad de realizar ajustes conjuntos en la política macroeconómica para contrarrestar la existencia de tipos de cambio mal alineados. Pero en la década de 1980 las discusiones intelectuales impidieron, como en ocasiones anteriores, la cooperación. Los responsables de la política económica de Estados Unidos, como el subsecretario del Tesoro Beryl Sprinkel, estaban comprometidos con la proposición monetarista de que una tasa estable de crecimiento del dinero generaba una inflación estable y un tipo de cambio estable.[13] Negaban que la fuerza

---

[13] Ésta era la teoría de la determinación de los tipos de cambio defendida por Milton Friedman en su influyente artículo de 1953 sobre los tipos fluctuantes. Véase Friedman, 1953, y el análisis de esto en el capítulo 3.

del dólar se debiera a los efectos-expulsión del gasto deficitario y a los elevados tipos de interés y la atribuían al éxito de la Administración en la contención de la inflación.[14] La intervención en el mercado de divisas no sólo era errónea, en su opinión, sino innecesaria, ya que, por hipótesis, los tipos de cambio eran llevados por el mercado a los niveles maximizadores de la eficiencia.

Los europeos y los japoneses continuaban concediendo más importancia a la estabilidad de los tipos de cambio. Por razones históricas, tenían más fe en la intervención y en la cooperación y suscribían un modelo de la economía en el que los déficits presupuestarios y los elevados tipos de interés eran la causa de los tipos de cambio mal alineados. Pero por mucho que desearan armonizar su política, para que hubiera colaboración también era necesario que Estados Unidos imprimiera un cambio de rumbo a su política.[15] Los europeos, abandonados a su propia suerte, se recluyeron en el SME, mientras que los japoneses aprovecharon al máximo la mejora de la competitividad de sus exportaciones.

La figura 5.4 muestra que la diferencia entre los tipos de interés de Estados Unidos y los extranjeros siguió muy de cerca en su evolución a la subida del dólar durante el primer semestre de 1984. Sin embargo, a partir de junio el dólar experimentó una subida que no puede atribuirse fácilmente a los tipos de interés ni a las variables macroeconómicas fundamentales. La moneda continuó apreciándose otro

---

[14] La desinflación pudo explicar, de hecho, la apreciación real que experimentó Estados Unidos en 1980-81 cuando su política monetaria adoptó una orientación más restrictiva (es lo que implica el modelo de Dornbusch), pero era más difícil explicar la nueva apreciación real que se registró en años posteriores. Véase el análisis más adelante.

[15] Eso era algo que ni el Tesoro ni el Fed estaban dispuestos a considerar. En la cumbre del G-7 celebrada en Williamsburg (Virginia) en 1983, los europeos insistieron en que se redujera el déficit de Estados Unidos para frenar la subida del dólar. Los americanos respondieron diciendo que la fortaleza del dólar no se debía a los déficits ni a los elevados tipos de interés de Estados Unidos. Véase Putnam y Bayne, 1987, pág. 179 y *passim*. A finales de 1983, los productores americanos de bienes comerciados habían comenzado a quejarse de los perjuicios que sufrían a causa de la apreciación del dólar. El secretario del Tesoro Regan trató, pues, de presionar a Japón para que tomara medidas a fin de fortalecer el yen. Su iniciativa, que presionó a los japoneses para que abrieran sus mercados de capitales a los movimientos financieros internacionales, provocó paradójicamente una salida de capital de Japón y un nuevo debilitamiento del yen. Estados Unidos, por su parte, apenas se mostró dispuesto a ajustar su política económica. Véase Frankel, 1994, págs. 299-300.

LA GLOBALIZACIÓN DEL CAPITAL

20 % en febrero de 1985, a pesar de que la diferencia entre los tipos de interés de Estados Unidos y los extranjeros comenzó a disminuir.

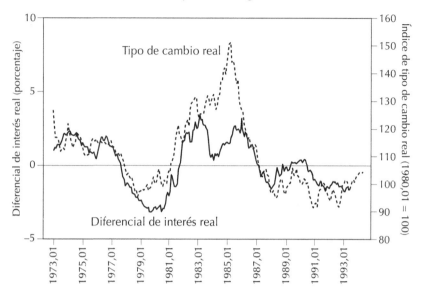

Figura 5.4. El tipo de cambio real del dólar americano y las diferencias entre los tipos de interés a largo plazo, 1973-94.
Fuente: Fondo Monetario Internacional, *Estadísticas Financieras Internacionales*, varios años.
Nota: El tipo de cambio real es el índice de precios de consumo de Estados Unidos en relación con la media de los precios de consumo ponderados por el comercio de otros países del G-7. Los tipos de interés reales son los rendimientos de los bonos del Estado a largo plazo menos la media móvil de 24 meses de la inflación. La diferencia entre los tipos de interés es el tipo real de Estados Unidos menos la media ponderada de los tipos de interés reales de otros países del G-7.

Esta evolución, que suele interpretarse como una burbuja especulativa, minó la resistencia de la Administración Reagan a la intervención en el mercado de divisas.[16] En una reunión secreta celebrada en el Hotel Plaza de Nueva York en septiembre de 1985, los ministros de Hacienda y los gobernadores de los bancos centrales del G-5 acordaron que el dólar se depreciara. Los unía el deseo de impedir que el Congreso de Estados Unidos aprobara leyes proteccionistas debi-

---

[16] Paul Krugman (1985) y Stephen Marris (1985) dan una base analítica a la interpretación de la apreciación de 1984-85 basada en la burbuja.

do a los perjuicios sufridos por los productores nacionales de bienes comerciados. Para la Administración Reagan, el proteccionismo del Congreso ponía en peligro su programa de liberalización económica; para los japoneses y los europeos, ponía en peligro su acceso al mercado de Estados Unidos. Los cinco Gobiernos emitieron una declaración conjunta sobre la conveniencia de una «apreciación ordenada de las monedas, salvo del dólar» (una manera típicamente prosaica con que los políticos se referían a la depreciación del dólar) y sobre su disposición a cooperar para conseguirlo.

El dólar bajó un 4 % frente al yen y al marco alemán el día en que se dio a conocer el comunicado del Plaza y continuó bajando a partir de entonces. Sin embargo, en el Hotel Plaza no se había debatido, y mucho menos emprendido, ningún cambio de la política monetaria y fiscal. Eso, unido al hecho de que el dólar ya había comenzado a bajar seis meses antes, llevó a algunos a concluir que la negociación fue intrascendente, es decir, que la caída de la moneda fue simplemente la vuelta atrás de una apreciación insostenible. Según la opinión contraria, el Acuerdo del Plaza y la *intervención esterilizada* llevada a cabo a continuación eran una señal de un cambio inminente de política, de una nueva disposición a adaptar la política económica en el sentido que fuera necesario para estabilizar el tipo de cambio.[17] El hecho de que el dólar comenzara a bajar antes de la reunión del Plaza puede conciliarse, en realidad, con este argumento. Unos meses antes (después de las elecciones presidenciales de 1984), James Baker y Richard Darman, más pragmáticos e intervencionistas, habían sustituido a Donald Regan y a Beryl Sprinkel en el Tesoro, lo que inducía a pensar que podía haber nuevas medidas en perspectiva. La intervención se había acordado en una reunión del G-5 celebrada en enero de 1985 y el Bundesbank había intervenido abundantemente (véase la figura 5.5). Todo esto sugiere que la intervención y la cooperación contribuyeron, en realidad, a que se detuviera la subida del dólar.

El dólar se depreció rápidamente una vez que comenzó a bajar. Estados Unidos había agotado sus activos exteriores netos como consecuencia de los déficits exteriores de principios de los años ochenta; era necesario un tipo de cambio más bajo para contrarrestar el debili-

---

[17] Véanse Feldstein, 1986, y Frankel, 1994, para las opiniones contrarias.

tamiento de la cuenta de invisibles.[18] Aun así, en el segundo semestre de 1986 los europeos y los japoneses comenzaron a quejarse de que el proceso había ido demasiado lejos. El dólar había perdido un 40 % de su valor frente al yen con respecto al máximo alcanzado un año antes, planteando problemas de competitividad a los productores japoneses. El Gobierno japonés intervino abundantemente para apoyar el dólar. En septiembre, un acuerdo bilateral entre Estados Unidos y Japón, por el que el segundo iba a adoptar medidas fiscales expansivas a cambio de que Estados Unidos se abstuviera de hacer bajar el dólar, trató de estabilizar el tipo de cambio. Pero la falta de disposición a ajustar la política macroeconómica en Estados Unidos y en Europa hizo que los efectos fueran reducidos.

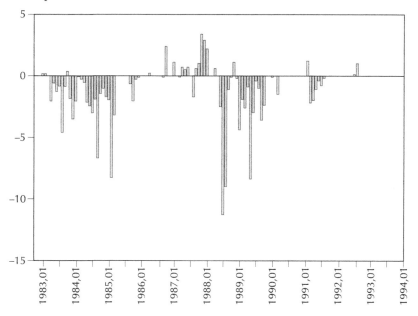

Figura 5.5. Operaciones del Bundesbank en el mercado marco alemán-dólar americano, 1983-84 (miles de millones de marcos alemanes).
Fuente: Deutsche Bundesbank, *Annual Reports,* varios años.
Nota: Los valores positivos indican una intervención del Bundesbank en apoyo del dólar.

---

[18] Algunos sostenían que, además, los exportadores americanos habían perdido su posición en los mercados internacionales y que los productores extranjeros habían conseguido una «cabeza de playa» permanente en los mercados americanos como consecuencia de los alineamientos incorrectos de principios de los años ochenta; para contrarrestar esto era necesario un tipo de cambio más bajo.

Dándose cuenta de ello, los ministros de Hacienda del G-7 celebraron en febrero de 1987 una reunión en el Louvre, en la que se debatió la introducción de ajustes más fundamentales en la política económica. Los ministros acordaron estabilizar el dólar en torno a los niveles vigentes; algunos observadores fueron más allá y sugirieron que los ministros establecieran una «banda de referencia» del 5 %.[19] Los bancos centrales correspondientes llevaron a cabo una intervención. Los japoneses acordaron adoptar nuevas medidas expansivas, los alemanes reducir algo sus impuestos y Estados Unidos introducir ajustes más vagos en su política económica. En realidad, la Reserva Federal dejó que subieran los tipos de interés de Estados Unidos (invirtiendo la tendencia descendente que había comenzado en 1984), aunque no se sabe hasta qué punto el motivo de su decisión fue la caída del dólar o las señales de una inflación inminente.

El Fondo Monetario Internacional desempeñó un papel sorprendentemente pequeño en estos acontecimientos. La Segunda Enmienda del Convenio Constitutivo, en la que se sugería que el papel del FMI era fomentar la coordinación de la política económica de sus miembros, eximía al Fondo de la responsabilidad de supervisar un sistema de paridades, pero hablaba de la necesidad de llevar a cabo una «firme vigilancia» de las políticas nacionales. Pero a los principales países industriales les interesaba poco un foro en el que montones de países más pequeños podían tener algo que decir sobre sus decisiones, por lo que los Gobiernos recurrían menos de lo que posiblemente deseaba el Fondo a modificar la política monetaria y fiscal subyacente y más a intervenir en el mercado de divisas. En la literatura académica, se dice que el Fondo es un mecanismo para aplicar sanciones y recompensas con el fin de animar a los países a buscar denodadamente acuerdos de cooperación.[20] En la práctica, el hecho de que el Fondo no fuera un lugar atractivo para llevar a cabo negociaciones

---

[19] Véase Funabashi, 1988, págs. 183-86. Karl Otto Pöhl, que era presidente del Bundesbank, recuerda que existía una cierta confusión entre los ministros del G-7 sobre lo que habían acordado. Según la interpretación de Pöhl, no se habían establecido formalmente *bandas de fluctuación permisibles*, pero se había dado el primer paso para establecerlas. Pero es posible que otros, especialmente los ministros de Hacienda de los países más pequeños implicados, creyeran que las discusiones implicaban un compromiso formal. Véase Pöhl, 1995, pág. 79.

[20] En términos técnicos, se dice que el FMI es una «tecnología de compromisos». Véase Domínguez, 1993, págs. 371-72.

y de que ninguno de los países afectados hiciera uso de sus recursos para financiar su intervención en el mercado de divisas, impedía que desempeñara eficazmente su papel. La moneda de Estados Unidos se recuperó a mediados de 1988 y de nuevo a mediados de 1989. Pero al igual que ocurrió con el Acuerdo del Plaza y con el acuerdo bilateral de 1986 entre Estados Unidos y Japón, Estados Unidos apenas estaba dispuesto a seguir introduciendo cambios en su política interior (en particular, en la fiscal). La intervención esterilizada no respaldada por el compromiso de ajustar la política interior sólo produjo unos efímeros efectos.[21] Y Estados Unidos, Alemania y Japón carecían del entramado de acuerdos interconectados necesario para conseguir que se realizaran ajustes en la política económica.

El dólar volvió a bajar en el segundo semestre de 1989 y Estados Unidos se acostumbró a la política de benévolo abandono del tipo de cambio iniciada por la Administración Carter. Las Administraciones de los presidentes George Bush y Bill Clinton se mostraron poco dispuestas a ajustar la política para detener la caída de la moneda. Una reacción habitual de Bush a una pregunta sobre la depreciación del dólar era «pienso de vez en cuando sobre esas cosas, pero no mucho».[22] Con esta respuesta, Bush lo único que hacía era dejarse llevar por la corriente política. Una moneda sobrevaluada, como el dólar a mediados de los años ochenta, impone elevados costes a los grupos de intereses concentrados (a los productores de bienes comerciados que tienen dificultades para competir internacionalmente) que expresan con fuerza sus objeciones. En cambio, una moneda subvaluada, como el dólar a mediados de los años noventa, sólo impone unos bajos costes a grupos de intereses difusos (a los consumidores que resultan perjudicados por el aumento de la inflación y de los precios de las importaciones) que tienen pocos incentivos para movilizarse y oponerse. Apenas existía, pues, oposición dentro del propio país a la caída del dólar. Su depreciación estuvo motivada por consideraciones internas, como la decisión del Fed de bajar los tipos de interés en 1991 en respuesta a la recesión de Estados Unidos y una

---

[21] Ésta era la conclusión a la que había llegado el Comité Jürgensen, grupo de trabajo intergubernamental encargado de estudiar la intervención en el mercado de divisas. Véase Grupo de Trabajo sobre la Intervención en el Mercado de Divisas, 1983.

[22] Citado en Henning, 1994, pág. 290.

segunda tanda de bajadas en 1994, de nuevo para contrarrestar los indicios de debilitamiento de la economía.

La situación era la inversa en otros países, en los cuales la subvaluación del dólar significaba una sobrevaluación de la moneda local. Hacia 1992 el bajo nivel del dólar se había convertido en un enorme problema para Japón, donde los beneficios de los productores de bienes comerciables se habían visto reducidos considerablemente, y para Europa, único lugar en el que podía afirmarse que existía el entramado de compromisos necesario para apoyar el mantenimiento de los tipos fijos.

La Serpiente

Los países de Europa siguieron la otra senda, tratando de crear un marco institucional dentro del cual poder estabilizar sus monedas entre sí. El hecho de que los países europeos estuvieran más abiertos que Estados Unidos al comercio aumentó su sensibilidad a las fluctuaciones de los tipos de cambio.[23] Era en Europa, no en Estados Unidos ni en Japón, donde se habían asociado las monedas fluctuantes con la hiperinflación en la década de 1920. Era Europa donde las devaluaciones de los años treinta más habían corroído las buenas relaciones económicas.

Aun así, la inquebrantable búsqueda de Europa de unos tipos de cambio fijos en un periodo en el que se cuadruplicaron los precios del petróleo, quebró el sistema de Bretton Woods y se registraron las fluctuaciones cíclicas más graves de la posguerra, es una de las características más destacadas de este periodo. Su motivación debe entenderse en el contexto del desarrollo de la Comunidad Económica Europea. La CEE era para sus artífices europeos y sus aliados americanos un mecanismo para unir a Alemania y Francia y, al aumentar su interdependencia económica, disuadirlos de entrar en guerra. Contribuía a impedir que éstos y otros países europeos incumplieran su compromiso de cooperar en el terreno económico. La CEE creó un entramado interconectado de acuerdos y pagos colaterales que se pondrían en peligro si un país no colaboraba con el resto en la

---

[23] Esto es lo que sostienen Giavazzi y Giovannini, 1989.

política monetaria. El éxito de la Comunidad, que hacia la década de 1970 había realizado considerables avances en la liberalización del comercio intraeuropeo, aumentó el peso de este comercio en el volumen total de comercio de los países miembros. En la medida en que la estabilidad de los tipos de cambio era deseable para fomentar la expansión del comercio (proposición de la que apenas existe confirmación en los datos), el hecho de centrar la atención en la liberalización del comercio dentro de Europa permitió alcanzar ese objetivo estabilizando los tipos intraeuropeos. El caso europeo confirma, pues, la postura de los que sugieren que la existencia de unas relaciones comerciales estables y extensas es una condición previa para que el sistema monetario internacional funcione fluidamente.

La CEE concluyó su unión aduanera antes de lo previsto a finales de los años sesenta. La unificación monetaria era el paso lógico siguiente, sobre todo para los que veían en la CEE una entidad política incipiente. En 1969, el Consejo Europeo reafirmó su intención de avanzar en pos de la plena unión económica y monetaria (UEM), movido en parte por la incipiente inestabilidad del dólar y por el temor a que una revaluación desordenada de las monedas europeas pusiera en peligro la CEE.[24] Eso llevó en 1970 a la creación de un grupo de trabajo formado por altos responsables presididos por el primer ministro de Luxemburgo, Pierre Werner.[25]

El Informe Werner describía el proceso mediante el cual podría alcanzarse la unión monetaria hacia 1980. Recomendaba la creación de una autoridad central que guiara y armonizara las políticas económicas nacionales, la concentración de las funciones fiscales en la Comunidad y la aceleración de la integración de los mercados de factores y de mercancías. No recomendaba, sin embargo, la creación de una moneda europea única ni de un Banco Central Europeo, sino que suponía que la responsabilidad de intercambiar monedas europeas a las paridades que se determinaran podía encomendarse a un

---

[24] Ésta es la interpretación de Harry Johnson (1973).
[25] Véase Werner *et al.*, 1970. El Informe Werner no fue el primer análisis de la integración monetaria de la CEE. El Tratado de Roma ya había reconocido que los tipos de cambio de los países miembros debían considerarse una cuestión de «interés común». La revaluación del florín holandés y del marco alemán en 1961 impulsó entonces el debate sobre la forma de poder extender la unión aduanera al terreno monetario. Hacia mediados de los años sesenta, este debate había llevado a la creación del *Comité de Gobernadores de los Bancos Centrales*.

«sistema de bancos centrales nacionales» europeo. La transición había de llevarse a cabo endureciendo gradualmente los compromisos cambiarios (reduciendo las bandas de fluctuación) y armonizando más las políticas macroeconómicas. Las recomendaciones del grupo de Werner fueron refrendadas por los políticos, que emprendieron la marcha por la senda trazada.

Retrospectivamente, fue ingenuo pensar que Europa estaría preparada para la unión monetaria en 1980 y no digamos que podría alcanzar ese objetivo sin crear instituciones que la sostuvieran. Bien es verdad que había establecido una unión aduanera y creado la Política Agrícola Común que era la función más visible de la Comunidad Europea. El deseo de no poner en peligro la PAC, cuya administración sería más complicada si los tipos de cambio variaban de una manera considerable y con frecuencia, fue uno de los motivos por los que se apoyó el Informe Werner. Pero se habían transferido pocas funciones políticas al Parlamento Europeo o a la Comisión Europea. El entramado de acuerdos interconectados necesario para comprometer a los Gobiernos nacionales a caminar en pos de la unificación monetaria –para impedirles incumplir el compromiso de seguir las directrices sobre la política macroeconómica establecidas por la Comunidad– seguía estando poco desarrollado. Y la ampliación de la Comunidad para incorporar a Dinamarca, Irlanda y el Reino Unido en 1973 introdujo una nueva diversidad que complicó aún más los intentos de integración.

Las conversaciones que rodearon al Informe Werner sirvieron, al menos, de base para responder a la caída del sistema de Bretton Woods. El Acuerdo de la Smithsonian de diciembre de 1971 triplicó la amplitud de las bandas de fluctuación frente al dólar, permitiendo que los tipos de cambio intraeuropeos variaran hasta un 9 %. Para los miembros de la CEE, la posibilidad de que los tipos de cambio experimentaran variaciones de tal magnitud era alarmante, por lo que trataron de limitar la fluctuación de sus tipos bilaterales a un 4½ % en un mecanismo conocido con el nombre de Serpiente. Mantuvieron ese mecanismo incluso después de que desapareciera el «túnel» smithsoniano en 1973.[26]

---

[26] Tras la desaparición del mecanismo smithsoniano, la Serpiente monetaria comenzó a conocerse con el nombre, no totalmente en serio, de «la serpiente en el lago» para distinguirla de su predecesora, «la serpiente en el túnel».

Dinamarca, Irlanda y el Reino Unido, que aún no eran miembros de la CEE, aceptaron participar en la Serpiente una semana después de su creación. Noruega se sumó un mes más tarde. Los miembros de la Serpiente establecieron unos mecanismos de financiación a corto y muy corto *plazo* para facilitar créditos a los países de moneda débil. También se creó el Fondo Europeo de Cooperación Monetaria, que tenía un consejo de administración constituido por los gobernadores de los bancos centrales nacionales cuya misión era vigilar las políticas monetarias europeas, supervisar el funcionamiento de las líneas de crédito y autorizar los realineamientos, imitando el papel general del FMI. Se autorizó a los países a mantener los controles de los movimientos de capitales dentro de Europa, pero se liberalizaron las transacciones corrientes, al igual que en el Convenio Constitutivo. Era evidente que la fuente de inspiración fue el sistema de Bretton Woods de tipos de cambio fijos pero ajustables.

La Serpiente pronto tuvo dificultades (véase la tabla 5.1). Aunque toda Europa sufrió una pérdida de competitividad debido a la caída que experimentó el dólar a partir de 1973 y a la primera crisis de los precios del petróleo de la OPEP (Organización de Países Exportadores de Petróleo), las monedas más débiles resultaron desproporcionadamente afectadas.[27] Sin embargo, tanto la ayuda exterior como los ajustes de la política económica interna siguieron siendo reducidos y no pudieron contener las presiones existentes en el mercado de cambios. En enero de 1974, Francia se vio obligada a dejar fluctuar su moneda; en julio de 1975 entró de nuevo en la Serpiente. El Bundesbank alemán adoptó entonces la estrategia de controlar los agregados monetarios, lo que le impidió acomodar las presiones inflacionistas provocadas por la subida de los precios del petróleo. El Gobierno francés de Jacques Chirac adoptó, por el contrario, una política fiscal expansiva, lo que lo obligó a abandonar de nuevo la Serpiente en 1976.

Durante todo este tiempo, Alemania intervino para apoyar las monedas de sus pequeños vecinos europeos del norte. Pero los responsables tanto del Bundesbank como del Partido Liberal Demócrata en el que se apoyaba la coalición gobernante estaban cada vez más preocu-

---

[27] El Bundesbank se vio obligado a intervenir en su defensa. Éste fue el primer caso de lo que acabó convirtiéndose en una pauta familiar, en la que un débil dólar iba unido a un fuerte marco alemán dentro de Europa. Como veremos más adelante, este mismo problema afectó al Sistema Monetario Europeo en 1992.

pados por las consecuencias inflacionistas. Las compras de divisas a cambio de marcos alemanes, si seguían sin esterilizarse, amenazaban con elevar las tasas de inflación alemanas hasta los niveles en que se encontraban las de los países a los que ayudaba el Bundesbank.[28] Esta tensión se resolvió con el realineamiento de Fráncfort de octubre de 1976 en el que se devaluaron las monedas de los países del Benelux y Escandinavia frente al marco alemán, inaugurando un periodo de cambios más frecuentes de las paridades. Aunque no se conocen los detalles del realineamiento de Fráncfort, parece que los responsables alemanes exigieron un aumento de la flexibilidad de los tipos de cambio para seguir cooperando. Se asestó así un golpe a la idea de que la unión monetaria pudiera lograrse fijando los tipos de cambio sin modificar las bandas.

Al final, la Serpiente no consiguió estabilizar los tipos de cambio a escala regional. Los tipos intraeuropeos se estabilizaron durante breves periodos, pero fracasaron los intentos de mantenerlos dentro de estrechas bandas. Los países no sólo llevaron a cabo sucesivos realineamientos sino que, además, algunos de ellos se vieron obligados a abandonar totalmente la Serpiente. Las figuras 5.6-5.8 distinguen cuatro periodos: uno que termina con el cierre de la ventanilla del oro, otro que dura hasta la quiebra del Acuerdo de la Smithsonian, otro que corresponde a la Serpiente europea y otro que se refiere al Sistema Monetario Europeo. Es evidente que el tipo de cambio fundamental entre el franco francés y el marco alemán se mantuvo menos estable durante la Serpiente que durante el sistema de Bretton Woods.[29]

¿Por qué planteó tantos problemas la Serpiente? En primer lugar, el clima económico, caracterizado por las crisis del petróleo y las perturbaciones del mercado de materias primas, no era propicio para intentar fijar los tipos de cambio. La liberación de la Serpiente del túnel smithsoniano coincidió con la primera crisis de los precios del petróleo de la OPEP en 1973 y con el alza de los precios de las materias primas de 1974. Como cada país europeo recurría en distinto grado a las importaciones de petróleo y de materias primas,

---

[28] Y si se esterilizara la intervención del Bundesbank, habría fundadas razones para temer que se neutralizaran sus efectos. Véase la nota 21.

[29] Obsérvese el contraste con el tipo entre el marco alemán y el franco belga, que se mantuvo relativamente estable durante los años de la Serpiente, debido al éxito de Bélgica en su permanencia en el sistema.

Tabla 5.1. Historia cronológica de la Serpiente.

1972

24 de abril	Entra en vigor el Acuerdo de Basilea. Los países participantes son Bélgica, Francia, Alemania, Italia, Luxemburgo y los Países Bajos.
1 de mayo	Se suman el Reino Unido y Dinamarca.
23 de mayo	Entra Noruega.
23 de junio	Se retira el Reino Unido.
27 de junio	Se retira Dinamarca.
10 de octubre	Vuelve Dinamarca.

1973

13 de febrero	Se retira Italia.
19 de marzo	Transición a la fluctuación conjunta: se interrumpen las intervenciones para mantener unos márgenes fijos frente al dólar («túnel»).
19 de marzo	Entra Suecia.
19 de marzo	El marco alemán se revalúa un 3%.
3 de abril	Se aprueba el establecimiento del Fondo Europeo de Cooperación Monetaria.
29 de junio	El marco alemán se revalúa un 5,5%.
17 de septiembre	El florín holandés se revalúa un 5%.
16 de noviembre	La corona noruega se revalúa un 5%.

1974

19 de enero	Francia se retira.

1975

10 de julio	Francia vuelve.

1976

15 de marzo	Francia se retira de nuevo.
17 de octubre	Acuerdo sobre la modificación de los tipos de cambio («realineamiento de Fráncfort»): la corona danesa se devalúa un 6%, el florín holandés y el franco belga un 2% y las coronas noruega y sueca un 3%.

1977

1 de abril	La corona sueca se devalúa un 6% y las coronas danesa y noruega un 3%.
28 de agosto	Suecia se retira; la corona danesa y la noruega se devalúan un 5%.

1978

13 de febrero	La corona noruega se devalúa un 8%.
17 de octubre	El marco alemán se revalúa un 4%, el florín holandés y el franco belga un 2%.
12 de diciembre	Noruega anuncia su decisión de retirarse.

Fuente: Gros y Thygesen, 1991, pág. 17.

la repercusión fue asimétrica. En algunos países el paro fue mayor que en otros. Algunos Gobiernos sufrieron mayores presiones para que respondieran con medidas expansivas. Estas perturbaciones interrumpieron la tendencia ascendente del comercio intraeuropeo de Francia y Alemania, debilitando el entusiasmo de ambos países por las iniciativas de integración. De la misma manera que el objetivo de crear una unión monetaria a finales de siglo mantuvo ligados los tipos de cambio intraeuropeos a principios de los años noventa –y las dudas sobre la ratificación del Tratado de Maastricht sobre la Unión Europea socavaron la estabilidad de los tipos vigentes– la esperanza de que la Serpiente sirviera de trampolín para la creación de una unión monetaria en 1980 animó a los mercados a apoyar las estrechas bandas de Europa únicamente hasta que las perturbaciones de los años setenta dejaron obsoleto el Informe Werner.[30]

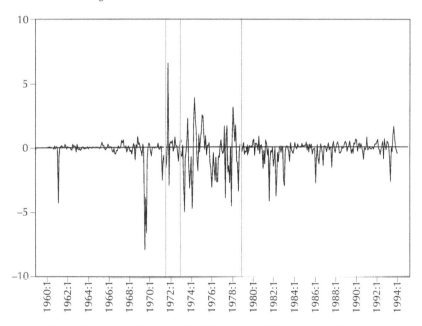

Figura 5.6. Variación mensual del tipo de cambio real entre el marco alemán y el franco francés, febrero de 1960-abril de 1994.
Fuente: Fondo Monetario Internacional, *Estadísticas Financieras Internacionales*, varios años.

---

[30] Para el Tratado de Maastricht y las dificultades para ratificarlo en 1992, véase el análisis posterior.

Por otra parte, los responsables de los distintos países tenían opiniones diferentes sobre la respuesta que había que dar a las perturbaciones. Aun no existía un consenso intelectual sobre la necesidad de que la política monetaria se dedicara a mantener la estabilidad de los precios. Algunos responsables europeos de la política económica, al no haber tenido la libertad necesaria para ensayar iniciativas monetarias expansivas en el sistema de Bretton Woods, no se daban cuenta de que los intentos de utilizar decididamente la política monetaria, sobre todo en una situación de presupuestos desequilibrados, podían estimular la inflación en lugar de la producción y el empleo. Dada la aversión de Alemania a la inflación, el resultado fue una falta de cohesión de la política económica.[31]

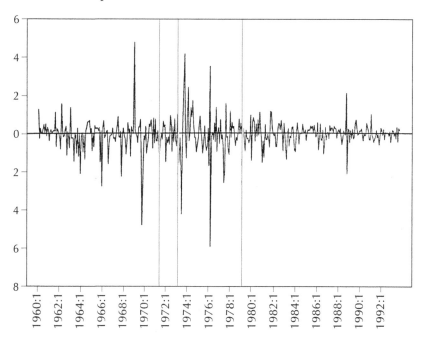

Figura 5.7. Variación mensual del tipo de cambio real entre el marco alemán y el florín holandés, febrero de 1960-diciembre de 1992 (variación porcentual mensual de los precios al por mayor relativos).
Fuente: Fondo Monetario Internacional, *Estadísticas Financieras Internacionales,* varios años.

---

[31] Obsérvese el paralelismo con la imposibilidad de coordinar las respuestas reflacionistas a la Depresión de los años treinta, en que los marcos conceptuales incompatibles de los diferentes países impidieron la cooperación internacional.

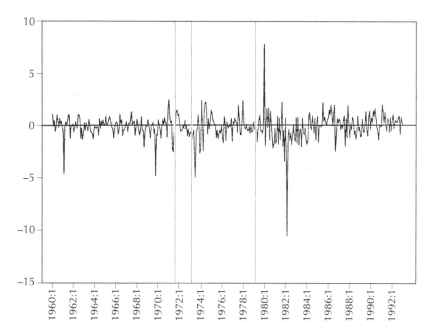

Figura 5.8. Variación mensual del tipo de cambio real entre el marco alemán y el franco belga, febrero de 1960-diciembre de 1992.
Fuente: Fondo Monetario Internacional, *Estadísticas Financieras Internacionales,* varios años.

Finalmente, las perturbaciones de mediados de los años setenta
fueron tan perjudiciales para la Serpiente porque las condiciones políticas e institucionales necesarias para armonizar la política monetaria y fiscal seguían estando poco desarrolladas. El federalismo fiscal
y la centralización previstos por los autores del Informe Werner, que
podrían haber ayudado a los países de moneda débil a aferrarse a la
Serpiente, no eran nada realistas. En Bruselas no existía ninguna entidad responsable ante los electorados fiscales nacionales, por lo que
los Gobiernos se oponían a ceder la responsabilidad fiscal a la Comunidad. Los ajustes de la política fiscal nacional necesarios para mantener los tipos de cambio dentro de la Serpiente no se realizaron. Los
problemas que aquejaban a la política monetaria eran parecidos. El
Fondo Europeo de Cooperación Monetaria tenía poca autoridad y los
gobernadores de los bancos centrales no estaban dispuestos a delegar
sus prerrogativas. Reuniéndose por separado como Comité de Gobernadores de los Bancos Centrales, debían establecer las directrices

para las políticas monetarias nacionales, pero apenas si coordinaban la intervención en el mercado de divisas.[32] No existía, en definitiva, ninguna entidad regional semejante al Fondo Monetario Internacional que supervisara las medidas económicas y que presionara para que se introdujeran ajustes. Al no existir una institución de ese tipo, los países de moneda fuerte no podían estar seguros de que los de moneda débil iban a ajustar su política económica. La ayuda exterior que estaban dispuestos a prestar era, pues, necesariamente limitada.

La Serpiente se había concebido como un sistema simétrico en respuesta a las objeciones de Francia al papel asimétrico que desempeñaba el dólar en el sistema de Bretton Woods. Pero cuando salió del túnel smithsoniano, el marco alemán se erigió en la moneda de referencia de Europa y en su ancla antiinflacionista. El Bundesbank marcó la pauta de la política monetaria de todo el continente. No existía, sin embargo, ningún mecanismo a través del cual otros países pudieran influir en la política del banco central alemán y ninguna opción por medio de la cual pudieran controlar su propio destino monetario, salvo el abandono de la Serpiente. Este «déficit de responsabilidad» fue el obstáculo que impidió, en última instancia, el éxito de la Serpiente.

El Sistema Monetario Europeo

Los franceses trataron de corregir estas deficiencias creando el Sistema Monetario Europeo en 1979. Intentaron reforzar los poderes de supervisión del Comité Monetario de la Comunidad Europea con el objetivo de crear un órgano comunitario al cual pudieran rendir cuentas los responsables nacionales de la política monetaria. Y consiguieron una disposición en el acta de fundación del SME que autorizaba a los Gobiernos a obtener créditos ilimitados del mecanismo de financiación a muy corto plazo, lo que parecía obligar a los países de moneda fuerte a prestar una ayuda ilimitada a sus socios de moneda débil. Sin embargo, en la práctica ninguna de las disposiciones del nuevo sistema funcionó como pretendían Francia y los pequeños países de la CE que dependían de la política alemana.

---

[32] Véase Gros y Thygesen, 1991, págs. 22-23.

El apoyo de los franceses a los tipos de cambio fijos nunca había flaqueado; cuando el país se vio obligado en Rambouillet a desistir de sus intentos de establecer un sistema de ese tipo de ámbito global, el presidente Valéry Giscard d'Estaing se dedicó a intentar estabilizar el tipo fundamental entre el franco y el marco alemán. La incapacidad de Francia para permanecer en la Serpiente demostró que era más fácil decirlo que hacerlo. Esta experiencia llevó a los responsables franceses a tratar de construir una estructura más resistente en la cual pudieran mantenerse los tipos de cambio intraeuropeos. Para que tuviera éxito su iniciativa, era fundamental la cooperación del Gobierno alemán. El colega alemán de Giscard, el canciller federal Helmut Schmidt, vio en la creación del SME un paso lógico para la creación de una Europa federal, una manera de rescatar la visión del Informe Werner y de «atraer de nuevo a los franceses».[33] Ligando el franco y otras monedas europeas al marco alemán también se ayudaría a aislar a la economía alemana de los efectos de la depreciación del dólar. De la misma forma que la supremacía de la delegación británica y de la americana simplificó las negociaciones de Bretton Woods, el hecho de que el SME fuera fruto de un consenso entre los líderes de los dos Estados miembros dominantes en la CE evitó los posibles problemas del polizón y de la falta de coordinación. El acuerdo bilateral de Schmidt y Giscard fue respaldado por el Consejo Europeo en julio de 1978 y llevó a la creación del Sistema Monetario Europeo en 1979.[34]

En la negociación del acta de fundación del SME aún hubo que conciliar las interpretaciones francesas y alemanas del fracaso de la Serpiente. Según los responsables alemanes, la Serpiente había funcionado satisfactoriamente en el caso de los países que habían subordinado otros objetivos a los imperativos de la estabilidad de los precios y de la moneda. Sus colegas franceses se quejaron de que la Serpiente era un sistema dirigido por los alemanes en el que la contribución de otros países a la política económica era insuficiente. La iniciativa de Schmidt y Giscard trató, pues, de crear una nueva ins-

---

[33] Como dice Schmidt en sus memorias, «siempre había considerado que el SME no sólo era un mero instrumento para armonizar la política económica de los países miembros de la CE sino también parte de una estrategia más amplia para la autodeterminación política de Europa». Citado en Fratianni y von Hagen, 1992, págs. 17-18.

[34] Para la cronología de las negociaciones sobre el SME, véase Ludlow, 1982.

titución que conciliara el deseo de Francia de simetría y la insistencia de Alemania en la disciplina. El moribundo Fondo Europeo de Cooperación Monetaria iba a ser sustituido por un Fondo Monetario Europeo (FME) para gestionar las reservas conjuntas de divisas de los países participantes, intervenir en los mercados de cambios y crear reservas de *ecus* que harían de DEG europeos. El SME tendría un «mecanismo de gatillo», que se accionaría cuando las políticas nacionales pusieran en peligro las paridades. El incumplimiento de los indicadores acordados obligaría a los países de moneda fuerte a adoptar medidas expansivas y a los de moneda débil a adoptar medidas restrictivas.

Así pues, la preocupación de Keynes en Bretton Woods, a saber, que los países que tuvieran un superávit se vieran obligados a revaluar o a adoptar medidas expansivas con el fin de no cargar a los países deficitarios con todo el peso del ajuste, se encontraba de nuevo en el centro del escenario. Pero al igual que había ocurrido en Bretton Woods y de nuevo a principios de los años setenta cuando Estados Unidos trató de salvar el sistema de tipos fijos pero ajustables añadiendo un conjunto de «indicadores de reserva» para obligar a los países que tenían superávit a introducir ajustes, los países de moneda fuerte, cuyo apoyo a cualquier reforma era indispensable, se mostraron reacios a aceptarlo. El Bundesbank se dio cuenta de que si fallaba el mecanismo de gatillo, obligándolo a comprar monedas débiles del SME con marcos, podía verse en peligro su mandato de mantener la estabilidad de los precios. Si el FME creaba reservas de ecus no respaldadas para hacer frente a las necesidades financieras de los países deficitarios, aumentaría la amenaza inflacionista.[35] El Consejo del Bundesbank se opuso, pues, al acuerdo.[36]

---

[35] No estaba claro hasta qué punto se dotaría al FME de los poderes necesarios para crear más ecus. La Resolución de Bruselas del 5 de diciembre de 1978 sólo autorizó los *swaps* de ecus por oro y reservas de dólares, lo que no implicaba la creación neta de liquidez. Sin embargo, en un anexo del Acuerdo de Bremen (al que se llegó en la reunión del Consejo Europeo celebrada en Bremen a principios de 1978) se hablaba de una manera críptica de ecus creados a cambio de suscripciones en monedas nacionales «de magnitud similar». Véase Polak, 1980.

[36] También hubo oposición a las intervenciones obligatorias y a los ajustes de la política en otras ramas del Gobierno alemán, así como en Dinamarca y en los Países Bajos.

Hubo intensas negociaciones.[37] El Gobierno francés y el alemán retiraron su propuesta de crear un mecanismo de gatillo que pudiera obligar a introducir cambios en la política del Bundesbank y de transferir reservas nacionales de divisas a un Fondo Monetario Europeo. Aunque el acta de fundación del SME siguió hablando de la ayuda exterior «en una cuantía ilimitada» y aunque no se impuso ninguna restricción al uso del mecanismo de financiación a muy corto plazo, un intercambio de cartas entre el ministro de Hacienda alemán y el presidente del Bundesbank concedió al banco central alemán el derecho a desentenderse de su obligación de intervenir si el Gobierno no era capaz de conseguir un acuerdo con sus socios europeos sobre la necesidad de realinear las paridades.[38] Si resultaba imposible reestablecer unos tipos centrales adecuados y eso llevaba a temer que se viera amenazado su compromiso de mantener la estabilidad de los precios, el Bundesbank podía dejar de intervenir.

Así pues, no sólo se limitó realmente la obligación de Alemania de prestar ayuda exterior sino que, además, se subordinó a la disposición de otros países a realinear sus monedas. Alemania asumió el papel de país de moneda fuerte que había ocupado Estados Unidos en el sistema de Bretton Woods. Eso quiere decir que el Consejo del Bundesbank, al igual que la delegación de Estados Unidos en Bretton Woods, trató de limitar la obligación del país que tuviera superávit de intervenir y la financiación que debía facilitar a los países de moneda débil para resolver sus problemas de balanza de pagos.

---

[37] Schmidt, según él mismo cuenta, amenazó con modificar la ley del Bundesbank, poniendo en peligro la independencia del banco central si éste no lo secundaba. Su relato aún no ha sido corroborado y algunos autores dudan de que hubiera llevado a cabo su amenaza. Véase Kennedy, 1991, pág. 81.

[38] Véase Emminger, 1986. Para algunos extractos de la correspondencia véase Eichengreen y Wyplosz, 1993. Esta correspondencia se mantuvo en secreto y no fue hasta la crisis del SME de 1992 cuando se comprendió totalmente su importancia. Este secreto explica la aparición entretanto de pasajes como el siguiente: «Pero aún no se ha mencionado la característica más importante del SME. No es posible que se produzca una crisis especulativa que provoca el cumplimiento de las expectativas a menos que el mercado pueda comprometer unas cantidades de dinero superiores a las que puede movilizar el Gobierno. El mercado debe ser capaz de tragarse sus reservas. Eso no puede ocurrir en el SME, en el que los Gobiernos pueden movilizar cantidades infinitas recurriendo a créditos recíprocos». Kenen, 1988, pág. 55. Más adelante sugiero que los ataques que provocaban el cumplimiento de las expectativas eran posibles, en realidad, precisamente porque la ayuda extranjera no era infinita.

Sin embargo, Alemania, a diferencia de Estados Unidos en 1944, tenía un tercio de siglo de experiencia que inducía a pensar que los países deficitarios dudarían en introducir ajustes; de ahí que reconociera la necesidad de permitir que estos últimos devaluaran (en el lenguaje menos embarazoso, que realinearan su moneda). La experiencia de la Serpiente se había dividido en dos periodos: uno antes del realineamiento de Fráncfort, en el que el hecho de que no se hubiera realineado había creado tensiones en el sistema; y otro de mayor flexibilidad de los tipos de cambio que había sido más satisfactorio. Alemania y sus socios del SME extrajeron la conclusión obvia.[39]

Los paralelismos con el sistema de Bretton Woods van más allá del deseo de establecer unos tipos flexibles dirigidos. Las monedas de los países que acordaron regirse por el Mecanismo de Tipos de Cambio (MTC) debían mantenerse dentro de unas bandas de 2¼%, al igual que en los últimos años del sistema de Bretton Woods.[40] Se permitieron los controles de capitales para preservar la reducida autonomía de la política económica de los Gobiernos y para darles el margen de respiro necesario para negociar unos realineamientos ordenados. Está claro que el acuerdo monetario internacional de la posguerra dejaba sentir su influencia.

Ocho de los nueve países de la CE participaron en el MTC desde el comienzo (la excepción fue el Reino Unido). Italia, que sufría una persistente inflación, fue autorizada a mantener una amplia banda (6%) durante un periodo de transición.[41] Ninguno de los países que participaron inicialmente en el MTC tuvo que abandonar el sistema durante la década de 1980, a diferencia de lo que ocurrió con la Serpiente, si bien Francia estuvo a punto de abandonarlo a principios de la década.

Los tipos centrales se modificaron, en promedio, una vez cada ocho meses durante los cuatro primeros años del SME (véase la tabla 5.2). Durante los cuatro siguientes, hasta enero de 1987, la frecuencia con

---

[39] Por otra parte, a diferencia de los primeros años de la Serpiente, en los que se confiaba en que pudiera conseguirse la estabilidad de los tipos de cambio gracias al compromiso del Informe Werner de terminar la transición a la unión monetaria hacia 1980, el acta de fundación del SME no entrañaba ningún compromiso de ese tipo, lo que implicaba la necesidad de aumentar la flexibilidad de los tipos de cambio.

[40] Los países que se encontraban en una débil situación financiera fueron autorizados a mantenerla dentro de unas bandas del 6%.

[41] Ese periodo de transición se amplió hasta 1990.

Tabla. 5.2. Revaluaciones del marco alemán frente a otras monedas del SME (medidas por medio de los tipos centrales bilaterales, en porcentaje).

	Franco belga/luxemburgués	Corona danesa	Franco francés	Florín holandés	Libra irlandesa	Lira italiana	Total SME[a]
Ponderación[b] (en %)	16,6	4,0	32,0	17,4	1,8	27,5	100
Fecha del realineamiento con efecto a partir de:							
24 de septiembre de 1979	+2,0	+5,0	+2,0	+2,0	+2,0	+2,0	+2,1
30 de noviembre de 1979	—	—	—	—	—	—	+0,2
23 de marzo de 1981	—	—	—	—	—	+6,4	+1,7
5 de octubre de 1981	+5,5	+5,5	+8,8	—	+5,5	+8,8	+6,5
22 de febrero de 1982	+9,3	+3,1	—	—	—	—	+1,6
14 de junio de 1982	+4,3	+4,3	+10,6	—	+4,3	+7,2	+6,3
21 de marzo de 1983	+3,9	+2,9	+8,2	+1,9	+9,3	+8,2	+6,7
22 de julio de 1983	—	—	—	—	—	+8,5	+2,3
7 de abril de 1986	+2,0	+2,0	+6,2	—	+3,0	+3,0	+3,8
4 de agosto de 1986	—	—	—	—	+8,7	—	+0,2
12 de enero de 1987	+1,0	+3,0	+3,0	—	+3,0	+3,0	+2,6
8 de enero de 1990	—	—	—	—	—	+3,7	+1,0
Valor acumulado desde el comienzo del SME el 13 de marzo de 1979	+31,2	+35,2	+45,2	+4,0	+41,4	+63,5	+41,8

Fuente: Gros y Thygesen, 1991, pág. 68.
a. Revaluación media del marco alemán frente a las demás monedas del SME (ponderada geométricamente); excluida España.
b. Las ponderaciones de las monedas del SME se derivan de la proporción de comercio exterior entre 1984 y 1986, una vez tenidos en cuenta los efectos de terceros mercados, y se expresan en relación con el valor ponderado del marco alemán.
— = no aplicable.

que se realinearon se redujo a una vez cada doce meses. El cambio se debió a la reducción gradual de los controles de capitales, que aumentó las dificultades para llevar a cabo realineamientos ordenados, así como a los cambios de la situación económica mundial. Los cuatro primeros años del SME estuvieron salpicados por una recesión que, al igual que la que se registró después de 1973 y que marcó el nacimiento de la Serpiente, aumentó las divergencias entre los Gobiernos miembros en materia de política económica. La presión del paro existente en algunos países del SME agravó extraordinariamente las tensiones a las que estaba sometido el nuevo sistema.

Este agravamiento quedó patente en 1981, cuando el nuevo Gobierno socialista francés, presidido por François Mitterrand, adoptó medidas expansivas. Se permitió que el déficit presupuestario aumentara más de un 1 % del PIB y la tasa anual de crecimiento de M2 sobrepasó el objetivo del 10 % fijado por el Gobierno. El franco se debilitó tan pronto como los mercados comenzaron a prever que el electorado instalaría un Gobierno dispuesto a pisar el acelerador fiscal y monetario. Los responsables entrantes, encabezados por el ministro de Asuntos Económicos Jacques Delors, recomendaron un realineamiento inmediato con el fin de que el Gobierno comenzara haciendo borrón y cuenta nueva. Esta recomendación se rechazó alegando que se estigmatizaría a los socialistas como el partido que siempre devaluaba.

Durante los cuatro primeros meses del Gobierno Mitterrand, el banco central francés y el alemán se vieron obligados a intervenir frecuentemente para apoyar el franco. En septiembre, ya no fue posible oponerse a la devaluación. Se salvó la cara situando el cambio en el contexto de un realineamiento general de las monedas del SME.[42]

Pero al no adoptarse una política fiscal y monetaria restrictiva, la balanza de pagos francesa tarde o temprano se debilitaría aún más. El mercado actuó en función de esa expectativa, vendiendo francos y provocando una intervención que drenó reservas del Banco de Francia.

---

[42] El paralelismo con el Acuerdo Tripartito de 1936 iba más allá del intento de salvar la reputación del Gobierno socialista situando el realineamiento en el contexto de un acuerdo más amplio. En 1936 el Gobierno recién nombrado de Léon Blum también había adoptado medidas fiscales expansivas, había reducido las horas de trabajo y había estimulado la demanda. Había considerado la posibilidad de devaluar al tomar posesión, pero la había rechazado. Cuatro meses más tarde se vio obligado a dejar que se depreciara el franco.

El endurecimiento de los controles de capitales aplazó el día del juicio final pero no pudo posponerlo indefinidamente.[43] El franco se devaluó de nuevo frente al marco alemán en junio de 1982 y por tercera vez en marzo de 1983.[44] El Gobierno francés se vio llevado a considerar la posibilidad de abandonar el SME e incluso la CE.[45]

Al final, esta opción resultó demasiado radical, dada la inversión de Francia en la integración europea. Prevaleció el ala moderada del Gobierno Mitterrand, encabezada por Delors y el director del Tesoro Michel Camdessus, y el Gobierno redujo gradualmente sus medidas de estímulo de la demanda. No era que las medidas fiscales y monetarias expansivas fueran incapaces de impulsar la economía sino todo lo contrario: eran sumamente eficaces. El crecimiento del PIB francés, a diferencia del de otros países, no fue negativo ni siquiera en los peores momentos de la recesión europea. Lo que no previeron los responsables de la política económica francesa fue la rapidez con que se dejaría sentir la restricción exterior.

Las medidas socialistas de estímulo de la demanda provocaron una rápida pérdida de reservas debido a la falta de coordinación entre Francia y Alemania. Justamente cuando los franceses adoptaron su iniciativa expansiva, el Bundesbank tomó medidas para eliminar las presiones inflacionistas. En octubre de 1982 se desvaneció toda esperanza de que el Bundesbank se viera obligado a bajar los tipos de interés cuando la coalición socialista-liberal de Alemania fue sustituida por el Gobierno más conservador de Helmut Kohl. A diferencia del Gobierno de Schmidt, Kohl y sus colegas no tenían el menor deseo de animar al Bundesbank a bajar los tipos de interés alemanes.[46] Quedó claro que la economía europea no saldría de la recesión al ritmo que suponían las predicciones francesas. La reducción del nivel de demanda europeo, unida al aumento de la diferencia de inflación entre Francia y Alemania, entrañó una pérdida más grave de compe-

---

[43] Sobre los cambios de los controles de capital franceses, véase Neme, 1986.

[44] El ajuste entre el franco y el marco alemán se disfrazó en ambas ocasiones realineando también otros tipos.

[45] Podría parecer increíble que el Gobierno francés considerara esta última opción. Pero como hemos señalado antes, la retirada de Francia del SME habría puesto en peligro la PAC, que era el programa fundamental de la CE, lo cual significaba que podría haber erosionado seriamente la solidaridad europea. Véase Sachs y Wyplosz, 1986.

[46] Véase Henning, 1994, págs. 194-95.

titividad de Francia.[47] Afortunadamente para el SME, los socialistas franceses acabaron cediendo a esta realidad.

Los cuatro años siguientes del SME fueron, pues, menos borrascosos que los cuatro primeros. Cuando la economía europea comenzó a recuperarse, las medidas de austeridad empezaron a resultar más aceptables. Se desvaneció la amenaza para la convergencia de la política económica. Al apreciarse el dólar en la primera mitad de la década de 1980, resultó más fácil para los Gobiernos europeos vivir con un fuerte tipo de cambio frente al marco. El descalabro de Mitterrand había servido de advertencia, llevando de hecho al socio más importante de Alemania en el SME a aceptar las medidas de estabilidad cambiaria.

La diferencia entre las tasas de inflación de los distintos países, medida por medio de su desviación típica, se redujo a la mitad entre 1979-83 y 1983-87. Aunque se levantaron en parte los controles de capitales, siguió habiendo importantes restricciones, que dieron a los Gobiernos algún tiempo para negociar los realineamientos. Ninguno de los cuatro que se llevaron a cabo durante el periodo 1983-87 sobrepasó la diferencia acumulada de inflación. Ninguno dio, pues, un impulso adicional a la competitividad de los países que devaluaron que pudiera permitir a sus Gobiernos continuar adoptando medidas más inflacionistas que las de Alemania sin sufrir una pérdida alarmante de competitividad. Así pues, la política económica indicó un reforzamiento del compromiso de los países del SME con la convergencia nominal. Parecía que el «sistema minilateral de Bretton Woods» adoptado en Europa estaba adquiriendo consistencia.

Nuevo impulso a la integración

Aunque parecía que la Comunidad Europea se encontraba en vías de resolver su problema de tipos de cambio, seguía habiendo otras

---

[47] Además, dadas las rigideces del lado de la oferta que aquejaban a la economía francesa, el estímulo de la demanda generó más inflación y menos producción de lo que esperaba el Gobierno. La subida de las cotizaciones a la seguridad social y de los salarios mínimos y la reducción de las horas de trabajo llevaron a los empresarios a dudar a la hora de contratar trabajadores. Al desplazarse hacia dentro la curva de oferta agregada al mismo tiempo que se desplazaba la curva de demanda hacia fuera, se produjo inflación en lugar de crecimiento.

dificultades más fundamentales. El paro era inquietantemente alto, a menudo de dos dígitos, y los responsables de la política económica se sentían atados de pies y manos por su compromiso de fijar el tipo de cambio.[48] Les preocupaba la capacidad de los productores europeos para competir con Estados Unidos y Japón. Todo esto los llevó a considerar la posibilidad de acelerar radicalmente el proceso de integración europea para inyectar los fríos vientos de la competencia en la economía europea y ayudar a los productores a explotar mejor las economías de escala y de alcance. La iniciativa tuvo consecuencias profundas y no previstas del todo para la evolución del Sistema Monetario Europeo. La dinámica resultante fue compleja. En su versión más esquemática, la interrelación de la unificación monetaria y el proceso de integración se desarrolló de la forma siguiente:

- El renovado compromiso de los Estados miembros de la Comunidad Europa de fijar los tipos de cambio y la aparición de Alemania como ancla de baja inflación del Sistema Monetario Europeo limitaron la libertad de los países europeos para adoptar medidas macroeconómicas independientes con el fin de alcanzar objetivos nacionales.

- Los Gobiernos recurrieron, pues, en su intento de alcanzar objetivos distributivos y objetivos sociales, a medidas microeconómicas de compresión de los salarios, aumento de la seguridad de empleo y prestaciones por desempleo y otros tipos de prestaciones sociales cada vez más generosos. Estas medidas redujeron la flexibilidad y la eficiencia del mercado de trabajo, provocando un elevado y creciente paro.[49]

---

[48] Más adelante sugiero que el problema del paro de los años ochenta estaba relacionado, en realidad, con la llegada del SME, pero no por las razones esgrimidas por los responsables de la política económica de la época y de las que se hacía eco la mayoría de los relatos históricos.

[49] Lo que estoy sugiriendo es, en otras palabras, que las dos extendidas explicaciones del elevado paro europeo –que hacen hincapié, respectivamente, en el compromiso con un tipo de cambio fuerte y en las medidas sociales que introdujeron rigideces microeconómicas en el mercado de trabajo– no son incompatibles y ni siquiera totalmente distintas. Las medidas que llevaron a la compresión salarial y que incrementaron los costes de contratación y despido fueron en sí mismas una respuesta a las limitaciones impuestas por el SME para utilizar de una manera autónoma la política macroeconómica.

- Este problema, la «euroesclerosis», dio otro impulso más al proceso de integración. El Programa del Mercado Único, plasmado en el Acta Única Europea de 1986, trató de reducir el paro y de poner fin a la recesión europea simplificando las estructuras reguladoras, intensificando la competencia entre los Estados miembros de la CE y facilitando a los productores europeos la explotación de las economías de alcance y de escala.

- El intento de crear un mercado único europeo de mercancías y de factores de producción aceleró el impulso de la integración monetaria. La supresión de los costes de la conversión de las monedas era la única forma de eliminar las barreras ocultas que obstaculizaban los movimientos económicos internos, de forjar un mercado verdaderamente integrado. Era necesario impedir que los países manipularan sus tipos de cambio para desactivar la oposición proteccionista a la liberalización del comercio. Ambos argumentos indicaban la necesidad de contar con una moneda única, además del mercado único. Esta visión encontró su expresión en el Informe Delors de 1989 y en el Tratado de Maastricht adoptado por el Consejo Europeo en diciembre de 1991.

- La eliminación de los controles de capitales era fundamental para la creación de un mercado único, pero dificultaba los realineamientos periódicos que habían dado salida a las presiones y restablecido el equilibrio en el Sistema Monetario Europeo. Desde principios de 1987 no volvieron a realinearse las monedas del MTC. Esta etapa acabó conociéndose, por razones obvias, con el nombre de periodo del «SME estricto».[50]

- Por lo tanto, la misma dinámica que aumentó el deseo de estabilidad monetaria eliminó la válvula de seguridad que había permitido a los miembros del MTC tener un sistema de tipos de cambio relativamente estables. Tan pronto como ocurrió esto, en 1990, se produjo una serie de perturbaciones. Una recesión mundial elevó las tasas de paro de Europa; la caída del dólar socavó aún más la competitividad europea; y la unificación alemana elevó los tipos de interés en toda la Comunidad Europea.

---

[50] El ajuste de la banda de la lira de 1990, en el que Italia pasó del margen del 6% al de 2¼, no supuso un cambio del límite inferior de la lira.

- En ese momento los líderes políticos nacionales comenzaron a poner en cuestión el proyecto de Maastricht para la unión monetaria. Los mercados empezaron, a su vez, a poner en duda el compromiso de los líderes políticos de defender sus paridades del SME. Finalmente, no fue posible contener las crecientes presiones existentes en el seno del SME, y toda la estructura se vino abajo.

Dos hitos en este camino fueron el Informe Delors de 1989 y el Tratado de Maastricht de 1991. Desde los tiempos de la Serpiente, a los Gobiernos franceses les había molestado el hecho de no poder influir en la política monetaria común de Europa. Hacia la segunda mitad de la década de 1980 había quedado claro que el SME no había resuelto este problema. En una nota enviada en 1987 al Consejo del ECOFIN (consejo formado por los ministros de Economía y Hacienda de los Estados miembros de la CE), el ministro francés de Hacienda Édouard Balladur abogaba por un nuevo sistema. «La disciplina impuesta por el mecanismo de tipos de cambio», decía, «puede producir, por su parte, buenos efectos cuando sirve para imponer limitaciones a las medidas económicas y monetarias que no son suficientemente rigurosas. [Pero] produce una situación anormal cuando su efecto es eximir del ajuste necesario a los países cuyas medidas son demasiado restrictivas».[51] La formación de una unión monetaria regida por un único banco central en cuya política tuvieran algo que decir todos los Estados miembros era una solución para resolver este problema.

Habiendo asumido la presidencia de la Comisión Europea el antiguo ministro francés de asuntos económicos Jacques Delors, la llamada de Balladur fue recibida calurosamente en Bruselas. Más sorprendente fue la respuesta favorable, en términos generales, del Gobierno alemán. Es revelador el hecho de que la reacción crítica no proviniera del ministro alemán de Hacienda sino del ministro de Asuntos Exteriores Hans-Dietrich Genscher, quien manifestó su disposición a considerar la posibilidad de sustituir el SME por una unión monetaria a cambio de acelerar el proceso de integración europea. Alemania deseaba no sólo un mercado europeo integrado en el que pudieran

---

[51] Citado en Gros y Thygesen, 1991, pág. 312.

explotarse eficientemente las economías de escala y de alcance sino también una integración política más profunda en el contexto de la cual el país pudiera asumir un papel más activo en la política exterior. La unión monetaria era el *quid pro quo.*

El Comité Delors, formado por los gobernadores de los bancos centrales de los Estados miembros de la CE, un representante de la Comisión de la CE y tres expertos independientes, se reunió ocho veces en 1988 y 1989. Su informe, al igual que el Informe Werner anterior, apoyaba la creación de una unión monetaria en el plazo de diez años, si bien no establecía una fecha límite explícita para la finalización del proceso. El Comité Delors, al igual que su predecesor, imaginaba una transición gradual. Pero mientras que el Informe Werner había recomendado la eliminación de los controles de capitales al final del proceso, el Informe Delors abogaba por su eliminación al principio, debido al nexo entre la unión monetaria y el mercado único. Y el Informe Delors, en una concesión a la realidad política, no proponía la cesión de las funciones fiscales a la CE sino que recomendaba unas reglas que limitaran los déficits presupuestarios e impidieran el acceso directo de los Gobiernos al crédito directo de los bancos centrales y a otros tipos de financiación.[52]

Y lo que es más sorprendente, el Comité Delors recomendaba la centralización total de la autoridad monetaria. Mientras que el Informe Werner describía un sistema de bancos centrales nacionales unidos en una federación monetaria, el Informe Delors proponía la creación de una nueva entidad, el Banco Central Europeo (BCE), para ejecutar la política monetaria común y emitir una moneda europea única. Los bancos centrales nacionales, al igual que los bancos regionales de la Reserva de Estados Unidos, se convertirían en el brazo ejecutor del banco central.

En junio de 1989, el Consejo Europeo aceptó el Informe Delors y acordó celebrar una conferencia intergubernamental para negociar las enmiendas al Tratado de Roma necesarias para ponerlo en práctica. Una vez más, es revelador que las conferencias intergubernamentales, que comenzaron en diciembre de 1990 y terminaron en Maastricht un año más tarde, se hicieran cargo tanto de la UEM como de la unión política. Siguiendo las propuestas del Informe Delors, el

---

[52] Comité para el Estudio de la Unión Económica y Monetaria, 1989, pág. 30.

Tratado de Maastricht describía una transición que debía llevarse a cabo en varias fases. La primera, que comenzó en 1990, iba a caracterizarse por la eliminación de los controles de capitales.[53] Los países miembros iban a reforzar la independencia de sus bancos centrales y a adecuar sus leyes al tratado. La segunda, que comenzó en 1994, iba a caracterizarse por un reforzamiento de la convergencia de las políticas nacionales y por la creación de una entidad temporal, el Instituto Monetario Europeo (IME), para fomentar la coordinación de la política macroeconómica y planificar la transición a la unión monetaria.[54] Si el Consejo de Ministros decidía durante la segunda fase que la mayoría de los países satisfacía las condiciones previas, podría recomendar la inauguración de la tercera, la unión monetaria. Pero para impedir que la segunda fase se prolongara indefinidamente, el tratado exigía a los jefes de Estado o de Gobierno de la UE que se reunieran como muy tarde a finales de 1996 para averiguar si la mayoría de los Estados miembros satisfacía las condiciones necesarias para la unión monetaria y si se especificaba una fecha para iniciarla. Si no se había fijado ninguna fecha hacia finales de 1997, la tercera fase comenzaría el 1 de enero de 1999, aun cuando sólo reuniera las condiciones un pequeño grupo de Estados miembros. Cuando comenzara la tercera fase, los tipos de cambio de los países participantes serían irrevocablemente fijos. El IME sería sucedido por el BCE, que ejecutaría la política monetaria común. Alemania se mostró reacia a acceder a estos plazos y sólo los aceptó después de conseguir salvaguardas que garantizaran que en la unión monetaria sólo entrarían los países que tuvieran un historial de estabilidad cambiaria.[55] Para

---

[53] Unos cuantos países, Grecia, Irlanda, Portugal y España entre ellos, fueron autorizados a mantener sus controles hasta más tarde. También se permitió a otros volver a establecer controles en la primera fase durante seis meses como máximo en caso de emergencia financiera. Como veremos en el siguiente apartado, estas disposiciones se utilizaron durante la crisis del SME de 1992-93.

[54] La creación de una entidad temporal, el Instituto Monetario Europeo, para desempeñar estas funciones en la segunda fase, que era la fase de transición, fue un paso atrás con respecto al Informe Delors, que había propuesto el establecimiento del Banco Central Europeo al comienzo de la segunda fase y no sólo al comienzo de la tercera, la unión monetaria. Esta solución se adoptó en deferencia a la oposición alemana a cualquier fórmula que entrañara la delegación de un grado significativo de autonomía monetaria nacional antes de que se lograra la plena unión monetaria.

[55] Esta aversión es característica del Bundesbank, en particular, que se oponía firmemente a cualquier proyecto de transición que contuviera plazos vinculantes. Véase Bini-Smaghi, Padoa-Schioppa y Papadia, 1994, pág. 14.

ello el tratado especificaba cuatro «criterios de convergencia». Éstos exigían que los países mantuvieran su moneda dentro de las bandas normales de fluctuación del MTC sin graves tensiones al menos durante dos años inmediatamente antes de entrar. Exigían que durante los doce meses anteriores tuvieran una tasa de inflación que no fuera 1,5 puntos porcentuales superior a las de los tres Estados miembros cuya inflación fuera más baja. Exigían que redujeran su deuda y su déficit públicos hasta acercarse a los valores de referencia del 60 y 3 % del PIB, respectivamente.[56] Exigían que mantuvieran durante el año anterior un tipo de interés a largo plazo nominal que no fuera más de dos puntos porcentuales superior al de los tres Estados miembros cuyos precios fueran más estables.

En diciembre de 1991, cuando concluyeron las negociaciones del tratado, parecía que el cumplimiento de estas condiciones estaba al alcance de la mayoría de los Estados miembros. No sabían los observadores cuán deprisa iba a cambiar la situación.

La crisis del SME

Tras concluir con éxito la conferencia intergubernamental en diciembre, el Sistema Monetario Europeo entró en 1992 en un clima de optimismo. Habían pasado cinco años desde el último realineamiento de las monedas del MTC. Todos los Estados miembros de la Comunidad Europea, salvo Grecia y Portugal, formaban parte de él, y Portugal estaba a punto de integrarse.

El optimismo de que estaban imbuidos los gestores del Sistema Monetario Europeo se había visto alimentado por el éxito con que había superado el sistema una serie de perturbaciones. La caída del comercio de la Unión Soviética asestó un duro golpe a las economías europeas (como Finlandia) que dependían de las exportaciones al este. El fin de la guerra fría exigió una infusión de ayuda a las economías en transformación de Europa oriental, por lo que quedaron menos recursos para los fondos estructurales y otros programas de

---

[56] Estas últimas condiciones se suavizaron introduciendo algunas matizaciones. Por ejemplo, las deudas y los déficits pueden ser superiores a sus valores de referencia si se considera que pueden serlo por razones excepcionales y temporales o si van disminuyendo y aproximándose a esos valores a un ritmo aceptable.

cohesión de la CE. La unificación económica y monetaria alemana de 1990 provocó déficits presupuestarios, importaciones de capital y un repentino aumento del gasto que presionó al alza sobre los tipos de interés en todo el continente. La caída del dólar frente al marco alemán y a otras monedas del MTC empeoró aún más la competitividad internacional de Europa. El continente entró entonces en una de las peores recesiones desde la Segunda Guerra Mundial. Y al terminar las negociaciones de Maastricht, se intensificó el debate público sobre la unión monetaria. Sin embargo, a pesar de estas perturbaciones, los países participantes en el MTC fueron capaces de hacer frente a las presiones para alterar sus tipos de cambio. Los que no pertenecían a la CE y que seguían de cerca al SME –Austria, Noruega y Suecia– consiguieron mantenerse en su posición.[57]

El referéndum sobre el Tratado de Maastricht celebrado en Dinamarca el 2 de junio fue el momento decisivo. El no danés planteó dudas sobre la entrada en vigor del Tratado de Maastricht. Si el tratado no era ratificado, sería menor el incentivo de los países para mantener su moneda dentro de las bandas del MTC con el fin de reunir las condiciones necesarias para entrar en la unión monetaria y los países muy endeudados como Italia tendrían menos razones para reducir sus déficits. La lira, que había permanecido en la banda estrecha desde 1990, cayó hasta su límite inferior. Las tres monedas de la banda amplia (la libra, la peseta y el escudo) se debilitaron.

Las presiones crecieron a medida que se aproximaba el referéndum francés del 20 de septiembre sobre el tratado. El 26 de agosto la libra cayó hasta su límite inferior del MTC. La lira cayó también hasta su extremo inferior dos días más tarde. Otros países miembros del MTC se vieron obligados a intervenir para apoyar sus monedas. El Bundesbank intervino considerablemente en su defensa (véase la figura 5.9).

---

[57] La única excepción fue Finlandia, que sufrió la caída de su comercio con la Unión Soviética y una crisis bancaria. En noviembre de 1991, el Banco de Finlandia, que fijó el marco al ecu pero que, al no ser miembro del SME, no disfrutaba de la ayuda que se prestaba a los países del MTC a través del mecanismo de financiación a muy corto plazo, devaluó un 12 %. A pesar de eso, la libra británica permaneció firme dentro de su banda de fluctuación. El escudo portugués se sumó a la banda amplia en abril. Las divergencias entre los tipos de cambio del MTC disminuyeron de hecho y el franco francés subió alejándose del extremo inferior de su banda, y el marco alemán, el franco belga y el florín holandés bajaron.

El 8 de septiembre se abandonó la fijación unilateral del marco finlandés al ecu. Los agentes de cambio, algunos de los cuales se decía que eran incapaces de distinguir Suecia de Finlandia, pasaron a concentrar su atención en la corona; durante la semana siguiente, el Riksbank se vio obligado a subir el tipo marginal de sus préstamos a tres dígitos. Mientras tanto, la lira seguía encontrándose por debajo de su límite inferior del MTC. El 13 de septiembre se celebró una reunión de crisis en la que se devaluó la lira un 3,5 % y se revaluaron otras monedas del MTC un 3,5 %.

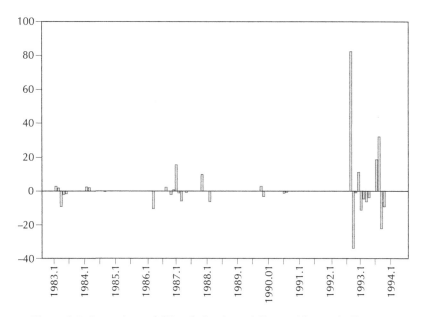

Figura 5.9. Operaciones del Bundesbank en el Sistema Monetario Europeo, 1983-94 (miles de millones de marcos alemanes).
Fuente: Deutsche Bundesbank, *Annual Reports,* varios años.
Nota: Los valores positivos indican una intervención del Bundesbank en apoyo de otras monedas del SME.

Pero lo que los responsables monetarios esperaban que fuera el fin de la crisis no fue más que su comienzo. El primer realineamiento discontinuo en cinco años recordó a los observadores que aún era posible que variaran los tipos de cambio del SME. Las presiones aumentaron en Gran Bretaña, España, Portugal e Italia (cuyo realineamiento, a juicio de muchos observadores, había sido demasiado pequeño). A pesar de las nuevas subidas de los tipos de interés y de la intervención en los márgenes de las bandas del SME, estos países sufrieron enormes pérdidas de reservas. Gran Bretaña abandonó el MTC el 16 de septiembre y las dos subidas de los tipos de interés llevadas a cabo a primeras horas de ese día se anularon. Esa tarde Italia anunció al Comité Monetario que la falta de reservas para hacer frente a las presiones especulativas lo obligaba a dejar fluctuar la lira.[58]

Tras la salida de Italia y de Gran Bretaña del MTC, el franco francés, la corona danesa y la libra irlandesa sufrieron presiones. El resultado del referéndum francés, una estrecha victoria del *oui,* no las disipó. El franco se encontraba justo por encima del extremo inferior de su banda, lo que obligó al Banco de Francia y al Bundesbank a intervenir considerablemente.[59] Las presiones a las que se vieron sometidos España, Portugal e Irlanda llevaron a sus Gobiernos a endurecer los controles de capitales.

La decisión de Suecia de abandonar en noviembre su fijación unilateral al ecu después de que el Gobierno no consiguiera el apoyo de todos los partidos a sus medidas de austeridad inauguró otros seis meses de inestabilidad. El Riksbank había sufrido enormes pérdidas de reservas en la defensa de la corona; ¡gastó en total la asombrosa cifra de 3.500 dólares por cada residente sueco![60] España se vio obligada a devaluar de nuevo, esta vez, un 6%, al igual que su vecino y socio comercial, Portugal. Noruega abandonó su fijación al ecu el 10 de diciembre y las presiones se extendieron a Irlanda y Francia. Aunque se consiguió defender el franco, no ocurrió así con la libra irlandesa. Ante la eliminación de los controles en Irlanda el 1 de enero de 1993, no fueron suficientes las subidas de los tipos de mercado irlandeses a tres dígitos.[61] La libra irlandesa se devaluó un 10% el 30 de enero. En mayo, la incertidumbre existente en España a causa de las inminentes elecciones provocó otra devaluación de la peseta y del escudo.

---

[58] El comité también autorizó una devaluación de la peseta del 5%.

[59] Se dice que durante la semana que terminó el 23 de septiembre se gastaron ciento sesenta mil millones de francos franceses (alrededor de 32.000 millones de dólares) en defender la moneda. Banco de Pagos Internacionales, 1993, pág. 188.

[60] Se dice que las pérdidas de reservas sufridas en los seis días anteriores a la devaluación ascendieron a 26.000 millones de dólares, lo que representa más de un 10% del PNB de Suecia. Banco de Pagos Internacionales, 1993, pág. 188.

[61] Las dificultades de Irlanda se agravaron a causa de la caída de la libra esterlina (alimentada por nuevas reducciones de los tipos de interés británicos). Entre el 16 de septiembre y el final del año, la libra esterlina cayó un 13% frente al marco alemán.

Una vez más, había razones para confiar en que hubiera pasado la inestabilidad. En mayo el electorado danés, escarmentado quizá por las secuelas de su decisión anterior, ratificó el Tratado de Maastricht en un segundo referéndum. El Bundesbank bajó su tipo de descuento y el *tipo Lombard,* reduciendo las presiones a las que estaban sometidos sus socios del MTC. El franco francés y otras monedas débiles del MTC se fortalecieron.

Al ser la inflación francesa inferior a la alemana, los responsables franceses cometieron la imprudencia de sugerir que el franco había asumido el papel de moneda ancla dentro del MTC. Ajenos a la fragilidad de la situación, animaron al Banco de Francia a bajar los tipos de interés confiando en reducir el paro. El Banco de Francia bajó su tipo de descuento, previendo que el Bundesbank seguiría su ejemplo. Pero cuando el 1 de julio llegó la bajada de los tipos alemanes, ésta fue decepcionantemente pequeña. El ministro francés de Economía pidió entonces una reunión franco-alemana para coordinar las nuevas reducciones de los tipos de interés, pero los alemanes anularon sus planes para asistir, dejando que los mercados dedujeran que Alemania no veía con buenos ojos la iniciativa potencialmente inflacionista de Francia. El franco cayó rápidamente aproximándose a su límite inferior del MTC, lo que obligó al Banco de Francia y al Bundesbank a intervenir. A estas monedas se les sumaron el franco belga y la corona danesa. Era inminente el estallido de una auténtica crisis.

La última semana de julio fue la última oportunidad para negociar una respuesta concertada. Se dice que se propuso toda una variedad de opciones, entre las cuales se encontraban la devaluación del franco (a lo que se opuso Francia), un realineamiento general de las monedas del MTC (a lo que se opusieron otros países), la salida del marco alemán del MTC (a lo que se opusieron los Países Bajos) y la imposición de requisitos de depósitos sobre las posiciones en divisas de los bancos (sugerida por Bélgica pero vetada por los demás países). Esta diversidad de propuestas indicaba la falta de un diagnóstico común del problema. Pero el domingo por la tarde los ministros y los responsables de bancos centrales que se habían reunido se enfrentaban a la apertura inminente de los mercados financieros de Tokio. Al no tener ninguna opción en la que ponerse de acuerdo, optaron por ampliar las bandas del MTC de 2¼ a 15 %. Las monedas europeas llevaban camino de fluctuar más libremente que nunca en la era de las paridades, las serpientes y los tipos centrales.

Explicación de la crisis

Cabe distinguir tres explicaciones de la crisis: la insuficiente armonización de la política pasada, la insuficiente armonización de la política futura y las propias presiones especulativas.

Según la primera explicación, algunos países, sobre todo Italia, España y el Reino Unido, aún no habían reducido sus tasas de inflación hasta el nivel en el que se encontraban las de sus socios del MTC. La excesiva inflación acabó provocando una sobrevaluación y agravando los déficits por cuenta corriente. Estos problemas se vieron exacerbados por la debilidad del dólar y del yen. Los agentes de cambio, por su parte, creían que los considerables déficits por cuenta corriente no podrían financiarse indefinidamente. Según esta explicación, la adopción del SME estricto en 1987 fue prematura; los países deberían haber continuado ajustando sus tipos centrales conforme fuera necesario para eliminar los desequilibrios competitivos.[62]

Sin embargo, los datos no confirman inequívocamente esta interpretación.[63] La tabla 5.3 muestra las estimaciones realizadas por

---

[62] Dos claras exposiciones de esta teoría son las de Branson, 1994, y Von Hagen, 1994. No deja de ser comprensible que haya acabado siendo recogida en los informes oficiales. Véanse Banco de Pagos Internacionales, 1993; Comisión de las Comunidades Europeas, 1993; y Comité de Gobernadores de los Bancos Centrales de los Estados miembros de la Comunidad Económica Europea, 1993a, 1993b.

[63] Una de las razones por las que estos datos distan de ser claros se halla en que Europa experimentó una enorme perturbación asimétrica: la unificación alemana. El aumento que experimentaron el consumo y la inversión con la unificación elevó la demanda de bienes alemanes. A corto plazo, eso presionó al alza sobre los precios alemanes en relación con los que estaban vigentes en otros países del MTC. Como consecuencia, las tasas de inflación de otros países europeos no sólo tenían que mantenerse tan bajas como la de Alemania; tenían que ser inferiores. Desgraciadamente, es imposible saber con precisión cuánto tenían que bajar las tasas de inflación de los países distintos de Alemania. Una manera de averiguarlo es examinar las «variables de competitividad» en las que influyen, entre otros, los precios relativos. Eichengreen y Wyplosz, 1993, examinaron la cuenta corriente de la balanza de pagos y la rentabilidad de la industria manufacturera como dos variables cuyos valores se deteriorarían en caso de ajuste inadecuado a los cambios de las condiciones competitivas. Italia era el único país en el que ambas medidas se deterioraban en el periodo inmediatamente anterior a la crisis. En el caso de España, la

el Comité de Gobernadores de los Bancos Centrales de la CE de las variaciones acumuladas que experimentó la competitividad en vísperas de la crisis de 1992.[64] De los países que participaron en el MTC desde 1987, Italia es el único cuya competitividad empeoró claramente. Los costes laborales unitarios aumentaron un 7 % en relación con los de otros países de la CE y un 10 % en relación con los costes de los países industriales.[65] El otro único país de este grupo cuyos costes laborales aumentaron a una tasa comparable es Alemania, que no sufrió un ataque especulativo. En otras palabras, no hay nada en la tabla 5.3 que justifique claramente los ataques contra el franco francés, el franco belga, la corona danesa y la libra irlandesa.[66]

Tampoco está claro en los datos sobre los costes laborales unitarios y los precios al por mayor de la tabla 5.3 que la libra estuviera sobrevaluada. Cabría objetar que el problema se encuentra en el periodo anterior a la entrada del país en la MTC, que ocurrió en octubre de 1990.[67] No está claro, sin embargo, que lo percibieran así los mercados: el tipo de cambio a un año de la libra también permaneció dentro de su banda el MTC hasta sólo unas semanas antes de la crisis de septiembre. De hecho, éste es el fallo fundamental de las explicaciones que atribuyen la crisis a una inflación y sobrevaluación excesivas: si los ataques fueron impulsados por los efectos acumulados de la excesiva inflación y de los excesivos déficits por cuenta corriente,

---

cuenta corriente se deterioraba, pero no así la rentabilidad; en el del Reino Unido, ocurría lo contrario. En otros países cuyas monedas fueron atacadas –por ejemplo, Dinamarca, Francia e Irlanda– ninguna de estas dos variables empeoró significativamente en el periodo anterior a la crisis.

[64] Distingue dos indicadores, los precios al por mayor y los costes laborales unitarios, y dos grupos de comparación, otros países de la CE y todos los países industriales. Este último debería recoger el efecto de la depreciación del dólar y del yen.

[65] Aunque la segunda cifra es mayor en el caso de Grecia, este país aún no se había integrado en el MTC.

[66] La evidencia correspondiente a los tres países que entraron en el MTC entre junio de 1989 y abril de 1992, España, Portugal y el Reino Unido, es menos clara. España y Portugal experimentaron más inflación que sus socios más ricos del MTC, pero era de esperar de unos países que estaban creciendo rápidamente y pasando a producir bienes de mayor valor añadido. Véase el análisis del efecto Balassa-Samuelson en el penúltimo apartado del capítulo 4. Aun cuando algunos países como España poseían más margen para tener inflación que sus socios más industrializados del MTC, puede afirmarse que el Gobierno español se pasó.

[67] Véase Williamson, 1993.

Tabla 5.3. Indicadores de las variaciones acumuladas de la competitividad, 1987-agosto de 1992 (en porcentaje).

País	En relación con los países de la CE[a]		En relación con otros países industriales	
	Precios al por mayor	Costes laborales unitarios[b]	Precios al por mayor	Costes laborales unitarios[b]
Bélgica	4,0	5,6	1,3	2,7
Dinamarca	3,6	6,4	−0,5	3,8
Alemania (occidental)	1,7	0,5	−3,8	−5,5
Grecia	n.d.	n.d.	−10,2	−15,6
Francia	7,9	13,3	3,3	7,2
Irlanda	6,4	35,7	1,3	27,9
Italia	−3,0	−7,0	−6,4	−9,8
Países Bajos	1,5	5,2	−1,4	1,9
Desde la entrada en el MTC[c] – agosto de 1992				
España	−2,1	−7,5	−8,1	−13,8
Portugal	n.d.	−4,6	n.d.	−6,9
Reino Unido	−1,7	−0,4	−4,0	8,3

Fuente: Eichengreen, 1994b.*
a. Excluida Grecia.
b. Industria manufacturera.
c. España: junio de 1989; Portugal: abril de 1992; Reino Unido: octubre de 1990.
n.d. = no disponible.

las dudas de los mercados deberían haberse reflejado en la conducta de los tipos de cambio a plazo y de las diferencias entre los tipos de interés. Como la inflación y los déficits son variables que evolucionan lentamente, sus efectos deberían haberse reflejado en el movimiento gradual de los tipos a plazo hacia los extremos de las bandas del MTC y en la ampliación gradual de las diferencias entre los tipos de interés. Sin embargo, estas variables apenas cambiaron hasta que se dispararon de repente en vísperas de la crisis.[68] Hasta entonces, continuaron implicando unos tipos de cambio futuros esperados que estaban totalmente dentro de las bandas vigentes del MTC. Ninguna de estas

---

[68] Para un minucioso estudio de la evidencia, véase Rose y Svensson, 1994.

medidas sugiere que los mercados consideraran muy probable la devaluación hasta justamente antes de que se devaluara.[69]

El complemento evidente de este énfasis en los desequilibrios pasados de la política económica son los futuros cambios de dicha política. Los países que habían adoptado medidas de austeridad para mantener el equilibrio exterior experimentaron un creciente paro (la tabla 5.4 muestra las tasas de paro que tuvieron durante los años anteriores a la crisis). La perturbación de la unificación alemana exigía una subida de los precios alemanes en relación con los europeos. Mientras los tipos de cambio permanecieran fijos, esta variación de los precios relativos sólo podría lograrse con una inflación más rápida en Alemania o con una inflación más lenta en otros países. Como era predecible, el Bundesbank prefirió la segunda opción. Subió los tipos de interés para asegurarse de que el ajuste no se producía por medio de la inflación alemana. Por lo tanto, el ajuste sólo podía producirse con una desinflación en otros países. Como los mercados de trabajo europeos eran lentos en ajustarse, la desinflación significaba paro.

El aumento del paro significaba, a su vez, una disminución del apoyo a las medidas de austeridad necesarias para defender las bandas del MTC. Podía llegar un momento en que un Gobierno dedicado a aplicar medidas de ese tipo fuera expulsado del poder por un electorado descontento o en que para impedir esa posibilidad, las autoridades optaran por abandonar sus medidas de austeridad. Previendo esta posibilidad, los mercados atacaron las monedas de los países que tenían las tasas de paro más altas y los Gobiernos más débiles.[70] Como cabía predecir, se observa la existencia de una correlación entre la incidencia de la crisis y los países que tenían los problemas más graves de paro.

---

[69] Este escepticismo no debe exagerarse. Aun cuando los datos no sean claros, sus quedas voces sugieren con todo que las monedas del MTC no fueron atacadas aleatoriamente. Italia es uno de los países cuya evidencia de desequilibrios competitivos es inequívoca, y la lira fue la primera moneda del MTC que se salió del sistema. Algunos indicadores sí sugieren que había problemas en el Reino Unido, España y Portugal; sus monedas fueron las siguientes que sufrieron ataques, se realinearon o se vieron forzadas a abandonar el sistema. Sin embargo, el hecho de que la evidencia de desequilibrios competitivos diste de ser abrumadora y de que otras monedas también fueran atacadas induce a pensar que ésta no es toda la explicación.

[70] Este proceso es formalizado por Ozkan y Sutherland (1994).

Tabla 5.4. Tasas de paro, 1987-9292[a].

País	Porcentaje de la población activa civil			
	Media 1987-89	1990	1991	1992[b]
Bélgica	10,0	7,6	7,5	8,2
Dinamarca	6,6	8,1	8,9	9,5
Alemania (occidental)[c]	6,1	4,8	4,2	4,5
Grecia	7,5	7,0	7,7	7,7
España	19,1	16,3	16,3	18,4
Francia	9,9	9,0	9,5	10,0
Irlanda	17,0	14,5	16,2	17,8
Italia	10,9	10,0	10,0	10,1
Luxemburgo	2,1	1,7	1,6	1,9
Países Bajos	9,2	7,5	7,0	6,7
Portugal	5,9	4,6	4,1	4,8
Reino Unido	8,7	7,0	9,1	10,8
CEE				
Media	9,7	8,3	8,7	9,5
Dispersión[d]	2,7	2,6	3,3	3,7
Banda estrecha inicial del MTC				
Media	8,1	7,2	7,1	7,4
Dispersión[d]	2,2	2,2	2,8	2,9
Estados Unidos[e]	5,7	5,5	6,7	7,3
Japón	2,5	2,1	2,1	2,2

Fuente: Eurostat.
a. Definición normalizada.
b. Estimaciones.
c. En el caso de 1992, las tasas de paro (definición nacional) son 14,3% en Alemania oriental y 7,7% en el conjunto de Alemania.
d. Desviación típica ponderada.
e. Porcentaje de la población activa total.

Esta explicación también establece una relación entre la conducta del mercado y la controversia sobre el Tratado de Maastricht. Si el tratado no se ratificaba (lo que pareció posible en el intervalo transcurrido entre el referéndum danés y el francés), no compensaría soportar el paro para demostrar el compromiso de participar en la unión monetaria. No es casualidad, pues, que las tensiones cambiarias salieran a la superficie cuando los daneses rechazaron el tratado en junio o que se dispararan inmediatamente antes del referéndum francés del 20 de septiembre.

Sin embargo, esta explicación tampoco concuerda fácilmente con la conducta que mostraron los tipos de cambio a plazo. Si los observadores pensaban que era muy probable que se introdujera un cambio expansivo en la política, ¿por qué los tipos de cambio a un año de las monedas del MTC que fueron atacadas durante la segunda semana de septiembre no se salieron de las bandas del MTC en julio o en agosto? A excepción de la lira italiana, la única moneda del MTC cuyo tipo a plazo se salió de su banda antes de septiembre fue la corona danesa, lo cual no es sorprendente si se tiene en cuenta el rechazo danés del tratado.[71]

Eso nos lleva al tercer factor que tal vez intervino en 1992-93: los ataques que provocan el cumplimiento de las expectativas.[72] Como mejor se explica el mecanismo es con un ejemplo. Supongamos que el presupuesto está equilibrado y que las cuentas exteriores están en equilibrio, por lo que no se avecina ninguna crisis de balanza de pagos. Las autoridades están encantadas de mantener su política actual indefinidamente y esa política apoyará el tipo de cambio si no se produce un ataque. Imaginemos ahora que los especuladores atacan la moneda. Las autoridades deben permitir que suban los tipos de inte-

---

[71] Una vez más, no debe exagerarse este escepticismo. Al aumentar con la recesión las tasas europeas de paro, disminuyeron claramente los niveles de comodidad de los Gobiernos. No cabe duda de que esa recesión suscitó la oposición de la opinión pública a las medidas de austeridad necesarias para mantener los tipos de cambio fijo. Aun así, no está claro que los responsables de la política económica se sintieran tan incómodos que estuvieran dispuestos a abandonar su política anterior o que el sentimiento del mercado, medido por los tipos a plazo, considerara muy probable esa posibilidad.

[72] Las aportaciones fundamentales a esta literatura son las de Flood y Garber, 1984, y Obstfeld, 1986. El ejemplo siguiente procede de Eichengreen, 1994b. Los lectores reconocerán los paralelismos con la interpretación de la crisis de la libra de 1931 expuesta en el capítulo 3.

rés interiores para garantizar su defensa, ya que debe conseguirse que a los especuladores les dé lo mismo tener activos denominados en la moneda nacional, cuya tasa de rendimiento es el tipo de interés interior, que activos denominados en divisas, cuyo rendimiento es el tipo de interés extranjero más la tasa esperada de depreciación. Pero la propia subida necesaria de los tipos de interés puede alterar la evaluación gubernamental de los costes y los beneficios que tiene la defensa del tipo. Las subidas de los tipos de interés necesarias para defender la moneda reducirán la absorción y agravarán el paro, haciendo que sean más dolorosas las medidas vigentes. Aumentarán la carga de la deuda hipotecaria, sobre todo en algunos países como el Reino Unido en los que los tipos hipotecarios están indiciados con respecto a los tipos de mercado. Provocarán el impago de créditos, socavando la estabilidad de los sistemas bancarios frágiles. Incrementarán los costes de los intereses de la deuda y exigirán el establecimiento de más impuestos distorsionadores. Ahora es posible que resulte menos atractivo soportar la austeridad a cambio de tener más tarde mayor reputación de defender el tipo de cambio si un ataque especulativo eleva el coste de la primera serie de medidas. Incluso un Gobierno que aceptara esta disyuntiva en ausencia de un ataque podría optar por rechazarla si se viera sometido a presiones especulativas.

En esas circunstancias, un ataque especulativo puede tener éxito incluso aunque, en su ausencia, el tipo de cambio fijo pueda mantenerse y se mantenga indefinidamente. Esta argumentación contrasta con los modelos convencionales de crisis de balanza de pagos, en los que los especuladores movidos a actuar por una política incoherente e insostenible no hacen más que anticiparse a lo inevitable, actuando antes de una devaluación que debe producirse de todas formas.[73] En este ejemplo, la devaluación no se producirá en modo alguno; el ataque provoca un resultado que no se daría en caso contrario. Es una profecía que acarrea su propio cumplimiento.

Existen razones para pensar que los modelos de crisis que provocan el cumplimiento de las expectativas son aplicables al MTC en la década de 1990.[74] Consideremos las opciones que tienen los Estados miembros de la UE que intentan reunir las condiciones necesarias

---

[73] Véase Krugman, 1979.

[74] Esta opinión es defendida por Eichengreen y Wyplosz (1993), Rose y Svensson (1994) y Obstfeld (1996).

para entrar en la unión monetaria europea. Según el Tratado de Maastricht, para poder participar el tipo de cambio debe mantenerse estable durante los dos años anteriores. Aunque un país tenga su casa financiera en orden y un Gobierno dispuesto a adoptar medidas de austeridad hoy a cambio de poder reunir las condiciones para ingresar en la unión monetaria más adelante, una crisis cambiaria que lo obligue a devaluar y a salirse de la banda del MTC puede impedir que reúna las condiciones para participar. Y si ya no reúne las condiciones necesarias para entrar en la UEM, su Gobierno no tiene ningún incentivo para continuar adoptando las medidas necesarias para conseguir entrar. Se sentirá inclinado, pues, a adoptar una política monetaria y fiscal más acomodaticia. Aun cuando en ausencia de un ataque especulativo las variables fundamentales, actuales o futuras, no planteen ningún problema, una vez que se produce el ataque el Gobierno tiene un incentivo para modificar la política en un sentido más acomodaticio, validando las expectativas de los especuladores. En otras palabras, el Tratado de Maastricht era un terreno especialmente fértil para los ataques que provocan el cumplimiento de las expectativas.

La experiencia de los países en vías de desarrollo

En una gran parte del mundo industrializado, las dos décadas posteriores al sistema de Bretton Woods se caracterizaron, pues, por una tendencia a dejar que los tipos de cambio fluctuaran más libremente. Es el caso de los tipos entre el dólar y el yen y entre el dólar y el marco alemán, así como de los tipos de cambio intraeuropeos tras la crisis del SME de 1992. La tendencia fue una respuesta a las presiones ejercidas por el aumento de la movilidad internacional del capital.

Esta pauta también fue evidente en el mundo en vías de desarrollo. Los tipos de cambio fluctuantes no eran atractivos para los países que tenían un mercado financiero poco desarrollado, en los cuales las perturbaciones podían provocar un elevado grado de inestabilidad de los tipos de cambio. No eran atractivos para los países en vías de desarrollo muy pequeños y muy abiertos, en los cuales las fluctuaciones de los tipos de cambio podían perturbar gravemente la asignación de los recursos. Así pues, la inmensa mayoría de los países en vías de desarrollo establecieron tipos fijos, amparados en los controles de capitales.

Con el paso del tiempo, resultó cada vez más difícil conciliar los tipos fijos con el intento de liberalizar los mercados financieros. Los países en vías de desarrollo recurrieron a una política de sustitución de las importaciones y de represión financiera tras la Segunda Guerra Mundial. Por ejemplo, en Latinoamérica, donde los países resultaron enormemente perjudicados por la depresión de los años treinta, la lección aprendida fue la necesidad de aislar a la economía de los caprichos de los mercados internacionales. Se emplearon aranceles y controles de capitales para separar las transacciones interiores y las internacionales. Se utilizaron controles de precios, juntas de comercialización y restricciones financieras para orientar el desarrollo interior.[75] El modelo funcionó bastante bien en los años inmediatamente posteriores a la guerra, durante los cuales ni el comercio internacional ni los préstamos internacionales se habían recuperado aún y el atraso tecnológico brindaba muchas oportunidades para llevar a cabo un *crecimiento extensivo*. Sin embargo, a medida que fue pasando el tiempo, los grupos de intereses especiales fueron capturando cada vez más la política intervencionista. El comercio y los préstamos se recuperaron y con el agotamiento de las oportunidades fáciles de crecimiento cobró mucha importancia la flexibilidad que daba el sistema de precios. Ya en la década de 1960, los países en vías de desarrollo comenzaron a pasar de la sustitución de las importaciones y la represión financiera al fomento de las exportaciones y la liberalización de los mercados.

Las consecuencias no fueron muy diferentes de las que experimentaron los países industrializados: al liberalizarse los mercados interiores, resultó más difícil controlar los movimientos financieros internacionales. El mantenimiento de los controles de capitales se volvió más gravoso y perturbador. Y con el aumento del número de bancos comerciales que prestaban a los países en vías de desarrollo, crecieron los movimientos internacionales de capitales, dificultando su gestión. Cada vez resultaba más difícil resistir a las presiones para dejar que se apreciara la moneda cuando entraba capital repentina-

---

[75] La estrategia se formuló en las publicaciones de la Comisión Económica para Latinoamérica de Naciones Unidas; para análisis críticos de esta doctrina, véanse Fishlow, 1971, y Ground, 1988.

mente o que se depreciara el tipo de cambio para facilitar el ajuste cuando salía capital.

Los países en vías de desarrollo más grandes eran los más inclinados a abandonar sus tipos de cambio fijos. Mientras que en 1982 el 73% de los grandes países en vías de desarrollo aún tenía un tipo de cambio fijo, hacia 1991 esa proporción había descendido a un 50%.[76] Las cifras correspondientes a los países pequeños son 97 y 84%. Incluso en esos países, se produjeron asombrosas transformaciones: por ejemplo, Guatemala, cuya moneda estuvo fijada al dólar americano durante sesenta años, y Honduras, que fijó la suya al dólar durante más de setenta, rompieron esos vínculos en 1986 y 1990. Los tipos de cambio libremente fluctuantes siguieron siendo algo raro; los Gobiernos preocupados por la inestabilidad que producían los mercados estrechos intervinieron frecuentemente en sus tipos de cambio.

La diversidad de experiencias de los países en vías de desarrollo generó un debate sobre la eficacia de las distintas medidas económicas. Los países que tuvieron un tipo de cambio fijo durante todo el periodo disfrutaron de unas tasas de inflación relativamente bajas, a diferencia de los que tuvieron un sistema de tipos de cambio flexibles durante todo el periodo y de los que pasaron de un sistema de tipos fijos a uno de tipos fluctuantes.[77] Se decía, pues, que los tipos de cambio fijos imponían disciplina a los responsables de la política económica, obligándolos a frenar las tendencias inflacionistas. Este argumento tenía un problema obvio: la causalidad podía ir en sentido contrario, es decir, no era que los tipos de cambio fijos impusieran una disciplina antiinflacionista sino que los Gobiernos capaces de adoptar una política de estabilidad de los precios por razones independientes se encontraban en mejores condiciones de fijar sus monedas.

Sebastián Edwards ha analizado esta cuestión detalladamente, examinando los determinantes de la inflación en una serie de países en vías de desarrollo y teniendo en cuenta una amplia variedad de factores, además del tipo de cambio.[78] Sus resultados sugieren

---

[76] Una creciente proporción de países que continuaban fijando su moneda a otra eran países que la fijaban a una cesta en lugar de a una moneda. Véase Kenen, 1994, pág. 528.

[77] Véase Kenen, 1993, para datos y un análisis más extenso.

[78] Véase Edwards, 1993.

que los tipos de cambio fijos imponían más disciplina antiinflacionista aun teniendo en cuenta otros determinantes posibles de la inflación. Esta evidencia parece indicar que la fijación del tipo de cambio de una moneda es especialmente atractiva para los Gobiernos que quieren controlar una elevada inflación. La fijación de la moneda puede frenar en seco la inflación de los precios de las importaciones y reducir espectacularmente la tasa de inflación, lo cual permite restablecer el orden en el sistema impositivo y averiguar si son correctas las medidas fiscales y monetarias del Gobierno. No es sorprendente, pues, que la fijación del tipo de cambio haya constituido un elemento integral de los programas de estabilización «heterodoxos» en Latinoamérica, Europa oriental y otras zonas del mundo en vías de desarrollo.

Pero la utilización de un tipo de cambio fijo como ancla nominal en un programa de estabilización no está exenta de costes. La inflación interior sigue tardando en disminuir, lo que puede provocar una sobrevaluación en términos reales. Al aumentar el déficit por cuenta corriente, el tipo de cambio y el propio programa de estabilización pueden venirse abajo. Un tipo de cambio fijo sólo refuerza realmente la credibilidad de la política antiinflacionista si el Gobierno se compromete firmemente a mantenerlo; por lo tanto, un tipo de cambio fijo que sólo pretenda acompañar a la transición a la estabilidad de los precios puede quedarse bloqueado, aumentando la fragilidad financiera y exponiendo al país al riesgo de sufrir una crisis especulativa. Y a la inversa, los países que anuncian su intención de abandonar temporalmente su tipo de cambio fijo, pueden encontrarse con que su política antiinflacionista tiene poca credibilidad.

Una respuesta extrema a este dilema, que ha ganado adeptos en los últimos años, es el establecimiento de una caja de conversión. Un país aprueba una ley parlamentaria o introduce una enmienda constitucional que obliga al banco central o al Gobierno a fijar su moneda a la de un socio comercial, lo cual se logra autorizando a las autoridades monetarias a emitir moneda únicamente cuando adquiere divisas de idéntico valor. Dado que modificar la legislación o la constitución es una ingente tarea política, existen relativamente pocas posibilidades de que se abandone el tipo fijo. El conocimiento de este hecho debería acelerar la adaptación de los productores y de los consumidores al nuevo régimen de estabilidad de los precios, frenando la inflación y reduciendo al mínimo los problemas de sobrevaluación que afectan normalmente a los tipos fijos recién establecidos.

Ha habido cajas de conversión en economías abiertas y pequeñas como Hong Kong, Bermudas y las Islas Caimán, así como en países en vías de desarrollo menos abiertos al comercio como Nigeria y los países del África oriental británica. Existieron en Irlanda desde 1928 hasta 1943 y en Jordania desde 1927 hasta 1964.[79] En Argentina se adoptó en 1991 un sistema parecido a una caja de conversión en un intento de frenar años de elevada inflación, en Estonia en 1992 para impedir la aparición de parecidos problemas y en Lituania en 1994.

La similitud entre las cajas de conversión y el patrón oro es sorprendente. En el patrón oro, la legislación permitía a los bancos centrales emitir más moneda únicamente si adquirían oro o, a veces, divisas convertibles; las normas son similares en la caja de conversión, con la salvedad de que normalmente el oro no interviene en este sistema. En el patrón oro, el mantenimiento de un precio fijo inferior del oro se traducía en un tipo de cambio fijo; en una caja de conversión, la moneda nacional se fija a la moneda extranjera directamente.

El inconveniente del sistema de la caja de conversión también es el mismo que el del patrón oro: son limitadas las posibilidades de intervención del banco central como prestamista de último recurso. Las autoridades monetarias deben mantenerse al margen y ver cómo quiebran los bancos (y en el peor de los casos, ver cómo se hunde el sistema bancario). A menos que posean un exceso de reservas, no pueden inyectar liquidez en el sistema financiero nacional. E incluso aunque posean un exceso de reservas suficiente para poder intervenir como prestamistas de último recurso, la intervención puede ser contraproducente. Los inversores, viendo que la caja de conversión emite crédito sin adquirir divisas, pueden deducir que las autoridades políticas conceden más prioridad a la estabilidad del sistema bancario que al mantenimiento del tipo de cambio fijo. Responderán sacando fondos del país antes de que pueda producirse una devaluación y la anulación del sistema de la caja de conversión, drenando liquidez del sistema financiero más deprisa de lo que las autoridades pueden reponerla. En un país que tenga una caja de conversión, al

---

[79] Para una lista exhaustiva de casos de cajas de conversión, véase el apéndice C de Hanke, Jonung y Schuler, 1993.

igual que en el patrón oro, puede no haber una respuesta eficaz a la crisis financiera.[80]

Ésta es, desde luego, en cierto sentido la razón para tener una caja de conversión, que refleja la decisión de sacrificar la flexibilidad a cambio de credibilidad. Pero la rigidez que es el punto fuerte de la caja de conversión también es su punto débil. Una crisis financiera que dé al traste con el sistema bancario puede provocar la oposición a la propia caja de conversión. Previéndolo, el Gobierno puede abandonar su caja de conversión por temor a que se vean en peligro el sistema bancario y la actividad económica.

Este problema es más grave en unos países que en otros. En un pequeño país que tenga un reducido número de instituciones financieras y un sistema bancario concentrado, es posible realizar operaciones de salvamento en las que los bancos más fuertes saquen de apuros a los más débiles. En los casos en los que los bancos nacionales pertenecen a instituciones financieras extranjeras, pueden pedir ayuda al extranjero. Las cajas de conversión han funcionado, pues, satisfactoriamente durante periodos relativamente largos en Bermudas, las Islas Caimán y Hong Kong. Sin embargo, en Argentina no se da ninguna de estas condiciones. En 1995, cuando estalló una crisis financiera en México que interrumpió las entradas de capitales en otros países latinoamericanos, el sistema financiero argentino amenazó con hundirse. Lo único que contribuyó a solventar la crisis fue un préstamo internacional de 8.000 millones de dólares organizado por el FMI y utilizado en parte para financiar un sistema de seguro de depósitos y recapitalizar el sistema bancario.

Otra respuesta de los países al problema es fijar la moneda colectivamente en lugar de unilateralmente. El único caso notable de este tipo es la zona del franco CFA.[81] Los trece países miembros comparten dos bancos centrales: siete utilizan el Banco Central de los Estados de África Occidental y seis utilizan el Banco de los Estados de África Central. Los dos bancos centrales emiten monedas equivalentes, que se conocen ambas con el nombre de franco CFA y que están vinculadas al franco francés. Esa vinculación no varió durante cuarenta y seis años, antes de que se devaluaran las monedas de la zona del franco CFA

---

[80] Este argumento se explica más detalladamente en Zaragaza, 1995.

[81] CFA quiere decir Communauté Financière Africaine. Un estudio básico que analiza la zona del franco CFA desde el punto de vista económico es el de Boughton, 1993.

frente al franco francés en 1994. Por lo tanto, los miembros de estas uniones monetarias no sólo han disfrutado de estabilidad cambiaria entre sí, sino que además han tenido durante mucho tiempo un tipo de cambio estable frente a la antigua potencia colonial.

La relación real de intercambio de los países de la zona del franco empeoró bruscamente en la segunda mitad de los años ochenta cuando bajaron los precios del cacao y del algodón. Sin embargo, disfrutaron sistemáticamente de una inflación inferior a la de los países vecinos que tenían monedas independientemente fluctuantes (Gambia, Ghana, Nigeria, Sierra Leona y Zaire) y a la de los países vecinos que tenían tipos de cambio de fluctuación dirigida (Guinea-Bissau y Mauritania), al tiempo que los resultados de la zona del franco CFA desde el punto de vista de la producción no fueron claramente inferiores.

Hubo dos circunstancias especiales que influyeron en la estabilidad del tipo entre el franco CFA y el franco francés. En primer lugar, los pagos correspondientes a las transacciones por cuenta de capital estaban sometidos a restricciones en todos los países miembros y los pagos correspondientes a las transacciones por cuenta corriente estaban sujetos a limitadas restricciones en algunos. En estos países, al igual que en otros, parece que los controles de capitales iban unidos a la viabilidad de la vinculación de la moneda. En segundo lugar, los países del franco CFA recibían abundante ayuda del Gobierno francés. Además de ayuda extranjera (Francia era el mayor donante bilateral a sus antiguas colonias), recibían financiación esencialmente ilimitada para saldar su balanza de pagos. Francia garantizaba la convertibilidad del franco CFA a su paridad fija permitiendo a los dos bancos centrales regionales tener descubiertos ilimitados en sus cuentas con el Tesoro francés.

Merece la pena señalar el contraste con el SME. Mientras que las paridades intraeuropeas han tenido que modificarse cada cierto número de años, la relación entre el franco francés y el franco CFA no varió durante casi cincuenta años. Mientras que no se ha facilitado la ayuda ilimitada que se ofrecía claramente en el acta de fundación del SME, el Tesoro francés sí ha concedido ayuda ilimitada a los miembros de la zona del franco CFA. La diferencia es atribuible a la credibilidad del compromiso de los países de la zona del franco de realizar ajustes, lo que aseguraba a Francia que sus obligaciones financieras serían, en última instancia, limitadas. Los dos bancos centrales tenían que endurecer la política monetaria cuando utilizaban sobregiros. Francia podía estar segura de que se realizaría el ajuste debido a la magnitud de la ayuda exterior bilateral que concedía y a que los países beneficiarios no podían permitirse el lujo de poner en peligro.

Durante la década de 1990, los mismos factores que desestabilizaron los tipos fijos en otros países –la creciente dificultad de contener los movimientos internacionales de capitales y el carácter cada vez más controvertido de la política económica de los Gobiernos– provocaron una devaluación del franco CFA. A pesar de los persistentes déficits, los dos bancos centrales africanos dudaron en endurecer todo lo necesario la política monetaria. Las duras condiciones crediticias amenazaban con desestabilizar los sistemas bancarios ya debilitados por las consecuencias de la caída de los precios de las materias primas. Eso tenía demasiados costes políticos para los Gobiernos afectados, lo que los llevó a mostrarse reacios a endurecer su política económica. Y una draconiana reducción de los salarios provocó el estallido de huelgas generales en Camerún y en otros países de la zona del franco, lo que llevó a las autoridades a ceder. Al no realizarse ajustes, el Gobierno francés dejó claro que no estaba dispuesto a ofrecer ayuda financiera ilimitada. Para continuar ofreciéndola, exigió un ajuste, en parte por medio de una devaluación. De ahí que el franco CFA se devaluara un 50 % frente al franco francés a comienzos de 1994.

Conclusiones

Los veinticinco años que han transcurrido desde la caída del sistema de Bretton Woods han traído consigo frustradas ambiciones e incómodas soluciones de compromiso. Los intentos de reconstruir un sistema de tipos de cambio fijos pero ajustables han fracasado repetidamente. En la raíz del fracaso se encuentra el ineluctable aumento de la movilidad internacional del capital, que ha hecho que los tipos de cambio fijos sean más frágiles y los ajustes periódicos más difíciles. La movilidad del capital ha aumentado las presiones a las que están sometidos los países de moneda débil que tratan de defender sus paridades. Ha aumentado la aversión de los países de moneda fuerte a facilitar ayuda, dada la magnitud sin precedentes de las operaciones de intervención necesarias. Un creciente número de Gobiernos se ha visto obligado a dejar fluctuar su moneda.

A muchos no les gustaban lo más mínimo estas circunstancias. Los países en vías de desarrollo que tenían mercados financieros estrechos se han encontrado con dificultades para soportar los efectos de las volátiles oscilaciones de los tipos de cambio. Las fluctuaciones de las monedas han dificultado los intentos de los miembros de la Comunidad Europea de forjar un mercado europeo integrado. Incluso Estados Unidos, Alemania y Japón han perdido la fe en la capacidad de los mercados para llevar a sus tipos de cambio bilaterales al nivel correcto en ausencia de intervención en el mercado de divisas.

Esta insatisfacción con los tipos de cambio libremente fluctuantes ha llevado a adoptar toda una variedad de medidas parciales para limitar las fluctuaciones de las monedas. Pero si hay una lección común en las propuestas de Shultz y Volcker para complementar el sistema de Bretton Woods con un sistema de indicadores de reserva, en la Serpiente europea de los años setenta, en el Sistema Monetario Europeo y en el sistema de intervención coordinada adoptado en las reuniones del Plaza y del Louvre, es la de que la adopción de medidas limitadas no tendrá éxito en un mundo de movilidad ilimitada del capital. Para mantener fijo el tipo de cambio en un mundo de elevada movilidad del capital es necesario introducir reformas radicales que, comprensiblemente, los Gobiernos son reacios a adoptar, incluso en Europa, donde más de cuarenta años de avances en pos de la integración política y económica han sentado los cimientos necesarios para ello.

6
Un mundo monetario feliz

El que va pisándole los talones a la verdad histórica corre
el riesgo de que le den una patada en los dientes.

Sir Walter Raleigh

Todas las décadas parecen excepcionalmente turbulentas y llenas de acontecimientos a los que las viven. Ahora bien, los afectados por la operativa del sistema monetario internacional en la década de 1997 podrían argumentar de manera razonable que en su caso es totalmente cierto. El periodo se inició con la crisis asiática, un acontecimiento de consecuencias devastadoras para una región acostumbrada a la estabilidad, además de uno en el que los tipos de cambio desempeñaron un papel fundamental. Las crisis de Brasil, Turquía y Argentina se sucedieron en serie. El mensaje parecía ser que los mercados emergentes eran incapaces de gestionar la combinación explosiva de movilidad de capitales y democracia política.

Sin embargo, tan pronto como los observadores llegaron a esta temible conclusión, estalló la paz. No se produjeron más crisis significativas en mercados emergentes entre finales de 2002 y 2008. Esto fue en parte reflejo de unas circunstancias externas favorables: los tipos de interés bajos sumados a una amplia liquidez hicieron que el servicio de la deuda resultara fácil una vez que el Fed recortó los tipos de interés para evitar la deflación. La economía mundial se expandió con fuerza, no sólo gracias a unas condiciones crediticias favorables, sino también debido a la aparición de India y China como polos de crecimiento. La marea eleva todos los barcos al subir, y los altos precios de las materias primas básicas resultantes de la intensa expansión de la economía mundial elevaron los niveles de las posiciones de la balanza de pagos de los exportadores de estas mercancías.

Como los periodos de bonanza a nivel mundial no duran eternamente, existía todavía cierta preocupación de que, si el crecimiento
mundial se ralentizaba, volvería la inestabilidad. Los mercados emergentes no adquieren la fortaleza institucional de los países ricos de la
noche a la mañana.[1] Sus bancos están sometidos a un control débil,
sus sistemas financieros carecen de liquidez y son opacos y su gobernanza corporativa es a menudo rudimentaria. El hecho de que los
estándares de los mercados emergentes se acercaran más a los de los
países ricos en la década posterior a la crisis asiática resultó de escaso
consuelo en la medida en que estas economías avanzadas siguieron
presentando deficiencias en estos ámbitos.[2] En un entorno como éste,
marcado por la información incompleta y unos mecanismos imperfectos para garantizar el cumplimiento de los contratos, la volatilidad
financiera es una circunstancia ineludible. Y, cuando la volatilidad
se dispara, la estabilidad de los tipos de cambio suele ser una de las
víctimas.

No obstante, el que no se produjeran problemas significativos en
los mercados emergentes cuando Estados Unidos invadió Irak en
2003 ni cuando estallaron los problemas de liquidez de los títulos
con garantía hipotecaria en los mercados estadounidense y europeo
en 2007, ilustra claramente el alcance de las reformas de política económica. Una de las principales reformas consistía en una mayor flexibilidad de los tipos de cambio. Desde finales de la década de 1990, un
número creciente de economías emergentes, sobre todo latinoamericanas pero también asiáticas y varios países emergentes europeos,
adoptaron una mayor flexibilidad en los tipos de cambio. En los casos
en los que una mayor movilidad del capital hizo imposible aplicar
una política monetaria independiente al tiempo que se mantenían
unos tipos de cambio estables, y además las presiones políticas hacían

---

[1] Ésta es en definitiva la razón por la que se conocen como «emergentes» y no
«emergidos».

[2] Tal como evidenciaron los escándalos contables de Enron y Worldcom en
Estados Unidos. Enron Corporation, una gran empresa estadounidense del sector
energético, quebró a finales de 2001 como resultado de un fraude contable insti-
tucionalizado ampliamente extendido por toda la empresa. Seguidamente, Worldcom, una empresa estadounidense de telecomunicaciones, desveló que no había
contabilizado correctamente unos costes por valor de 4.000 millones de dólares
durante 2001 y la primera mitad de 2002, resultando en la total desaparición de sus
supuestos beneficios para ese periodo y viéndose la compañía obligada a despedir
a 17.000 trabajadores.

imposible que se subordinara la política monetaria al imperativo de la estabilidad cambiaria, los Gobiernos lograron la cuadratura del círculo aceptando una mayor flexibilidad de los tipos de cambio. Sin duda, esa aceptación se producía con reticencias en muchas ocasiones pero, aun así, países importantes desde Brasil hasta México, pasando por la India y Corea del Sur, limitaron sus intervenciones en los mercados de divisas.

Ahora bien, como las autoridades monetarias habían dejado de centrarse en los tipos de cambio, se hizo necesario otro mecanismo para anclar las expectativas. Con este fin, los bancos centrales adoptaron la práctica de fijar objetivos de inflación: anunciaban un objetivo de inflación, publicaban una proyección de los niveles de inflación, explicaban el modo en que sus decisiones en materia de política monetaria eran consistentes con alcanzar el objetivo inflacionario y redactaban un «informe sobre la inflación» en el que se explicaban los casos en que no se lograba.[3] Todo esto proporcionó a los inversores un punto de referencia para definir sus expectativas y tomar sus decisiones.

Sin embargo, los tipos no fluctuaban con libertad. Los países con altos niveles de deuda denominada en moneda extranjera en sus balances intervinieron para evitar que sus monedas se depreciaran. Su preocupación era que la depreciación elevara peligrosamente el coste del servicio de la deuda: una lección aprendida de la crisis financiera asiática.[4] Los países comprometidos con un crecimiento impulsado por las exportaciones, por su parte, intervinieron para frenar la

---

[3] Esta alternativa al tipo de cambio como manera de anclar las expectativas en torno a la política monetaria se desarrolló por primera vez en Nueva Zelanda en la década de 1980 y se elaboró en mayor detalle posteriormente en Suecia y el Reino Unido tras su expulsión del MTC (mecanismo de tipos de cambio) en 1992. (De hecho, Suecia únicamente había seguido al MTC, pero fue expulsada hasta del seguimiento en cualquier caso). La fijación de objetivos de inflación era un método menos puro y estaba desarrollado de modo menos completo en algunos casos. Es asimismo importante reparar en que el nivel y el tipo del tipo de cambio siguió desempeñando un papel importante en estos sistemas de fijación de objetivos de inflación, en la medida en que las variaciones del tipo de cambio acarreaban consecuencias para la inflación actual y esperada. La diferencia era que el tipo de cambio ya no era un objetivo de política monetaria en sí mismo. Puede encontrarse una buena lectura introductoria sobre la fijación de niveles de inflación en los mercados emergentes en Mishkin, 2008.

[4] Este fenómeno acabó por conocerse como «miedo a la flotación» (*fear of floating*), término acuñado en Calvo y Reinhart, 2002.

apreciación de sus monedas. En su caso, la preocupación era que la apreciación ralentizara el crecimiento de las exportaciones y en consecuencia interfiriera en la operativa de un modelo de desarrollo que estaba funcionando.[5] La tabla 6.1 muestra la evolución de los sistemas de tipos de cambio desde 1996, el último año antes de la crisis asiática.[6] Se produce un notable declive en la proporción que opera con paridades o tipos de cambio fijos menos estrictos o *soft pegs* (del 57 % al 46 %), y el correspondientes aumento en la proporción de los que operan con tipos de cambio fijos más estrictos o *hard pegs* (incluidas las uniones monetarias) y los tipos de cambio fluctuantes. Obviamente, fueron sobre todo los países europeos avanzados los que optaron por tipos de cambio fijos estrictos, y principalmente los mercados emergentes los que se decantaron por sistemas de fluctuación de uno u otro tipo (descendiendo la proporción de países emergentes que operaban con tipos de cambio fijos menos estrictos del 78 % al 41 %, y pasando la proporción de los que aplicaban sistemas de tipos fluctuantes del 13 % al 47 %). Así pues, se hizo patente una mayor flexibilidad entre los países de rentas medias, si bien ésta no se produjo de manera generalizada.

La adopción de una mayor flexibilidad resultó menos evidente en Asia. Los países asiáticos llevaban tiempo persiguiendo un crecimiento impulsado por las exportaciones. El FMI y el Banco Mundial subrayaban la necesidad de cultivar unas economías más equilibradas (más concretamente, un mayor equilibrio entre exportaciones y producción para el mercado nacional) y propugnaban un tipo de cambio más flexible como el mecanismo de equilibrio a aplicar. De hecho, apuntaron a la crisis financiera de 1997-98 como prueba evidente que indicaba lo urgente de tomar esas medidas. No obstante, los Gobiernos asiáticos, tras haber asistido al derrumbe de sus monedas durante la crisis, dudaban a la hora de confiar la suerte de éstas al mercado y les preocupaban las consecuencias de abandonar un método de crecimiento económico de eficacia probada.

---

[5] En ocasiones esto se ha dado en llamar el «miedo a la apreciación», término acuñado en Sturzenegger y Levy-Yeyati, 2007.

[6] La literatura distingue los sistemas de tipo de cambio *de jure* –el sistema oficial que declaran los Gobiernos al FMI– y los sistemas *de facto* que pueden inferirse del comportamiento real de la moneda y las políticas en torno a ese comportamiento. La tabla 6.1 muestra una medida del sistema *de facto* –que encontramos en Reinhart y Rogoff, 2004– proyectada hacia el futuro.

Tabla 6.1 Evolución de los sistemas de tipos de cambio (porcentaje de miembros del FMI en cada categoría).

	Proporción relativa		
	1990	1996	2006
Todos los países			
Tipo de cambio fijo más estricto (hard pegs)[a]	16,88	18,23	26,92
Tipo de cambio fijo menos estricto (soft pegs)[b]	67,53	56,91	45,60
Tipo de cambio fluctuante[c]	15,58	24,86	27,47
Total	100	100	100
Miembros	154	181	182
Avanzados			
Tipo de cambio fijo más estricto (hard pegs)[a]	4,35	8,33	54,17
Tipo de cambio fijo menos estricto (soft pegs)[b]	69,57	58,33	4,17
Tipo de cambio fluctuante[c]	26,09	33,33	41,67
Total	100	100	100
Miembros	23	24	24
Mercados emergentes			
Tipo de cambio fijo más estricto (hard pegs)[a]	6,67	9,38	12,50
Tipo de cambio fijo menos estricto (soft pegs)[b]	76,67	78,13	40,63
Tipo de cambio fluctuante[c]	16,67	12,50	46,88
Total	100	100	100
Miembros	30	32	32
Otros en desarrollo	22,77	22,40	25,40
Tipo de cambio fijo más estricto (hard pegs)[a]	64,36	51,20	54,76
Tipo de cambio fijo menos estricto (soft pegs)[b]	12,87	26,40	19,84
Tipo de cambio fluctuante[c]	100	100	100
Total	101	125	126
Miembros			

Fuente: Reinhart-Rogoff, 2004; y bases de datos Einchengreen-Razo García, 2006.

a. Incluye sistemas con otra moneda de curso legal, la unión de divisas y el régimen de junta monetaria, y la unión monetaria/asociación monetaria.

b. Incluye el sistema convencional de tipos de cambio fijos vinculados a una única divisa, los sistemas convencionales de tipos de cambio fijos vinculados a una cesta de divisas, la vinculación dentro de bandas horizontales, sistemas de paridad deslizante o escalonada a futuro, sistemas de paridad vinculada a bandas deslizantes a futuro, de paridad deslizante retrospectiva, paridad vinculada a bandas deslizantes retrospectiva y otros tipos de cambio fluctuantes gestionados con un control estrecho.

c. Incluye tipos de cambio fluctuantes gestionados sin establecer una senda predeterminada para el tipo de cambio y la fluctuación independiente.

También les preocupaba que sus monedas se apreciaran respecto del renminbi chino. El ascenso de China como potencia económica fue el acontecimiento mundial más importante del periodo y sus efectos se dejaron sentir en los vecinos asiáticos del país más que en ningún otro sitio. El resto de los países de la región dependía de la demanda de China al tiempo que competían con esa nación en otros mercados. Ahora bien, China no se enfrentó al mismo nivel de presión que otros países en cuanto a la cuestión de aumentar la flexibilidad de los tipos de cambio: como todavía conservaba medios de control financiero, el país aún contaba con cierto margen para desarrollar una política monetaria independiente.[7] Por otro lado, como no era una democracia, la presión política para orientar la política monetaria hacia objetivos distintos al tipo de cambio era menos intensa.[8]

En cualquier caso, los responsables de política económica chinos también sintieron la presión: con la productividad del trabajo creciendo al 6 % anual y la moneda prácticamente inmóvil, el superávit exterior del país estalló. Evitar que esa explosión afectara a las condiciones monetarias internas del país se fue haciendo más difícil a medida que se desarrollaban los mercados financieros y se encontraban más maneras de soslayar las restricciones a la cuenta de capital. Además existía la amenaza de las sanciones comerciales por parte de Estados Unidos, que estaba alcanzando unos niveles nunca vistos de déficit bilateral con China. En julio de 2005, las autoridades de Pekín respondieron a estas presiones ampliando la banda de fluctuación del renminbi y permitiendo que éste se apreciara un poco más rápidamente frente al dólar, pero la adaptación fue poca, su impacto sobre la competitividad china despreciable y, en ausencia de un ajuste más contundente, otros países asiáticos dudaron a la hora de actuar.

El principal beneficiario de la situación no fue otro que Estados Unidos. Para evitar que las ingentes ganancias de China debidas a sus exportaciones dispararan la inflación, el banco central de la Repú-

---

[7] Fueron precisamente esos controles los que permitieron al país capear la crisis de 1997-98 sin tener que modificar su tipo de cambio (véase a continuación).

[8] La otra potencia asiática emergente era la India, una dinámica democracia, que «compensó» esa circunstancia, por así decirlo, permitiendo una mayor flexibilidad a su moneda en comparación con la de China y, en la medida en la que esa flexibilidad tenía consecuencias incómodas, intentando limitar la apreciación de su moneda mediante el uso de controles de capital.

blica Popular China tuvo que hacerse cargo de las ganancias de los exportadores.[9] El lugar lógico donde aparcar las divisas adquiridas fueron los bonos del Tesoro de Estados Unidos, un mercado profundo y con mucha liquidez. Ésta era una operación en la que ambos países podían estar de acuerdo. De hecho, Estados Unidos contaba con una ventaja comparativa en cantidad ahorrada a la hora de producir y exportar activos financieros líquidos, mientras que China, por su parte, poseía una ventaja comparativa para la producción y exportación de productos manufacturados.[10] Estados Unidos acogía de buen grado la posibilidad de consumir más de lo que producía. El considerable ahorro chino unido al apetito de las autoridades del país por los bonos del Tesoro de Estados Unidos y los títulos de agencias federales como *Fannie Mae* y *Freddie Mac*, ayudaron a financiar los déficits presupuestarios que siguieron a los recortes fiscales de Bush en 2001, permitiendo a los propietarios de viviendas de Estados Unidos refinanciar sus hipotecas y utilizar la cantidad ahorrada en intereses para su consumo.[11] La situación se describió en ocasiones –y no sin acierto– como un caso de codependencia financiera.

Si China podía alcanzar tasas de crecimiento de doble dígito al tiempo que mantenía el tipo de cambio bajo, otros países concluyeron que merecía la pena probar suerte con esa estrategia. De modo parecido, viendo que China había logrado blindar su economía acumulando reservas de dólares estadounidenses, otros países intentaron hacer lo mismo. Hubo varios años a mediados de esa década durante los que prácticamente todo el universo de los mercados emergentes mantuvo superávits por cuenta corriente y Estados Unidos absorbió la mayor parte de su exceso de ahorro (véase la figura 6.1). El resultado de todo ello fue una peculiar situación en la que el ahorro de los países pobres estaba financiando el consumo en uno de los más ricos.

---

[9] De no haberse dado estos pasos, habría utilizado las divisas para comprar renminbis, provocando inflación si las autoridades hubieran permitido que la oferta monetaria aumentase, o la apreciación de la divisa en caso contrario. La solución era hacerse cargo del aumento incipiente en la oferta monetaria vendiendo los llamados bonos de esterilización.

[10] Ésta es la explicación para la combinación de grandes déficits estadounidenses y grandes superávits chinos que ofrecen Caballero, Farhi y Gourinchas, 2008.

[11] Warnock y Warnock, 2005, muestran que las políticas chinas tuvieron un impacto visible sobre los tipos de interés de Estados Unidos durante este periodo.

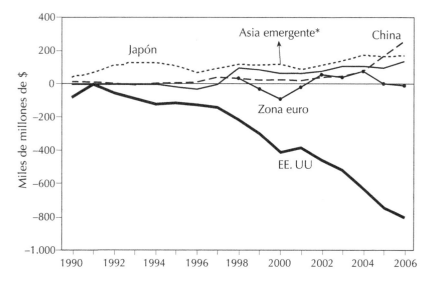

Figura 6.1. Saldos por cuenta corriente 1990-2006 (miles de millones de dólares). *Fuente*: *Estadísticas Financieras Internacionales* del FMI y Banco Asiático de Desarrollo. *Nota*: Asia emergente incluye los cuatro países de ASEAN (Indonesia, Malasia, Filipinas y Tailandia) y cuatro economías de reciente industrialización o ERI (Corea del Sur, Singapur, Hong Kong y Taiwán).

La cuestión era cuánto podía durar esta peculiar situación. Al final duró lo suficiente como para ganarse un nombre propio: el problema de los «desequilibrios globales». No obstante, tarde o temprano, China y otros mercados emergentes saciarían su apetito por las reservas en dólares. Tarde o temprano querrían alcanzar un equilibrio mejor entre consumo y ahorro, y entre la producción de bienes comerciados y no comerciados. Lograrlo implicaría impulsar la economía nacional al tiempo que se permitía una apreciación de sus monedas. En cuanto a los hogares estadounidenses, no podían seguir con su atracón de consumo de manera indefinida. Tarde o temprano, ya fuera debido a una bajada del precio de la vivienda o a una subida de los tipos de interés, empezarían a ahorrar de nuevo. Si estos ajustes lograran ser graduales se produciría un descenso paulatino del dólar respecto a otras monedas, y una demanda en descenso en Estados Unidos podría compensarse con un aumento de la demanda en el resto del mundo. En cambio, si se producía una caída brusca de la demanda en Estados Unidos que no se viera compensada por un aumento de la demanda en los demás países, peligraría el crecimiento mundial. Y si estos acontecimientos desencadenaban un desplome del dólar, éste podía pillar a los inversores desprevenidos y se podría poner en peligro la estabilidad financiera.

Una caída significativa del dólar podía acarrear cuantiosas pérdidas para los mismos mercados emergentes que habían invertido intensamente en títulos del Tesoro estadounidense en años anteriores. Inevitablemente, eso sembraría dudas sobre la conveniencia de invertir tanto en una divisa que no era capaz de mantener su valor. Esta constatación creó un incentivo a buscar otras formas alternativas de detentar reservas en moneda extranjera.[1]

Además, por primera vez en casi un siglo, existía un rival, el *euro*, capaz de suplantar al dólar. La decisión adoptada en 1999 de fijar de modo irrevocable el tipo de cambio de 11 monedas europeas, asignando la responsabilidad de su política monetaria común al recién creado Banco Central Europeo (BCE), fue el otro gran acontecimiento monetario de este periodo.[2] El euro vino a ilustrar que había otra respuesta factible a las tensiones entre movilidad internacional de capitales, tipos de cambio fijos y democracia política, una respuesta que venía a resolver el dilema de gestionar el tipo de cambio eliminando el propio tipo de cambio. La pregunta aún pendiente de responder es si esa respuesta es duradera, es decir, si la unión monetaria europea perdurará. Otra cuestión es si esa respuesta es susceptible de una aplicación más amplia o, dicho de otro modo, si pueden crearse uniones monetarias similares en otras zonas del mundo o si las condiciones favorables que permitieron la creación de la zona euro son privativas de Europa.

Sustituir más de diez mercados y monedas nacionales fragmentados por un mercado integrado y una moneda única proporcionó un estímulo muy grande al mercado europeo de bonos. Los mercados de bonos presentan economías de escala: los costes de las transacciones se reducen y la capacidad de atraer inversiones aumenta con el tamaño, con lo que el estímulo generado por el euro fue inmediato. En cuestión de años, el euro había superado al dólar como moneda de préstamo en la que denominar los bonos internacionales. El mayor

---

[1] Y a buscar una unidad más estable en la que denominar las transacciones financieras internacionales, emitir facturas comerciales y fijar los precios del crudo.

[2] Si bien los miembros fundadores de la zona euro fueron 11, las monedas eran únicamente 10 ya que Bélgica y Luxemburgo ya operaban como unión monetaria. La emisión física de euros llegó en 2002.

tamaño y la mayor liquidez de los mercados financieros europeos, a su vez, los convirtieron en un repositorio atractivo para las reservas de los bancos centrales. Por primera vez en muchos años, a los gestores de reservas se les presentaba una alternativa al mero quejarse del dólar: podían hacer algo al respecto.

La crisis asiática

Durante mucho tiempo, Asia había parecido ajena a la volatilidad extrema de los tipos de cambio. Unos Gobiernos fuertes podían resistir la presión a realizar transferencias que alimentaba la inflación en otras regiones. Los controles de capital seguían prevaleciendo. Y, sobre todo, un rápido crecimiento impulsado por las exportaciones y afianzado en el mantenimiento de tipos de cambio estables había propiciado la confianza entre los inversores.

La crisis asiática fue devastadora, precisamente porque se produjo con este entorno económico y financiero favorable como telón de fondo. Entre 1992 y 1995, la economía china había registrado crecimientos de doble dígito. Indonesia, Malasia, Singapur, Corea del Sur y Tailandia habían crecido todos a tasas superiores al 7%. En 1994-95, la tasa interanual de crecimiento de las exportaciones de Malasia, Filipinas, Singapur y Tailandia alcanzó un máximo de más del 30%.

Igualmente impactante fue la recuperación de los flujos de entrada de capital tras la crisis de México. Para 1996, la entrada neta de capital privado había alcanzado el 5% del PIB en Corea, 6% en Indonesia, 9% en Tailandia y 10% en Filipinas. Dados los continuos esfuerzos por proteger la industria nacional de ser adquirida por extranjeros, una porción significativa de estos flujos de entrada adoptaron la forma de créditos a corto plazo de bancos extranjeros.

La impresionante trayectoria económica de Asia era en parte lo que hacía que la región fuera tan atractiva para la inversión extranjera, pero el hecho de que el capital fluyera en grandes cantidades, incluso hacia países con problemas como Filipinas, indicaba que ése no era el único factor considerado. Entre los factores adicionales ocupaba un lugar destacado el de los bajos tipos de interés en los principales centros financieros, lo que alentó la búsqueda generalizada de la rentabilidad. El coste del endeudamiento en yenes se desplomó como consecuencia de las malas condiciones económicas en Japón, al tiempo que las rentabilidades de la inversión en Estados Unidos se reducían como consecuencia de un mercado bursátil en ascenso imparable. Los inversores internacionales volvieron la vista hacia los mercados emergentes en busca de algún tipo de alivio a la situación: se endeudaron en yenes y dólares para invertir en títulos asiáticos con altas rentabilidades en lo que dio en conocerse como la estrategia del *carry trade* u operación de arbitraje. El que las monedas asiáticas estuvieran en realidad vinculadas al dólar minimizaba el riesgo de que los beneficios desaparecieran como consecuencia de variaciones del tipo de cambio. Además, las economías asiáticas llevaban mucho tiempo utilizando los bancos como instrumentos de desarrollo económico. Presionar a los bancos a que canalizaran fondos hacia la industria había obligado a las autoridades a respaldar a esos bancos en caso de dificultades. Así pues, los inversores extranjeros prestaron intensamente a los bancos asiáticos basándose en la creencia de que no se permitiría que éstos cayeran.

Y entonces –y no por vez primera– las condiciones a nivel mundial contribuyeron a sentar las bases para que surgieran problemas en las economías emergentes. No obstante, por más que los factores globales contribuyeran, el problema fundamental fue la inconsistencia de las políticas económicas en la cuenta de capitales y los tipos de cambio, y la coyuntura política en los propios mercados emergentes. La estabilidad del tipo de cambio animó a los inversores extranjeros a suponer que no había riesgo cambiario. El resultado fueron unas cantidades ingentes –y al final inmanejables– de flujos de entrada de capital. Este problema fue particularmente grave en países que habían liberalizado su cuenta de capital. Corea del Sur, por ejemplo, ingresó en la OECE en 1996, lo que obligó al país a relajar las restricciones de la cuenta de capital. Peor todavía: que se relajaran las restricciones al endeudamiento en bancos extraterritoriales pero no a las entradas de inversión extranjera directa exacerbó la exposición de la economía a la forma más volátil y libre de capital extranjero. Se trató en definitiva de una estrategia de secuenciado errónea. Los Gobiernos abrieron la cuenta de capital antes de pasar a un tipo de cambio más flexible, cuando tanto la teoría económica como el sentido común dictaban lo contrario. No obstante, la legitimidad de los mercados asiáticos residía en su capacidad de ofrecer crecimiento rápido, lo que los hacía reticentes a desalentar la inversión extranjera. Además, siempre y cuando el modelo de crecimiento regional siguiera basándose en las exportaciones, y las exportaciones dependieran a su vez de la estabilidad de los tipos de cambio, también experimentarían reticencias similares a permitir que sus monedas se ajustaran.

Con este telón de fondo, la región se vio golpeada por toda una serie de perturbaciones. El crecimiento de las exportaciones se ralentizó, reflejando los efectos de una competencia creciente por parte de China y una reducción del inventario del sector mundial de la electrónica. El dólar subió respecto al yen, mermando así la competitividad de las economías asiáticas cuyas monedas estaban vinculadas al billete verde. Luego los tipos a largo plazo de Japón subieron, alentando a las instituciones japonesas a invertir en casa en vez de hacerlo en otros países de Asia.

El derrumbe del Bangkok Bank of Commerce a mediados de 1996 fue el primer indicador de los problemas inminentes. De todas las monedas asiáticas, el baht tailandés era la que estaba más claramente sobrevalorada. Las entradas de capital habían provocado un auge de inversión y arrastrado al alza los precios del mercado interior. Además, gran parte de esa inversión era de dudosa calidad. La línea del horizonte de Bangkok estaba salpicada por todas partes de grúas dedicadas a la construcción de rascacielos con escasas perspectivas realistas de ocupación. Los inversores empezaron a hacer preguntas sobre la gestión de las empresas al frente de esos proyectos y cada vez había más incertidumbre sobre la posibilidad de que personas ajenas a ellas pudieran hacer valer sus derechos. A medida que se iba afianzando el reconocimiento de la existencia de estos problemas, tanto los bancos extranjeros como los locales empezaron a liquidar sus posiciones en los mercados locales. La bolsa de Bangkok registró una continuada tendencia descendente desde mediados de 1996. La presión sobre el baht iba en aumento.

El FMI había advertido al Gobierno tailandés, en más de una ocasión, de que su moneda estaba sobrevalorada y la situación era insostenible. Aun así, las autoridades mantuvieron su posición a la espera de buenas noticias: dudaron a la hora de restringir la inversión por miedo a ralentizar el crecimiento y se negaron a modificar el tipo de cambio por miedo a mermar la confianza. En un esfuerzo por posponer todo lo posible la hora de la verdad, animaron a los bancos tailandeses a endeudarse fuera del país, ofreciendo ventajas fiscales y regulatorias pero, aun con todo, no podían posponer el momento indefinidamente. Para el verano de 1997, las reservas internacionales del país estaban prácticamente agotadas. El 2 de julio, el Gobierno no tuvo más remedio que devaluar el baht y establecer un tipo de cambio fluctuante.

Por más que la tailandesa fuera una crisis que se veía venir, lo que no se había anticipado era su impacto en otros países. Inmediatamente, Filipinas empezó a sentir la presión, lo que suponía un claro reflejo de la notable dependencia de las entradas de capital y el tipo de cambio relativamente rígido frente al dólar que caracterizaban al país. Una vez que las autoridades filipinas permitieron la fluctuación del peso, diez días después de que Tailandia hubiera hecho lo propio con el baht, la presión se extendió a Indonesia y Malasia, temiendo los inversores de estos países tener que enfrentarse a vulnerabilidades parecidas. En un primer momento, Yakarta y Kuala Lumpur resistieron, pero no tardaron en verse obligados a dejar que sus monedas siguieran el ejemplo del baht. Pese a que se pudo repeler un ataque contra el dólar de Hong Kong, la decisión de las autoridades taiwanesas de permitir que el nuevo dólar de Taiwán bajara de manera preventiva recordó a los inversores que ningún tipo de cambio fijo era seguro. En consecuencia, la especulación contra el won coreano y la rupia indonesia se intensificó (véase la figura 6.2).

En Corea, una campaña electoral y la incertidumbre adicional sobre la composición del nuevo Gobierno desestabilizaron aún más a los inversores. Ya en noviembre, las autoridades se habían visto obligadas a ceder a la presión especuladora y ampliar la banda de fluctuación de la moneda de 4,5 a 20%. La caída del won exacerbó grandemente la preocupación en relación a otras monedas. Corea del Sur era la decimoprimera economía del mundo y, si sus defensas financieras no eran inexpugnables, entonces era muy probable que las de ningún otro país asiático lo fueran. Así pues, la presión sobre los mercados coreanos generó una gran ansiedad en toda la región. La crisis únicamente logró contenerse a finales de diciembre cuando los Gobiernos del G-7 convencieron a los bancos internacionales para que concedieran préstamos a corto plazo a Corea para renovar sus créditos, con lo que se conseguía tiempo para que el Gobierno pusiera en práctica sus reformas. Fue una ayuda que las elecciones de principios de diciembre hubieran resultado en la formación de un

LA GLOBALIZACIÓN DEL CAPITAL

Gobierno comprometido con el mantenimiento a cualquier precio del servicio de la deuda y dispuesto a poner en práctica las recomendaciones del FMI.

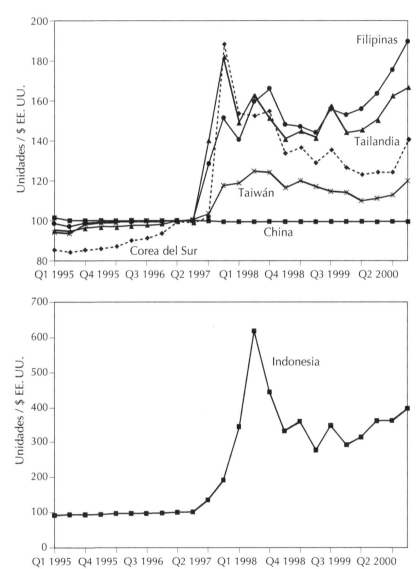

Figura 6.2. Tipos de cambio asiáticos, 1995-2000 (unidades por dólar estadounidense). *Fuente*: *Estadísticas Financieras Internacionales* del FMI y base de datos Global Finance Database.
Nota: Q1 1997 = 100.

El contraste con Indonesia, cuyo Gobierno no logró dar muestras de la misma determinación, no era precisamente tranquilizador, lo que provocó una hemorragia de capital que abandonaba ese país. Estos problemas culminaron en un pánico bancario: los residentes cambiaron los depósitos por moneda a tal velocidad que al Gobierno indonesio le resultó imposible imprimir dinero suficientemente rápido como para satisfacer sus demandas pese a tener las imprentas funcionando sin parar, y finalmente se declaró una moratoria de la deuda el 27 de enero de 1998. Todo el sistema bancario y financiero se derrumbó, perturbando la producción y desencadenando una dolorosa recesión.

La crisis financiera provocó profundas caídas de la producción en toda Asia. China, prácticamente en solitario, permaneció inmune a todo. Sin embargo, al cabo de tan sólo un año, la fortaleza principal de las economías de la zona había vuelto a restablecerse con rotundidad. La devaluación de las monedas impulsó la competitividad. Los bancos insolventes se recapitalizaron y reestructuraron, y se reanudó la concesión de créditos; se reforzaron la gobernanza corporativa y la supervisión prudencial; se relajaron las restricciones a la inversión extranjera directa; se establecieron oficialmente unos sistemas de tipo de cambio más flexibles.

La cuestión era en qué medida había cambiado realmente la situación. Algunos interpretaron la rápida recuperación del crecimiento como prueba de que no había necesidad de ningún cambio fundamental.[3] Esta creencia animaba a que, en vez de una reforma profunda, se introdujeran algunos cambios marginales. Tanto a bancos como a empresas se les alentó a desvelar algo más de sus estados financieros. Se animó a que se adoptaran normas internacionales de contabilidad. Ahora bien, los aspectos fundamentales de la inversión y el crecimiento impulsados por las exportaciones no cambiaron. En línea con la práctica habitual desde hacía mucho tiempo, los Gobiernos siguieron siendo reticentes a dejar que sus monedas fluctuaran con demasiada libertad y, en particular, a que éstas se apreciaran demasiado.

Y, sin embargo, tampoco era posible volver a los tipos de cambio fijos de antaño: la crisis había demostrado que eran demasiado arriesgados. Algunos países como Corea del Sur, con mercados relativamente profundos y líquidos, adoptaron una mayor flexibilidad. A veces

---

[3] Véase, por ejemplo, Radalet y Sachs, 1998.

esto significaba que la moneda estuviera demasiado fuerte como para que los agentes económicos se sintieran cómodos. Ahora bien, no está claro si que el crecimiento de Corea fuera más lento después de 1997 se debió a la apreciación de su moneda o a que fuera natural que una economía para entonces más madura creciera a un ritmo más lento. En términos más generales, el crecimiento asiático fue más lento después de 1997.[4] Con la excepción de China, las tasas de inversión se situaron en niveles más bajos que antes de la crisis (véase la figura 6.3). Los Gobiernos eran más conscientes de las desventajas de utilizar políticas fiscales y regulatorias para maximizar la cantidad en vez de la calidad de las inversiones. El coste de fomentar una inversión de mayor calidad podía traducirse en una formación de capital algo menor y un crecimiento ligeramente más lento, pero el beneficio que se obtenía a cambio era un menor riesgo.

Con la inversión cayendo en términos relativos al ahorro, las cuentas corrientes de toda la región pasaron a registrar superávits.[5] Los bancos centrales de Asia acumularon reservas internacionales que mantenían para alimentar la confianza y blindar sus economías frente a los reveses financieros. Este fondo de emergencia de reservas hizo que tanto administraciones como, hasta cierto punto, inversores ganaran igualmente confianza en que la estabilidad de la moneda se mantendría.

La otra iniciativa pensada para potenciar la estabilidad de la moneda fue la red regional de acuerdos de créditos cruzados o recíprocos y préstamos conocida como la *Iniciativa Chiang Mai* (CMI, por sus siglas en inglés), que debe su nombre a la ciudad tailandesa donde se anunció en la primavera de 2000. Los bancos centrales asiáticos acordaron proporcionar apoyo financiero a sus vecinos con mecanismos parecidos a las líneas de crédito a corto y muy corto plazo del Sistema Monetario Europeo. Así, en la siguiente ocasión en que un país sufriera una salida en su flujo de capitales y su moneda fuera objeto de un ataque, tendría disponible financiación pública para sustituir con ella la financiación privada.

---

[4] Este desplazamiento descendente de la tendencia está documentado por el Banco Asiático de Desarrollo en 2007. China, por supuesto, fue la excepción a la regla.

[5] Una vez más, reiterar que la excepción fue China, donde desde luego no había escasez de inversión ni se produjo una ralentización del crecimiento. Ahora bien, en China, más que una caída de la inversión en términos relativos al ahorro, el ahorro se incrementó en relación con la inversión, provocándose así igualmente un superávit por cuenta corriente.

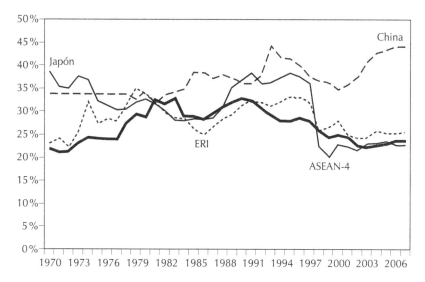

Figura 6.3. Tasas de inversión en Asia, 1970-2007 (como porcentaje del PIB).
Fuente: Base de datos de Perspectivas de la economía mundial del FMI.
Notas: las ERI son Hong Kong, Singapur, Corea del Sur y Tailandia.
Los ASEAN-4 son Indonesia, Malasia, Filipinas y Tailandia.

La inspiración para la CMI no fue únicamente el SME sino también una propuesta que presentó Japón durante la crisis financiera para establecer un Fondo Monetario Asiático. El tener que acudir arrastrándose al FMI para solicitar respaldo económico había sido un episodio vergonzante para los orgullosos Gobiernos asiáticos, a los que les producían un enorme resentimiento las condiciones que el Fondo imponía a cambio de conceder su ayuda y el que éste no hubiera sabido contener la crisis rápidamente. En 1998, los obstáculos políticos –tanto internos como externos a la región– habían impedido que se avanzara rápidamente hacia el establecimiento de un fondo de estabilización asiático[6] pero, en 2000, sí fue posible poner en marcha una versión de fondo asiático a menor escala.

Se suponía que la CMI iba a ser un vehículo de apoyo mutuo sin la condicionalidad de estilo invasivo del FMI. La idea era que permitie-

---

[6] A nivel interno, a los Gobiernos asiáticos les preocupaba un potencial dominio japonés de una unión monetaria asiática, puesto que sólo Japón estaba en condiciones de proporcionar financiación en el momento álgido de la crisis. En el exterior, al Tesoro de Estados Unidos y al FMI les preocupaba que una institución que compitiera con ellos pudiese menguar su influencia.

ra a las monedas asiáticas fluctuar juntas en vez de por separado. El problema era que los Gobiernos, como los prestamistas privados, no iban a prestar sin contar con garantías. Así que, si el «estilo asiático» de no interferir en los asuntos soberanos de otros países se traducía en una condicionalidad mínima, también significaba una concesión de préstamos mínima. La CMI no se activó en beneficio de Indonesia cuando la rupia experimentó una profunda caída en el verano de 2005 debido a la interacción de los precios subvencionados de la energía con unos precios del petróleo altos; ni al final de 2006, cuando la inestabilidad política y la disparatada imposición de regulaciones sobre la cuenta de capital provocaron el desplome del baht tailandés. Era tentador concluir que la iniciativa carecía de verdadero contenido más allá de la fachada.

Y, sin embargo, también se produjeron avances positivos. Aumentó la frecuencia con que los bancos centrales y los Gobiernos asiáticos realizaban consultas sobre políticas económicas. Para 2005, toda una serie de países entre los que se encontraban China, India, Singapur y Malasia, había adoptado cestas similares de monedas con ponderación comercial como base para gestionar sus monedas. Otros como Corea, Filipinas y Tailandia adoptaron sistemas similares de fijación de objetivos de inflación. A medida que convergían los procedimientos para el desarrollo de una política monetaria, la correlación en los movimientos de las monedas aumentó. Las monedas asiáticas, excepto el yen japonés y el nuevo dólar taiwanés, fluctuaron de modo más sincronizado frente al dólar estadounidense y el euro entre 2005 y 2007 de lo que lo habían hecho en el periodo 2000-2004.

Incluso se hablaba de una unión monetaria asiática que emulara a la establecida en Europa en 1999. No obstante, los Gobiernos asiáticos, en medio de un escepticismo general, se movían con cautela. En Europa, los esfuerzos tendentes a la estabilización regional de la moneda eran a largo y formaban parte de un proceso de integración regional dotado de un poderoso impulso político. En contraste con esa situación, en Asia, el impulso para la integración regional era puramente económico (el crecimiento de las cadenas de producción regionales y los vínculos financieros) y no político. Habida cuenta de la disparidad de sistemas y tradiciones políticas presentes en distintos países de Asia, parece razonable preguntarse si las condiciones políticas necesarias

para una integración profunda y la voluntad política de crear instituciones transnacionales de gobernanza monetaria (un banco central
regional) llegarán a desarrollarse en un futuro próximo.

Inestabilidad emergente

Claramente, el sistema de tipos de cambio había desempeñado un
papel importante en la crisis asiática: junto con la desacertada relajación de los controles de capital, había alentado la concesión de
préstamos por parte de unos inversores extranjeros atraídos por las
altísimas rentabilidades de los títulos asiáticos y que además creían
erróneamente que no había riesgo cambiario. Eso, unido a la percepción de que las garantías de los Estados eliminaban el riesgo de bancarrota, había animado a los bancos asiáticos a solicitar préstamos
del exterior. Cuando surgieron los problemas y se invirtió el sentido
del flujo de capitales, los propios inversores y bancos extranjeros, y la
mayoría de los ciudadanos de los países receptores de su generosidad,
sufrieron las consecuencias.

El papel del tipo de cambio en otras crisis en mercados emergentes fue a grandes rasgos el mismo, por más que cada contexto
nacional fuera único. Argentina, Brasil y Turquía habían experimentado unos altos niveles de inflación enraizados en cuantiosos déficits
presupuestarios y combinados con problemas estructurales. La crisis
de la deuda de la década de 1980, al restringir las entradas de capital, había exacerbado el conflicto distributivo. La evasión fiscal era
rampante y los Gobiernos estaban sometidos a una intensa presión
para ampliar el gasto social. Los problemas estructurales que dificul-
taban el crecimiento, altos niveles de empleo público y controles de
los precios de los bienes de consumo interior, reflejaban de manera
similar la presión a que estaban sometidos los Gobiernos para pro-
digar favores.

El principio de la década de 1990, cuando los préstamos internacionales se reactivaron con la ayuda del *Plan Brady*, en el que los
créditos en mora se eliminaron de los balances de los bancos de
las principales plazas financieras a través de su titulización y posterior venta, fue un momento propicio para la estabilización. Para
reducir su inflación, Argentina, Brasil y Turquía adoptaron tipos

de cambio fijos. Argentina estableció una paridad de uno a uno con el dólar estadounidense mientras que los otros dos fijaron un tipo de cambio que sólo podía depreciarse lentamente a lo largo del tiempo.

La *estabilización basada en el tipo de cambio*, que es como dio en conocerse este enfoque, era un método probado de reducción de la inflación que se había utilizado en Alemania en 1923 y en muchos otros países posteriormente. Establecer un tipo de cambio fijo enviaba el mensaje de que se había adoptado un nuevo sistema y que ahora las autoridades estaban dispuestas a apretarse el cinturón tanto como hiciera falta para evitar que la moneda se depreciara nuevamente y se reavivase la inflación. Sencillamente vigilando los tipos de cambio, los inversores podían comprobar si las autoridades estaban cumpliendo sus promesas. Esto permitió a los Gobiernos «atarse al mástil»: el mensaje era que iban a pagar un alto precio –en términos de credibilidad y capital político– si no cumplían. Además, también ayudó a gestionar las expectativas. Los productores reticentes a frenar la subida de precios a menos que sus proveedores hicieran lo propio, por lo menos podían contar con que los precios de las importaciones serían estables. Se animó a que todos se movieran a una.

El problema con una estabilización basada en los tipos de cambio era que abordaba los síntomas pero no las causas subyacentes de la inflación. En los casos en que esa causa era un déficit presupuestario crónico, no se garantizaba la consolidación fiscal. Otro problema adicional era que la estrategia podría calificarse de frágil por no llamarla quebradiza: para que funcionara, todo tenía que ir bien. Por otro lado, la paridad fija establecida podía colapsar –siendo notoria la fragilidad de las paridades fijas– y arrastrar con ella todo el esfuerzo estabilizador. Además, el sistema no contaba con una estrategia de salida. No quedaba claro si un Gobierno podía relajar la paridad, independientemente de la velocidad a la que hubiera logrado reducir la inflación, sin suscitar el miedo a que estuvieran reapareciendo los viejos problemas. Asimismo, la historia atestiguaba que los Gobiernos que se aferraban a las paridades, y ello no tanto porque éstas poseyeran ningún mérito intrínseco sino más bien porque los Gobiernos no veían ninguna otra alternativa, iban encaminados a darse un soberano batacazo.

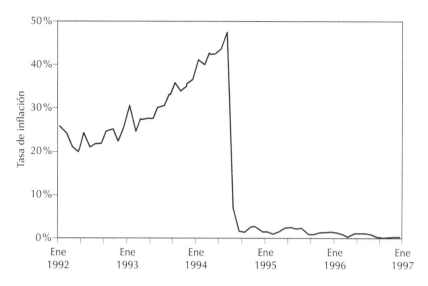

Figura 6.4. Brasil: tasas mensuales de inflación, 1992-1996. *Fuente*: IPC nacional, Estadísticas Financieras Internacionales del FMI.

Las crisis en Argentina, Brasil y Turquía ilustraban todo esto, cada una de distinta manera. En julio de 1994, el *Plan Real* de Brasil supuso una muestra de la determinación con que el Gobierno se proponía vincular la nueva moneda del país, el «real», con el dólar estadounidense en una paridad de uno a uno. Con esta estrategia se logró reducir con éxito la alta inflación del país (véase la figura 6.4). Tras un breve periodo de apreciación y a medida que el capital especulativo regresaba al país, se permitieron solamente movimientos limitados de la moneda frente al dólar estadounidense, pese a que el nivel y la banda de fluctuaciones permitidas se iban ajustando periódicamente. Se dejó que el tipo frente al dólar se depreciara un 20% en total entre julio de 1994 y diciembre de 1998, mientras que los precios de los bienes comerciados subieron en grado parecido, más concretamente un 27%.[7]

El problema era que los precios de los bienes no comerciados no siguieron esta pauta. Entre mediados de 1994 y finales de 1998, subieron un 120%, no un 27%. Mientras que los precios de los productos

---

[7] Siendo por tanto el 27% la suma del 20% de depreciación y el 7% de incremento acumulado de los precios exteriores de las importaciones y exportaciones brasileñas. Ferreira y Tullio (2002, pág. 143).

importables y exportables venían determinados por los precios mundiales y los tipos de cambio, los precios de los servicios y bienes interiores se establecían a partir de los sueldos, y los sueldos aumentaron considerablemente. El resultado fue una enorme sobrevaloración y una peligrosa pérdida de competitividad.

Además, a medida que el crecimiento de las exportaciones se fue ralentizando, la economía brasileña se estancó. El crecimiento lento dio alas a la oposición al programa de estabilización, y esto a su vez suscitó dudas sobre si el Gobierno mantendría el rumbo.

Esta situación es típica de las estabilizaciones basadas en los tipos de cambio. La estrategia reduce rápidamente la inflación de los bienes comerciados internacionalmente: esto viene prácticamente garantizado al establecerse un tipo de cambio fijo. Ahora bien, la inflación de los bienes no comerciados tarda más en ajustarse y sólo desciende cuando los responsables de fijar sueldos y precios van ganando confianza en la estabilidad del nuevo entorno de inflación baja. Inevitablemente, esto llevó a una pérdida de competitividad y a un desempleo creciente a medio plazo.[8] Utilizando esta táctica, las autoridades estaban de hecho apostando a que serían capaces de aguantar hasta que los sueldos y los precios se ajustaran más completamente y se restableciera la competitividad.

Pero se enfrentaban a tres obstáculos. En primer lugar, las subidas de sueldos y precios eran acumulativas. Para revertir la erosión de la competitividad sin modificar el tipo de cambio, no sólo los sueldos y la inflación de los precios deberían bajar a los niveles mundiales sino incluso más para compensar el incremento excesivo de años anteriores. Y, por otro lado, un aumento de sueldos y precios significativamente por debajo del registrado a nivel mundial habría de enfrentarse a una fuerte oposición por parte de sindicatos y asociaciones sectoriales. En segundo lugar, la disciplina fiscal tenía que ser estricta. Cualquier otra cosa iba a inquietar a los inversores provocando que sacaran el dinero del país, que los tipos de interés subieran y rápidamente la situación fiscal se volviera insostenible. Claramente, la austeridad fiscal no era fácil a nivel político. En tercer y último lugar, el entorno exterior tenía que ser favorable pues, de otro modo, el crecimiento

---

[8] A muy corto plazo era probable que los efectos macroeconómicos de la estabilización fueran positivos, ya que los tipos de interés más bajos solían desencadenar un auge en el consumo.

se ralentizaría aún más, lo que a su vez provocaría que se disparara la oposición a las políticas del Gobierno.

Los tres obstáculos conspiraban contra Brasil. La flexibilidad de sueldos y precios verdaderamente factible era limitada, habida cuenta de los mercados estrechamente regulados del país; en 1997, con la crisis asiática, el crecimiento mundial se ralentizó y, en 1998, tras el incumplimiento oportunista de la deuda por parte de Rusia, los inversores se volvieron contra los mercados emergentes.

Más que nada, hubo una disciplina fiscal laxa. Al principio de la estabilización, el Congreso había aprobado una reducción de las transferencias del gobierno federal a los estados. Para impulsar los ingresos, se subieron los tipos del impuesto sobre la renta. Aun así, la presión en favor de un mayor gasto público siguió siendo intensa. El PIB real creció poco más del 10% entre 1995 y 1998, mientras que el gasto federal real se incrementó un 31%. Los responsables de las políticas económicas podían atribuirlo a un entorno financiero desfavorable –los pagos de intereses de la deuda pública aumentaron un 108% durante el periodo que culminó con la crisis asiática y la suspensión de pagos de Rusia– pero los inversores todavía podían culpar a los responsables de las políticas económicas por no haber recortado otros gastos. Algo que perjudicó particularmente la confianza fue el aluvión de gasto público motivado políticamente que se produjo en el periodo previo a las elecciones presidenciales de 1998. A medida que los inversores abandonaban el barco, el Banco Central se vio obligado a subir los tipos de interés para defender la moneda, agravándose así el problema fiscal.

El presidente Fernando Henrique Cardoso resultó reelegido en el otoño y respondió a la situación con un plan para lograr 23.000 millones de dólares estadounidenses de ahorro presupuestario y negociando una línea de crédito de apoyo por valor de 41.500 millones de dólares con el FMI. No obstante, imponer reducciones presupuestarias con el fin de estabilizar el tipo de cambio a expensas de otras prioridades sociales era problemático en una democracia. En diciembre de 1998, la ley de reducción del déficit fiscal de Cardoso no superó la votación en el Congreso, debido en gran parte a la oposición de su propio partido. Al mes siguiente, el gobernador de Minas Gerais, Itamar Franco, anunció que iba a suspender los pagos de la deuda de su estado al gobierno federal, optando por utilizar esos fondos para ayudar a los pobres y los desempleados. Los inversores se retiraron en masa. Una semana más tarde, el banco central prácticamente había agotado sus reservas. Su gobernador Gustavo Franco dimitió. El tipo de cambio se devaluó un 10%, pero fue demasiado poco demasiado tarde. Se reanudó la fuga de capitales y, al cabo de dos días, el nuevo tipo devaluado tuvo que abandonarse. El real estaba ahora fluctuando libremente, tanto si a los responsables de política económica les gustaba como si no.

Y entonces llegó la sorpresa: el tipo de cambio se estabilizó mucho más rápido, al cabo de tan sólo sesenta y un días hábiles de operaciones, que el de otros países en crisis como México, Indonesia, Corea del Sur o Tailandia; se logró rápidamente que la inflación volviera a bajar a niveles de un solo dígito; la producción industrial cayó solamente un mes y luego emprendió una senda de crecimiento estable. Una vez más, todo esto contrastaba con la situación en México, Indonesia, Corea del Sur y Tailandia, pues en todos y cada uno de estos países la producción industrial había retrocedido durante al menos un año.

Es tentador atribuir este éxito a los poderes mágicos del nuevo gobernador del banco central, Arminio Fraga, un economista formado en Princeton que había trabajado anteriormente para el gestor de fondos George Soros. Por más que el aura de competencia y ecuanimidad de Fraga y sus conexiones en el mundo financiero pueden haber sido de ayuda, sin duda fue todavía más importante que ofreciera una alternativa viable a un sistema de tipos de cambio fijos: el establecimiento de objetivos de inflación. Fraga dejó bien claro su firme compromiso –y el del banco central– con la tarea de moderar la inflación. Además, la manera en la que hizo operativo ese compromiso permitió que se realizara un seguimiento de sus acciones, pero no colocó la economía brasileña en una camisa de fuerza de la que no hubiese escapatoria.

El otro factor que contribuyó a este resultado positivo fue el estado del sistema bancario. En contraste con la situación en México, Indonesia, Corea del Sur y Tailandia, el sistema bancario de Brasil no se vio empujado al caos por culpa de una devaluación, lo cual fue un reflejo de una combinación de buena suerte y buenas políticas. Las autoridades habían establecido unos requisitos de adecuación del capital de los bancos en 1994 y los elevaron muy por encima de los estándares internacionales en 1997.[9] El banco central recibió poderes para instar a las instituciones financieras a establecer controles internos adecuados. Se privatizaron los bancos públicos y se permitió la entrada de los bancos extranjeros. Todo esto animó a los bancos a reforzar sus balances. Además, la dilatada trayectoria de inestabilidad financiera del país había hecho menguar las carteras de créditos de los bancos, lo que resultó en una razón entre préstamos concedidos y capital inusitadamente baja en muchos de ellos. De modo parecido, la trayectoria histórica de inestabilidad de los tipos de cambio de Brasil había animado a los bancos y a las empresas a las que éstos prestaban fondos a cubrir su exposición en divisas, con lo que se había fomentado la aparición de mercados de cobertura. Así pues, unos 71.000 millones de dólares de los 95.000 millones de pasivos extranjeros en circulación a finales de 1998 se cubrieron a través de títulos indexados y contratos de derivados sobre tipos de cambio.

Como resultado de todo esto, el banco central pudo subir los tipos de interés para luchar contra la devaluación de la moneda y la inflación sin preocuparse de que eso destruyera el sistema bancario como había ocurrido en México cuatro años atrás. No había motivo para anticipar el abandono de las medidas de estabilización, ya que el sistema bancario podría soportarlas. En consecuencia, la confianza en el programa de las autoridades se vio reforzada. Los bancos, por su parte, podrían seguir concediendo crédito, facilitándose así que el crecimiento se reanudara rápidamente. Y el crecimiento, a su vez, propiciaba el apoyo público a los esfuerzos de estabilización del banco central.

Turquía, como Brasil, había sufrido una alta inflación durante veinte años y, allí también, el conflicto distributivo había alentado la evasión fiscal, ejercido presión en favor del gasto redistributivo por parte del Gobierno y fomentado las distorsiones estructurales. No obstante, para 1999 la paciencia del público se había agotado y se había elegido un Gobierno comprometido con la estabilización. Las autoridades obtuvieron rápidamente 4.000 millones de dólares

---

[9] Mientras que el Acuerdo de Basilea exigía unos requisitos de capital basados en el riesgo de un mínimo del 8%, Brasil aumentó sus requisitos mínimos hasta el 10% cuando estalló la crisis asiática y al 11% cuando comenzó la de Corea del Sur.

de apoyo del FMI.[10] Una vez más, la estrategia que escogieron se basaba en la austeridad fiscal, las reformas estructurales y una senda anunciada con antelación para el tipo de cambio. Se suponía que el Gobierno debía mantener un superávit que había de utilizarse para los pagos de intereses y se lograría a través de una combinación de aumentos de impuestos y recortes de gastos. La privatización de Türk Telekom, compañía de telecomunicaciones de propiedad estatal que, de hecho, disfrutaba de una situación de monopolio, y otras empresas públicas de los sectores de la energía, el turismo y los metales venía de la mano de la promesa de un incremento excepcional de los ingresos. Las reformas en el sistema de apoyo a los precios agrícolas, el sistema de seguridad social, la administración fiscal y, por último pero no por ello menos importante, el sistema bancario, seguirían después. Este plan era sin lugar a dudas ambicioso.

La principal innovación del programa turco, que además indicaba que se había aprendido de experiencias pasadas, giraba en torno al tipo de cambio. A corto plazo, la moneda estaría restringida en sus movimientos dentro de una banda estrecha y no se permitiría que se devaluara más de un 20%, siguiendo el ejemplo de la estrategia inicial de Brasil. No obstante, al cabo de dieciocho meses, se ampliaría la franja, permitiendo mayor libertad a la moneda. La anchura de la banda de fluctuación se incrementaría a partir de entonces un 15% cada año hasta que el tipo de cambio fuera de hecho fluctuante. Esto no era sino un claro reconocimiento del problema de salida y una manera de abordarlo.

No obstante, esto continuaba significando una flexibilidad muy limitada del tipo de cambio durante los primeros dieciocho meses, lo que a su vez hacía posible que se desarrollaran las familiares contradicciones de una estabilización basada en los tipos de cambio. Fue surgiendo un problema creciente de sobrevaloración. El deterioro de la competitividad de las exportaciones iba de la mano de un déficit por cuenta corriente que había que financiar con entradas de capital. Un nivel decepcionante de crecimiento conllevaba un desempleo creciente y una fuerte oposición a las políticas de austeridad. Las privatizaciones eran motivo de fricción política en un país donde las em-

---

[10] Se había producido con anterioridad toda una serie de intentos fallidos de estabilización. El más reciente, en 1994, no había contado con el apoyo de un programa de crédito del FMI.

presas públicas eran una importante fuente de empleo. Una vez más, todo tenía que ir bien para que la estrategia funcionara pero, por desgracia, ningún país –y mucho menos Turquía– era tan afortunado. La chispa que encendió la crisis saltó en el sector bancario.[11] Turquía no había reforzado la regulación del sistema bancario con tanto éxito como Brasil. Ni la privatización de la banca ni la introducción de la competencia extranjera habían llegado tan lejos. Entre otras cosas, a los bancos turcos se les permitió, incluso se les animó a que destinaran una parte significativa de sus carteras a los bonos del Estado, pero, a medida que un crecimiento más lento iba mermando la confianza en la estrategia de política económica de las autoridades, el precio de los bonos fue cayendo. En noviembre de 2000, el Demir Bank, un participante clave en el mercado de bonos del Estado, reconoció estar experimentando serios problemas financieros, y cuando vendió los títulos que detentaba, a los operadores especializados en valores del Tesoro les cayó un aluvión de órdenes de venta, viéndose obligados a dejar de ofrecer cotizaciones, lo cual a su vez sembró el pánico. El dilema del banco central era si debía subir los tipos de interés para atraer de vuelta el capital especulativo al tiempo que se le negaba liquidez al mercado interbancario y se permitía que algunos bancos quebraran, o bien abandonar su objetivo de tipos de cambio. Sólo cuando el FMI accedió a acelerar sus desembolsos pudo el Gobierno modificar sus objetivos en vez de abandonarlos.

Ahora bien, nada más hacerlo en febrero de 2001, el sistema financiero sufrió un nuevo impacto, esta vez por un desacuerdo entre políticos. Los tipos de interés a un día se dispararon hasta un estratosférico 6.200 %, obligando a las autoridades a dejar que la moneda fluctuara. El banco central, ahora alentado por el FMI, anunció que establecería un sistema de fijación de objetivos de inflación una vez amainara la volatilidad.

El derrumbe del tipo de cambio fijo desembocó en una recesión más grave en Turquía que en Brasil. La producción industrial se contrajo durante trece meses consecutivos, no sólo uno. Los problemas del sistema bancario turco explican gran parte de la diferencia entre ambos países. Aun así, para marzo de 2000 se había reanudado el crecimiento. La producción industrial experimentó una robusta recupe-

---

[11] Esta complicada situación se resume en Özatay y Sak, 2003.

ración. La inflación, tras haber ascendido a más del 70% en febrero de 2002, cayó al 45% en 2003, 25% en 2004 y a partir de ahí a cifras de un solo dígito. En este caso, las condiciones externas favorables ayudaron.[12] Además, y de modo más fundamental, los votantes turcos habían perdido la paciencia con los Gobiernos que los exponían a la inestabilidad financiera y ahora estaban dispuestos a recompensar a los que tomaran dolorosas medidas tendentes a la estabilización. Además había que tener en cuenta el aliciente del potencial ingreso en la UE, o sea, la esperanza, por remota que fuera, de que la estabilización financiera y económica contribuiría a convertir a Turquía en un candidato plausible a ingresar en la Unión Europea. Por último, había una estrategia –establecer objetivos de inflación– capaz de anclar las expectativas.

La experiencia de Argentina comparte muchas de las características que acabamos de ver, pero en una forma más extrema (como tantas veces en Argentina). Durante la presidencia de Raúl Alfonsín, el país había sucumbido a la hiperinflación, con los precios triplicándose cada mes. En 1989 se eligió un nuevo presidente, Carlos Menem. Al cabo de dieciocho meses, Menem y su ministro de Economía, exalumno de Harvard y rebosante de confianza en sí mismo, Domingo Cavallo, optaron por una terapia radical. La antigua moneda del país, el austral, se sustituyó por una nueva, el peso, para el que se estableció un tipo de cambio fijo respecto del dólar con una paridad de uno a uno.[13] Sobre la base de este sistema, similar a una unión monetaria, el banco central únicamente podía emitir un peso adicional si compraba un dólar más de reservas.[14] Estas restricciones quedaron plasmadas en una ley, dejando al banco central sin margen para financiar el déficit público. El Gobierno dio muestras de su compromiso con el plan permitiendo que fuera legal redactar contratos en moneda extranjera y que se utilizara el dólar para realizar pagos.

---

[12] Entre otras cosas, la recesión del principio de la década en Estados Unidos había terminado y se registraba un fuerte crecimiento a nivel mundial.

[13] El austral había sustituido al peso en 1985 como parte de un anterior intento (no fructífero) de estabilización.

[14] En realidad sólo dos tercios de la base monetaria tenían que estar respaldados por reservas internacionales; el tercio restante podía estar respaldado por valores del banco central argentino denominados en dólares (si bien éstos no podían aumentar más de un 10% al año). Las provisiones excepcionales como éstas eran el motivo por el que los puristas se resistían a calificar este sistema como una junta monetaria.

Con estos elementos básicos asentados, la inflación se redujo a niveles de la estadounidense. Se aplicaron reformas fiscales: el presupuesto del gobierno central, incluso excluyendo los ingresos resultantes de algunas privatizaciones excepcionales, estaba prácticamente equilibrado en 1992 y, de hecho, las autoridades federales mantuvieron un superávit del 1% del PIB –incluido el pago de intereses de la deuda– en 1993. Dada la contracción del 10% que había sufrido la economía en términos absolutos en la década de 1980, ahora en cambio ésta tenía margen para expandirse incluso en medio de la austeridad. El PIB real aumentó en más de un 6,5% al año entre 1991 y 1997, ralentizándose paulatinamente su crecimiento después de 1993.

La cuestión era si esta recuperación sería sostenible. Para alentar la inversión, las autoridades señalaron el éxito con el que el país había conseguido capear el temporal de la crisis mexicana. El sistema de unión monetaria, sobre el que incluso el FMI había expresado su preocupación al principio, achacándole no ofrecer una flexibilidad adecuada, se convirtió en objeto de admiración. El crecimiento y la estabilidad de precios sirvieron para comprar tiempo de cara a la privatización, la desregulación, la reducción de aranceles y la reforma del sector bancario que se iban preparando. La fortaleza del sistema bancario, en particular, fue objeto de alabanzas generalizadas y reflejaba los efectos de la eliminación de restricciones a la entrada de bancos extranjeros, así como la alta calidad de la supervisión.[15] En vista de estos logros, el Gobierno de Menem podía declarar que el éxito de su programa se sustentaba en algo más que la tenue estructura de la «convertibilidad», el término utilizado para denominar a la paridad uno a uno del tipo de cambio fijo peso-dólar.[16]

---

[15] Para finales de la década de 1990, los bancos extranjeros suponían el 70% de los activos del sistema bancario. Más aún: un análisis del sector financiero realizado por el Banco Mundial en 1998 posicionaba a Argentina en segundo lugar (por detrás únicamente de Singapur) entre las economías emergentes, en lo que a calidad de la supervisión respectaba (Perry y Servén, 2003). Lo que las autoridades no hicieron fue aplicar normas prudenciales que desalentaran el uso del dólar en los contratos financieros, precisamente porque querían reforzar la credibilidad de la rigidez del tipo de cambio fijo peso-dólar. Esto les pasaría factura más adelante cuando el tipo de cambio fijo se derrumbó.

[16] El término poseía reminiscencias de la experiencia de los tiempos del patrón oro, cuando la credibilidad del sistema monetario dependía de la «convertibilidad» de la moneda nacional en oro, bajo demanda, a un precio fijo.

No obstante, también se produjeron acontecimientos inquietantes. Pese a que la inflación de los precios de las importaciones descendió inmediatamente a niveles estadounidenses, la inflación de los salarios tardó más en bajar. La inflación continuó situándose alrededor del 10% en el periodo 1991-94, lo cual suponía una mejora ostensible respecto a los niveles de 1990, pero aun así seguía muy por encima de los niveles registrados en Estados Unidos. Al igual que otros países que dependían de la estabilización basada en el tipo de cambio, Argentina se enfrentaba a un problema de sobrevaloración en términos reales, provocándose con ello un déficit por cuenta corriente y una dependencia de la financiación extranjera. Por más que el gobierno federal incurriera en déficits presupuestarios pequeños, los que mantenían los gobiernos provinciales eran cuantiosos, y éstos se financiaban emitiendo deuda que estaba respaldada implícitamente por el banco central. La deuda pública como porcentaje del PIB ascendió del 28% en 1993 al 37% en 1998. Incluso si esos niveles no eran todavía[17] alarmantes, la tendencia sí que lo era si se tenía en cuenta que ese incremento se había producido en un periodo de rápido crecimiento económico. Todas las semanas algún sindicato agraviado convocaba una huelga para mostrar su rechazo a las reducciones de salarios y prerrogativas. El crecimiento de la productividad era decepcionante, algo por otro lado nada sorprendente habida cuenta de la lentitud con que se estaba produciendo la reforma del mercado laboral y el hecho de que los gobiernos provinciales estuvieran ganando la carrera a las empresas en la captación de fondos. El único motivo por el que la producción aumentó rápidamente fue que había una ingente cantidad de trabajadores sin trabajo a los que reintegrar en la fuerza laboral.

Considerando la situación en retrospectiva se aprecia que el punto álgido fue 1997. A partir de ese momento, Argentina sufrió el impacto de toda una serie de perturbaciones negativas o *shocks*: la crisis asiática en la segunda mitad de 1997, que desestabilizó los mercados

[17] Es decir, se podía imaginar lo que ocurriría con la razón entre deuda y PIB cuando se ralentizara el crecimiento del denominador. Y además también era preocupante que el gasto de algún sector público fuera ajeno al presupuesto –o sea, que el presupuesto no lo reflejara–, que los ingresos se vieran incrementados en este periodo por privatizaciones puntuales y que el vencimiento de los pagos adicionales de los intereses de los bonos Brady del país estuviera a la vuelta de la esquina.

financieros; la suspensión de pagos de Rusia en 1998, que provocó la retirada de la deuda de los países emergentes por parte de los inversores extranjeros; y la devaluación en Brasil en 1999, que perjudicó la competitividad de Argentina. En medio de este contexto de pilares fundamentales debilitados, el impacto fue grave. El crecimiento cayó del 4% en 1998 al -3% en 1999.

Al no contar con flexibilidad cambiaria, la única respuesta posible era reducir costes. Pero la deflación resultante fue desmoralizadora. Además, dada la larga historia de desigualdades del país, fue asimismo incendiaria, pues unos precios más bajos implicaban que las deudas se hacían más onerosas. Cuando tanto los precios como el crecimiento cayeron, también se contrajeron los ingresos del Gobiernos, obligando al país a incurrir en continuos recortes de gasto o en mayores déficits, como en el periodo inmediatamente anterior a las elecciones presidenciales de 1999.

La perspectiva que ofrece el tiempo muestra que no haber abandonado el tipo de cambio fijo en 1997 para optar por un tipo de cambio fluctuante más libre fue una oportunidad perdida. Una vez que el crecimiento se ralentizó y se evaporó la confianza, las autoridades temieron –con toda la razón– que abandonar la convertibilidad perjudicaría más todavía la confianza en lugar de restaurarla. Se comprende que no actuaran antes, si bien también es lamentable. Durante la primera mitad de 1997, la convertibilidad había resultado útil. Si ahora la economía necesitaba una mayor flexibilidad, ésta podría lograrse flexibilizando radicalmente el mercado laboral o dejando que una administración futura lidiase con el problema.

El que el FMI no presionara más en favor de la modificación de este sistema rígido de tipos de cambio es más difícil de justificar. El Fondo había visto cómo los tipos de cambio fijos habían acabado causando no poco sufrimiento en otros países. A diferencia de los casos de Brasil y Turquía, el Fondo mantuvo programas con Argentina a lo largo de todo este periodo: estaba en contacto constante con las autoridades del país y tenía un conocimiento detallado de sus problemas. Entre otras cosas, vio cómo el Gobierno, en repetidas ocasiones, erraba el tiro y no lograba los objetivos de la relación entre deuda y PIB que se marcaban en sus programas. Y, sin embargo, el FMI no presionó para que se cambiara de sistema cuando todavía había tiempo.[18] Más bien al contrario, envió señales contradictorias al ampliar su programa en diciembre de 2000 e incluso –más extraordinario todavía– en agosto de 2001.

Argentina se aferró a su tipo de cambio fijo con una desesperación creciente. El presidente Fernando de la Rúa, elegido en 1999, aumentó los impuestos en un esfuerzo por atraer a los inversores de vuelta y reducir los tipos de interés, pero con eso sólo consiguió deprimir la economía todavía más.[19] Cuando se estancó el crecimiento –lo que constituía un reflejo de los problemas de sobrevaloración– y el descontento político fue en aumento, se fue perfilando cada vez más claramente la noción de que en algo había que ceder. La cuestión era en qué. Suspender el pago de los intereses de la deuda extranjera rellenaría los agujeros del presupuesto del Estado y de la cuenta corriente de la balanza de pagos pero alentaría una fuga adicional de capitales. Devaluar el peso podía ayudar a la hora de restaurar la competitividad pero perjudicaría seriamente al sistema bancario, pues la mayoría de sus pasivos estaban a esas alturas denominados en dólares.[20] La dolarización completa podría haber fortalecido la confianza temporalmente, pero no habría obviado la necesidad de una férrea deflación, habida cuenta de la pobre competitividad. Sirva todo esto para ilustrar que, a esas alturas, no existía una salida obvia.

De la Rúa trajo de vuelta a Cavallo –que había abandonado el cargo público en 1996– como ministro de Economía para que lidiara

---

[18] La defensa convencional del FMI (p. ej., en Mussa, 2002) ha sido que el mandato del organismo no incluye dictar qué sistema de tipo de cambio debe adoptar un país. Sus miembros tienen libertad para aplicar cualquier sistema que escojan y el Fondo es únicamente responsable de determinar si otras políticas son compatibles con esa elección. La réplica de las voces críticas a ese argumento sería que el FMI tenía un margen considerable para interpretar y aplicar su mandato y que no había sabido utilizar esa flexibilidad adecuadamente a finales de la década de 1990.

[19] El FMI respaldó la contradictoria política de De la Rúa con un acuerdo de derecho de giro o *stand-by* a tres años por valor de 7.200 millones de dólares en marzo de 2000, y otro adicional por valor de 13.700 millones de dólares en enero de 2001.

[20] Recuérdese que el Gobierno había autorizado el uso de moneda extranjera para, entre otras cosas, los depósitos bancarios, como una medida de fomento de la confianza. Los bancos también concedían préstamos en dólares, pero a empresas nacionales cuyos ingresos estaban denominados en pesos. En consecuencia, una devaluación destruiría la capacidad de estos prestatarios de devolver la deuda y perjudicaría a los bancos. Los otros pasos que habían dado las autoridades para reforzar el sistema bancario, como, por ejemplo, aumentar los requisitos de capital y liquidez, reforzar los controles internos y mejorar la transparencia, eran de poca ayuda dada la situación.

con la crisis. En esta ocasión Cavallo estableció un impuesto a las transacciones financieras y subsidios a las exportaciones, y anunció su intención de sustituir el tipo de cambio fijo en paridad con el dólar por un tipo de cambio fijo sobre la base de una cesta de monedas (culpando implícitamente a la subida del dólar estadounidense de los problemas de competitividad de la economía).[21] Pero el hecho es que le estaban viendo ya las orejas al lobo y los gobiernos provinciales, que no conseguían obtener préstamos, empezaron a emitir títulos que prácticamente equivalían a moneda para pagar salarios y cumplir con las obligaciones de servicio de la deuda, acabando con la idea de que Argentina era un país con una divisa fuerte. El gobierno federal alimentó a los bancos con más bonos, provocando que el sistema perdiera liquidez. Los tipos de interés de su emisión a diez años en dólares estadounidenses se elevaron a un astronómico 35% en noviembre. Los ahorradores sustituyeron los depósitos en pesos por los depósitos en dólares. Quienes estaban en posición de poder hacerlo llevaron su dinero a bancos de otros países. Para noviembre, el país estaba experimentando un pánico bancario en toda regla.

Obligado a hacer algo, el 3 de diciembre el Gobierno limitó las retiradas de las cuentas bancarias a 250 pesos por semana y cuenta. También prohibió la transferencia de fondos al extranjero en lo que acabó conociéndose como el tristemente célebre «corralito». Eso fue lo que dio de sí la idea de que la convertibilidad no solamente implicaba una moneda fuerte sino además la libertad para realizar transacciones y la santidad de los contratos. Tal vez estos pasos eran inevitables a esas alturas, pero el hecho es que no cumplían el programa del FMI, lo que provocó que –tarde– el Fondo retirara su apoyo. El 20 de diciembre el presidente dimitió y en cuestión de un mes se sucedieron dos presidentes «de puerta giratoria», ninguno de los cuales fue capaz de reunir el apoyo del Congreso para aplicar medidas de crisis. Las operaciones con divisas se suspendieron el 21 de diciembre. Se anunció una moratoria para la deuda pública el 23 de diciembre. Al final se devaluó el peso y los depósitos bancarios se con-

---

[21] Como el principal interlocutor comercial de Argentina no era Estados Unidos, una subida del dólar perjudicaba la competitividad del país en los otros mercados en los que operaba. Obviamente, éste había sido un defecto del tipo de cambio fijo desde el principio, y anunciar ahora un plan para modificarlo a la fuerza no inspiraba confianza precisamente.

virtieron obligatoriamente a moneda local a un tipo de cambio de 1,4 pesos por dólar estadounidense. Para hacerles la vida más fácil a los prestatarios, los créditos en dólares se convirtieron a pesos a un tipo de uno por uno, con lo que, de hecho, se empujó al sistema bancario a la bancarrota.[22]

Ésta fue «la madre de todas las crisis financieras». El sistema bancario y el mercado de bonos se derrumbaron. El PIB cayó casi un 12 % en 2002: una Gran Depresión se mire por donde se mire. La tasa de desempleo subió un 18 %, la inflación aumentó a más del 20 %. Para mediados de 2002, el peso se había depreciado hasta situarse en más de 3 pesos por dólar (véase la figura 6.5). En medio de fuertes protestas contra el aumento del coste de la vida, la desregulación se reinstauró en parte.

A finales de 2002, se relajaron por fin las restricciones a la retirada de depósitos y a la inversión extranjera, si bien las causas judiciales cuestionando su operatividad continuaron durante muchos años. La economía se estabilizó y posteriormente se recuperó. La profunda depreciación del peso había impulsado la competitividad y el banco central intervino para evitar que la moneda se apreciara. Además, la devaluación de las deudas había aligerado la carga financiera. El crecimiento se situó en cifras de un dígito entre medias y altas, aunque esa tendencia tendría que mantenerse durante muchos años antes de que el nivel de vida volviera a donde estaba en 1997. Además había dudas crecientes sobre su sostenibilidad, habida cuenta de las políticas dirigistas del Gobierno.

Los partidarios de la unión monetaria insistían en que la culpa de la catástrofe no era del sistema de tipos de cambio sino del hecho de que los Gobiernos no hubieran sido capaces de mantener la disciplina fiscal y superar la oposición política para conseguir que se aprobaran reformas estructurales. Un análisis más realista es el que indica que estos requisitos para garantizar el funcionamiento sin sobresaltos de una unión monetaria son demasiado exigentes en una sociedad democrática. Al encerrarse en un tipo de cambio fijo muy rígido y sin salida, Argentina, de hecho, selló su suerte.

---

[22] Además, el Gobierno había financiado en parte sus déficits alimentando el sistema bancario con bonos soberanos (al admitir las posiciones en estos activos de alta rentabilidad de cara a cumplir los requisitos de liquidez de los bancos), con lo que, cuando el Gobierno suspendió pagos, los bancos sufrieron otro golpe.

¿Volverá este tipo de crisis? Si nos hacemos eco del comentario de Zhou Enlai sobre los efectos de la Revolución francesa, es demasiado pronto para saberlo. En países como Argentina, las debilidades en materia de política económica fueron eclipsadas por un fuerte crecimiento mundial y unos precios altos de la energía y las materias primas básicas que no duran eternamente. Al mismo tiempo, el hecho de que más países avanzaran hacia la flexibilidad de los tipos de cambio eliminó una vulnerabilidad financiera crítica. Incluso Argentina, que intervino para evitar que el peso se apreciara frente al dólar estadounidense, dio muestras de más flexibilidad que antes.

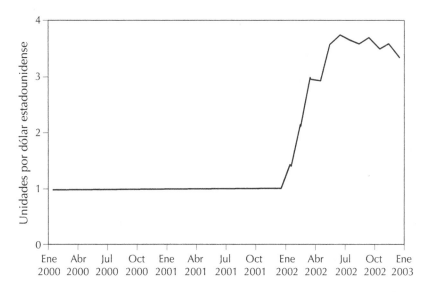

Figura 6.5. Tipo de cambio peso argentino-dólar estadounidense, 2000-2006.
Fuente: Tipo de cambio al final del periodo, *Estadísticas Financieras Internacionales* del FMI.

Más aún: se han dado muchos menos casos extremos de inflación desbocada que en la década de 1980, con lo cual hay menos países suficientemente desesperados como para recurrir a una estabilización basada en el tipo de cambio, que reduce la inflación de forma inmediata pero sólo a costa de crear vulnerabilidades financieras más adelante. Si la nueva cultura de la estabilidad de precios es permanente (otra cuestión sobre la que es aplicable el comentario de Zhou sobre la Revolución francesa), entonces es probable que se den menos políticas estabilizadoras basadas en el tipo de cambio y un menor número de las consiguientes crisis. Esto no quiere decir que las crisis de divisas se vayan a convertir en una cosa del pasado sino que su origen será diferente y adoptarán una forma distinta.

Desequilibrios mundiales

Desde finales de la década de 1990, estos acontecimientos se conjuraron para provocar desequilibrios globales a una escala nunca vista anteriormente en la historia monetaria internacional moderna. China, que había salido prácticamente indemne de la crisis asiática, creció a un ritmo vertiginoso como resultado de una inversión del 40% del PIB. Y el ahorro chino excedía incluso estos altos niveles de inversión. Tan sólo el ahorro de los hogares ya rozaba el 25% del PIB, lo que encajaba plenamente con el *modelo del ciclo de vida*, el marco conceptual estándar que utilizan los economistas para comprender el comportamiento de los ahorradores. Este modelo se basa en el incentivo que tienen quienes están en edad de trabajar a ahorrar para su jubilación. Además, este modelo observa que el ahorro neto es la diferencia entre el ahorro de los jóvenes y el desahorro de los mayores. En una economía como la de China, que ha mantenido una tasa de crecimiento del 10% anual, los ingresos de los trabajadores actuales serán mucho más altos que los que ganaron en su día los que ahora son ancianos. En consecuencia, el ahorro de los jóvenes será significativamente superior al desahorro de los mayores.[23]

Pero, por si esto fuera poco, además las empresas chinas, que experimentaron un enorme crecimiento de su facturación y no se enfrentaban a ninguna presión para repartir dividendos, ahorraron otro 25% del PIB. Con el ahorro nacional en niveles cercanos al 50% del PIB y por tanto superando incluso los niveles excepcionalmente

---

[23] El enunciado clásico es el de Modigliani 1970. Modigliani y Cao, 2004, aplican el modelo a China. La principal divergencia del ahorro de los hogares en China respecto del modelo fue que el desahorro de los mayores que se produjo fue menor de lo esperado. Esto podría haber sido un reflejo de la incertidumbre experimentada por los ciudadanos más mayores sobre si continuarían siendo receptores de los servicios sociales que tradicionalmente les habían proporcionado las empresas de propiedad estatal en las que habían trabajado en su día (véase Chamon y Prasad, 2007).

altos de inversión de China, el país registraba un continuado superávit por cuenta corriente.

Y como las economías de ASEAN ya no fomentaban la inversión a cualquier precio, sus niveles de ahorro nacional también excedían los de su inversión. De modo parecido, unas políticas más estables también alentaron el ahorro en Latinoamérica. Con unos crecimientos fuertes en China y la India empujando al alza los precios de la energía, los exportadores de petróleo de Oriente Medio ganaron más de lo que podían invertir en casa, y por tanto también registraron superávits por cuenta corriente.

Todo este exceso de ahorro tenía que ir a alguna parte. Si todos estos países tenían superávits por cuenta corriente, alguien tenía que estar incurriendo en un déficit.[24] Ese alguien era Estados Unidos, que llevaba ya tiempo registrando déficits por cuenta corriente, tal y como se muestra en la figura 6.6.[25] Efectivamente, otros países adquirían activos financieros frente a Estados Unidos y Estados Unidos compraba productos a otros países. Los Gobiernos y bancos centrales de esos otros países estaban dispuestos a acumular activos financieros estadounidense porque éstos se intercambiaban en mercados profundos y líquidos. Estados Unidos podía colocar sus títulos de deuda en bancos centrales y Gobiernos extranjeros y pagar tipos de interés más bajos que los que pagaban otros emisores de deuda. Éste era el «exorbitante privilegio» sobre el que se había quejado Francia en la década de 1960.[26] Más aún, mientras que otros países acumulaban títulos de deuda estadounidense, los inversores estadounidenses adquirían activos en el extranjero: compraban acciones de empresas extranjeras o incluso directamente adquirían las empresas. Si bien esto significaba que los inversores estadounidenses corrían un riesgo más alto, la consecuencia también era que obtenían un rendimiento más alto por sus activos exteriores y, por

---

[24] Ya que la balanza de pagos mundial por cuenta corriente (es decir, la suma de las balanzas de pagos por cuenta corriente de todos los países) tiene que sumar cero, salvo que haya comercio con otros planetas. En la práctica, las cuentas corrientes declaradas por todos los países no suman cero, pero eso supuestamente no es más que un reflejo de discrepancias contables y no de relaciones comerciales interplanetarias.

[25] En particular a mediados de la década de 1980, antes de los Acuerdos del Plaza y el Louvre que se mencionan en el capítulo 5.

[26] Véase el capítulo 4.

tanto, Estados Unidos podía mantener déficits continuados sin que sus obligaciones financieras externas netas explotaran (véase la figura 6.7).

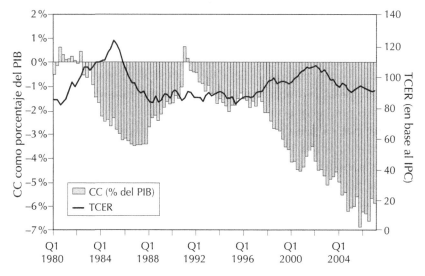

Figura 6.6. Déficit por cuenta corriente (CC) de Estados Unidos y tipo de cambio efectivo real (TCER) del dólar estadounidense, 1973-2007.

Fuente: Oficina de Análisis Económico y *Estadísticas Financieras Internacionales* del FMI.

No obstante, en la segunda mitad de la década de 1990, unos déficits por cuenta corriente que eran pequeños dieron paso a déficits grandes (grandes en términos absolutos y como porcentaje del PIB). Se trata del periodo conocido como la era de la «Nueva economía». El aumento de la productividad se aceleró en Estados Unidos al cosechar el país los frutos de sus anteriores inversiones en tecnologías de la información y de la comunicación. Un crecimiento más rápido de la producción equivalía a una promesa de un rendimiento del capital más alto, por lo que suponía un incentivo a la inversión. Los efectos se dejaron sentir de manera más clara en el auge del NASDAQ: las altas cotizaciones de las acciones eran reflejo de las expectativas esperanzadas de unos elevados beneficios futuros, lo que fomentaba aún más la inversión. Con la inversión aumentando en términos relativos al ahorro, la inversión en los Estados Unidos necesariamente se realizó con financiación extranjera.

Por el momento, el déficit de Estados Unidos no estaba provocando intranquilidad. Siendo como es el déficit la diferencia entre ahorro e inversión, el déficit estaba creciendo –se dijo– como consecuencia de que la inversión en Estados Unidos se estaba volviendo más atractiva. El país era el principal (y desproporcionadamente) responsable del desarrollo de la nueva generación de tecnologías basadas en microprocesadores. De entre todos los países avanzados, era el que tenía los mercados más flexibles. Así pues, sus empresas estaban bien posicionadas para reorganizar sus operaciones con el fin de capitalizar en las oportunidades que ofrecía la computación de alta velocidad, la banda ancha e internet. No era, por tanto, de extrañar que la inversión creciera y que los extranjeros estuvieran dispuestos a financiarla. Y tampoco habría problemas para devolver esos fondos a los prestamistas extranjeros porque una economía que crecía más rápidamente tendría en consecuencia una mayor capacidad de servicio de sus deudas.

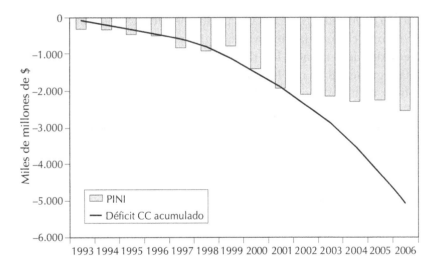

Figura 6.7. Posición inversora neta internacional (PINI) de Estados Unidos y déficit por cuenta corriente (CC) acumulado, 1993-2006 (miles de millones de dólares). *Fuente:* Oficina de Análisis Económico.

Este panorama tan halagüeño se hizo menos plausible tras la llegada del nuevo siglo, pero tuvo que pasar algún tiempo hasta que se empezó a reparar en ello, tanto a nivel del gran público como en entornos profesionales. Cuando los inversores descubrieron que la importancia de la Nueva economía se había sobrerrepresentado y la burbuja del NASDAQ pinchó, se hizo más difícil argumentar que los déficits por cuenta corriente de Estados Unidos venían motivados por la inversión y eran por tanto benignos. Sin embargo, el déficit siguió aumentando, pasando de poco más de un 4% del PIB, el nivel que por lo general los economistas consideraban un límite superior seguro, a un 5% en 2003, 6% en 2005 y 7% en 2006.

La fuente o el culpable –que, cada vez más, era como se veía– era el bajo nivel de ahorro en Estados Unidos. La Administración Bush había recortado los impuestos nada más asumir el poder en 2001. Un presupuesto federal que había pasado a registrar superávits en la década de 1990 volvía ahora a una situación de déficit. No obstante, si bien la razón de la caída del ahorro público era evidente –el gasto federal como porcentaje del PIB se había mantenido estable, luego el motivo era sencillamente la bajada de los ingresos procedentes de los impuestos–, no quedaba tan claro a qué se debía el retroceso en el ahorro de los hogares. Las tasas personales de ahorro disminuyeron, primero a cifras bajas de un solo dígito y luego a niveles negativos a mediados de la década. Los defensores acérrimos de la Nueva economía argumentaban que los hogares estaban gastando más debido a la solidez de los pilares fundamentales de la economía estadounidense que hacían que los hogares anticiparan mayores ingresos futuros, lo que a su vez justificaba un mayor gasto presente. Ahora bien, esa optimista visión en el más puro estilo de Pangloss se hizo más difícil de mantener después de que el NASDAQ se desplomara y, en particular, después de que el crecimiento de la productividad diera muestras de estar ralentizándose.

La explicación alternativa se centró en toda una serie de dramáticos recortes de los tipos de interés por parte del Fed durante la recesión de 2001. Revertir esos recortes sin estrangular la subsiguiente recuperación requería actuar de forma gradual. Mientras tanto, los tipos de interés bajos alimentaron un auge en el mercado de la vivienda sin precedentes. El aumento del precio de la vivienda hizo que los hogares tuvieran la sensación de ser más ricos. Independientemente de las sensaciones, los tipos de interés bajos les permitieron refinanciar sus hipotecas y dirigir el ahorro de intereses hacia el consumo. Todo esto pintaba un panorama menos optimista sobre la sostenibilidad del déficit, ya que unos tipos de interés sorprendentemente bajos no iban a durar eternamente, como tampoco cabía esperar que los precios de la vivienda continuaran subiendo de manera indefinida, sino que llegaría un momento en que empezarían a bajar. Ahora bien, por el momento, ése era un problema para abordar en el futuro.

Como siempre, «el tango se baila a dos»: es decir, Estados Unidos podía mantener grandes déficits sólo porque otros países estaban dispuestos a mantener grandes superávits. Estados Unidos podía ahorrar menos de lo que invertía gracias a que otros países ahorraban más. El presidente de la Reserva Federal, Ben Bernanke, describió los desequilibrios mundiales –no sin razón– como un reflejo de la sobreabundancia mundial de ahorro.[27] Ahora bien, era una sobreabundancia mundial de ahorro superpuesta sobre una sequía ahorradora en Estados Unidos.

Había quienes eran de la opinión de que la situación se prolongaría un tiempo. El crecimiento de China se centraba en el sector manufacturero y el país exportaba gran parte de lo que producía: no era posible vender toda la electrónica de consumo que se ensamblaba en el país a los hogares chinos, sino que no quedaba más alternativa que darle salida a través del canal de las grandes superficies en Estados Unidos. Mantener el tipo de cambio bajo frente al dólar era parte integral de la venta de esta producción excedentaria en el exterior. Además, a medida que China fue creciendo, su banco central exigió que se incrementaran las reservas en moneda extranjera para suavizar el flujo de pagos internacionales y aislar la economía de la volatilidad financiera. El único motivo por el que China pudo acumular esas reservas fue porque las exportaciones chinas crecieron más que sus importaciones. Mientras tanto, Estados Unidos, fuente de esas reservas, no tenía problema con importar más de lo que exportaba y consumir más de lo que producía. En definitiva, el *statu quo* interesaba a todos y era probable que se mantuviera durante un par de décadas, que era el tiempo que el sector industrial chino podía tardar en absorber 200 millones de campesinos.

La situación era parecida a la de las décadas de 1950 y 1960, que es por lo que se acabó conociendo como Bretton Woods II.[28] Entonces,

[27] Véase Bernanke, 2005.
[28] La analogía y la etiqueta de Bretton Woods II fueron creadas y popularizadas por Dooley, Folkerts-Landau y Garber, 2004.

al igual que ahora, un país con una moneda clave había ocupado un lugar central en el sistema manteniendo un déficit y proporcionando al resto del mundo liquidez internacional. En la periferia se situaban toda una serie de economías que crecían rápidamente y se servían de las exportaciones para aumentar su renta, manteniendo superávits por cuenta corriente y acumulando las reservas adicionales en consonancia con sus economías ahora más grandes. El país con el exorbitante privilegio de proporcionar las reservas había sido el mismo: Estados Unidos. La única diferencia era la identidad de las economías que iban a la zaga, manteniendo superávits crónicos y acumulando reservas. En el pasado habían sido Europa y Japón. Ahora eran China y otros países asiáticos. No obstante, las consecuencias eran las mismas. Si el Bretton Woods original había durado prácticamente veinte años, bien podría ser el caso también de su sucesor.

Si se dejan los tipos de cambio en manos de las fuerzas de mercado, éstos tienden a apreciarse en las economías que van a la zaga.[29] Como la productividad crece relativamente rápido, se hace necesaria la apreciación de la moneda para evitar que se desarrollen desequilibrios entre el crecimiento de las exportaciones y las importaciones. La apreciación de la moneda evita que se produzca ese desequilibrio incrementando el papel de los consumidores sobre los bienes comerciados. Ésta es una de las formas en las que una mayor productividad se traduce en un nivel de vida más alto. Ahora bien, bajo el sistema de Bretton Woods, este mecanismo se había suprimido. En su día, la paridad de las monedas europeas y japonesa respecto al dólar era fija y, salvo contadas excepciones, se evitaba que fluctuaran.[30] Ahora no había un acuerdo formal para estabilizar los tipos de cambio frente al dólar, pero las economías que iban a la zaga podían intervenir en el mercado para evitar que sus monedas se apreciaran.

Pero las presiones del mercado no permanecen embotelladas indefinidamente. En el caso del Bretton Woods original, explotaron

---

[29] Más concretamente, tenderán a experimentar una apreciación del *tipo de cambio real*. El precio de los bienes producidos localmente subirá en comparación con el precio de las importaciones a través de la inflación o de la apreciación de la moneda.

[30] De modo similar, los superávits de la balanza de pagos resultantes se habían traducido solamente en una inflación limitada debido a los controles de capital y la estrecha regulación financiera, que permitieron que de hecho se esterilizara la liquidez asociada con esos superávits.

a principios de la década de 1970. El miedo ahora era que Bretton Woods II podría llegar a su fin incluso más rápidamente.

Cabe recordar que esta situación dependía ostensiblemente de la compatibilidad entre los intereses de China y Estados Unidos. Estados Unidos se prestaba de buen grado a consumir más de lo que producía. China tenía interés en ahorrar y exportar para alcanzar la prosperidad y en acumular las reservas internacionales necesarias para controlar el mayor volumen de transacciones internacionales. Pero, para 2005, tanto las administraciones como los inversores empezaban a albergar dudas. La administración estadounidense veía el aluvión de bienes importados procedentes de los países en desarrollo como una carga injusta para su sector industrial. Se culpó a la reticencia de China y sus vecinos a permitir que sus monedas se apreciaran y se amenazó con sanciones comerciales en respuesta a esta supuesta manipulación.

Para China, no era sostenible ahorrar el 50% del PIB e invertir casi una cantidad equivalente, ni económica ni políticamente. Sencillamente no era posible desplegar tanto capital económico adicional año tras año –para construir las correspondientes factorías y represas– sin incurrir en ineficiencias significativas. Además, no era socialmente deseable para los hogares el posponer tanto consumo indefinidamente. Al ir reduciéndose el ahorro chino, algo que iba a ocurrir incluso más rápidamente al ir envejeciendo la población, el superávit externo del país menguaría.[31] Más aún: el fenómeno del envejecimiento de la población no se limitaba a China sino que también estaba presente en otros países del este asiático como Japón y Corea del Sur.

Las reservas extranjeras, mientras tanto, habían ascendido muy por encima de los niveles necesarios para engrasar las transacciones internacionales. Las normas estándar sobre cuáles eran los niveles adecuados de reservas las situaban en el equivalente al valor de las importaciones de tres meses o el coste de los pagos del principal y los intereses de la deuda exterior durante un año. Para 2005, las reservas no sólo de China sino también de los mercados emergentes en

---

[31] La alta proporción relativa de ancianos en la población total era una consecuencia de la política del hijo único que comenzó a aplicarse en 1979. Sus implicaciones para el ahorro emanaban del modelo del ciclo de vida (véase arriba). Además, en la medida en que lo más probable era que la incertidumbre en cuanto al apoyo público a la tercera edad se redujera con el desarrollo de una red de cobertura social más robusta, el desahorro por parte de los mayores no haría sino acelerarse.

general, solían exceder con creces ese límite. Todo esto apuntaba a la conveniencia de estimular la demanda interna para reducir el superávit exterior y ralentizar la acumulación de reservas al tiempo que se permitía que la moneda se apreciara para evitar que un estímulo adicional de la demanda alimentara la inflación. Con estos objetivos en mente y para evitar las sanciones comerciales de Estados Unidos, en julio de 2005 China anunció que apreciaría el renminbi un 2,1 % y que, a partir de ese momento, permitiría que su moneda se apreciara frente al dólar.

No obstante, un 2,1 % no era nada en comparación con la variación del tipo de cambio de la moneda china necesaria para contribuir a la corrección de los desequilibrios mundiales, que los observadores situaban entre un 20 %, un 30 % e incluso un 40 %.[32] Permitir que la moneda se apreciara un 5 % anual frente al dólar, que era el ritmo que pasaron a señalar las autoridades de China, apenas era suficiente para evitar que el problema fuera a peor.[33] Y, habida cuenta de la reticencia de China a un ajuste más rápido, otros países dudaban a la hora de permitir que sus monedas se apreciaran.

La reticencia de China tenía como origen varias fuentes. El Gobierno dudaba a la hora de intervenir cuando la situación actual era todo un éxito, ya que al país le había ido bien con un tipo de cambio fijo. La rapidez con la que se podía aumentar el gasto en educación, infraestructuras y servicios sociales tenía un límite. Además, existían dudas sobre si el problemático sector bancario del país podría sobrellevar los efectos que tendría sobre sus balances un tipo de cambio más volátil. Las autoridades advirtieron de que el país todavía carecía de los mercados de cobertura a los que bancos y empresas pudieran acudir para protegerse de inesperados cambios bruscos en el tipo de cambio.

También existía la preocupación de que una intervención en el mercado de divisas pudiera resultar no sólo en una apreciación modesta del tipo de cambio de las monedas asiáticas frente al dólar, sino que más bien se desencadenara un desplome del dólar. A finales de

---

[32] Véase, por ejemplo, Goldstein y Lardy, 2003.
[33] O, más concretamente, apenas era suficiente para seguir el ritmo de crecimiento de la diferencia de productividad del trabajo (el aumento de la productividad en China menos el aumento de la productividad en EE. UU.). Recordemos que la productividad crecía al 6% anual en China, es decir, aproximadamente un 4% más rápidamente que en Estados Unidos.

la década de 1990, la financiación del déficit por cuenta corriente de Estados Unidos se había obtenido de inversores extranjeros atraídos por los cantos de sirena de la Nueva economía. Ahora, en cambio, los principales compradores de activos estadounidenses eran bancos centrales y gobiernos, y sus compras adoptaban principalmente la forma de títulos de deuda que eran la forma preferida de reservas. Si esos bancos centrales y gobiernos extranjeros recortaban ahora sus compras, el dólar caería en picado, y eso podría pillar desprevenidos a los inversores, desencadenando así una perturbación financiera y poniendo en peligro el crecimiento a nivel mundial. Además, provocaría que esos mismos bancos centrales y gobiernos sufrieran pérdidas de capital en sus reservas existentes, pues la mayoría estaban denominadas en dólares estadounidenses.

En un mundo ideal, los bancos y gobiernos centrales limitarían su acumulación de dólares sólo de manera gradual. Cualquier intento de diversificar las tenencias de reservas existentes para proteger sus carteras de una caída del dólar también se habría realizado gradualmente. Más aún: si una menor entrada de capitales en Estados Unidos implicaba un crecimiento más lento de la demanda en el país, debería compensarse con medidas para estimular la demanda en otros países.

Ahora bien, para conseguir ese resultado final hacía falta la cooperación internacional. Por más que lo que beneficiara al interés colectivo fuese que los bancos centrales diversificaran sus tenencias de dólares gradualmente, lo que beneficiaba al interés individual de cada banco central era diversificar rápidamente y, a ser posible, hacerlo de manera subrepticia para no perturbar los mercados. Ahora bien: si había suficientes bancos centrales que sucumbieran a la tentación, los inversores lo notarían y el dólar caería en picado. Dicho de otro modo: no era evidente que lo que favorecía al interés colectivo favoreciera también al interés individual. De manera similar y a cambio de emprender ajustes cambiarios y de gasto en beneficio del interés mundial, las autoridades chinas querían recibir algo a cambio de Estados Unidos.

El FMI se había creado en 1944 para ayudar a coordinar las acciones colectivas en cuestiones monetarias y ahora pretendía organizar las soluciones a esos problemas: obligó a los bancos centrales a hacer pública más información sobre el desglose por monedas de sus reservas en divisas a través de las Normas Especiales para la Divulgación de Datos. La idea era que, con una mayor transparencia, habría menos oportunidad de realizar ajustes subrepticios de cartera. El FMI reunió a Estados Unidos, Japón, China, la zona del euro y Arabia Saudí (como representante de los exportadores de petróleo) para debatir ajustes de macropolítica económica que resultaran beneficiosos para todos.

No obstante, el avance en la cuestión de la transparencia sobre las reservas fue lento. Tan sólo algo más de una veintena de países participó e incluso éstos únicamente proporcionaron la información sobre reservas con un cierto desfase temporal, lo que dejaba un considerable margen de maniobra para los ajustes oportunistas. En cuanto a las consultas multilaterales del FMI, generaron muchas conversaciones pero poca acción. El Fondo no tenía poder para obligar a los países grandes a los que no prestaba fondos a que adoptaran medidas y estaba en una posición particularmente precaria en el caso de los países con superávits, en ese momento China en particular.[34] Así pues, los miembros del FMI acordaron reforzar la autoridad del Fondo para supervisar los tipos de cambio y, en particular, para advertir sobre una devaluación ostensible de las monedas. El Directorio Ejecutivo tomó una nueva decisión sobre la vigilancia del tipo de cambio con un voto en contra –no precisamente una gran sorpresa– de China. Pero sólo el tiempo diría si el FMI estaba por fin preparado para usar su visibilidad y si se escucharían los llamamientos que lanzara.

Para finales de 2007, estas cuestiones eran cada vez más urgentes. Los precios de la vivienda alcanzaron su máximo en 2006 en Estados Unidos y para 2007 la construcción de vivienda residencial había empezado a bajar. Se temía que el consumo siguiera su ejemplo en Estados Unidos. Si la demanda interior era menor, entonces habría que vender más productos estadounidenses en el extranjero y eso haría necesario que el dólar bajara para fijar un precio adecuado para esos productos en los mercados extranjeros. El dólar ya había empezado a bajar anticipándose a ese escenario. Luego, en la segunda mitad de 2007, se desató la crisis de las hipotecas de alto riesgo o *subprime*, que giró en torno a los bonos de titulización hipotecaria y deriva-

---

[34] Éste era el mismo problema que Keynes había enfatizado y que había motivado la adopción de la *cláusula de la moneda escasa* allá por la década de 1940. Véase el capítulo 4 para más información.

dos sobre la vivienda que se habían generado y detentado de manera desproporcionada en Estados Unidos. Los inversores cayeron en la cuenta de que estos títulos eran complejos, opacos y arriesgados. De repente, los mercados de Estados Unidos parecían un destino menos atractivo para los fondos extranjeros. Los flujos de entrada de capital se ralentizaron y los participantes en el mercado empezaron a hablar de un desplome del dólar.

El incentivo a abandonar en desbandada las posiciones en dólares para evitar pérdidas era tanto mayor en la medida en que había un destino hacia el que salir corriendo: el euro. La zona del euro también tenía mercados profundos y líquidos que la convertían en un lugar cada vez más atractivo para las reservas internacionales de los bancos centrales. Ahora bien, si los inversores se pasaban al euro en masa, el resultado también sería un tipo de cambio incómodamente fuerte del euro (particularmente incómodo para los exportadores europeos). Obviamente, el euro traía ventajas y desventajas. Hubo comentaristas que llegaron incluso a defender que sus costes excedían con creces sus beneficios.

Al final, sus argumentos no se tuvieron en cuenta. Para comprender por qué, es necesario remontarnos en el tiempo a mediados de la década de 1990.

El euro

A principios de la década de 1990 se podía cuestionar de manera razonable si la antigua aspiración de crear una moneda única europea llegaría a hacerse realidad algún día. El rumbo del proceso de convergencia europea se habían visto afectado por la crisis del SME. El Reino Unido e Italia había sufrido ataques especulativos y se habían visto obligados a abandonar el Mecanismo de Tipos de Cambio (el Reino Unido de modo permanente). Otros países habían experimentado presiones similares y respondieron ampliando las estrechas bandas de 2¼ % del MTC, optando por un intervalo de +/-15 %. La idea de que los países se prepararían para la unión monetaria aprendiendo a vivir con una flexibilidad limitada de tipos de cambios parecía cada vez más incongruente. Europa parecía estar retrocediendo –en vez de avanzar– en el camino hacia tipos de cambio permanentemente fijos.

La explicación básica de la crisis de 1992-93 fue que los responsables de las políticas económicas no se habían comprometido de manera creíble a subordinar otros objetivos de política económica al mantenimiento de la estabilidad del tipo de cambio: cuando el crecimiento se ralentizó y el desempleo aumentó debido a los efectos retardados de la recesión de 1990-91 en Estados Unidos, se resistieron a subir los tipos de interés para defender su moneda y, en vez de eso, permitieron que el tipo de cambio se devaluara para restablecer la competitividad en el exterior. Los participantes en el mercado se beneficiaban de esta situación pues, ante la ausencia de control de capitales, podían forzar su evolución.

No obstante, a principios de 1993, la situación empezó a cambiar. Tras iniciarse una etapa expansiva en Estados Unidos, la expansión pronto siguió en Europa. Si eran necesarias medidas de austeridad adicionales para preparar la unión monetaria, ahora sería más fácil ponerlas en práctica con un telón de fondo de crecimiento más vigoroso. La mayoría de los responsables de la política económica en Europa reconfirmaron su compromiso con la transición completa hacia la unión monetaria. Mientras tanto, dos países –el Reino Unido y Dinamarca– cuyo compromiso siempre había sido dudoso abandonaron el proceso, dejando así de ser un lastre para los demás.[35]

Respondiendo a la insistencia alemana, el Tratado de Maastricht había establecido objetivos de inflación, tipos de interés, estabilidad de tipos de cambio y estabilidad fiscal para los países que desearan participar en la unión monetaria. La clave fue el criterio fiscal: un déficit fiscal de no más de un 3% del PIB y una deuda de no más de 60% de PIB. La idea era que para cumplir el objetivo de déficit era necesario forjar un consenso social duradero; haría falta tomar decisiones fiscales difíciles sobre a quién pertenecía el buey fiscal que había que sacrificar. El criterio fiscal serviría para, a efectos prácticos, filtrar y separar los países que no contaran con la cultura de estabilidad requerida y fueran incapaces de vivir dentro –que no por encima– de sus

---

[35] Además, las bandas de fluctuación más anchas (+/-15%) del SME después de 1993 podrían haber ayudado al eliminar las apuestas en una sola dirección. Los especuladores dejaron de alinearse todos en un lado del mercado ya que ahora, si se equivocaban sobre que se pudiera arrastrar a una moneda por debajo del límite inferior de su banda de fluctuación, ésta podría recuperarse en hasta un 30%, infligiendo grandes pérdidas a quienes se hubiera posicionado en corto.

posibilidades. Se prohibiría la participación de países con tendencia a presionar en favor de una política monetaria laxa para hacer que resultara más fácil financiar sus déficits presupuestarios.[36]

Al final, este criterio demostró ser un umbral menos eficaz de lo que sus artífices alemanes habían anticipado. Un crecimiento más rápido, que incrementó los ingresos del sector público, trajo como consecuencia que los déficits se redujeran incluso en ausencia de iniciativas de política económica orientadas en ese sentido. Los Gobiernos podían adoptar medidas excepcionales en una sola ocasión –por lo general en forma de impuestos adicionales– para colocarse temporalmente por debajo del umbral del 3% pero luego abandonar la disciplina fiscal. Hubo algunos que recurrieron a trucos contables. Debido a esta combinación de razones, todos los miembros de la UE que aspiraban a participar en la unión monetaria cuando se estableció en 1999 pudieron argumentar que cumplían los criterios de déficit, con la única excepción de Grecia, donde las condiciones todavía eran demasiado caóticas como para poder mantener la pretensión de que así era.

En cualquier caso, el hecho de que las decisiones importantes se tomaran por consenso hacía difícil vetar a Estados miembros en situación dudosa. Al requerir las decisiones de calado la aprobación unánime de todos los miembros de la UE, los países que se quedaran fuera de la unión monetaria podían amenazar con devolver el golpe obstruyendo el progreso en otras áreas. Cuando se firmó el Tratado de Maastricht, la expectativa era que se creara una pequeña unión monetaria en torno a Francia y Alemania que tal vez incluiría a Austria, Bélgica, Luxemburgo y Holanda.[37] La decisión, que se tomó en el Consejo Económico de mayo de 1998 celebrado en Bruselas, fue crear una gran unión monetaria que incluía a Irlanda, Italia, España, Portugal y Finlandia.

---

[36] En contraste con esto, los criterios basados en el tipo de interés, el tipo de cambio y la inflación eran filtros menos útiles. Si se realizaban los ajustes fiscales necesarios y se desarrollaban las expectativas de que se le permitiría a un país entrar en la unión monetaria, su tipo de cambio tendería a estabilizarse como resultado. De modo parecido, los tipos de interés y la inflación bajarían hacia los niveles de Alemania puramente como consecuencia de ello. Estos criterios eran por tanto menos útiles a la hora de identificar países con la necesaria cultura de estabilidad.

[37] Asumiendo, por supuesto, que Austria ingresara en la UE, algo que tan sólo ocurrió en 1995 con la tercera ronda de ampliación de la Unión (en la que también ingresaron en la Unión Suecia y Finlandia).

El cambio a la nueva moneda se planeó hasta el último detalle, estableciéndose un Instituto Monetario Europeo que hiciera las veces de una especie de germen de Banco Central Europeo, pero todavía «con rueditas para aprender», en preparación para la puesta en marcha de una política monetaria común. Para asegurar a Alemania que no se perdería la disciplina fiscal una vez que entrara en funcionamiento la unión monetaria, en el Consejo celebrado en Ámsterdam en junio de 1997 se acordó un *Pacto de Estabilidad* que establecía la supervisión continuada de los presupuestos nacionales (y multas a los países que incurrieran en déficits excesivos). Se creó un MTC II para estabilizar los tipos de cambio entre el euro y las monedas de los miembros de la UE que todavía no habían ingresado en la unión monetaria. Los potenciales miembros de la zona euro aceptaron que, de manera irrevocable, fijarían sus tipos de cambio a partir de enero de 1999 a los niveles registrados a mediados de 1998.[38] Estos preparativos permitieron que la transición a la nueva moneda a principios de 1999 estuviera sorprendentemente exenta de sobresaltos. Con la política monetaria común ahora en manos del Banco Central Europeo, los miembros de la zona euro podían empezar a prepararse para la siguiente fase: sustituir las monedas nacionales de los distintos países por monedas y billetes en euros.[39] El cambio a la nueva moneda única se completó con éxito también a principios de 2002.

Una unión monetaria entre un grupo de países que suponían el 20% de la producción y el 30% del comercio a nivel mundial era algo sin precedentes y su principal artífice, el Banco Central Europeo, era de momento una incógnita total y absoluta carente de trayectoria. No es de sorprender por tanto que la operación de creación de la zona euro y el BCE se analizaran con lupa. Algunas voces críticas se quejaron de que el nuevo banco central, preocupado por establecer sus credenciales antiinflacionista, era excesivamente rígido y poco sensible al desempleo. En cambio otros se quejaban de lo contrario,

---

[38] Así se eliminaba la posibilidad de devaluaciones de último minuto diseñadas para permitir que un país ingresara en la unión monetaria a un tipo de cambio artificialmente competitivo. Ese tipo de devaluaciones habrían sido problemáticas, ya que la competitividad se habría logrado a expensas de otros miembros y los especuladores, anticipando devaluaciones, podrían haber atacado las monedas en cuestión anticipadamente y desestabilizar el proceso de transición. El acuerdo de que no habría más cambios de paridad eliminaba ambos peligros.
[39] Mientras tanto, Grecia ingresó en la zona euro (a principios de 2001).

de que el BCE permitía que la inflación se alejara una y otra vez de su objetivo del 2%. De cualquier modo, las críticas eran parte del proceso y el hecho de que se dividieran en dos bandos aproximadamente iguales en tamaño sugería que la política del BCE no era demasiado mala.

De manera similar, algunos observadores se quejaron de que el euro estaba excesivamente débil frente al dólar durante los primeros dos años, lo que indicaría falta de confianza en la nueva unidad. Luego, cuando el euro se recuperó frente al dólar, se quejaron de que su excesiva fortaleza estaba perjudicando el crecimiento de Europa. No obstante, a medida que avanzaba el tiempo, se vio claramente que esas quejas eran anacrónicas. Las oscilaciones en el tipo de cambio dólar-euro constituían un reflejo completamente normal de las oscilaciones relativas de la tasa de crecimiento y los tipos de interés de Estados Unidos y Europa. Como la zona euro era una economía grande, tenía menos motivos para preocuparse por el impacto económico de esas oscilaciones que las economías pequeñas abiertas que la habían precedido.

También existía la preocupación de que una disciplina fiscal inadecuada estuviera creando presión para que el BCE permitiera un aumento de la inflación. Primero Portugal en 2002 y luego Francia y Alemania en 2003 incumplieron el techo de déficit presupuestario del 3% del PIB establecido en el Pacto de Estabilidad. Los niños grandes del cole podían amenazar de manera creíble a un renacuajo como Portugal, a quien no le quedó más remedio que subir los impuestos, condenándose así a una recesión, pero Francia y Alemania no estaban tanto por la labor de multarse a sí mismas. Los diseñadores del Pacto de Estabilidad habían anticipado que un país podía potencialmente incumplir las normas pero no que varios países lo hicieran al mismo tiempo. Pese a que no se permitió que Alemania votara cuando se decidió si se la sometería a multas y sanciones, Francia sí podía y viceversa. Así pues, los dos países podían conspirar para evitar que ninguno de los dos fuera sancionado. El Pacto de Estabilidad se tergiversó e incumplió en repetidas ocasiones o, dicho en el lenguaje más cosmético de la UE, se «reformó» el pacto para permitir una mayor flexibilidad presupuestaria.[40]

---

[40] En 2005.

No quedó claro si esto debía considerarse o no problemático. El miedo a que países con grandes déficits ejercieran una presión insoportable sobre el BCE para que permitiera un aumento de la inflación resultó cada vez menos justificado a medida que el nuevo banco central fue ganándose una reputación de valorar la estabilidad de precios. Además, un número creciente de Gobiernos fue llegando a la conclusión de que, con una política monetaria común, la única herramienta para reaccionar ante las perturbaciones o *shocks* en una economía nacional concreta era a través de la política fiscal del país. Un uso eficaz de este instrumento requería un presupuesto próximo al equilibrio en las épocas buenas para que un déficit mayor en las épocas malas no perjudicara a la confianza. A medida que fueron apreciando más claramente este hecho, los Gobiernos avanzaron lentamente pero con paso seguro hacia el equilibrio presupuestario. Una interpretación posible es que la unión monetaria ya no necesitaba el Pacto de Estabilidad, de igual modo que al BCE ya no le hacían falta las rueditas.

Aun así, adaptarse a una política monetaria única no fue fácil. Las economías que crecían lentamente, como Italia, que competían frente a frente con China en la producción de bienes de consumo especializados, habrían preferido una política más relajada por parte del BCE y un tipo de cambio del euro más débil. Las economías que crecían más rápidamente, como era el caso de Irlanda, cuya población angloparlante y su entorno propicio a la inversión extranjera le habían permitido aprovechar al máximo el *boom* de la alta tecnología, experimentaron rápidos crecimientos en el sector inmobiliario y en el precio de otros activos, y habrían preferido una política más restrictiva por parte del BCE para enfriar sus economías sobrecalentadas. Así pues, las quejas sobre la política del BCE por considerarla demasiado relajada o demasiado estricta tendían a ir ligadas a circunstancias nacionales.

En términos más generales, las «economías en convergencia» (jerga de la UE para referirse a países relativamente pobres que todavía no habían «convergido» hacia los niveles de vida de la UE y aún estaban batallando con problemas económicos y financieros) tendían a experimentar auges al ingresar en la zona euro. Entrar en la unión monetaria implicaba que los tipos de interés, que habían sido altos debido a malas situaciones financieras anteriores, descendieran de modo abrupto a niveles de Francia o Alemania.[41] Al caer el coste del endeudamiento, los hogares emprendían la senda del atracón de consumo y las empresas se apresuraban a invertir. Sus demandas incrementales empujaban los salarios al alza, a menudo de un modo dramático. Luego, cuando se acababa la fiesta, el país se encontraba en una situación de salarios excesivamente altos, competitividad rezagada y desempleo creciente. El necesario ajuste requería una deflación demoledora. Portugal, que tenía la renta per cápita más baja de todos los miembros fundadores de la zona euro, fue el primero en encontrarse en esa situación. La solución –atajar el problema aplicando la contención fiscal– era fácil de recomendar pero difícil de poner en práctica a nivel político.

Por más que hubiera mucho sobre lo que quejarse y preocuparse, apenas se consideró en serio en ningún caso la posibilidad de abandonar el euro y reintroducir las monedas nacionales.[42] No estaba claro que los beneficios económicos de dar marcha atrás fueran a exceder los costes de hacerlo; un país que abandonara el euro y reintrodujera su antigua moneda nacional podría orquestar una mejora en la competitividad de sus exportaciones –suponiendo, claro está, que la depreciación de la moneda no se viera neutralizada por la inflación salarial– pero sólo a costa de un aumento de los tipos de interés y por tanto de la carga del servicio de la deuda. Abandonar el euro, algo que no contemplaba el Tratado de Maastricht, conduciría claramente a las recriminaciones políticas: suscitaría preguntas sobre la estabilidad de la zona del euro en general, algo que el resto de los miembros no iban a ver precisamente con buenos ojos. Un país que diera ese

---

[41] Si bien los tipos de interés nominales (de activos sin riesgo) descendieron hasta situarse en los niveles del resto de Europa, los tipos de interés reales (de los que dependía el coste del endeudamiento) eran todavía más bajos en las economías con altas tasas de crecimiento porque las tasas de inflación eran más altas como reflejo de una tasa más rápida de aumento de los precios de los bienes no comerciados. Así pues, allí donde los responsables de política económica hubieran preferido unos tipos de interés más altos para sujetar la demanda en los casos en que el crecimiento fuese extraordinariamente rápido, la unión monetaria resultó en exactamente lo contrario.

[42] Unos cuantos políticos populistas hicieron campaña contra el euro activamente. El ministro italiano de bienestar social Roberto Maroni, por ejemplo, declaró en junio de 2005 que «el euro tenía que acabarse» e hizo un llamamiento para que se introdujeran de vuelta la lira. En cualquier caso, sus opiniones no eran representativas de la opinión informada, ni siquiera de la opinión pública general.

paso no sería bienvenido en el seno de la UE a la hora de debatir y decidir las políticas comunitarias.

Otro obstáculo nada despreciable eran las dificultades de procedimiento que entrañaba una salida. La decisión de introducir de vuelta la moneda nacional supuestamente requeriría un dilatado debate parlamentario. Si la conclusión de ese debate era optar por introducir de vuelta la moneda nacional y convertir los depósitos bancarios, los contratos laborales y otras obligaciones financieras a esa moneda, que se devaluaría respecto al euro para restablecer la competitividad, entonces los inversores serían capaces de ver lo que iba a ocurrir y abandonarían en tromba sus posiciones en los bancos y mercados locales para proteger sus activos de la depreciación, con lo que se desencadenaría la madre de todas las crisis financieras. Este peligro se podría haber evitado si hubiera sido posible acordar y ejecutar la salida de un día para otro, pero eso era imposible en una democracia.

Esta predisposición a vivir con el euro y hacer lo que hiciera falta para que funcionase también reflejaba la percepción de que la moneda única ofrecía grandes ventajas: la más evidente de todas era que minimizaba el impacto de los saltos del tipo de cambio entre monedas europeas. Acontecimientos como los atentados terroristas en los trenes de cercanías de Madrid en 2004 ya no tendrían la capacidad de perturbar los tipos de cambio entre países de la zona euro porque ya no habría tipo de cambio entre los países de la zona euro. La moneda única no aislaba completamente la zona de los riesgos financieros, pues todavía podrían producirse perturbaciones que afectaran a los mercados financieros y los bancos, pero las fluctuaciones de tipo de cambio a nivel intraeuropeo dejarían de ser fuente de esos riesgos. Además, tampoco podrían actuar como mecanismo amplificador.

El otro efecto visible del euro era estimular el crecimiento de los mercados de valores europeos. Los mercados de bonos en particular se caracterizan por las economías de escala. Cuanto mayor es el mercado, más atractivo es como plataforma para realizar transacciones, pues es más fácil que los inversores tomen posiciones y compren o vendan sin que cambien los precios. Así pues, los mercados más grandes tienden a ofrecer mayor liquidez y unos costes de transacción más bajos y presentan curvas de rentabilidad bien definidas. En estos mercados suelen existir activos estandarizados de riesgo bajo para toda una serie de vencimientos distintos, es decir, activos cuyos tipos de interés sirven como referencia para fijar el precio de otros activos más arriesgados.

Así pues, el pasar de diez mercados nacionales segmentados, cada uno operando con valores denominados en una moneda diferente, a un único mercado de bonos de alcance continental en el que se intercambiaban títulos denominados en euros fue una decisión que reportó beneficios inmediatos. Los fondos de bonos con un enfoque nacional perdieron cuota de mercado rápidamente ante los fondos de bonos que cubrían toda la zona.[43] El volumen de acciones en circulación emitidas por empresas en la zona euro pasó de un 32% del PIB a finales de 1998 a casi 75% a mediados de 2005. No sólo esto, sino que además se hizo posible realizar emisiones mayores de bonos. Para las empresas que no tenían una calificación crediticia de calidad de inversión, ahora era más sencillo emitir bonos. Esto a su vez contribuyó mucho a mejorar la competitividad en Europa: la consecuencia era que las empresas europeas disfrutaban de un menor coste de capital, con lo cual podían endeudarse más barato para invertir y ya no dependían en exclusiva de sus bancos. También significó que bancos, empresas y hogares podían diversificar sus carteras más fácilmente para incluir activos emitidos en distintos países, reducir el «sesgo local» y mejorar el reparto internacional del riesgo.

Otro efecto del euro fue que mejoró la transparencia en los precios e impulsó el comercio transfronterizo. De repente, era más fácil para un consumidor holandés comparar los precios publicados por su proveedor local con los que ofrecía una tienda belga justo al otro lado de la frontera y viceversa. Esto hizo que se intensificara la competencia en el mercado de productos. Tanto minoristas como mayoristas empezaron a soportar mayor presión para igualar los precios que ofrecía la competencia, habida cuenta de que ahora era mucho más fácil comparar precios. Estudios de la OECE y otras instituciones indican que la competencia en el mercado de productos posee una importancia crítica para estimular el crecimiento de la productividad en países de rentas altas.[44] Unos mercados de producto más

---

[43] Un estudio de esto es el del Baile et al. (2004).
[44] Véase, por ejemplo, OCDE 2003.

competitivos obligan a los productores y proveedores a esforzarse si no quieren perder negocio y, en última instancia, desaparecer. Los estudios realizados en tiempos posteriores a la creación del euro no logran ponerse del todo de acuerdo en cuanto a la magnitud de este efecto, pero todos apuntan a su existencia.[45] Tampoco hubo controversia sobre el hecho de que un entorno de mercado más competitivo, por más que planteara dificultades de ajuste, era precisamente lo que Europa necesitaba.

El impacto del euro en el tema de la reforma del mercado laboral fue menos evidente.[46] Los mercados laborales europeos siguieron caracterizándose por una fuerte regulación y gran rigidez y el euro hizo poco por cambiar esa circunstancia, lo cual no deja de ser una pena porque la ausencia de una política monetaria nacional potenció el valor tanto de la movilidad laboral como de la flexibilidad salarial, aunque eso no fue ninguna sorpresa. Los responsables de las políticas públicas no necesitaban hacer nada para que el euro intensificara la competencia en el mercado de productos y eliminara los reductos de poder monopolístico: sin hacer nada, el resultado sería una mayor competencia en el mercado de productos. Ahora bien, mejorar la movilidad laboral haciendo que las cualificaciones laborales y las pensiones fueran más transportables, y hacer que las relaciones laborales fueran más flexibles reduciendo los costes de contratación y despido, todo eso sí requería que actuaran. La adopción del euro proporcionó un incentivo a ese tipo de acciones pero en modo alguno garantizaba que se fueran a producir.

---

[45] Micco, Stein y Ordenez, 2003, estimaron un incremento de 6% en el comercio transfronterizo en la zona euro durante los primeros años de la moneda única, mientras que otros autores, en cambio, sugirieron un efecto mayor. En cuanto a la dispersión de precios y la competencia en el mercado de productos tras el establecimiento del euro, véase Foad, 2007. Parsley y Wei, 2007, revisan a la baja la magnitud del impacto del euro en la dispersión de precios, comparando para ello categorías de productos definidas de manera muy concreta, en su caso los 10 ingredientes principales de la típica Big Mac en McDonald's de dentro y fuera de la zona euro.

[46] Un estudio que proporciona evidencia de ello es el de Duval y Elmeskof, 2006.

Competencia entre divisas

Con los desequilibrios mundiales como telón de fondo, la llegada del euro también planteó interrogantes sobre el futuro del dólar como la divisa internacional dominante. Irónicamente, el impacto del euro a corto plazo fue reforzar la preeminencia del dólar. Antes de 1999, parte de las reservas que detentaba el Banco de Francia estaban denominadas en marcos alemanes, mientras que parte de las del Bundesbank estaban denominadas en francos franceses. Cuando el euro sustituyó a ambas monedas, esos activos dejaron de considerarse reservas en moneda extranjera y pasaron a convertirse sencillamente en reservas en moneda nacional del sistema bancario consolidado. La fuerza del tipo de cambio del dólar hacia el final de la era de la Nueva economía también contribuyó a incrementar el valor de las reservas de dólares en circulación en comparación con las denominadas en otras divisas. A efectos contables, la participación del dólar en las reservas mundiales, de hecho, aumentó en 1999-2000.

Después de eso, sin embargo, el euro empezó a ganarle terreno al dólar en términos de la parte proporcional de las reservas combinadas de euros y dólares denominada en la moneda europea. Los mercados financieros de la zona euro eran más profundos y más líquidos que los mercados financieros independientes en moneda nacional de la era anterior al euro, lo que hizo que el euro resultara más atractivo que las monedas a las que sustituía como forma de detentar reservas. El euro empezó a utilizarse cada vez más como moneda para la facturación comercial, particularmente en los países vecinos de Europa central y oriental, pero también en otros lugares del mundo. Se empezó a usar asimismo como moneda de denominación de los bonos internacionales, dada su estabilidad y el apetito prevalente en Europa por este tipo de emisiones. En 2004, cinco años después de la creación de la moneda única, los títulos internacionales de deuda emitidos en euros superaban a los emitidos en dólares, en los casos en que la emisión estaba dominada por Estados miembros de la UE que no pertenecían a la zona euro y otras economías maduras. Además, lo que tenía sentido para las empresas dedicadas al comercio de bienes y los suscriptores y emisores de títulos internacionales también lo tenía para los gestores de reservas.

Aun así, la característica más destacada del desglose por monedas de las reservas internacionales hasta 2007 fue su estabilidad. No se produjo una huida del dólar hacia el euro, sino que más bien la participación del dólar en el peso total relativo combinado de ambas divisas fue reduciéndose de manera muy gradual.[47]

La zona euro siguió expandiéndose con la adopción de la moneda única por parte de Eslovenia en 2007 y Chipre y Malta en 2008, y la perspectiva de potenciales miembros nuevos de Europa central y oriental (y tal vez algún día, ¡quién sabe!, incluso el Reino Unido, Dinamarca y Suecia). Con todo esto se generó la posibilidad de que la zona euro sobrepasara a Estados Unidos como potencia comercial internacional y desbancara al mercado estadounidense como la plaza financiera más grande del mundo. Históricamente, sólo había habido sitio en el mundo para una única divisa dominante en un determinado momento en el tiempo, lo que hacía que algunos imaginaran que llegaría un momento en que la balanza de las reservas de los bancos centrales se inclinaría a favor del euro con un abandono masivo del dólar.[48]

No obstante, la idea de que las reservas debían obligatoriamente denominarse en una única moneda se hacía cada vez más arcaica. El dólar había dominado las transacciones después de la Segunda Guerra Mundial porque sólo un país contaba con mercados financieros líquidos y profundos. Estados Unidos salió de la Segunda Guerra Mundial muy por delante de los demás en términos de libertad y desarrollo financieros. Alemania y Japón habían restringido el acceso de extranjeros a sus mercados financieros y se resistieron a la internacionalización de sus monedas, Alemania para limitar las presiones inflacionistas y Japón para crear margen de maniobra para su política industrial. Y, sin embargo, ahora que los países avanzados habían eliminado los controles de capital, había surgido una variedad de mercados de reservas competitivos entre sí y uno de esos mercados, el del euro, poseía la estabilidad y liquidez necesarias para hacerlo atractivo.

---

[47] Según la publicación de la COFER (Composición de las Reservas Oficiales de Divisas) del FMI del 29 de septiembre de 2007, que situaba la cifra de las reservas en dólares del segundo trimestre de 2007 en 2,4 billones de dólares y las reservas en euros en 0,9 billones. Las siguientes divisas de denominación a mucha distancia eran la libra esterlina y el yen.

[48] Ésta era la opinión, por ejemplo, de Chinn y Frankel, 2007.

Un trasvase masivo de las posiciones en dólares, por más que no fuese muy probable, tampoco era algo imposible. Cabía la posibilidad de que se produjera una pérdida de confianza en la política económica estadounidense. La depreciación del dólar podía descontrolarse. En este sentido, las posibilidades del dólar iban ligadas al problema de los desequilibrios mundiales y al aumento de las reservas de China y el resto del mundo en desarrollo. Lo que ocurriera con el dólar dependería de cómo evolucionara el sistema monetario internacional en términos más generales, y sólo con el tiempo se verían las perspectivas en cuanto a esa evolución.

7
Una década de crisis

El estallido de la crisis actual y sus repercusiones por todo el mundo han hecho que nos enfrentemos con una pregunta antigua pero para la que todavía no tenemos respuesta: qué tipo de moneda internacional de reserva necesitamos para garantizar la estabilidad financiera y facilitar el crecimiento económico a nivel mundial.

ZHOU XIAOCHUAN

La crisis financiera mundial de 2007-8 fue como un mazazo para el mundo. Ésta no era la crisis sobre la que habían estado advirtiendo los agoreros, a los que preocupaba el problema de los «desequilibrios mundiales», es decir, el creciente déficit por cuenta corriente de Estados Unidos y el correspondiente superávit chino como otra cara de la misma moneda[1]. Lo que temían era que el dólar pudiera derrumbarse si China recortaba su demanda de bonos del Tesoro estadounidense y Estados Unidos no lograba financiar su déficit exterior.

La naturaleza sencilla de esos equilibrios explica por qué eran éstos los que mayor preocupación provocaban y no otras fisuras financieras menos evidentes pero en última instancia con mayores consecuencias financieras. El déficit por cuenta corriente de Estados Unidos indicaba que los estadounidenses estaban gastando más de lo que producían y viviendo por encima de sus posibilidades. A nivel más profundo, el déficit de Estados Unidos y el superávit de China ponían de manifiesto las contradicciones de un sistema monetario y financiero mundial basado en el dólar en el que a los mercados emergentes que deseaban acumular reservas en moneda extranjera no les quedaba más remedio que adquirir dólares y, al hacerlo, hacían posibles los hábitos despilfarradores de los estadounidenses.

---

[1] Este fragmento abunda el en tratamiento más extenso de la cuestión de los desequilibrios mundiales que ofrece el capítulo 6.

Sin embargo, en realidad las causas de la crisis radicaban en otro lugar: en la precipitada desregulación de los mercados financieros; en el desproporcionado auge del crédito que se produjo después de que la Reserva Federal recortara los tipos de interés en respuesta al atentado a las Torres Gemelas del 11 de septiembre de 2001; en los riesgos asumidos por los bancos de inversión y comerciales en su lucha cuerpo a cuerpo tras la derogación final de la *ley Glass-Steagall*.[2]

En respuesta al aumento de la competencia, los bancos se precipitaron en masa hacia las inversiones especulativas y concedieron préstamos dudosos en un intento desesperado de mantener su rentabilidad. Desde luego no les faltaron clientes dispuestos a aceptar sus condiciones. Los estadounidenses que aspiraban a un nivel de vida más alto se sentían frustrados porque los salarios se habían estancado (llevaban décadas sin subir).[3] En consecuencia, empezaron a solicitar préstamos impulsados por el objetivo de alcanzar ese nivel de vida que deseaban.[4] Más concretamente, se endeudaban en busca del Sueño Americano, asumiendo gigantescas hipotecas en viviendas unifamiliares. Esas hipotecas se paquetizaron para venderse a inversores institucionales que estaban convencidos –sin motivo aparente– de que los instrumentos financieros resultantes eran más seguros que los préstamos que los respaldaban.

Entre los bobos que sucumbieron a estos montajes se encuentran bancos estadounidenses como Bear Stearns y Lehman Brothers, dos de las bajas más destacadas de la crisis, pero también otros nombres europeos menos conocidos como IKB Deutsche Industriebank. Respondiendo de manera parecida a como lo hicieron sus colegas estadounidenses ante una regulación poco estricta, estos bancos europeos redoblaron sus apuestas,[5] tomando prestado de otras fuentes de crédito del mercado interbancario para conceder ellos a su vez

---

[2] La ley Glass-Steagall que separaba la banca de depósitos de la banca de inversiones fue piedra angular de las reformas financieras del New Deal que se establecieron como resultado de la crisis de la década de 1930. A partir de la década de 1990 se fue relajando, culminando esa tendencia en su eventual derogación en 1999.

[3] Es decir, no habían subido en términos reales o de poder adquisitivo.

[4] Así pues, los comentaristas que se centraban en los desequilibrios mundiales llevaban razón en una cosa: la querencia de los consumidores de Estados Unidos a vivir por encima de sus posibilidades.

[5] Además, en el caso de IKB (y otros), era una entidad pública, con lo que se creó la expectativa de que se rescataría al banco si se metía en problemas, lo que a su vez hizo que a sus gestores les resultara más fácil endeudarse para expandir sus operaciones.

préstamos arriesgados y hacer apuestas especulativas en el *mercado de alto riesgo* o *subprime.*

Gran parte de este endeudamiento bancario lo realizaron las sucursales estadounidenses de bancos europeos que operaban en Estados Unidos y cuyas centrales utilizaron los ingresos resultantes para adquirir *títulos con garantía hipotecaria* emitidos por Estados Unidos y denominados en dólares. Así pues, los dólares tomados prestados en Estados Unidos en un principio fluyeron hacia los bancos europeos, que a su vez invirtieron los ingresos en valores estadounidenses. Fueron estos flujos *brutos* de salida de capital –salidas de fondos prestados por bancos estadounidenses a sus contrapartes europeos igualadas por entradas en los mercados de títulos estadounidenses realizadas por muchos de esos mismos inversores europeos–, y no los flujos *netos* de capital conocidos como desequilibrios mundiales los que sentaron las bases de la crisis[6].

El otro acontecimiento destacado que se produjo en Europa fue la unión monetaria, cuyo décimo aniversario se estaba preparando para celebrar la UE cuando sobrevino la crisis. Tras la eliminación de las monedas nacionales en 1999, los Estados miembros en la periferia de la zona euro –países como Grecia, Portugal, España e Irlanda– experimentaron caídas acusadas de los tipos de interés[7]. Al igual que en el contexto transatlántico, los flujos transfronterizos de capital eran la fuerza que impulsaba los tipos de interés y el mercado interbancario la correa de transmisión. Los bancos del llamado núcleo duro de la zona euro –sobre todo de Alemania y Francia– prestaron a bancos de Grecia, Portugal, Irlanda y España (véase la figura 7.1), que invirtieron esos fondos en bonos de sus respectivos gobiernos nacionales y obligaciones hipotecarias. Más aún: los ban-

---

[6] El reconocimiento temprano de estos patrones puede encontrarse en Shin, 2012. En última instancia, los economistas apartaron su atención de los flujos netos de capital para centrarla en los flujos brutos, pero únicamente mucho después de que se desatara la crisis. Ni que decir que puede argumentarse que los desequilibrios mundiales –las compras de bonos del Tesoro estadounidense por parte de China que hicieron que los tipos de interés permanecieran artificialmente bajos en Estados Unidos– hicieron que a los bancos estadounidenses les resultara más atractivo prestar a sus voraces clientes europeos y que, en este sentido, el que anteriormente los analistas hubieran centrado su atención en los desequilibrios mundiales no iba del todo desencaminado.

[7] 1999 fue el primer año de la moneda única para la mayoría de los miembros en la periferia de la zona euro. Grecia ingresó en la unión monetaria en 2002.

cos alemanes y franceses adquirieron esos mismos títulos de deuda directamente como inversión.

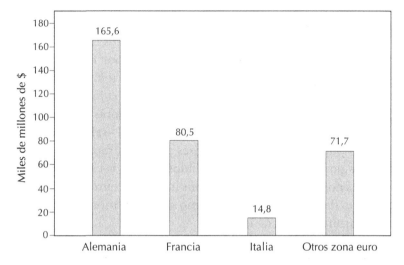

Figura 7.1. Préstamos de la zona euro a Grecia, Irlanda, Portugal y España, por fuente, a fecha de septiembre de 2010 (en miles de millones de dólares estadounidenses).
Fuente: Estadísticas Bancarias Consolidadas del BPI.

Los defensores del euro presentaban esta caída de los tipos de interés como algo positivo: una consecuencia positiva de la eliminación del riesgo de tipo de cambio ahora que países como Grecia y Portugal –con una trayectoria histórica de mala gestión financiera– ya no tenían monedas nacionales que gestionar mal. Los escépticos (en realidad, relativamente pocos) advirtieron de que los inversores estaban confundiendo el riesgo de devaluación con el riesgo de que un Gobierno o un beneficiario de un crédito hipotecario pudiera *suspender pagos*, y que la unión monetaria sólo eliminaba el primer tipo de riesgo. Estas voces escépticas apuntaron que los reguladores estaban fomentando esta percepción errónea al asignar niveles cero de ponderación de riesgo y exigencias de capital a los bonos del Tesoro en poder de los bancos europeos, lo que supuestamente implicaba que esos títulos estaban exentos de riesgo.[8]

---

[8] Además, el Banco Central Europeo aplicó el mismo «recorte» a la hora de adquirir bonos de distintos Estados miembros de la zona euro. Es decir, los compró al mismo precio asumiendo que también estaban exentos de riesgo, lo que reflejaba el

El resultado fue un fenomenal flujo de capitales entre el núcleo duro de la zona euro y su periferia. Los inversores institucionales de Francia y Alemania acudieron a la periferia atraídos por las altas rentabilidades como moscas a la miel, y sus inversiones alimentaron unos auges sin precedentes en el sector de la construcción y la vivienda en algunos países, como, por ejemplo, España e Irlanda, y déficits públicos enormes –por más que no se hubieran apreciado en valor– en otros países como Grecia.

No obstante, esos flujos transfronterizos hacían presagiar problemas para los bancos franceses y alemanes que estaban prestando los fondos, por no mencionar para los bancos irlandeses, españoles y griegos que estaban canalizando fondos extranjeros hacia los mercados nacionales de vivienda y bonos del Tesoro. Los precios de la vivienda podían subir pero también bajar. De manera similar, los fondos extranjeros necesarios para financiar los déficits de los Gobiernos y los pagos de los intereses de la resultante deuda pública podían no estar disponibles indefinidamente.

A toro pasado, resulta evidente que la comunidad internacional de responsables del diseño de políticas económicas debería haber hecho más para advertir sobre los riesgos, pero el personal del Fondo Monetario Internacional (FMI) y otras organizaciones encargadas de la supervisión del sistema consistía principalmente en macroeconomistas que pensaban en términos de desequilibrios de ahorro-inversión y no en el complejo entramado del sector financiero; en sus filas no había contables forenses, agentes de bolsa ni supervisores bancarios que podrían haber identificado los riesgos que acechaban bajo la superficie. Ciertamente, como el periodo de 2001 a 2007 había sido relativamente tranquilo en el frente de crisis, el FMI estaba reduciendo su tamaño en respuesta a los recortes presupuestarios ordenados por las partes implicadas en la institución. O sea que no era un buen momento para contratar a supervisores bancarios y contables forenses.

Más aún: la comunidad internacional de responsables de política económica compró los argumentos a favor de una regulación suave, por aquel entonces muy en boga en Estados Unidos y Europa. Esto

---

hecho de que recibieran la misma calificación crediticia de Moody's y Standard & Poor's.

resultó evidente, por ejemplo, en la insistencia del FMI en relajar las restricciones a los flujos internacionales de capital en los mercados emergentes.[9] La institución aceptó los argumentos de Europa de que los flujos de capital intraeuropeos eran algo saludable, máxime en vista de que la composición del personal del FMI estaba dominada por europeos y el director de la institución tenía la vista puesta de manera bien activa en la presidencia de Francia.[10]

Lo irónico del caso fue que los países avanzados y no los mercados emergentes, tradicionalmente más vulnerables, resultaron ser los que sufrieron en mayor medida el impacto de la crisis. Los llamamientos a incrementar la supervisión y regulación bancarias, fortalecer la gobernanza corporativa y mejorar la transparencia financiera se habían dirigido a los mercados emergentes. Una mayor supervisión unida a una transparencia reforzada se convirtió en el mantra de la comunidad internacional de responsables de política económica tras la crisis asiática de 1997-98. Se suponía que las prácticas de los países avanzados eran absolutamente punteras y, básicamente, eran el modelo al que debían aspirar los mercados emergentes y los países en desarrollo.

Nada más lejos de la verdad (como acabó por resultar evidente). Los problemas de agencia –es decir, el hecho de que las instituciones financieras no actuaran a favor de los intereses de sus accionistas y clientes– eran altamente prevalentes en las economías avanzadas. Los consejos de administración de los bancos –ya fuera por ignorancia o porque su propio beneficio dependía de ello– no pusieron coto a las maniobras de sus directores ejecutivos en pos de un aumento de la cuota de mercado, sino que más bien miraron para otro lado. Bancos de inversiones como Goldman Sachs distribuyeron derivados respaldados con paquetes de *hipotecas de alto riesgo*, obteniendo por ello suculentas comisiones de clientes ingenuos, al tiempo que simultá-

---

[9] El punto álgido de esta maniobra se alcanzó a finales de la década de 1990 cuando el FMI consideró la posibilidad de modificar su Convenio Constitutivo para convertir la convertibilidad de la cuenta de capital en una obligación para sus miembros. Pese a que esa enmienda no se adoptó, tampoco amainó el impulso en favor de la liberalización hasta 2012, cuando el FMI articuló una «nueva visión institucional» más cautelosa sobre la liberalización de la cuenta de capitales. En relación con esa nueva visión institucional, véase el final de este capítulo. En relación con las actividades del Fondo durante el periodo anterior, véase Oficina Independiente de Evaluación (OIE) del Fondo 2005, 2015.

[10] El director gerente en cuestión era Dominique Strauss-Kahn. Blustein, 2016, describe el contexto político.

neamente apostaban en contra de esos mismos títulos en sus propias operaciones en el mercado. Las agencias de calificación también se embolsaron cuantiosas comisiones por asesorar a los emisores sobre cómo estructurar valores con calificación de triple A, naturalmente, se sintieron presionadas a conceder una calificación de AAA a los títulos en cuestión[11]. Este tipo de situación tiene un nombre: sencillamente se conoce como «conflicto de intereses».

De la crisis de las hipotecas de alto riesgo a la crisis financiera mundial

Lo único que hizo falta fue una caída del precio de la vivienda en la segunda mitad de 2006 para tirar por tierra este castillo de naipes financiero. Las primeras cartas en caer fueron dos fondos de cobertura respaldados por Bear Stearns con inversiones en valores garantizados con hipotecas de alto riesgo, que quebraron en junio de 2007. Les siguieron dos fondos vinculados al banco francés BNP Paribas que también habían invertido en valores relacionados con hipotecas de alto riesgo.

Estos acontecimientos hicieron patentes dos hechos: en primer lugar, que la crisis era seria, habida cuenta de que se habían visto afectados fondos de inversión de un tamaño considerable y vinculados a bancos importantes; y, en segundo lugar, pese a que Estados Unidos y su mercado hipotecario eran el epicentro, la crisis no se limitaba a ese país.

El anuncio de BNP Paribas sorprendió a los hasta entonces somnolientos banqueros centrales empujándolos a pasar a la acción. El *Banco Central Europeo* (BCE) y la Reserva Federal inyectaron inmediatamente liquidez en los mercados financieros y pusieron las líneas telefónicas trasatlánticas a echar humo para garantizar que sus respuestas fueran coordinadas.

El Fed prosiguió rápidamente dando pasos adicionales: ocho días después del anuncio de BNP Paribas, rebajó su tipo de interés oficial en 50 puntos básicos. Para tranquilizar a los inversores respecto a la disponibilidad de liquidez, ofreció prestar a 30 días en vez de a un día. En septiembre recortó los tipos de interés en otros 50 puntos

---

[11] Un análisis académico de este último problema, motivado por la crisis, es el de Mathis, McAndrews y Rochet, 2009.

básicos y adquirió títulos por valor de 47.000 millones de dólares de los llamados *operadores primarios*, grandes bancos con los que solía realizar transacciones de títulos. En diciembre recortó los tipos de interés una tercera vez y anunció el establecimiento de operaciones de financiación a plazo en dólares (la llamada *Term Auction Facility*) a través de las cuales podría garantizar los préstamos a otras instituciones depositarias. Poco después del año nuevo, volvió a recortar los tipos de los fondos federales, esta vez en unos sorprendentes 125 puntos básicos.

Toda esta actividad frenética surtió poco efecto a la hora de detener la espiral descendente. La provisión de crédito del Fed a los bancos miembros no evitó el derrumbe del mercado estadounidense de papel comercial en el que las empresas se endeudaban contra las cuentas pendientes de cobro y otros activos, ya que ahora a los bancos les preocupaba que esos activos no valiesen ni el papel en el que se materializaban[12]. No pudo evitarse una retirada masiva de inversiones en los fondos del mercado de dinero, que habían invertido en ese mismo papel comercial. Un Sistema de Reserva Federal creado para proporcionar liquidez de emergencia a los bancos estaba en una posición precaria a la hora de ayudar a los fondos del mercado de dinero y los operadores que negocian con efectos comerciales. El Fed y el Tesoro tendrían que estirar sus poderes hasta el límite para enfrentarse a este reto.

Con la Reserva Federal relajando sus políticas de manera más agresiva que otros bancos centrales, no había ningún motivo de peso para esperar que el dólar se debilitara. Nadie sabía de las minas financieras que podía haber enterradas bajo la superficie de los mercados financieros estadounidenses, y los tipos de interés bajos del Fed proporcionaban una escasa compensación de los riesgos. Como cabía esperar, el dólar se debilitó durante la última parte de 2007 al ir el Fed bajando los intereses hasta tocar fondo e inundar los mercados de liquidez. Libre de la restricción de tener que defender un tipo de cambio fijo, el banco central de Estados Unidos podía priorizar la estabilidad financiera frente a la estabilidad del tipo de cambio. Básicamente, podía inyectar liquidez en un intento de estabilizar los

---

[12] Se puede encontrar una introducción al mercado de papel comercial en la crisis en Acharya y Schnabl, 2010.

mercados financieros en vez de agotarla para primar el apoyo al tipo de cambio. Todo esto contrastaba fuertemente con lo ocurrido en anteriores crisis financieras y bancarias, tanto en situaciones de aplicación del sistema de Bretton Woods y el patrón oro como en casos como el de Argentina a principios del siglo XXI, cuando un compromiso con el tipo de cambio evitó que los bancos centrales respondieran de este modo.

Pero entonces, en marzo de 2008, cuando se supo que Bear Stearns había solicitado una provisión urgente de liquidez al banco de la Reserva Federal de Nueva York, el tipo de cambio se estabilizó. Y en julio, cuando la atención se desvió hacia Lehman Brothers y las potenciales consecuencias desastrosas del desplome de ese banco para el sistema financiero estadounidense, el billete verde se fortaleció notablemente. Esto era reflejo del estatus del dólar como moneda refugio y del hecho de que el mercado de bonos del Tesoro estadounidense fuese el mercado financiero más grande y más líquido del mundo. En épocas turbulentas, no hay nada que los inversores valoren más que la liquidez. Como la tenencia de bonos del Tesoro estadounidense está tan extendida, los inversores preocupados pueden comprarlos y venderlos sin que varíe su precio. Esto les permite mantener sus opciones abiertas cuando la rapidez y la flexibilidad son fundamentales, o sea, cuando para sobrevivir financieramente tienen que actuar rápido, entrando y saliendo de posiciones con otros activos y monedas.

Así pues, el dólar estadounidense tiene una tendencia intrínseca a reforzarse cuando la economía mundial experimenta una crisis. Esta tendencia es evidente, incluso cuando Estados Unidos es precisamente el lugar donde se origina la crisis, como ocurrió en 2008. El capital fluye hacia Estados Unidos, estabilizando sus mercados financieros, precisamente cuando esos mercados se tensionan. Éste es el «exorbitante privilegio» del que goza Estados Unidos como emisor de la moneda refugio. A algunos observadores esto les parece fundamentalmente injusto, puesto que el emisor se beneficia incluso cuando es el responsable de la crisis. Ya en la década de 1960, las voces críticas como la del ministro francés de finanzas Valéry Giscard d'Estaing (creador de la expresión *privilège exorbitant*) plantearon objeciones a esta característica del sistema monetario y financiero internacional nacido de Bretton Woods. Más adelante, la crisis financiera mundial y sus consecuencias reavivaron esas objeciones, infundiendo una urgencia renovada a debates anteriormente desganados sobre una reforma monetaria a nivel mundial.

La estructura del sistema planteaba dificultades particulares para países como los europeos, cuyos bancos habían tomado prestados dólares y ahora se veían en dificultades para devolverlos. Los bancos centrales, a excepción de la Reserva Federal, tenían una capacidad limitada para ayudar a sus bancos nacionales con sus deudas en dólares, ya que no podían imprimir esa moneda. Así pues, el Fed dio un paso adelante y acordó con los bancos centrales extranjeros una permuta o *swap* de dólares por sus respectivas monedas nacionales: negoció líneas de crédito recíproco o *swap* con el BCE y el Banco Nacional de Suiza en diciembre de 2007 y, poco después, con los Bancos de la Reserva de Australia y Nueva Zelanda, los bancos centrales de Dinamarca, Suecia y Noruega y el Banco de Inglaterra. La banca comercial y de inversiones de Estados Unidos había invertido considerablemente en varios de estos mercados, por lo que al Fed le interesaba que se mantuvieran estables. Más adelante también se proporcionaron permutas de dólares de la Reserva Federal a Brasil, México, Singapur y Corea del Sur en octubre de 2008, nuevamente por motivos similares a los anteriores[13].

Además, el Fed prestó dólares a las sucursales estadounidenses de bancos comerciales extranjeros, adquiriendo sus pasivos a través de la ventanilla de descuento para evitar que tuvieran que recurrir a una liquidación total apresurada a precios de derribo de sus títulos en dólares, lo que habría trastornado todavía más los mercados estadounidenses[14]. Como al Congreso no le habría gustado que el banco central estadounidense estuviera ayudando activamente a instituciones financieras extranjeras, y para evitar desatar las dudas sobre la estabilidad de los bancos prestatarios, estas operaciones se mantuvieron muy en segundo plano.

---

[13] El verdadero objetivo de la operación era en realidad Corea del Sur. Los otros tres mercados emergentes eran, básicamente, un poco de escaparate para evitar que los inversores se enfocaran únicamente en Corea identificándolo como el eslabón más débil. A diferencia de las líneas de permuta con los bancos centrales de los principales países avanzados, se permitió que estas permutas con los países emergentes finalizaran en 2010.

[14] Puede consultarse una visión general de estas operaciones en Goldberg y Skeie, 2011.

Estas acciones, por más que ayudaran, no apaciguaron las críticas en contra del sistema monetario internacional basado en el dólar. Los receptores de los *swaps* de dólares del Fed eran principalmente países ricos, y algunos mercados emergentes que plantearon requerimientos similares, como la India, se encontraron con una negativa sumaria. Tampoco existían garantías de que un futuro gobierno de la Reserva Federal respondiera de manera parecida ni que el Congreso le permitiera ser tan magnánima.[15]

El resultado fue una lluvia de propuestas para cambiar la moneda de las transacciones internacionales del dólar a otras divisas, o para encauzar las líneas de crédito recíproco de los bancos centrales a través del FMI y dejar que el Fondo fuera quien decidiese quién cumplía los requisitos. Un comentario con mucha repercusión fue el del doctor Zhou Xiaochuan, el veterano gobernador del Banco Popular de China. En un artículo de marzo de 2009, Zhou hizo un llamamiento en favor de un mayor desarrollo de los derechos especiales de giro (DEG) del FMI y sugirió que los DEG deberían acabar sustituyendo al dólar como pieza central del sistema mundial. Un sistema basado en los DEG se caracterizaría por «una emisión de valor estable basada en reglas y una oferta manejable» de liquidez internacional, en palabras de Zhou, en vez de depender de la buena voluntad y el buen juicio del Fed.[16]

El ensayo de Zhou tuvo gran repercusión, no tanto por su propuesta concreta, que ya se había formulado en el pasado, ni por su practicidad –o falta de ella–, dada la manifiesta falta de interés de los importadores, exportadores e inversores en hacer negocios en DEG. Más bien, la intervención de Zhou fue importante por lo que implicaba para negociaciones futuras, pues constituía un indicador de que China, que tenía sus propias ideas y ahora también contaba con los medios para hacerlas avanzar, sería un participante a tener muy en cuenta en los debates futuros sobre la reforma del sistema monetario internacional.

---

[15] En última instancia, la Ley Dodd-Frank de protección del consumidor y reforma de Wall Street de 2010 estableció límites nuevos a los poderes de emergencia que podía ejercer el Fed de conformidad con la Sección 13(3) de la Ley de la Reserva Federal, a la que se había recurrido para justificar los *acuerdos de crédito recíproco*.

[16] El ensayo se publicó en la página web del Banco Popular de China y al cabo de un tiempo también lo publicó el Banco de Pagos Internacionales (Zhou, 2009).

La crisis de Grecia

A principios de 2009, el Congreso de Estados Unidos aprobó la *Ley de Recuperación y Reinversión*, también conocida como el Plan de estímulo Obama, un paquete de medidas por valor de 787.000 millones de dólares en recortes de impuestos e incremento del gasto. Los reguladores estadounidenses sometieron a los bancos a pruebas de resistencia, proporcionando al público información sobre qué bancos estaban debidamente capitalizados, reduciendo así la incertidumbre y obligando a las instituciones insuficientemente capitalizadas a reforzar sus balances a riesgo de exponerse a su nacionalización si no lo hacían. El Plan de estímulo de Obama, junto con las pruebas de resistencia, apuntalaron la confianza y contribuyeron a detener la espiral económica descendente en Estados Unidos[17].

En Europa, en cambio, las condiciones siguieron empeorando. El problema fue en parte la negación del problema. La crisis se asoció con las hipotecas y títulos de alto riesgo originados en Estados Unidos, con lo que se consideró que la crisis era en su totalidad (o por lo menos en gran medida) una cuestión que afectaba sólo a Estados Unidos. El BCE pudo negar la existencia de problemas económicos y financieros graves y, en lugar de recortar los tipos de interés, subirlos en julio de 2008 en respuesta a incrementos coyunturales del precio de los alimentos y la energía. Los Gobiernos europeos, que todavía negaban la existencia de problemas bancarios, podían seguir sin ocuparse de ellos. E incluso cuando la crisis fue empeorando, haciendo que la negación dejara paso a la ira primero y a la resignación después, las alternativas entre las que podían escoger los Gobiernos europeos eran limitadas. Como miembros de la zona euro, sus bancos centrales no tenían capacidad para imprimir dinero o ajustar el tipo de cambio nacional del modo en que podía hacerlo el Fed, puesto que no había tipo de cambio nacional que ajustar.

Con el BCE centrado en una inflación fantasma, la tarea de estabilizar la producción y el empleo recayó en la política fiscal. En diciembre de 2008, los líderes de la UE acordaron un paquete de

---

[17] No obstante, estas políticas no lograron una recuperación económica rápida, pues los hogares estadounidenses –todavía plagados de deudas– seguían mostrándose reticentes a gastar. Y lo que tampoco lograron estas políticas fue escapar al férreo control de la deflación, que seguía amenazando a la economía.

estímulo de 200.000 millones de euros (269.000 millones de dólares estadounidenses), es decir, tan sólo un tercio del plan de estímulo de Obama. Obviamente, los responsables de la política económica en Europa seguían negando la gravedad de la crisis. Peor aún: los países europeos habían entrado en la crisis altamente endeudados, por lo que se resistían a incurrir en todavía más deudas. La Comisión Europea, el vigilante fiscal de la UE, llevaba años peleando para rebajar esos altos niveles de deuda, adoptando un elaborado conjunto de reglas y procedimientos para avanzar hacia este objetivo. Ya en abril de 2009 –demasiado pronto para declarar que la crisis había terminado– la Comisión citó a Francia, España, Irlanda y Grecia por haber incurrido en déficits excesivos, indicándoles que debían dar pasos tendentes a corregir la situación.

En realidad, la crisis en Europa no había hecho más que empezar. Las dudas sobre la sostenibilidad de las obligaciones de las economías más endeudadas del mundo –como Italia y Grecia, los dos países a la cabeza de la lista de economías europeas más endeudadas– se acrecentaron en noviembre de 2009 con la noticia de una crisis de deuda semisoberana en Dubái[18]. Al final, esto llevó a los inversores a reconocer que, si la recesión mundial podía crear problemas de deuda a un emirato rico en petróleo que en el pasado había disfrutado de un increíble auge, entonces le podía traer problemas a cualquiera.

En cualquier caso, las noticias que llegaban de Dubái no eran más que un ligero temblor comparado con el terremoto que se produjo cuando George Papandreou, el recientemente elegido primer ministro socialista de Grecia, anunció que el déficit presupuestario del país, y por tanto su deuda, eran mucho mayores de lo que se había reconocido anteriormente. En noviembre, Papandreou desveló que el anterior gobierno conservador había maquillado las cuentas y en realidad había gastado más de lo declarado en el periodo previo a las elecciones de octubre. Esta práctica de subordinar la contabilidad fiscal a las necesidades electorales estaba bastante extendida en los países en desarrollo, pero los países europeos, con su supuesta cultura de transparencia y buena gobernanza, aseguraban haberla deja-

---

[18] Se consideró semisoberana porque la deuda era casi en su totalidad la de un *holding* de propiedad estatal, Dubai World. Al final el emirato vecino de Abu Dubái rescató a Dubái.

do atrás. La confesión de Grecia, por tanto, fue muy chocante, pues apuntaba a la posibilidad de que se produjeran problemas similares en otros lugares.

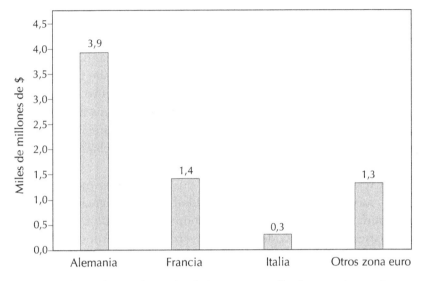

Figura 7.2. Préstamos bancarios de la zona euro a Grecia, por origen, a fecha de septiembre de 2010 (miles de millones de dólares estadounidenses). *Fuente*: Estadísticas bancarias consolidadas del BPI.

El *shock* de la situación griega tuvo un impacto negativo casi inmediato en la actitud del mercado y por tanto en la inversión y el crecimiento. A su vez, la perspectiva de una ralentización adicional del crecimiento planteó preguntas preocupantes sobre la situación de los bancos en Grecia y otros países europeos. Un crecimiento lento o inexistente auguraba impagos de los préstamos. La quiebra del estado griego, que para entonces ya se sabía que cargaba con una deuda de más del 140% del PIB, habría hundido a los bancos griegos, cargados hasta las trancas de bonos del Estado. Esto a su vez habría hecho peligrar la estabilidad de los bancos franceses y alemanes que habían prestado generosamente a esas mismas instituciones financieras griegas y que, además, habían adquirido bonos del Tesoro griego (como muestra la figura 7.2).

Pese a que no había ninguna solución buena para un país que se había metido en el lío en el que estaba Grecia, el FMI apuntó a la *reestructuración de la deuda* como la alternativa menos mala. Una quita del 50%, por ejemplo, de la deuda pública griega y la concesión de un *préstamo contingente* por parte del FMI, que podría servir para recapitalizar los bancos, permitirían que la economía griega levantara cabeza. Ahora bien, el FMI no era la única parte implicada con un interés directo en Grecia. También estaba la Comisión Europea, responsable de la supervisión presupuestaria del Gobierno griego; y el BCE, que había adelantado dinero al Gobierno griego. Además, en estas instituciones, a su vez, había otras partes implicadas, entre las que destacaban los dirigentes franceses y alemanes, preocupados por el estado de sus bancos.

Todo esto para decir que la Comisión y el BCE, que junto con el FMI formaban la *Troika* que estaba negociando con el Gobierno griego los términos de su rescate, se resistían a las propuestas de reestructuración de la deuda. Y, como los Gobiernos europeos y el BCE iban a poner dos tercios del dinero, eran los que llevaban la voz cantante.

Las consecuencias tenían un tremendo alcance. El Gobierno griego, aplastado bajo el peso de unos ingentes pagos de deuda, necesitaba un préstamo de rescate de tamaño equivalente a sus enormes compromisos de servicio de la deuda. Los 30.000 millones de euros de préstamo contingente a los que accedió el FMI en mayo de 2010 suponían un nunca antes visto 3.200% de la cuota del país en el FMI, que suponía una considerable excepción a los límites de acceso normales con los que operaba la institución. De conformidad con el servicio ampliado del Fondo, «creado para ayudar a los países que se enfrentan i) a graves problemas de balanza de pagos debido a deficiencias estructurales, o ii) a una economía caracterizada por un lento crecimiento y una situación de la balanza de pagos muy debilitada» (todo lo cual suena mucho a lo que ocurría en Grecia), el acceso a fondos estaba limitado al 145% de la cuota anual del país y una cantidad acumulada del 435% a lo largo de la vida completa del programa[19]. Más aún, justo en 2009, el FMI acababa de hacer más restrictiva su política sobre estas excepciones. Este cambio respondía a la inquietud de que unos préstamos excesivamente generosos a los gobiernos de los mercados emergentes hicieran que éstos retrasaran la reestructuración de su deuda insostenible, dando tiempo

---

[19] La cita proviene de un documento de la página web del FMI: «Servicio Ampliado del FMI (SAF)», https://www.imf.org/es/About/Factsheets/Sheets/2016/08/01/20/56/Extended-Fund-Facility

a los inversores a escapar sin incurrir en pérdidas[20]. Para evitar que esto ocurriera, la decisión de 2009 permitía el acceso excepcional al crédito sólo si la deuda de los prestatarios se consideraba sostenible con alta probabilidad, lo que significaba que no habría necesidad de reestructurarla y por tanto no existiría peligro de que el dinero del FMI sirviera para rescatar a los obligacionistas.

Pero ahora el FMI había autorizado también una exención especial a esta misma política excepcional, permitiendo el acceso a elevados préstamos del FMI cuando un país y su deuda fueran sistémicamente importantes. No es difícil de entender que la preocupación sobre la situación de los bancos franceses y alemanes fuera lo que motivara esta decisión; ahora bien, evidentemente, iba en contra de los intereses de los mercados emergentes, los destinatarios originales de la política de acceso excepcional del Fondo, y deslegitimizaba la institución a ojos de quienes interpretaban que el Fondo tenía sus favoritos.

Una consecuencia adicional de todo esto era que, si la deuda de Grecia no se iba a reestructurar, el país tendría que embarcarse en un programa de consolidación fiscal tremendamente ambicioso. Ésta no es sino una forma neutra de decir que el Gobierno griego tendría que subir los impuestos de manera ostensible y reducir su gasto a la mínima expresión para responder al servicio y amortización de sus obligaciones previas, al tiempo que devolvía el préstamo recibido de la Troika. Esta nueva deuda, hay que tenerlo en cuenta, no eran solamente los 30.000 millones de euros tomados prestados del FMI sino también los 60.000 millones de euros adicionales recibidos de los países europeos.

En consecuencia y según los términos del programa de la Troika, se indicó al Gobierno griego que debía reducir su déficit presupuestario en un 5,5 % del PIB en 2010 y luego en un 6,1 % del PIB adicional en los cuatro años siguientes, tal y como muestra la tabla 7.1. La probabilidad de que Grecia pudiera abordar una corrección fiscal tan radical sin sumir su economía en una profunda depresión era, por decirlo suavemente, escasa. Los modelos teóricos de «consolidaciones fiscales expansionistas»

---

[20] Los acreedores podían evitar las quitas – ésta era la preocupación– siempre y cuando el dinero del FMI se utilizara para pagarles. Esto no solamente resultaba injusto (puesto que entonces serían los contribuyentes los que sufragarían el coste completo de pagar lo que se debía al Fondo) sino que además incentivaría un comportamiento futuro excesivamente arriesgado en los inversores en bonos que escaparan a las pérdidas.

indicaban que tal vez fuera posible evitar una depresión si la reducción de la deuda mejorara tanto la confianza que se desatase una oleada de inversión nueva.[21] No obstante, toda la evidencia señalaba lo contrario: que un gran recorte en el gasto y una subida de los impuestos provocarían una profunda recesión. Los únicos países que emprendieron consolidaciones fiscales significativas y escaparon a esa suerte lo habían logrado devaluando su moneda y sustituyendo con demanda externa la demanda interna perdida pero, evidentemente, la opción de la devaluación no existía para Grecia ni para los países de la zona euro.

Tabla 7.1. Grecia: estrategia fiscal a medio plazo (porcentaje del PIB).

	2008	2009	2010	2011	2012	2013	2014	2015
Sin medidas								
Ingresos	40,6	36,9	40,0	39,0	38,5	38,2	37,2	36.3
Gasto no de intereses	43,7	45,4	44,9	46,6	46,5	46,0	43,9	42,5
Balance primario	−3,2	−8,6	−2,4	−0,9	1,0	3,1	5,9	6,0
Intereses	4,6	5,0	5,6	6,6	7,5	8,1	8,4	8,1
Balance general	−7,7	−13,6	−8,1	−7,6	−6,5	−4,9	−2,6	−2,0
Balance fiscal cíclico	−5,9	−10,0	−2,4	0,8	2,8	4,6	7,2	7,1
Deuda general del Gobierno	99	115	133	145	149	149	145	139

Fuente: Fondo Monetario Internacional, 2010.

Y lo que era más: en el mismo momento en el que el gasto público bajaba, la proporción de ese gasto dedicada al pago de intereses subía; todo esto implicaba dolorosos recortes en pensiones y servicios sociales, y de hecho abría la puerta a la posibilidad de que el programa y el gobierno que lo aceptase pudieran caer como consecuencia de una rebelión de las masas, que no era precisamente la circunstancia ideal para atraer un tsunami de nueva inversión extranjera directa.[22]

Y por si las cosas no estuvieran ya suficientemente mal, la política monetaria las empeoró aún más. El BCE subió los tipos de interés –no

---

[21] La opinión más influyente sobre la consolidación fiscal expansionista era la de Alesina y Ardagna, 2010.

[22] El que el FMI accediera a este programa, pese a estas dudas, no lo cubrió precisamente de gloria. Todo esto se describe con todo lujo –casi dolorosamente exhaustivo– de detalle en el propio análisis *post mortem* que hizo el Fondo de su programa en Grecia (Oficina de Evaluación Independiente, 2016). Posteriormente, personal del FMI admitiría que la dosis inicial de consolidación fiscal fue en realidad una sobredosis y había contribuido más a incapacitar al paciente que a curarlo (Blanchard y Leigh, 2013).

una vez sino dos– a mediados de 2011. El crecimiento de la zona euro, ya de por sí débil, se estancó inmediatamente. Si la idea era que Grecia, con menos gasto interno, iba a ser capaz de salir de la crisis a través de sus exportaciones, entonces el débil crecimiento de sus socios de la zona euro hizo que esta estrategia se volviera incluso menos plausible.

El BCE, que podría haber considerado la situación económica con una perspectiva más amplia, estaba una vez más preocupado por la inflación. Desde luego era un hecho que la inflación estaba a un nivel más alto que la de Estados Unidos, pero esta inflación europea era reflejo, principalmente, de la fortaleza de la economía alemana, que estaba experimentando un auge como consecuencia de la exportación de maquinaria a China. China había crecido casi un 10% en 2011 e invertido prácticamente un 50% de su PIB, creando un apetito insaciable por las importaciones de maquinaria y equipos. Ahora bien, éstas eran circunstancias excepcionales. Ningún país crece a ritmo de doble dígito indefinidamente. Sin duda el crecimiento chino acabaría ralentizándose y con él las exportaciones de maquinaria alemanas. Así pues, la inflación europea era un fenómeno transitorio.

Dio igual. El presidente saliente del BCE, Jean-Claude Trichet, había desempeñado un papel clave en la resolución de la crisis del SME de 1992-93 descrita en el capítulo 5. En esa crisis, a diferencia de en la de 2011, la inflación había sido un peligro muy real. Parece ser que Trichet y su equipo seguían luchando en la última guerra.

A lo largo de 2011, se fue haciendo cada vez más evidente que el programa de Grecia estaba saliéndose de pista de manera irremisible: la deuda seguía subiendo, tanto en términos absolutos como expresada como porcentaje del PIB. Los intereses de los bonos del Tesoro a diez años estaban más altos que antes de lanzar el programa de rescate. Grecia estaba experimentando una contracción económica de dimensiones similares a la Gran Depresión. El desempleo había roto la barrera del 20% y parecía encaminado a seguir subiendo (véase la figura 7.3). La tasa de desempleo entre los jóvenes era el doble y se estaba gestando un contragolpe político.

Ante ese panorama, sólo quedaba la desagradable alternativa de la reestructuración de la deuda. A través de una serie de declaraciones realizadas a lo largo de 2011, Trichet reiteró su oposición: ya no era posible justificar esta postura invocando la amenaza de los bancos franceses y alemanes, ya que esas instituciones habían aprovechado el año anterior para deshacerse de sus bonos del Tesoro de Grecia[23]. Más concretamente, se los habían encajado al BCE, que los había adquirido a través de un *Programa para Mercados de Valores* adoptado en 2010 para estabilizar los mercados de bonos y los sistemas bancarios. Evidentemente, la preocupación del presidente Trichet se centraba ahora en el propio balance del BCE[24].

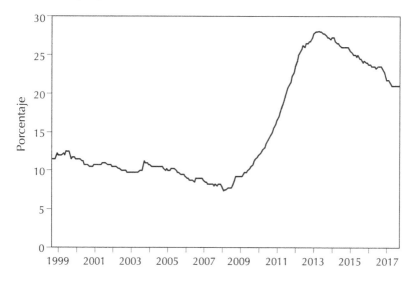

Figura 7.3. Greek Unemployment Rate, 1999-2017 (percent). Source: Eurostat. Note: Seasonally adjusted data.

A finales de 2011, a Trichet le siguió en el cargo Mario Draghi, antiguo funcionario del Tesoro italiano y banquero de inversiones. Este cambio de liderazgo abrió por fin la puerta a la reestructuración de la deuda. Se cancelaron unos 50.000 millones de euros de deuda griega en manos de inversores privados. No obstante, la deuda en manos del BCE y otras instituciones europeas estaba exenta y esa deuda constituía la mayoría de las obligaciones del Gobierno griego. El argumento que circulaba era que los inversores privados habían

---

[23] Igual que se habían deshecho de sus préstamos al sistema bancario griego.

[24] Para concederle el beneficio de la duda se ha de reconocer que Trichet también podría haber temido que una reestructuración de la deuda griega pudiese desencadenar el miedo a que otros países soberanos europeos también reestructuraran, lo que provocaría pánicos bancarios y contagio.

hecho su apuesta y ahora debían asumir sus pérdidas. En cambio, instituciones oficiales como el BCE y el *Fondo Europeo de Estabilidad Financiera*, establecido por los Gobiernos europeos en respuesta a la crisis, habían adquirido bonos griegos con el bien común como objetivo y no se merecían incurrir en pérdidas.

Si se hubiera prestado más atención a cómo los errores de política económica cometidos por esos mismos Gobiernos habían contribuido a agravar los problemas de Grecia, el veredicto podría haber sido diferente. El hecho es que se pidió para los tenedores oficiales de bonos del Tesoro griego sólo extensiones de plazo y reducciones de los tipos de interés pero no recortes en el valor nominal de sus inversiones. Grecia únicamente recibió un alivio limitado de la carga de la deuda y continuó teniendo que vérselas con las medidas de austeridad.

La opción del Grexit

A lo largo de toda la crisis se habló de la posibilidad de que Grecia abandonara el euro. Si la línea oficial comenzó siendo que no se produciría ninguna reestructuración de deuda pública en la zona euro, y por tanto que no habría ninguna reestructuración de deuda de tenencia oficial en la zona euro, entonces Grecia tendría que abandonar el euro para obtener una quita completa de su deuda.[25] Si la política monetaria del BCE era demasiado restrictiva para la economía griega en medio de la deflación, entonces el país debería reintroducir su propia moneda y recuperar el control de su destino monetario. Si un tipo de cambio del euro muy alto impedía a Grecia hacer crecer sus exportaciones, entonces el país debería reintroducir el dracma para poder devaluar.

Estos argumentos contaban con no poco atractivo, dada la tasa de desempleo del 25%. Es por tanto sorprendente que Grecia se negara a optar por ese camino. Los contrarios al «Grexit», que fue como dio en llamarse la salida de Grecia de la zona euro, cuestionaban que una política monetaria más laxa hiciera gran cosa a la hora de ayudar a la economía griega, cuyos problemas principales eran unos merca-

---

[25] Si hubiera reestructurado unilateralmente, Grecia se habría visto de hecho obligada a abandonar el euro.

dos regulados en exceso, la evasión fiscal y una burocracia excesiva. También cuestionaban que si una devaluación fuera a impulsar los ingresos en divisas de un país que sólo exportaba aceite de oliva y servicios turísticos. Estas voces mantenían la esperanza de que llegaría ayuda adicional de la UE, incluso de que existía la posibilidad de un alivio adicional del servicio de la deuda, y advirtieron que abandonar el euro cerraría la puerta a ese tipo de ayuda.

Más aún: abandonar el euro habría desencadenado el caos financiero. Una decisión de tanto calado debía ir acompañada de un debate parlamentario. Los ciudadanos habrían tenido tiempo de considerar las consecuencias y hacer algo al respecto: previendo que sus ahorros estaban a punto de convertirse obligatoriamente en dracmas con el objetivo de devaluarlos, habrían retirado sus depósitos bancarios. También habrían liquidado sus títulos y bonos griegos, y transferido el dinero a Fráncfort.

El Gobierno griego habría tenido que cerrar los mercados financieros, se habría visto obligado a limitar las retiradas de efectivo en los cajeros e imponer controles de cambio para evitar que el capital abandonara el país. El crédito comercial para exportaciones e importaciones se habría evaporado. Los negocios griegos con deuda denominada en euros frente a acreedores de otros países se habrían ido directamente a la bancarrota. La conversión de los programas informáticos de los bancos, la reprogramación de los cajeros y la adaptación de los sistemas contables de las empresas habrían llevado meses. Merece la pena recordar que el cambio inicial de las monedas nacionales al euro tardó dos años enteros en realizarse, de 1999 a 2001. La economía griega habría permanecido encallada durante todo el tiempo que hubiera tardado en realizarse la operación en sentido inverso.

Estas dificultades son un recordatorio de los límites de la analogía entre el euro y el patrón oro. Abandonar el patrón oro y devaluar la moneda nacional, que un país conservaba mientras se mantenía en el patrón, era más fácil que abandonar el euro y reintroducir una moneda nacional ya extinta. Con el patrón oro, las transacciones nacionales seguían denominándose en la moneda del propio país. Los préstamos bancarios también eran en moneda nacional. Tal y como vimos en capítulos anteriores, los países podían abandonar el patrón oro, y de hecho lo hacían, si las circunstancias lo exigían, sin que ello obligara a bancos y empresas a cerrar mientras durara la situación.

Un cambio del euro de vuelta al dracma habría sido más complicado, y evitar un colapso financiero habría resultado más difícil. Por último, abandonar el euro habría perjudicado a las relaciones de Grecia con la Unión Europea. El Grexit habría despertado dudas sobre la integridad de la zona euro. En la mente de los inversores habrían surgido preguntas sobre las intenciones de Italia, Portugal o España. Los Gobiernos habrían tenido que recurrir a préstamos de emergencia para estos países, y el BCE habría tenido que sacarles las castañas del fuego. Contener el chaparrón habría salido caro y otros Estados miembros habrían culpado a Atenas del gasto. Esos otros Estados miembros podrían haber respondido insistiendo en que Grecia, habiendo desobedecido las reglas, debería salir no ya de la zona euro sino de la Unión Europea.[26]

A fin de cuentas, el Gobierno de Grecia valoraba demasiado la pertenencia a la UE como para ponerla en peligro. Ser miembro de la Unión era en definitiva un símbolo del estatus de Grecia como nación avanzada, y además concedía al país el respaldo de Europa en sus disputas con Turquía, su rival histórico. Así pues, seguir las normas de la UE era, para bueno y para malo, la única estrategia disponible para modernizar la burocracia y la economía de Grecia.

Por tanto, abandonar el euro resultaba más difícil que salir del patrón oro. El euro, en definitiva, era un acuerdo monetario, parte de un constructo diplomático más amplio. Entrar o salir del patrón oro era una decisión nacional unilateral, mientras que las decisiones nacionales en cuanto al euro tenían consecuencias de primer orden para las relaciones internacionales y geopolíticas.

Todo esto se hizo evidente en 2015, cuando las elecciones griegas volvieron a colocar a la cabeza del país a un Gobierno socialista encabezado por un político joven y antisistema –cuando menos antipoderes establecidos–, Alexis Tsipras. Tsipras había hecho campaña en contra de la austeridad y, por tanto, en contra del euro a fin de cuentas, y convocó un referéndum nacional sobre el rescate de la UE, lo

---

[26] De hecho, los tratados europeos contemplan la posibilidad de abandonar la UE (el famoso Artículo 50 al que se acogió el Reino Unido tras su referéndum del Brexit de 2016) pero no de abandonar la zona euro. Así pues, el argumento de que si Grecia hubiese abandonado el euro habría estado incumpliendo las reglas era hasta cierto punto plausible.

que de manera implícita quería decir sobre la pertenencia de Grecia a la zona euro. Los votantes rechazaron el rescate por un margen considerable. Ahora bien, en el momento de la verdad, cuando Tsipras se enfrentó al dilema de rechazar el rescate o abandonar el euro, acabó aceptando los términos de la UE. Hablar no cuesta nada; abandonar el euro, en cambio, es difícil.

La crisis en Europa

La saga griega con sus múltiples momentos de máximo suspense fue sensacional, pero el drama no se limitaba a ese país. Irlanda, Portugal y España también sufrieron una crisis. Todos y cada uno de estos países recurrió al FMI de un modo u otro, pero el principal punto común de todas sus crisis era el euro. En los tres casos, la moneda común desempeñó un papel en la acumulación de vulnerabilidades. Y, también en los tres casos, el euro limitó las posibilidades de respuesta a través de la política económica.

Los desequilibrios de Irlanda se concentraron en el sector inmobiliario y la banca, ya que el Gobierno había mantenido un superávit presupuestario durante la década hasta 2007, a excepción de un año. Al sector de la construcción se le permitió crecer tanto que cuando se desencadenó la recesión mundial y el mercado inmobiliario se desplomó, arrastró con él a la banca y a toda la economía. Los bancos habían estado prestando alegremente a los hogares y todavía más alegremente a los promotores. Al final, resultó que gran parte de estos préstamos, en particular en la última etapa del periodo de auge, estaban respaldados con garantías personales e información inexacta sobre la situación financiera de los prestatarios, todo ello prácticas que explicaba que los reguladores no hubieran vigilado más de cerca las políticas de préstamo de los bancos. Dada, también, la frecuencia con la que los banqueros irlandeses que concedían los préstamos, los reguladores y los políticos jugaban todos juntos al golf y se veían en eventos sociales, no resulta difícil, en retrospectiva, entender que las cosas acabaran como acabaron.

Peor todavía fue el hecho de que los bancos irlandeses financiaran sus préstamos tomando a su vez prestadas grandes cantidades de dinero de otros bancos europeos. En este punto, como en Grecia, entra en escena el euro y la eliminación del riesgo de tipo de cambio, que hizo posible este generoso crédito interbancario al convencer a los banqueros –demasiado ocupados como para pensarse las cosas en profundidad– de que este tipo de préstamos estaban prácticamente libres de riesgo. Así pues, cuando Lehman Brothers quebró y el mercado interbancario se cerró, la financiación de los bancos irlandeses se evaporó, dejándolos totalmente expuestos.

Con los bancos ahogándose en un mar de créditos hipotecarios de ínfima calidad y sin poder financiarse, al Gobierno irlandés no le quedó más remedio que intervenir si no quería ver cómo se paralizaba la economía. Ahora bien, como la recapitalización bancaria lleva un tiempo, el Banco Central de Irlanda proporcionó créditos de emergencia a la banca en un primer momento, y a su vez esta institución financió sus propias operaciones con una *Provisión Urgente de Liquidez* (préstamos a corto plazo) del BCE. Los costes de recapitalización resultaron impresionantes: de un superávit en 2007, el presupuesto nacional pasó a déficits de más del 14 % en 2009 y 30 % en 2010, provocados en su totalidad por esta operación. La deuda pública pasó del 24 % al 64 % del PIB.

Con la economía contrayéndose rápidamente, no quedaba en absoluto claro que esta primera recapitalización bancaria fuera la última ni que el déficit presupuestario se fuera a reducir a corto plazo. Habida cuenta de la reticencia creciente de los mercados a financiar ese déficit, en diciembre de 2010, el Gobierno irlandés solicitó 30.000 millones de dólares a través del *Servicio Ampliado del Fondo* del FMI (un préstamo equivalente al 2.322 % de la cuota del país), junto con 57.000 millones de dólares adicionales de los Gobiernos europeos que eran los socios de la Troika. Una pieza central del programa era adquirir un compromiso de reducir el déficit al 3 % del PIB para 2015. Con la consolidación fiscal siendo lo que es y haciendo lo que hace, la caída del gasto público hundió todavía más a la economía en la recesión. El desempleo, que se había situado en el 5 % en tiempos tan recientes como 2008, subió hasta un 16 % en 2011.

Obviamente, el crecimiento se reanudó más adelante, si bien a un ritmo algo más lento. Se reestructuró el sistema bancario y se reformó la supervisión. Aparte de estas acciones, no hubo necesidad de reformas estructurales complejas como las acometidas en Grecia.

Esto no significa negar que la recesión fuera dolorosa. El desempleo tardó una década en volver a los niveles de 2008. Menos consolidación fiscal habría hecho que la recesión fuera más suave pero también habría requerido empezar desde una posición fiscal más fuerte y, por tanto, unos costes de recapitalización bancaria más bajos. Se podría haber logrado la cuadratura de este círculo reduciendo el valor de los bonos de los acreedores preferentes de los bancos, es decir, «quemando a los obligacionistas», como dio en describirse la estrategia de manera bastante más vistosa. No obstante, como condición del programa definido para Irlanda por la Troika, se exigió al Gobierno irlandés que pagara a los obligacionistas de sus bancos la cantidad adeudada al completo. El BCE de Trichet se opuso a cualquier tipo de reestructuración de los bonos, tal y como hemos visto. Además, el BCE era perfectamente capaz de forzar a Irlanda a cumplir un programa, tal y como hizo Trichet el 9 de noviembre de 2010. En una carta al ministro de finanzas Brian Lenihan, Trichet amenazaba con recortar la Provisión Urgente de Liquidez al Banco Central de Irlanda a menos que el Gobierno irlandés solicitara inmediatamente un rescate y aceptara los términos de la Troika. Restringir la Provisión Urgente de Liquidez habría impedido que el Banco Central de Irlanda proporcionara liquidez a los bancos y habría hecho colapsar al sistema financiero irlandés. El Gobierno no tenía más opción que cumplir los requisitos del programa.[27]

De modo similar, la crisis de España giró en torno a una burbuja del sector inmobiliario sustentado por un flujo ingente de entrada de fondos extranjeros. Y, de modo similar también, el pinchazo de la burbuja del sector inmobiliario español supuso una amenaza para el sector bancario. Revelación de informaciones poco exactas, controles internos relajados y una concesión de créditos politizada contribuyeron a replicar fielmente el caso de Irlanda.

Una diferencia clave, sin embargo, fue que los dos bancos más grandes, Santander y Banco Bilbao Vizcaya Argentaria (BBVA), hacían mucho negocio en Latinoamérica, con lo que pudieron aislar sus balances del derrumbe del mercado inmobiliario español. Las cajas de ahorro no tuvieron tanta suerte. No obstante, una consecuencia de la estabilidad del BBVA y el Santander fue que el contagio del sistema bancario español a otros países de la zona euro fue

---

[27] Ni que decir que esto no explica por qué el FMI, que debería haber tenido más claro lo que había que hacer, no planteó ningún pero a las demandas del BCE.

limitado. Por ello España no se vio obligada a aceptar un programa de la Troika.

En lugar de eso, las autoridades españolas jugaron a ganar tiempo. Llegados al punto en que las noticias seguían siendo malas, negociaron una línea de crédito de 100.000 millones de euros (125.000 millones de dólares estadounidenses) con sus socios de la zona euro, que se utilizó para recapitalizar y reducir el tamaño de tres bancos en dificultades.[28] El primer ministro Mariano Rajoy habría preferido que el dinero se canalizara directamente a los bancos, permitiéndole así negar que el Gobierno hubiera recibido un rescate, pero sus socios europeos insistieron en que el dinero fuera primero al fondo de rescate bancario gestionado por el Gobierno y que éste firmara un memorando reconociendo el préstamo como una obligación contraída por el Gobierno. La buena noticia para Rajoy fue que no hubo programa de la Troika y que el papel del FMI se limitó al seguimiento y al asesoramiento.

Ahora bien, Rajoy tuvo que pagar un precio para salvar los muebles. Habiendo retrasado la inevitable reestructuración bancaria, España se recuperó más lentamente y más tarde que Irlanda. En Irlanda, el PNB real ya estaba a niveles de 2008 a principios de 2014. En cambio, en España, el nivel de PIB de 2008 sólo se alcanzó en 2017[29].

Portugal también constituye un caso aparte, pues no experimentó ni un auge del mercado inmobiliario como Irlanda y España ni un déficit presupuestario tan enorme como el de Grecia. En cambio, en el caso de Portugal, el problema fue que la economía portuguesa no lograba crecer: el PIB per cápita real creció menos de un 1% anual en la década hasta 2008. Pese a que el capital extranjero fluía hacia Portugal, al igual que hacia Grecia, Irlanda y España, no generaba la aceleración del crecimiento económico, a diferencia de lo ocurrido en los otros tres países.[30] Los mercados financieros relativamente

---

[28] La financiación extranjera también se utilizó para la venta de un cuarto banco con problemas.

[29] El PNB es una base más apropiada de comparación para Irlanda porque el PIB incluye los beneficios que algunas multinacionales declaran en Irlanda, y que están inflados debido al tipo tradicionalmente bajo del impuesto de sociedades en el país (y que se mantuvieron relativamente bien durante la crisis). En términos de PIB real, Irlanda ya se había recuperado a niveles de 2008 en 2012.

[30] El PIB real per cápita de Grecia fue un 34% más alto en 2008 que en 1999, y un 24% más alto en 2008 que en 2001, cuando el país ingresó en la zona euro.

atrasados del país no lograron dirigir los fondos extranjeros hacia sectores y usos con potencial para un crecimiento rápido de la productividad.[31] Los fondos extranjeros no se invirtieron en el sector industrial como habría cabido esperar en una economía de salarios bajos, sino en el sector servicios, de crecimiento lento y carente de sofisticación tecnológica. Además, las entradas de capital ya habían hecho subir el precio relativo de los bienes no comerciados durante la segunda mitad de la década de 1990, cuando los inversores inundaron el país de capital anticipando la adopción del euro. De hecho, Portugal estaba sufriendo el «mal holandés» en el que las entradas de capital que hacían subir el tipo de cambio real también provocaban que la inversión en el sector industrial no resultara rentable.[32]

Siempre y cuando el capital continuara entrando, a nadie le preocupaba demasiado que las empresas portuguesas estuvieran endeudándose en exceso y perdiendo competitividad. Cuando esas entradas *se interrumpieron abruptamente*, en cambio, se produjeron quiebras de empresas, problemas bancarios y déficits presupuestarios. El Gobierno se vio obligado a acudir a la Troika con las consabidas consecuencias.

La pregunta para los Gobiernos de Portugal, Irlanda y España, como para el de Grecia anteriormente, era si conseguirían mantener el rumbo. ¿Mantendrían la dolorosa consolidación fiscal que constituía el *quid pro quo* para recibir ayuda de la Unión Europea? ¿O tal vez el desempleo fomentaría una reacción política contraria a la austeridad y al euro? Nadie lo sabía. Peor todavía: el posible escenario de una reacción negativa podría acabar retroalimentándose. Si los inversores llegaran a temer que un Gobierno pudiese volverse contra el euro, serían cada vez más reticentes a detentar títulos emitidos por éste. Los tipos de interés subirían, con lo que bajaría la inversión y el desempleo empeoraría todavía más, provocando la temida reacción política.

El círculo vicioso logró por fin romperse en junio de 2012, cuando el presidente del BCE, Draghi, declaró su intención de «hacer lo que

---

[31] Ésta es la hipótesis desarrollada en Reis, 2013. Cabría plantear la pregunta razonable de por qué el mismo proceso no hizo que se hundieran la productividad y el crecimiento en Grecia. Una posible respuesta es que de hecho sí que lo hizo, pero que el enorme gasto deficitario por parte del Gobierno mantuvo a la economía creciendo durante algún tiempo.

[32] Ésta es la interpretación preferida en Blanchard, 2013.

fuera necesario» para preservar la zona euro.[33] Con esto, se eliminaba de la ecuación el espectro de una crisis que se retroalimenta aunque, como hemos visto, para poner punto final a una crisis de confianza hace falta un prestamista de última instancia. En cuanto Draghi y el BCE empezaron a declarar que ése era su papel, los mercados se estabilizaron.

La decisión pública del BCE de asumir el papel de prestamista de última instancia calmó los mercados pero no eliminó el riesgo de brotes de desconfianza en el futuro y, lo que es más fundamental, no garantizaba la supervivencia de la zona euro. Los Gobiernos europeos habían adoptado el euro para abordar la incompatibilidad de las monedas nacionales con la movilidad del capital, según el mandato del Mercado Único, y la democracia política, que se expresaba en el mandato de perseguir el crecimiento compartido. Existiendo como existían los recuerdos de la mala experiencia europea de la década de 1930, los tipos de cambio flexibles no constituían una forma atractiva de eliminar esta incompatibilidad. En vez de eso, los Gobiernos europeos habían buscado resolver esta inconsistencia de unos tipos de cambio estables con estos otros objetivos aboliendo el tipo de cambio. El problema era que había otras condiciones previas necesarias para garantizar la compatibilidad de la moneda única y el crecimiento compartido que incluían, además de un prestamista de última instancia, una unión bancaria con un único supervisor para los bancos de la zona euro, para una mejor estabilidad financiera. También resultaban imprescindibles las transferencias presupuestarias desde las regiones en auge hacia otras deprimidas para actuar como un amortiguador de *shocks* regionales y garantizar de esta manera que la prosperidad se compartiera ampliamente.

En respuesta a su crisis bancaria, los Estados miembros de la zona euro se movilizaron para crear esa unión bancaria[34]. Sin embargo, un

---

[33] La junta del BCE respaldó las palabras de Draghi con un programa de *Operaciones Monetarias de Compraventa* diseñado para respaldar el precio de los bonos del Gobierno.

[34] El BCE empezó a operar como el único supervisor de 130 grandes bancos europeos desde noviembre de 2014. No obstante, los críticos de la iniciativa se quejaron de que no se establecieran al mismo tiempo otros elementos clave de la unión monetaria, como, por ejemplo, un programa común plenamente financiado de seguros de depósito. A otros miembros de la UE que no habían adoptado todavía el euro se les permitió optar por sumarse a la unión bancaria, y unos cuantos lo hicieron.

sistema de transferencias fiscales aplicado a través de un presupuesto propio de la zona euro seguía percibiéndose como todavía demasiado lejano[35] y, mientras éste fuera el caso, iban a persistir las dudas sobre el futuro de la moneda única.

Las guerras de los tipos de cambio

A lo largo de todo este periodo turbulento, los mercados emergentes y los países en desarrollo siguieron creciendo a buen ritmo. Tras una expansión del 8,5 % en 2007, su tasa de crecimiento se desaceleró tan sólo modestamente a un 7,4 % en 2010 y 6,4 % en 2011.[36] Desde luego, en toda esta historia de éxito pesó mucho la economía china. El crecimiento de China, tras alcanzar un espectacular 14 % en 2007, se desaceleró suavemente hasta un 10 % en 2010-11.[37] Pero el crecimiento también fue fuerte en otros mercados emergentes. Los exportadores de materias primas básicas de Latinoamérica y otros lugares se vieron arrastrados por el apetito insaciable de materias primas y combustible por parte de China. Corea del Sur y Taiwán se apuntaron al carro del éxito de China, expandiendo sus operaciones de ensamblado en China continental para luego reexportar sus productos. Otros países como Vietnam desarrollaron igualmente sus operaciones de ensamblado a medida que los costes laborales empezaban a subir a su alrededor.

Muchas de estas economías latinoamericanas y asiáticas habían experimentado crisis financieras en décadas anteriores o habían asistido a las crisis de sus vecinos y, por tanto, traían aprendida la lección de que la manera de limitar la vulnerabilidad financiera era reducir la dependencia del capital exterior, o sea, mantener superávits por cuenta corriente en vez de déficits. El mejor seguro ante el riesgo de crisis –concluyeron– eran unas buenas reservas de divisas adquiridas a través de la exportación. Esta estrategia no estaba exenta de

---

[35] Y siguió quedando demasiado lejos para Alemania en particular.

[36] Hubo un traspiés en 2009, cuando el crecimiento se ralentizó de manera más acusada, pero fue una ralentización suave y poco duradera en los términos que se manejan en las economías avanzadas.

[37] Las cifras provienen de la base de datos del FMI *Perspectivas de la economía mundial.*

problemas. El que los mercados emergentes estuvieran manteniendo superávits y acumulando reservas en dólares facilitaba que Estados Unidos mantuviera déficits y por lo demás se diera a los excesos financieros.[38] Ahora bien, este enfoque, en cualquier caso, significaba que los mercados emergentes no eran tan vulnerables al problema del parón repentino que estaba afectando a la periferia de Europa. Más aún: el que sus sistemas financieros no fuesen tan «sofisticados» como los de Estados Unidos y Europa significó que los mercados emergentes no experimentaron crisis similares en sus mercados de derivados y sistemas bancarios en la sombra.

No obstante, los responsables de las políticas económicas en los países emergentes tenían otras preocupaciones: les preocupaba que sus monedas acabaran sobrevaluadas (o estuvieran en camino de estarlo), lo que afectaría a su competitividad industrial. Las bolsas estaban siendo empujadas al alza hasta niveles insostenibles por la inundación de capital que se dirigía hacia la parte del mundo que todavía crecía fuertemente.[39] En un número creciente de mercados emergentes y en desarrollo, la inflación se estaba convirtiendo en un problema.

Una respuesta cómoda era insistir en que la responsabilidad de este problema radicaba en otro lugar. Los bancos centrales de los países avanzados habían recortado los tipos de interés a cero para evitar la deflación y la recesión. No obstante, como el sistema bancario mundial operaba en dólares, unos tipos de interés bajos en Estados Unidos provocaron que los bancos encaminaran grandes cantidades de liquidez en dólares hacia los mercados emergentes, donde ahora las rentabilidades eran más altas. Así pues, los tipos de interés bajos en Estados Unidos empujaron el dólar a la baja al tiempo que impulsaban la subida de las monedas de mercados emergentes, creando problemas en cuanto a la competitividad de las exportaciones de estos últimos. Los bancos centrales de los países avanzados podrían estar luchando una guerra justa contra la deflación, pero sus políticas

---

[38] Tal y como se indicaba en la anterior nota al pie número 6.

[39] La asociación positiva entre un dólar débil en particular y los flujos de capital hacia mercados emergentes se documenta en Avdjiev et al., 2018. Los autores enfatizan la tendencia de los flujos bancarios transfronterizos a estar denominados en dólares, lo que hace que resulte más fácil para los mercados emergentes el pago de sus deudas frente a bancos internacionales cuando el dólar está débil, y por tanto hace también que sea más fácil endeudarse.

estaban provocando daños colaterales en los mercados emergentes. En septiembre de 2010, el ministro de Finanzas de Brasil, Guido Mantega, encapsuló estas quejas en sus declaraciones de que el mundo estaba inmerso en una *guerra de los tipos de cambio*. Otros representantes de Gobiernos de todo el mundo adoptaron el meme de Mantega y, de hecho, el concepto se convirtió en un punto del orden del día en la reunión de octubre del FMI y el Banco Mundial.

El hecho de que las autoridades de los países en desarrollo estuvieran desconcertadas por los bajos tipos de interés y la expansión cuantitativa de los bancos centrales de los países avanzados era comprensible, habida cuenta del impacto de esas políticas sobre sus tipos de cambio y sus mercados de activos, pero las objeciones que plantearon no estaban bien sustanciadas. Estados Unidos y Europa estaban en riesgo de deflación, una situación que la experiencia japonesa desde la década de 1990 indicaba que debía evitarse a toda costa. Era pues apropiado, y ciertamente fundamental, que sus bancos centrales rebajaran los tipos de interés y entraran en una expansión cuantitativa para evitar esta amenaza. No ya sólo las economías avanzadas sino también los mercados emergentes se habrían visto gravemente impactados si la Reserva Federal y el BCE no hubieran actuado de este modo, pues lo último que necesitaba la economía mundial era que las economías avanzadas se vieran abocadas a la deflación y la recesión crónicas, y a arrastrar con ellas a los mercados emergentes.

El malentendido no distaba mucho del que se produjo en la década de 1930, que ya se ha descrito en el capítulo 3. Por aquel entonces, unos recortes profundos de los tipos de interés y una honda devaluación de la moneda se denostaban como acciones que «empobrecían al vecino», en referencia a países que buscaban una manera de resolver sus problemas a costa de sus vecinos. De hecho, en situaciones de deflación real o incipiente como la de la década de 1930, un estímulo monetario agresivo era una necesidad acuciante. Ahora bien, para que los bancos pudieran rebajar los tipos de interés a título individual, primero tenían que abandonar el patrón oro. Los países que actuaron rápidamente en esta dirección vieron cómo su moneda se devaluaba, lo que implicaba la apreciación de las divisas de los países que tardaron más en reaccionar. Sin embargo, cuando se dio tiempo a ese tipo de políticas para que surtieran efecto, el resultado fue una estabilización de los niveles de precios y de las economías y, una vez que fueron adoptadas de modo generalizado, los tipos de interés volvieron a sus niveles anteriores. En la década de 1930, el dinero barato y la devaluación de la moneda fueron parte de la solución, no del problema. Y lo que era cierto en la década de 1930, volvió a ser cierto a principios de la Crisis Financiera Mundial.

La diferencia es que un conjunto de economías –mercados emergentes y países en desarrollo– todavía tenían fuertes crecimientos e inflación (que no deflación) tras la Crisis Financiera Mundial. La respuesta adecuada por parte de esos países era subir los impuestos o reducir el gasto público para enfriar un tanto la economía. Con la consolidación fiscal, sus tipos de interés caerían, con lo que se moderarían las entradas de capital, limitándose así la presión alcista que sufrían sus monedas. Tal vez el crecimiento se ralentizaría ligeramente, pero las presiones inflacionistas acabarían disipándose y por tanto el riesgo de que una moneda sobrevalorada acabase provocando una pérdida de competitividad y perjudicando al sector industrial sería menor.

Usar la política fiscal para frenar la economía (lo que se conoce como *lean against the wind*) es difícil en términos políticos, y no lo es menos en las economías emergentes que en las avanzadas. Los políticos ávidos de votos se resisten a subir los impuestos o recortar los programas sociales. En un reflejo de esto, lo que ocurrió fue que los Gobiernos en los mercados emergentes que se quejaban de la guerra de los tipos de cambio no fueron capaces de realizar los ajustes necesarios: les resultaba más fácil echar la culpa a los bancos centrales de las economías avanzadas y criticar la estructura del sistema monetario internacional.

China y el sistema internacional

China no sufrió la misma sobrevaloración de su moneda ni la inflación del precio de los activos a que se enfrentaron otros mercados emergentes sino que mantuvo unos controles estrictos de los flujos de capital como legado de su economía central planificada, aislándose así de la crisis mundial y las condiciones del crédito internacional.

Además, estos controles tampoco parecieron perjudicar visiblemente al crecimiento.

Así pues, la experiencia de China condujo a un replanteamiento del papel de los controles de capital. En términos más generales, la voz de los economistas que ponían en duda los méritos del libre movimiento internacional de capitales empezó a oírse con más fuerza como resultado de la crisis. Las autoridades asiáticas ya estaban en ese punto: después de haber padecido en la década de 1990 los flujos inversos de capital, los responsables de política económica asiáticos se habían vuelto desde hacía tiempo muy escépticos a los argumentos en favor de un flujo de capitales sin restricciones, y ahora se encontraban con cada vez más aliados intelectuales. En 2012, todas estas fuerzas se reunieron y el Directorio Ejecutivo del FMI adoptó una «nueva visión institucional» del control de capitales que respaldaba su mantenimiento por parte de los mercados emergentes con sistemas financieros frágiles que corrían el riesgo de verse abrumados por las entradas y salidas extremas de capital.[40] Atrás quedaban obviamente los días en que el FMI actuaba como defensor incondicional de la liberalización de la cuenta de capitales.

Sin embargo, justo en el momento en que estaba cambiando la orientación de los responsables de política económica en el mundo, las circunstancias financieras de China misma estaban variando. Tras el artículo que el gobernador Zhou del Banco Popular de China publicó en 2009, en el que se mostraba crítico con un sistema mundial basado en el dólar, China se embarcó en una ambiciosa campaña para fomentar un uso más amplio de su moneda, el renminbi, en las transacciones internacionales. En julio, lanzó un programa piloto que permitía que se usara el renminbi para transacciones entre empresas de cinco ciudades de la China continental y sus clientes y proveedores de Hong Kong y los diez miembros de la Asociación de Naciones de Asia Sudoriental (ASEAN). Una vez que se comprobó su utilidad, este sistema se expandió para incluir más ciudades y provincias y por fin toda China, y se aumentó el número de países socios, todo ello siguiendo la manera habitual de proceder de China: probar

---

[40] Un resumen de la nueva visión puede encontrase en Fondo Monetario Internacional, 2012.

el nuevo sistema a escala limitada y luego generalizarlo una vez comprobado su éxito. Las empresas extranjeras que ahora recibían pagos en renminbis depositaban sus ingresos en Hong Kong, cuyos bancos tenían permitidas las cuentas de depósitos en renminbis desde 2004, si bien el tamaño de esas cuentas se disparó con el crecimiento de las transacciones en renminbis (véase figura 7.4). Esta práctica acabó resultando beneficiosa para todos: los depositarios obtenían unos intereses y los bancos podían prestar fondos en renminbis a empresas que quisieran adquirir productos chinos e invertir en la misma China.

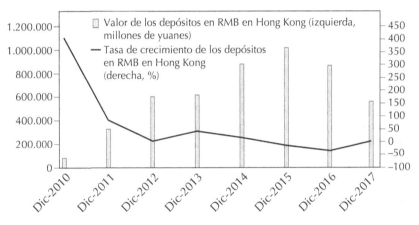

Figura 7.4. Depósitos en RMB en Hong Kong, 2010-17.
Fuente: Autoridad Monetaria de Hong Kong.

Invertir en fondos *offshore* en China sólo era posible, evidentemente, si el Gobierno relajaba las restricciones a los flujos transfronterizos de capital, tal y como procedió a hacer en esos momentos. El proceso de aprobación para utilizar fondos en renminbis para la inversión directa en China, como también para la inversión extranjera directa en el extranjero por parte de las empresas de la China continental, se generó en enero de 2011. Los bancos centrales extranjeros y una escogida selección de instituciones financieras internacionales tenían permiso para invertir en el mercado continental de bonos de China y, al final, en su bolsa. Los mercados bursátiles de Hong Kong y Shanghái estaban conectados por medio de un mecanismo llamado *Stock Connect* que permitía a los inversores de las dos bolsas intercambiar títulos en el otro mercado utilizando a sus agentes locales.[41] De esta manera, las exigentes restricciones de China en cuanto a la cuenta de transacciones transfronterizas de capital se fueron relajando progresivamente.

Pese a que los bancos de otros centros financieros intentaron competir con Hong Kong para hacerse con este negocio en renminbis, sus reguladores se resistieron en un primer momento a permitírselo. Si un banco en –pongamos por caso– Londres tomaba prestados fondos en renminbis para prestárselos a una empresa británica que invertía en China, entonces ese banco podría acabar encontrándose con problemas si se le agotaba la financiación en renminbis, ya que el Banco de Inglaterra, al no tener fondos propios en renminbis, no sería capaz de llenar ese vacío. Así pues, el Banco Popular de China organizó acuerdos de permuta de moneda con una lista creciente de bancos centrales extranjeros y se comprometió a intercambiar renminbis por monedas extranjeras, permitiendo así que esos bancos centrales proporcionaran liquidez en renminbis a los intermediarios locales, y alentando la relajación de los límites regulatorios de los negocios denominados en renminbis realizados en centros financieros extranjeros.

En un primer momento, la internacionalización del renminbi tuvo lugar a un ritmo acelerado. La cantidad de negocio de la propia China denominado en renminbis aumentó, pasando de 47.000 millones de renminbis (¥) en 2010 a 656.000 millones (algo más de 100.000 millones de dólares estadounidenses) en 2014[42]. En Hong Kong, los depósitos en renminbis se cuadruplicaron, al tiempo que las inversiones extranjeras directas denominadas en renminbis se multiplicaron por 40. En términos absolutos, la moneda china todavía iba muy por detrás del dólar estadounidense, suponiendo únicamente un 2,2 % de los pagos internacionales mundiales de 2014, según cifras recogidas por la Sociedad para las Telecomunicaciones Financieras Interbancarias Internacionales. El dólar, en cambio, suponía más del 40 % del total mundial. Ahora bien, la dirección en la que iban las cosas quedaba clara.

---

[41] A éste siguió luego el Stock Connect Shenzhen-Hong Kong en diciembre de 2016, y el Bond Connect China-Hong Kong que permitió a los inversores intercambiar bonos en los respectivos mercados interbancarios.

[42] El símbolo ¥ se utiliza para el renminbi (como es el caso aquí) y también para el yen japonés.

Merece la pena echar la vista atrás y preguntarse cuáles eran los motivos del esfuerzo de internacionalización del renminbi por parte de China. En primer lugar, estaba la comodidad que suponía para los bancos y empresas chinas poder usar la moneda local en transacciones transfronterizas. Un uso más amplio del renminbi a nivel internacional permitió a los importadores y exportadores chinos de mercancías y servicios financieros depender menos del dólar estadounidense y, en consecuencia, de los bancos estadounidenses y el Fed.

En segundo lugar, un sistema monetario y financiero internacional más multipolar organizado en torno a las monedas de varias potencias comerciales y financieras se ajustaba mejor a las necesidades de una economía mundial más multipolar. Con el rápido crecimiento de los mercados emergentes se hizo evidente que Estados Unidos no podría seguir respondiendo en solitario a las necesidades de liquidez de la economía mundial de manera indefinida. En cambio, si se utilizaban varias monedas principales –no sólo el dólar estadounidense sino también el renminbi, el euro y otras– en las transacciones transfronterizas, entonces habría múltiples fuentes de liquidez internacional. Así pues, si algo iba mal con alguna de esas monedas, las otras seguirían disponibles, con lo cual el sistema en su conjunto sería más robusto.

Una manera de mejorar el papel internacional de las monedas que no fueran el dólar estadounidense era, en principio, hacer un uso más intensivo de los Derechos Especiales de Giro del FMI, ya que la cesta de los DEG incluía no sólo el dólar estadounidense sino también el euro, el yen japonés y la libra esterlina. Ésta –recordemos– había sido la recomendación del gobernador Zhou en 2009. Ahora bien, conseguir encajar un papel más prominente de los DEG con las propias ambiciones monetarias y financieras de China requería que se añadiera el renminbi a la cesta de monedas de los DEG y esto, según las normas del FMI, requería que el Fondo tomara la decisión de que el renminbi «podía usarse libremente» en transacciones internacionales.

La libre utilización presuponía una mayor relajación de los controles de capital por parte de China, tal y como procedían ahora a hacer sus autoridades. De este modo, el terreno quedó preparado para los tumultuosos acontecimientos de 2015. Las cotizaciones de la bolsa china se duplicaron entre diciembre de 2014 y junio de 2015, a medida que los inversores del continente fueron acumulando títulos y los inversores en los centros extraterritoriales, que ahora sólo tenían que superar unos controles de capital limitados, los siguieron de cerca. En estas circunstancias, las autoridades preocupadas por unas cotizaciones bursátiles y unos precios inmobiliarios elevados, empezaron a retirar liquidez de los mercados domésticos. A mediados de año aproximadamente, las restrictivas condiciones crediticias provocaron que la bolsa sufriera una bajada más intensa de lo que anticipaban las autoridades.

El 11 de agosto, el Gobierno chino modificó algunos aspectos técnicos sobre cómo gestionaba la moneda y al mismo tiempo devaluó el tipo de cambio un 2% en lo que supuso otro ajuste técnico.[43] No obstante, las autoridades no comunicaron claramente el razonamiento que había detrás de todo ello y por tanto sus intenciones. Tras el recordatorio de que la bolsa podía bajar al igual que subir y temiendo que ahora el Gobierno estuviera buscando activamente la depreciación de la moneda para compensar un crecimiento económico más lento, los inversores se asustaron. La volatilidad se disparó y el mercado perdió rápidamente la mayor parte de lo ganado en la primera mitad del año. Como China había relajado sus controles de capital, los inversores disponían de distintas vías para sacar su dinero del país, tal y como procedieron a hacer. Para respaldar el tipo de cambio, el Banco Popular de China se vio obligado a intervenir en el mercado de cambios, realizando compras de renminbis con dólares por valor de 100.000 millones de dólares estadounidenses al mes.

La intervención a esta escala era factible para un banco central con 4 billones de dólares de reservas, pero no indefinidamente. Así pues, las autoridades respondieron reforzando los controles de capital. Lo irónico del caso fue que esa decisión coincidió con la del FMI de añadir el renminbi a la cesta de los DEG en noviembre de 2015.[44]

Como resultado de esos controles más rigurosos, se invirtió el sentido del proceso de internacionalización del renminbi.[45] Al mismo

---

[43] El principal ajuste técnico hacía referencia a la manera en que las autoridades establecían el «fijo» inicial, el tipo al que se abrían las operaciones frente al dólar todas las mañanas.

[44] La incorporación de la moneda a la cesta se hizo efectiva en octubre de 2016.

[45] Los depósitos en renminbis en Hong Kong cayeron un 30% entre su máximo alcanzado en diciembre de 2014 y finales de 2015. El uso del renminbi en los mercados mundiales de bonos había caído un cuarto a finales de 2015 respecto de su máximo de 2014. El peso relativo del comercio de la propia China denominado en renminbis se contrajo, pasando del 26% al 16% a lo largo de 2016.

tiempo, esos controles más exigentes también proporcionaron a los responsables de política económica chinos un poco de espacio para tomar aire, pues les dieron tiempo para explicar su línea argumental, y a la vez les permitieron limitar las pérdidas del Banco Popular de China. Por todos estos motivos, estos controles hicieron posible que los mercados se asentaran.

Las políticas chinas, obviamente, habían ido demasiado lejos y demasiado rápido hacia la liberalización de la cuenta de capital. Las autoridades habían relajado los controles de capital antes de permitir que el tipo de cambio fluctuara más libremente, de desarrollar una estrategia eficaz de comunicación o de mejorar la liquidez y trasparencia de los mercados financieros. Resultaba evidente que su búsqueda de la internacionalización del renminbi había hecho que perdieran de vista sus objetivos más fundamentales. Tras aprender la lección por las malas, procedieron a endurecer los controles nuevamente y volvieron a centrarse en lo más importante: el mantenimiento de la estabilidad financiera y una tasa alta de crecimiento del PIB.

Así pues, podemos constatar en esta experiencia de China la misma tendencia observada a finales del siglo XX y principios del siglo XXI en otras sociedades en las que los imperativos internos prevalecieron sobre los objetivos externos. Esos imperativos internos eran fundamentales, incluso a pesar de que China no fuera un país democrático. Ahora bien, sí era una nación donde la legitimidad del régimen gobernante se basaba fundamentalmente en su éxito a la hora de proporcionar prosperidad, estabilidad y crecimiento económico. La diferencia en el caso de China era que, dado el legado de planificación centralizada y unos mercados financieros que seguían estando ampliamente regulados, las autoridades no se vieron obligadas a liberar el tipo de cambio para responder a la incompatibilidad de la movilidad internacional del capital, los tipos de cambio fijos y las presiones políticas internas, como ocurrió en otros lugares. En vez de eso, podían endurecer los controles de capital fácilmente. Cuánto tiempo más seguirá disponible esa opción, habida cuenta del continuo desarrollo de los mercados financieros de China, queda todavía por ver pero, en 2015 por lo menos, funcionó.

A nivel conceptual, los estrategas chinos llevaban razón en reconocer la necesidad de un sistema monetario y financiero internacional más diversificado que se correspondiera mejor con la estructura más multipolar de la economía mundial. La necesidad urgente de evolucionar hacia un sistema en el que no sólo el dólar estadounidense sino también el euro y el renminbi fueran fuentes significativas de liquidez internacional se hizo incluso más evidente en 2017, cuando Donald Trump fue elegido presidente de Estados Unidos y sus llamadas políticas de «América Primero» (*America First*) sustituyeron al liderazgo mundial de Estados Unidos. En su primera visita al Foro Económico Mundial de Davos, el secretario del Tesoro de la Administración Trump, Steven Mnuchin, realizó unos bruscos comentarios sobre las ventajas –desde una perspectiva nacional de miras limitadas– de un dólar débil. Esas declaraciones se interpretaron por lo general en clave de dudas sobre las perspectivas del billete verde en tanto que divisa estable[46]. La idea de que el mundo sería un lugar más seguro en términos financieros si contaba con diversas fuentes de liquidez internacional –y no dependía completamente del dólar ni de Estados Unidos– parecía ahora más atractiva que nunca.

El error de China había sido subestimar el tiempo necesario para completar la transición a ese sistema más diversificado. El que ahora se reconociera que la transición iba a ser un proceso dilatado en el tiempo no era en sí mismo un hecho particularmente tranquilizador, sino que más bien subrayaba la preocupante cuestión de si el sistema monetario y financiero internacional preponderante, centrado en el dólar estadounidense, se mantendría estable en el futuro inmediato.

Un futuro digital

Pese a que las monedas nacionales como el dólar, el euro y el renminbi dominan el pensamiento oficial sobre el sistema monetario internacional, los especialistas en tecnología, los empresarios digitales y los inversores aficionados al riesgo se preguntan si el futuro no estará más bien en las monedas digitales y, de hecho, más concretamente sugieren que en las monedas digitales encriptadas basadas en la tecno-

---

[46] Los comentarios de Mnuchin en la Cumbre de Davos se produjeron en enero de 2018, tal y como se establece y analiza en Summers, 2018.

logía de libro mayor distribuido (*distributed ledger technology*) conocida como Blockchain.[47]

El bitcóin es uno de los principales ejemplos de este tipo de monedas. Desde 2009, se han ido creando en número creciente los bitcoines –una especie de fichas digitales o *tokens* generadas mediante la resolución de problemas matemáticos complejos–, que se han comprado y vendido intensamente entre los iniciados. A finales de 2017, cuando el precio de un único bitcóin se acercó a los 20.000 dólares, los observadores con visión de futuro empezaron a preguntarse si las monedas creadas digitalmente de modo privado podrían acabar sustituyendo a monedas como el dólar como forma dominante de dinero.

Y, si estas monedas digitales sustituían al dólar en las transacciones nacionales, ¿podrían acabar sustituyéndolo también en las internacionales, teniendo en cuenta que los ordenadores utilizados para realizar las operaciones de Blockchain están ubicados en múltiples países y que el bitcóin ya se compra y vende en varias jurisdicciones? Los exportadores de mercancías podrían así llegar a aceptar bitcoines o algún equivalente digital en pago por sus productos. Los inversores que adquirieran una fábrica en un país extranjero podrían pagar por su compra en bitcóin, que se convertiría así en el vehículo de los flujos internacionales de capital. El precio del petróleo comprado y vendido en mercados internacionales se podría expresar en bitcóin. Los bancos centrales y los Gobiernos, al ver que bancos y empresas realizaban transacciones transfronterizas en bitcóin, empezarían a detentar reservas en esa misma unidad y así podrían actuar como prestamistas de última instancia si, por cualquier motivo, esos bancos y empresas experimentaran dificultades a la hora de acceder a los bitcoines necesarios para completar sus transacciones. De este modo, las monedas digitales de marca propia se convertirían en el vehículo dominante en los negocios transfronterizos y el eje central del sistema monetario internacional.

O por lo menos esa teoría circula por Silicon Valley y sus alrededores. El único problema es que, en realidad, el bitcóin y sus competidores no suponen la unidad contable, el medio de cambio y la forma

---

[47] Un libro mayor distribuido o *distributed ledger* es una base de datos común compartida, registrada y sincronizada en múltiples ordenadores independientes sin ningún administrador ni almacén de datos central.

de almacenamiento de servicios de valor que exige el dinero. Que el bitcóin no es una forma de almacenamiento de valor fiable es algo que pone de manifiesto las caídas y subidas de su precio, que ha pasado de 20.000 dólares en 2017 a menos de 4.000 dólares en 2018 y se ha vuelto a disparar para arriba en 2020. Dicho de otra manera: el bitcóin no es precisamente una alternativa interesante a los depósitos bancarios en dólares. La volatilidad de precios también limita el atractivo del bitcóin como unidad contable; no es una unidad atractiva para expresar el precio del petróleo y otras materias primas que se intercambian a nivel internacional. En cuanto a la utilidad del bitcóin como medio de cambio, está limitada por el hecho de que las transacciones que utilizan Blockchain son en realidad caras y lentas. Pese a que los entusiastas prometen que la eficacia de su tecnología de transacciones subyacente mejorará, nadie está seguro de que vaya a ser así.

El problema de la volatilidad de precios se puede resolver –argumentan esos mismos entusiastas– a través de la creación de las llamadas *stablecoins* o criptomonedas estables: monedas digitales con un tipo de cambio fijo respecto del dólar u otra unidad nacional.[48] *Stablecoins* con nombres como Tether, Saga y Dai suelen presentarse en dos formatos: bien puede tratarse de criptomonedas estables plenamente garantizadas que cuentan con el respaldo de reservas en monedas convencionales, detentadas en cantidades equivalentes a las de las «criptofichas» en circulación. Por ejemplo, Tether declara contar con saldos bancarios en dólares estadounidenses por valor equivalente de las criptofichas de Tether en circulación. En principio, Tether puede utilizar esos dólares para comprar de vuelta sus criptofichas si su precio cae por debajo de su valor de paridad de 1 dólar.[49]

Ahora bien, este tipo de sistema resulta caro de mantener. Para crear un dólar adicional de Tether, la plataforma tiene que adquirir un dólar más. Así pues, alguien habrá intercambiado ese dólar, respaldado por la fe y la confianza plenas en el Gobierno estadounidense, por un valor equivalente de una moneda digital privada que

---

[48] Los partidarios de una *stablecoin* llamada Saga anunciaron en su libro blanco cómo se fijaría un tipo de cambio fijo para su unidad respecto de los DEG.

[49] Este sistema es similar al de un *régimen de junta monetaria* o régimen de caja de conversión. Un banco central que opere un régimen de junta monetaria mantiene un dólar de reservas por cada valor equivalente en dólares de otra moneda en circulación, y utiliza esos dólares para comprar de vuelta esa moneda si su valor en los mercados internacionales de divisas muestra indicios de caer.

es un tanto engorrosa de utilizar y cuyo respaldo es tan fiable como lo sean las promesas de su creador[50]. Este tipo de operaciones seguramente resultarán atractivas principalmente para blanqueadores de capitales, evasores de impuestos y terroristas financieros que valoran el anonimato que proporcionan las criptomonedas. La naturaleza tan especial de estos grupos parece indicar que los Gobiernos, preocupados por que las criptomonedas se utilicen para fines delictivos, no permitirán que el modelo sobreviva.

El segundo formato o tipo de criptomoneda estable no está completamente garantizado y por tanto resulta más barato de crear. En la variante parcialmente garantizada, la plataforma detenta reservas en dólares equivalentes a una fracción –pongamos por caso el 50%– del valor de su emisión en criptomoneda. En la variante no garantizada no se detentan reservas en dólares sino que se emiten tanto moneda digital como bonos digitales.[51] Los bonos presentan denominaciones mayores y son menos líquidos pero pagan intereses. Los pagos de intereses se financian con los ingresos (o señoreaje) que va recabando la plataforma a medida que la unidad se utiliza más ampliamente y se acuñan más monedas.

Luego los bonos se venden a cambio de criptomonedas cuando el precio de éstas baja. Los alumnos de finanzas internacionales reconocerán que esto es algo parecido a lo que ocurre cuando un banco central interviene en el mercado de divisas. En este caso, la intervención está diseñada para estabilizar el precio relativo –es decir, el tipo de cambio– entre la criptomoneda estable y el dólar.[52]

Los mismos estudiantes de finanzas internacionales también reconocerán el fallo en este sistema: que es proclive a los ataques especulativos. Si los inversores dudan del valor estable de la criptomoneda, exigirán que los que la respaldan cumplan su compromiso de convertirla en dólares a un tipo de paridad. Ahora bien, como la criptomoneda estable sólo está garantizada en parte, nadie va a querer asumir el agujero cuando desaparezcan las garantías, con lo que los

---

[50] Tether, por ejemplo, no permitió que una de las principales multinacionales de la contabilidad auditara sus reservas, suscitando así las dudas sobre si de verdad detentaba saldos bancarios en dólares por el valor declarado.

[51] Algunas criptomonedas estables no garantizadas también emiten acciones digitales, pero esta complicación va más allá del tema que nos ocupa.

[52] Técnicamente, ésta es una intervención «no esterilizada» ya que altera la oferta de divisas o criptomonedas en circulación.

inversores se apresurarán a hacer caja antes de que no quede nada en el cofre. El resultado sería un pánico bancario, o como se dicen en el contexto de las finanzas internacionales, un ataque especulativo contra un tipo de cambio fijo de una moneda.

El problema es incluso más grave cuando la criptomoneda estable no está garantizada. Digamos que se despiertan las dudas sobre si el vendedor generará suficiente señoreaje para pagar a los obligacionistas, tal vez porque la moneda no esté obteniendo una amplia adopción y su demanda por tanto no esté creciendo al ritmo deseado. En ese caso, los inversores reducirán sus pujas por bonos nuevos, haciendo que a la plataforma le resulte más complicado retirar de la circulación el exceso de moneda. Vender bonos requerirá tipos de interés más altos, o sea, hará necesaria una prima de riesgo. El que haya que pagar más intereses exacerbará a su vez las dudas en torno al valor futuro de los bonos y la solvencia de la plataforma. No resulta difícil imaginar una espiral que además se retroalimenta en la que los inversores se niegan a comprar bonos sea al precio que sea y la plataforma no consigue evitar el colapso de la criptomoneda. Una vez más, este problema resultará conocido para cualquiera que esté familiarizado con la literatura publicada sobre ataques especulativos contra tipos de cambio fijos, es decir, cualquiera que haya leído los capítulos anteriores de este libro.

En consecuencias, las únicas monedas digitales que sobrevivirán son las emitidas por los propios bancos centrales. Según la última información disponible, más de noventa bancos centrales están considerando emitir sus propias monedas digitales, si bien ninguno ha dado el salto todavía.

Hacerlo supondría permitir que no sólo los bancos comerciales –como hasta ahora– sino también entidades no financieras y personas a título individual pudieran abrir cuentas electrónicas en el banco central y realizar transacciones transfiriendo fondos entre esas cuentas en bancos centrales. Esta idea, si bien es atractiva a primera primera vista, no está exenta de problemas. Ante la disyuntiva de la seguridad de detentar depósitos en un banco central o el riesgo de hacerlo en un banco comercial, es obvio qué escogerá la gente prudente. La consecuencia derivada de ello será que los bancos comerciales ya no lograrán atraer depósitos y financiar sus préstamos del modo tradicional. El banco central podría prestar sus depósitos digitales, pero entonces una agencia del Gobierno estaría apropiándose del negocio de la asignación de crédito que realiza el sector privado. Y eso no es todo. Una moneda digital de un banco central sería un objetivo muy apetecible para *hackers* y delincuentes cibernéticos. Su seguridad tendría que ser poco menos que infalible.

Incluso si las monedas digitales de los bancos centrales se acaban materializando, no alterarán de manera fundamental el sistema monetario internacional ni el papel de las monedas nacionales en sus operaciones. A día de hoy, cuando empresas e individuos desean realizar una transacción de cambio de divisas, dan orden a su banco local para que cambie una moneda por otra en su nombre. Su banco, que –pongamos por caso– tiene dólares, se pone en contacto con un banco corresponsal en, por ejemplo, China, e intercambia esos dólares por renminbis. En un mundo de monedas digitales de bancos centrales, esa misma transacción la realizarían los bancos centrales y no la banca comercial. El papel de las monedas nacionales –el dólar en el caso de Estados Unidos, el renminbi en el de China– no cambiaría.

Así pues, si el futuro trae consigo un cambio fundamental en la estructura del sistema monetario internacional, ese cambio no vendrá con la moneda digital.

8
Conclusiones

El periodo de tiempo transcurrido desde la caída del sistema de Bretton Woods a principios de los años 1970 ha sido testigo de una tendencia, al principio lenta pero posteriormente acelerada, a huir de los tipos de cambio fijos pero ajustables. Todavía en 1970 era insólita la idea de dejar fluctuar el tipo de cambio, si no era temporalmente y porque lo requerían las circunstancias. Pero hacia 1990 casi un 15 % de todos los países había adoptado tipos fluctuantes. Hacia 2016, esta proporción había llegado a casi el 40 %. Esta tendencia era especialmente marcada entre los países avanzados. A principios del siglo XXI, las situaciones a mitad camino habían prácticamente desaparecido, a favor de la unión monetaria en la UE y de tipos fluctuantes en los demás países. En los mercados emergentes, donde una unión monetaria era impensable, los tipos fijos no han terminado de desaparecer pero los fluctuantes han ido ganando terreno.

Esta tendencia de los tipos de cambio a ser cada vez más flexibles durante la posguerra es sobre todo una consecuencia del aumento de la movilidad internacional del capital. Tras la Segunda Guerra Mundial, los mercados internacionales de capitales estaban en calma. El recuerdo de la crisis internacional de la deuda de la década de 1930 y el hecho de que las emisiones de bonos extranjeros impagados aún no se hubieran liquidado disuadían a los inversores de invertir en el extranjero. Los que podrían haberlo hecho se encontraban con el obstáculo de los controles de los movimientos internacionales de capitales. El mantenimiento de los controles de capitales se había autorizado en el Convenio Constitutivo negociado en Bretton Woods con el fin de conciliar la estabilidad de los tipos de cambio con otros objetivos: a corto plazo, los programas concertados de reconstrucción de la posguerra; a largo plazo, la búsqueda del pleno empleo.

No debería sorprender, pues, que los controles constituyeran una parte fundamental del sistema de Bretton Woods de tipos de cambio fijos pero ajustables. Con los controles, era menos estrecha la relación entre la situación financiera interior y la extranjera; los Gobiernos tenían libertad para alterar las condiciones financieras interiores en su intento de alcanzar otros objetivos sin poner en peligro inmediatamente la estabilidad del tipo de cambio. Los controles no eran tan rigurosos como para evitar la necesidad de ajustar los tipos de cambio cuando divergía la situación financiera interior y la extranjera, pero daban el margen de respiro necesario para organizar un realineamiento ordenado y garantizar la supervivencia del sistema.

Los controles de los movimientos de capitales también se consideraban necesarios para la reconstrucción del comercio internacional. Si los volátiles movimientos de capitales desestabilizaran las monedas, los Gobiernos las defenderían elevando los aranceles y endureciendo los contingentes sobre las importaciones. Si los países devaluaran, sus vecinos se tomarían represalias con aranceles y contingentes propios. La lección extraída de la década de 1930 era que la inestabilidad de las monedas era incompatible con un sistema multilateral de libre comercio internacional. En la medida en que la recuperación del comercio era necesaria para restablecer la prosperidad y el crecimiento mundiales, también lo era la estabilidad cambiaria y, por implicación, los controles de los movimientos de capitales.

Pero la conjunción del libre comercio y el control de los movimientos financieros internacionales no era dinámicamente estable. Cuando se restableció la convertibilidad de las operaciones por cuenta corriente a finales de los años cincuenta, los Gobiernos descubrieron lo difícil que era verificar que una determinada compra de divisas se había realizado con fines relacionados con el comercio y no con la especulación cambiaria. Y cuando se liberalizaron las transacciones internacionales, resultó imposible seguir regulando rigurosamente los mercados interiores. Cuando se sumaron los mercados financieros a la lista de liberalizaciones, se abrieron nuevas vías por las que podía fluir el capital, por lo que disminuyó la viabilidad de controlar los movimientos internacionales de capitales.

La consecuencia fue un aumento de las presiones sobre el sistema de Bretton Woods de tipos fijos pero ajustables. Los Gobiernos no podían considerar la posibilidad de devaluar sin provocar una oleada de movimientos de capital desestabilizadores. Durante el periodo de convertibilidad de las operaciones por cuenta corriente, los ajustes fueron escasos y distanciados. El hecho de saber que los países deficitarios dudarían en realizar ajustes llevó a los que tenían superávit a mostrarse reacios a prestar ayuda, pues temían la magnitud del coste. Y el aumento de la movilidad del capital limitó la libertad de los Gobiernos para seguir una política macroeconómica independiente. Tan pronto como surgían dudas sobre su disposición a sacrificar otros objetivos en aras del tipo de cambio, la defensa de la moneda podía exigir una subida de los tipos de interés y otros dolorosos ajustes que eran políticamente insoportables. La confianza en la estabilidad de las monedas y, en última instancia, la propia estabilidad fueron las víctimas.

También se observa la misma dinámica inestable en la evolución del Sistema Monetario Europeo construido por los miembros de la Comunidad Europea tras la ruptura del sistema de Bretton Woods. La estabilidad de los tipos de cambio se consideraba tan necesaria para el funcionamiento fluido de la unión aduanera de Europa como para la construcción de un mercado europeo realmente integrado. Para reforzar la estabilidad de los tipos intraeuropeos, se mantuvieron los controles de capitales cuando se estableció el SME en 1979. Los controles daban autonomía a la política interior y un margen de respiro para organizar los realineamientos. Pero una vez más, la conjunción del libre comercio y el control de los movimientos financieros internacionales no era dinámicamente estable. La liberalización de otras transacciones intraeuropeas, que era después de todo la razón de ser de la Comunidad Europea, socavó la eficacia de los controles, que eran en sí mismos incompatibles con el objetivo de construir un mercado europeo único. Una vez que se echaron por la borda a principios de los años noventa, el SME se volvió rígido y frágil. La recesión de 1992-93 forzó entonces la situación. Los agentes de cambio sabían que los Gobiernos tenían limitada capacidad política en un clima de elevado paro para subir los tipos de interés y adoptar las demás medidas de austeridad necesarias para defender sus paridades. Cuando llegaron los ataques, los Gobiernos se vieron obligados a abandonar

el SME de bandas estrechas y a sustituirlo por un sistema más acomodaticio de bandas amplias y tipos fluctuantes. Algunos miembros
del SME, como el Reino Unido, optaron por una mayor flexibilidad
del tipo de cambio. Otros, amparándose en una solidaridad política
excepcional, o al menos aspirando a ella, abandonaron sus monedas
nacionales en favor del euro.

La conclusión evidente es que la tendencia de los tipos de cambio
a ser cada vez más flexibles es una consecuencia inevitable del aumento de la movilidad internacional del capital. Es importante, pues,
recordar el periodo anterior a 1913, como el del patrón oro clásico,
en los que la elevada movilidad internacional del capital no impedía
el mantenimiento de unos tipos estables. Hasta la Primera Guerra
Mundial, no se puso nunca en duda en casi ningún país la prioridad
que se concedía a las paridades fijas del patrón oro. Apenas había
conciencia de que la política del banco central podía dirigirse hacia
objetivos como el paro.

Y la poca conciencia que había apenas influía en la política económica, dada la escasa extensión del derecho de voto, la debilidad
de los sindicatos y la ausencia de partidos laboristas parlamentarios.
Dado que no existía duda alguna sobre la voluntad y la capacidad de
los Gobiernos de defender las paridades, el capital fluía en un sentido
estabilizador en respuesta a las perturbaciones. Los trabajadores y
las empresas dejaban que los salarios se ajustaran porque sabían que
había pocas perspectivas de que una variación de los tipos de cambio borrara las consecuencias de los costes del desequilibrio. Estos
factores actuaban como un círculo vicioso que daba credibilidad al
compromiso de mantener los tipos fijos.

La credibilidad de este compromiso evitaba la necesidad de controlar los capitales para aislar a los Gobiernos de las presiones del
mercado que podían provocar una crisis. Las autoridades podían
tomar las medidas necesarias para defender la moneda sin sufrir fu-
nestas consecuencias políticas. Como los mercados eran conscientes
de este hecho, se mostraban menos inclinados a atacar la moneda. El
limitado grado de democracia sustituía en cierto sentido al limitado
grado de movilidad del capital como fuente de aislamiento. Con la
extensión del derecho de voto y la eficacia cada vez menor de los controles, ese aislamiento desapareció, haciendo que fuera más costoso y
difícil mantener los tipos de cambio fijos.

Karl Polanyi afirmó hace más de cincuenta años que la politización de la política económica había complicado el funcionamiento
de los tipos de cambio fijos.[1] Polanyi consideraba que la difusión
del sufragio universal y el asociacionismo democrático eran una reacción contra la tiranía de las fuerzas del mercado que el patrón
oro había contribuido a desatar. Reconocía que la consiguiente politización de la política económica había destruido la viabilidad del
propio patrón oro.

Así pues, la construcción tras la Segunda Guerra Mundial de un
sistema de flexibilidad dirigida en la que los controles de capitales
conciliaban el deseo de estabilidad de los tipos de cambio con la búsqueda de otros objetivos no habría sorprendido a Polanyi. Tampoco
la politización de la política económica. Lo que le habría sorprendido
probablemente habría sido el grado en que las renacientes fuerzas
del mercado minaron la eficacia de los controles de capitales y cómo
estas fuerzas aplastaron los intentos de los Gobiernos de gestionar sus
monedas.[2]

Una consecuencia de la resistencia imprevista del mercado fue la
adopción, después de 1971, de unos tipos de cambio más flexibles.
Pero esta tendencia fue desigual. Los tipos fluctuantes han sido más
frecuentes en los países avanzados con mercados financieros profundos y líquidos y unas instituciones relativamente sólidas. En los mercados emergentes -países de renta media cada vez más integrados en
las finanzas globales- es donde la flexibilidad de los tipos de cambio
se mantiene bajo control del gobierno. Estos países, al contrario de
los países más pobres, tienen la capacidad institucional de decidir
y llevar a la práctica una política monetaria independiente. Tienen
la capacidad de sustituir un tipo de cambio fijo por una política de
objetivo de inflación como base de su política monetaria. Para ellos el
control de capitales acaba siendo cada vez más difícil a medida que
sus mercados financieros se desarrollan y se ven sometidos a la pre-

---

[1] Polanyi, 1944, págs. 133-34, 227-29 y *passim*.

[2] Es comprensible que ni él, ni John Maynard Keynes ni Harry Dexter White ni
los demás artífices del sistema monetario internacional de la posguerra, con la Gran
Depresión como telón de fondo, apreciaran totalmente la resistencia del mercado
ni previeran el grado en que los mercados frustrarían los intentos de regular rigurosamente la actividad económica y, en el caso de los tipos de cambio, de utilizar los
controles de capitales para gestionarlos.

sión de amplios grupos que apoyan la total integración en el mercado global de capitales. Por todas estas razones, para muchos de estos países la opción lógica es la de tener unos tipos fluctuantes pero sujetos al control de sus gobiernos.

Pero los países más pobres, así como algunos países de renta media, no tienen la capacidad de decidir su propia política monetaria. El poco desarrollo de sus mercados financieros significa que su control sobre los flujos de capital es aún relativamente eficaz y se resisten a abrir completamente sus mercados financieros, al no tener claro que los flujos de capital redunden en su interés. Para estos países, relajar los controles de capital tiene que ir a la par con el desarrollo de sus instituciones y mercados financieros, lo que significa que el proceso acaba siendo laborioso y lento. En la medida en que los controles de capital se mantienen, es viable tener un tipo de cambio fijo. Pero si los países menos desarrollados ven en los países avanzados la imagen de su futuro entonces, tal como escribió Karl Marx, el futuro traerá unas instituciones y mercados financieros más avanzados, así como una creciente presión por parte de grupos poderosos para que se relajen las restricciones sobre las libertades financieras y se adopte un tipo de cambio más flexible.

En cualquier caso, esta es una posible imagen del futuro. Otra imagen nos la proporciona Europa. Aquí la tensión entre la movilidad del capital, la democracia política y los tipos de cambio fijos pero ajustables se resolvió no con unos tipos de cambio fluctuantes sino eliminando los tipos de cambio, si no en todos los países al menos en la zona euro. Evidentemente, no hay ninguna garantía de que el experimento europeo funcione. En particular, no está claro que los países del euro puedan hacer frente al reto de Polanyi. El compromiso hacia la libertad de mercado se ve mitigado por la busca del pleno empleo y otros objetivos sociales, y la política monetaria está al servicio de estos objetivos, no es un fin en sí misma. En la segunda década del siglo, el euro no ha conseguido el objetivo de pleno empleo y prosperidad compartida. Con la crisis del euro a partir de 2009, el euro pasó a considerarse como el motor de la austeridad y de la desigualdad. Se convirtió en un obstáculo para que los gobiernos pudieran estabilizar sus economías. Su gestor, el Banco Central Europeo, fue muy criticado por su rigidez y estrechez de miras. Y otras políticas que hubieran podido compensar estas rigideces –las transferencias fiscales de las regiones prósperas a las zonas deprimidas, que son habituales en otras uniones monetarias– estuvieron ausentes en Europa, en buena medida por la persistencia de las identidades e ideologías nacionales.

Sin duda Europa tiene muchas cosas a su favor. Ha ido más lejos que otras partes del mundo en la construcción de un conjunto funcional de instituciones políticas regionales. Los europeos poseen una herencia común y una visión razonablemente compartida de los objetivos sociales a alcanzar mediante la política monetaria y la política de tipos de cambio. El incentivo de lograr que la unión monetaria funcione es enorme porque su fracaso significaría el final del proyecto de integración europea. Incluso en estrictos términos financieros, los costes de acabar con el euro serían extraordinariamente elevados. Europa conseguirá que su unión monetaria funcione porque no le queda más remedio.

Pero lo que es posible en Europa posiblemente no lo sea en otras partes. Asiáticos y Latinoamericanos fantasean con la idea de una unión monetaria, pero fantasía no es realidad. En estas zonas, países diferentes han sacado conclusiones diferentes de los conflictos pasados. La disponibilidad a sacrificar la soberanía nacional en aras a una unión monetaria regional es escasa. Pero a medida que los sistemas económico y social evolucionan, también estos países se verán obligados a avanzar hacia unos sistemas políticos y financieros más abiertos. En ellos la combinación de democracia política y de movilidad de capital también les acabará obligando a desprenderse de los tipos de cambio fijos.

La alternativa serán unos tipos de cambio fluctuantes. Quizás este no sea el mejor de los mundos, pero al menos es un mundo factible.

Glosario

Acta Única Europea – Acta negociada en la conferencia intergubernamental celebrada en 1986 en la que los miembros de la Comunidad Europea se comprometieron a eliminar las barreras a la circulación de mercancías y de factores de producción en el seno de la Comunidad.

acuerdos de derecho de giro (stand-by) – Procedimiento del FMI adoptado en 1952 que permite a un país negociar por adelantado su acceso a los recursos del Fondo hasta unos determinados límites sin ser sometido a una revisión de su posición en el momento del giro.

Acuerdos Generales de Préstamos – Líneas de crédito establecidas en 1962 por los países industriales para prestarse sus monedas a través del FMI.

acuerdos swap – Acuerdos entre los bancos centrales en virtud de los cuales los países de moneda fuerte facilitan activos exteriores a los países de moneda débil.

ASEAN (Asociación de las Naciones del Sudeste Asiático) – Los países miembros son: Brunei, Camboya, Filipinas, Indonesia, Laos, Malasia, Myanmar, Tailandia y Vietnam.

balanza comercial – Diferencia entre las exportaciones y las importaciones de mercancías. Una diferencia positiva (negativa) indica un superávit (déficit) comercial.

banco central – Banquero del Estado. Banco que tiene encomendada la responsabilidad del funcionamiento del patrón monetario.

Banco Central Europeo – Banco central que nace con la inauguración de la tercera fase del proceso de unificación monetaria europea.

banda de fluctuación permisible – Banda de la que no puede salirse el tipo de cambio porque las autoridades intervienen en el mercado de divisas y/o alteran la política económica cuando el tipo llega al límite de la banda.

base monetaria – Oferta monetaria definida en un sentido estricto, que comprende generalmente el efectivo, los depósitos de los banqueros en el banco central y los activos monetarios a corto plazo.

bloque del oro – Bloque monetario formado por los países que permanecieron en el patrón oro cuando Gran Bretaña y unas dos docenas de países lo abandonaron en 1931.

braceaje – Comisión que se pagaba por acuñar metales preciosos en un patrón dinero-mercancía. Cubría los gastos del director de la casa de la moneda y le permitía obtener un pequeño beneficio.

caja de conversión – Sustituto del banco central y mecanismo monetario por medio del cual un país liga su política monetaria a la de otro por medio de una ley o de la Constitución.

casa de descuento – Intermediario financiero existente en Gran Bretaña que descuenta pagarés y los revende o los conserva hasta su vencimiento.

cláusula de la moneda escasa – Disposición del Convenio Constitutivo del FMI que autoriza a imponer restricciones cambiarias y comerciales excepcionales al país cuya moneda se vuelve escasa dentro del Fondo.

cláusula de salvaguardia – Cláusula que permite abrogar temporalmente una regla por la que se rige la política económica.

Comisión Europea – Órgano ejecutivo independiente de la Unión Europea que tiene potestad para realizar propuestas; está formado por personas nombradas por los Estados miembros para un mandato de cuatro años. Responsable de ejecutar las medidas adoptadas por el Consejo Europeo.

Comité de Gobernadores de los Bancos Centrales – Comité formado por los gobernadores de los bancos centrales que participan en el Sistema Monetario Europeo.

Comunidad Económica Europea – Creada por el Tratado de Roma en 1958 y formada inicialmente por seis países (Francia, Alemania, Bélgica, los Países Bajos, Luxemburgo e Italia). Ampliada en tres ocasiones.

Consejo Europeo – Órgano de decisión de la Unión Europea formado por los ministros de los Estados miembros, que representa los intereses nacionales en lugar de los intereses de la UE.

consols – Bonos del Tesoro británico de vencimiento infinito, que pagaban una cantidad dada de intereses al año.

control de cambios – Véase *controles de capitales.*

controles de capitales – Reglamentaciones que limitan la capacidad de las empresas o de los hogares para convertir la moneda nacional en divisas. Los controles sobre las transacciones por cuenta de capital impiden a los residentes convertir moneda nacional en divisas para realizar inversiones en el extranjero. Los controles sobre las transacciones por cuenta corriente limitan la capacidad de los residentes para convertir la moneda nacional en divisas para importar mercancías.

convertibilidad – Capacidad de una moneda para convertirse libremente en divisas. En el patrón oro, una moneda convertible podía intercambiarse libremente por oro a un precio fijo.

crecimiento extensivo – Crecimiento basado en la utilización de recursos adicionales en modos de producción ya establecidos. El crecimiento intensivo conlleva, por el contrario, la utilización de nuevas tecnologías y formas de organización.

cuenta corriente – Componente de la balanza de pagos internacionales que refleja las transacciones de bienes y servicios. Un déficit por cuenta corriente significa que las compras de bienes y servicios a extranjeros son superiores a las ventas de bienes y servicios a extranjeros.

cuenta de capital – Componente de la balanza de pagos que refleja la inversión exterior. Un déficit por cuenta de capital significa que la inversión realizada en otros países es superior a la inversión realizada por otros países.

cuenta de invisibles – Componente de la cuenta corriente relacionado con los intereses y los dividendos pagados por inversiones exteriores anteriores y transacciones internacionales relacionadas con los servicios de transporte, seguros y servicios financieros.

Cuentas de Compensación de Cambios – Organismos públicos responsables de intervenir en el mercado de divisas.

dependencia de la senda – Característica de un sistema cuyo equilibrio o «punto de descanso» no es independiente de su situación inicial.

derechos especiales de giro – Aumento de las cuotas del FMI autorizado en 1967 que permitió al FMI facilitar a los países miembros un crédito superior a sus suscripciones de oro y moneda.

devaluación que empobrece al vecino – Devaluación del tipo de cambio de un país que, al reducir su demanda de importaciones, empeora el bienestar de sus socios comerciales.

dinero fiduciario – Papel-moneda no respaldado por oro, divisas convertibles o incluso, en algunos casos, bonos del Estado.

ecu – Unidad monetaria europea, formada por monedas europeas. Es la unidad de cuenta del Sistema Monetario Europeo.

efecto Balassa-Samuelson – Tendencia de los precios a subir rápidamente en las economías que crecen a un ritmo rápido y en las que el rápido aumento de la productividad en el sector de bienes comerciables provoca un aumento de la demanda de productos del sector servicios.

encaje oro – Según las normas del patrón oro en vigor en la década de 1930, el Sistema de la Reserva Federal tenía que tener oro o títulos descontables (esencialmente papel comercial) como garantía contra su pasivo monetario; el encaje oro es la cantidad que quedó una vez cumplida esta obligación.

esterilización – Política del banco central consistente en eliminar los efectos que producen los movimientos internacionales de reservas en las condiciones crediticias interiores.

Export-Import Bank – Banco situado en Washington, D. C., establecido en 1934 como organismo del Gobierno federal cuya función es facilitar préstamos y garantías crediticias para fomentar las exportaciones de Estados Unidos.

externalídades de red – Efectos externos en los que las prácticas de un agente dependen de las prácticas adoptadas por otros con los que interactúa.

fluctuación dirigida – Sistema en el que se permite que los tipos de cambio fluctúen, pero los Gobiernos intervienen en el mercado de divisas. También se conoce con el nombre de «fluctuación sucia».

Fondo Europeo de Cooperación Monetaria – Componente de la Serpiente europea destinado a financiar los desequilibrios de pagos entre los países participantes.

Grupo de los Diez (G-10) – Grupo informal de países industriales establecido después de la Segunda Guerra Mundial y formado por Bélgica, Canadá, Francia, Alemania, Italia, Japón, los Países Bajos, Suecia, el Reino Unido y Estados Unidos.

hiperinflación – Rápida inflación; normalmente se considera que es como mínimo de un 50% al mes.

huida del capital – Retirada de fondos de activos denominados en una moneda, motivada normalmente porque se espera que se devalúe en el futuro.

impuesto de igualación de los intereses – Impuesto establecido en Estados Unidos a partir de 1964 sobre los intereses generados por los títulos extranjeros.

impuesto sobre el capital – Impuesto excepcional sobre el capital o la riqueza.

inconvertibilidad – Situación en la que una moneda no puede intercambiarse libremente por oro (en un patrón oro) o por divisas (en un patrón de dinero fiduciario).

Iniciativa de Chiang Mai – El sistema asiático de líneas de crédito y de *swaps* a corto plazo.

Informe Delors – Informe realizado en 1989 por un comité presidido por Jacques Delors, presidente de la Comisión Europea, que recomendó una transición en tres fases a la unión monetaria europea.

Instituto Monetario Europeo – Entidad temporal creada en 1994 en aplicación de lo dispuesto en el Tratado de Maastricht para coordinar la política de los Estados miembros de la UE y planificar el paso a la unión monetaria.

intervención esterilizada – Intervención en el mercado de divisas cuyos efectos en la oferta monetaria interior se eliminan mediante la compraventa interior de bonos.

ley – Pureza del oro o de la plata acuñado en monedas.

ley de Gresham – Idea según la cual cuando circulan dos monedas, los individuos quieren deshacerse de la que pierde valor más deprisa. Por lo tanto, esa moneda predomina en las transacciones, expulsando de la circulación a la «moneda buena».

liquidez internacional – Reservas internacionales necesarias para que los bancos centrales emitan pasivos monetarios interiores y financien un determinado volumen de comercio internacional.

mecanismo de ajuste – Variaciones de los precios y de las cantidades por medio de las cuales las fuerzas del mercado eliminan los déficits y los superávits de la balanza de pagos.

Mecanismo de Tipos de Cambio – Componente del Sistema Monetario Europeo en el que los países participantes fijan sus tipos de cambio.

mecanismos de financiación a corto plazo y muy corto plazo – Financiación o créditos en divisas a que podían acceder los bancos centrales de moneda débil dentro del Mecanismo de Tipos de Cambio del Sistema Monetario Europeo.

mecanismos del oro – Préstamos libres de intereses a arbitrajistas del oro y otros mecanismos destinados a ampliar o reducir los puntos del oro (véase *puntos del oro)*, aumentando o reduciendo así el grado de variabilidad de los tipos de cambio compatible con el mantenimiento de la convertibilidad.

modelo de los flujos de oro y los precios – Modelo de ajuste internacional en el patrón oro propuesto en el siglo XVIII por David Hume.

moneda alineada incorrectamente – Moneda cuyo valor de mercado apenas guarda relación con las variables económicas fundamentales.

operaciones de mercado abierto – Compras o ventas de letras o bonos del Estado por parte del banco central.

Parlamento Europeo – Órgano legislativo formado por miembros elegidos directamente por los electorados de los países miembros para un mandato de cinco años. Consultado sobre una amplia variedad de propuestas legislativas, forma parte de la autoridad presupuestaria de la UE.

patrón bimetálico o bimetalismo – Patrón dinero-mercancía en el que las autoridades dan el rango de curso legal a las monedas acuñadas con dos metales (por ejemplo, oro y plata). Véase también *patrón monometálico.*

patrón de cambio-oro – Sistema parecido al patrón oro en el que las reservas internacionales de los países pueden adoptar la forma de monedas extranjeras convertibles, así como de oro.

patrón monometálico – Sistema monetario en el que la moneda nacional es convertible a un precio fijo en un metal precioso (a diferencia del patrón bimetálico, en el que la moneda es convertible en dos metales a precios fijos).

Plan Brady – Denominado así por el secretario del Tesoro de Estados Unidos, el plan pretendía normalizar las condiciones de los mercados financieros internacionales después de la crisis de los años 1980.

Política Agrícola Común – Sistema de apoyos a los precios agrícolas que ha absorbido tradicionalmente más de la mitad del presupuesto de la Comunidad Europea. Sus principios se establecieron en el Artículo 38 del Tratado de Roma que estableció la CEE.

política de desviación del gasto – Medidas, incluidas las modificaciones de los tipos de cambio, destinadas a corregir un desequilibrio exterior alterando los precios relativos y desviando el gasto entre los bienes interiores y los extranjeros.

pool del oro – Sistema en el que los principales países industriales cooperaban para apoyar el precio oficial del oro de 34 dólares en la década de 1960.

preferencia imperial – Política consistente en dar un trato preferencial (por ejemplo, concesiones arancelarias) a los miembros de un imperio.

puntos del oro – Puntos en los que resultaba rentable practicar el arbitraje debido a las diferencias entre el precio del oro de mercado y su precio de acuñación.

realineamiento – Término empleado por los participantes en el Mecanismo de Tipos de Cambio del Sistema Monetario Europeo para referirse a las variaciones de los tipos centrales del MTC.

Reconstruction Finance Corporation – Creada en diciembre de 1931 por la Administración Hoover para facilitar financiación a los bancos y a las empresas que necesitaban liquidez.

reforma monetaria – Cuando se emite una nueva moneda, generalmente para sustituir a otra degradada por una rápida inflación.

relación real de intercambio – Cociente entre los precios de las exportaciones y los de las importaciones.

reservas internacionales – Activos financieros convertibles de un sistema monetario (por ejemplo, oro, monedas convertibles como el dólar americano, derechos especiales de giro) con los que respalda el papel-moneda y la moneda fiduciaria y efectúa los pagos internacionales.

Serpiente europea – Sistema colectivo de países europeos en la década de 1970 para fijar sus tipos de cambio dentro de bandas del 2¼%.

sistema bancario de reservas fraccionarias – Sistema bancario en el que los préstamos se financian con depósitos y con capital suscrito por los accionistas; es la alternativa al sistema bancario restrictivo, en el que el capital suscrito por los accionistas es la única fuente de fondos para préstamos.

sistema fiduciario – Sistema de respaldo de pasivos monetarios con oro, en el que una cantidad fija de esos pasivos (la emisión fiduciaria) no está garantizada.

Sistema Monetario Europeo – Sistema de monedas fijas pero ajustables establecido por los miembros de la Comunidad Europea en 1979.

sistema proporcional – Sistema de respaldo de los pasivos monetarios con oro, en el que el valor de las reservas de oro debe ser igual o superior a una proporción mínima (normalmente 35 o 40%) del valor de los pasivos.

SMP (Securities Market Programme) – El programa del Banco Central Europeo anunciado en mayo de 2010 según el cual el BCE compraba deuda pública para facilitar la liquidez y el buen funcionamiento del mercado de deuda.

sobrevaluación – Situación de una moneda que al tipo de cambio vigente compra demasiadas unidades de divisas. Tiende a ir unida a dificultades competitivas de los productores y a déficit de balanza de pagos.

tipo de cambio – Precio interior de una unidad de moneda extranjera.

tipo de cambio fluctuante – Tipo de cambio que se permite que varíe. Existe una «fluctuación limpia» cuando el Gobierno no interviene; existe una «fluctuación sucia» cuando intervienen las autoridades para limitar las fluctuaciones de las monedas.

tipo de descuento del banco central – Tipo al que el banco central está dispuesto a prestar descontando (comprando letras o pagarés con un descuento).

tipo del Banco – Véase *tipo de descuento del banco central*.

tipo Lombard – Tipo de interés que cobra un banco central cuando actúa como prestamista de último recurso.

Tratado de Maastricht sobre la Unión Europea – Tratado que compromete a los firmantes a realizar una transición en tres fases a una unión monetaria.

Troika – Nombre informal para designar al FMI, el BCE y la Comisión Europea que negociaron los rescates de los países miembros durante la crisis del euro.

zona de la libra – Zona que comprende los países que a partir de los años treinta fijaron sus monedas a la libra esterlina y mantenían sus reservas internacionales en Londres.

Bibliografía

Acharya, Viral, and Philipp Schnabl. 2010. «Do Global Banks Spread Global Imbalances? Asset-Backed Commercial Paper during the Financial Crisis of 2007-09.» *IMF Economic Review* 58: 37-73.

Alesina, Alberto, and Silvia Ardagna. 2010. «Large Changes in Fiscal Policy: Taxes versus Spending.» In Jeffrey Brown ed., *Tax Policy and the Economy*, vol. 24, 35-68. Cambridge, Mass.: National Bureau of Economic Research.

Aliber, Robert Z., 1978, «The Integration of National Financial Markets: A Review of Theory and Findings», *Weltwirtschaftliches Archiv*, 114, págs. 448-79.

Arndt, H. W., 1944, *The Economic Lessons of the 1930s*, Londres, Oxford University Press.

Asian Development Bank. 2007. *Asian Development Outlook 2007*. Manila: Asian Development Bank.

Avdjiev, Stefan, Valentina Bruno, Catherine Koch, and Hyun Song Shin. 2018. «The Dollar Exchange Rate as a Global Risk Factor: Evidence from Investment.» BIS Working Paper 695 (January). Bank for International Settlements, Basel.

Bagehot, Walter, 1874, *Lombard Street*, Londres, Kegan Paul, Trench.

Baile, Lieven, Annalisa Ferrando, Peter Horndahl, Elizaveta Krylova, and Cyril Monnet. 2004. «Measuring Financial Integration in the Euro Area.» ECB Occasional Paper 14. European Central Bank, Frankfurt.

Balogh, Thomas, 1946, «The United States and the World Economy», *Bulletin of the Oxford Institute of Statistics*, 8, págs. 309-23.

—, 1949, *The Dallar Crisis: Causes and Cure*, Oxford, Ingl., Blackwell.

Banco de Pagos Internacionales, 1993, *63rd Annual Report*, Basilea, BPI.

Barksy, Robert y J. Bradford DeLong, 1991, «Forecasting Pre-World War I Inflation: The Fisher Effect and the Gold Standard», *Quarterly Journal of Economics*, 106, págs. 815-36.

Bayoumi, Tamim y Barry Eichengreen, 1996, «The Stability of the Gold Standard and the Evolution of the International Monetary System», en Tamim

Bayoumi, Barry Eichengreen y Mark Taylor (comps.), *Modern Perspectives on the Classical Gold Standard*, Cambridge, Cambridge University Press, págs. 165-88.

Berger, Helge y Albrecht Ritschl, 1995, «Germany and the Political Economy of the Marshall Plan: A Re-revisionist View», en Barry Eichengreen (comp.), *Europe's Postwar Recovery*, Cambridge, Ingl., Cambridge University Press., págs. 199-245.

Bergsten, C. Fred, 1993, «The Rationale for a Rosy View: What a Global Economy Will Look Like», *Economist*, 328, septiembre, págs. 57-59.

Bernanke, Ben. 2005. «The Global Savings Glut and the U.S. Current Account Deficit,» March 10. Washington, D.C.: Board of Governors of the Federal Reserve System.

Bini-Smaghi, Lorenzo, Tommaso Padoa-Schioppa y Francesco Papadia, 1994, «The Transition to EMU in the Maastricht Treaty», Princeton Essays in Internatonal Finance, 194, International Finance Section, Department of Economics, Princeton University, Princeton, N. J.

Blanchard, Olivier. 2013. «Comment on Reis.» *Brookings Papers on Economic Activity* (Spring): 194-97.

Blanchard, Olivier, y Daniel Leigh. 2013. «Growth Forecast Errors and Fiscal Multipliers.» *American Economic Association Papers and Proceedings* 103: 117-20.

Blanchard, Olivier y Pierre-Alain Muet, 1993, «Competitiveness through Disinflation: An Assessment of the French Macroeconomic Strategy», *Economic Policy*, 16, págs. 11-56.

Block, Fred L., 1977, *The Origins of International Economic Disorder*, Berkeley, University of California Press.

Bloomfield, Arthur, 1959, *Monetary Policy under the International Gold Standard, 1880-1914*, Nueva York, Federal Reserve Bank of New York.

—, 1963, «Short-Term Capital Movements under the Pre-1914 Gold Standard», Princeton Studies in International Finance, 11, International Finance Section, Department of Economics, Princeton University, Princeton, N. J.

Blustein, Paul. 2016. *Laid Low: Inside the Crisis That Overwhelmed Europe and the IMF.* Waterloo, Canada: CIGI Press.

Borchardt, Knut, 1991, *Perspectives on Modern German History and Policy*, Cambridge, Ingl., Cambridge University Press.

Bordo, Michael D., 1993, «The Bretton Woods International Monetary System: An Historical Overview», en Michael D. Bordo y Barry Eichengreen (comps.), *A Retrospective on the Bretton Woods Sytem*, 3-98, Chicago, University of Chicago Press.

Bordo, Michael D. y Finn E. Kydland, 1995, «The Gold Standard as a Rule: An Essay in Exploration», *Explorations in Economic History*, 32, págs. 423-65.

—, Dominique Simard y Eugene White, 1994, «France and the Bretton Woods International Monetary System», NBER Working Paper 4642, National Bureau of Economic Research, Cambridge, Mass.

Boughton, James M., 1993, «The Economics of the CFA Franc Zone», en Paul R. Masson y Mark P. Taylor (comps.), *Policy Issues in the Operation of Currency Unions,* Cambridge, Ingl., Cambridge University Press, págs. 95-129.

Branson, William, 1994, «German Reunification, the Breakdown of the EMS, and the Path to Stage Three», en David Cobham (comps.), *European Monetary Upheavals,* Manchester, Ingl., Manchester University Press, págs. 16-29.

Bretton Woods Commission, 1994, *Bretton Woods: Looking to the Future,* Washington, D. C., Bretton Woods Commission.

Broadberry, S. N., 1986, *The British Economy between the Wars: A Macroeconomic Survey,* Oxford, Ingl., Blackwell.

Brown, William Adams, Jr., 1929, *England and the New Gold Standard,* 1919-1926, New Haven, Conn., Yale University Press.

—, 1940, *The International Gold Standard Reinterpreted,* 1914-1934, Nueva York, National Bureau of Economic Research.

Buiter, Willem H., 1987, «Borrowing to Defend the Exchange Rate and the Timing and Magnitude of Speculative Attacks», *Journal of International Economics,* 23, págs. 221-40.

Caballero, Ricardo, Emmanuel Farhi, y Pierre-Olivier Gourinchas. 2008. «An Equilibrium Model of "Global Imbalances" and Low Interest Rates.» *American Economic Review* 98: 358-89.

Cairncross, A. K., 1953, *Home and Foreign Investment, 1870-1913,* Cambridge, Ingl., Cambridge University Press.

Cairncross, Alee y Barry Eichengreen, 1983, *Sterling in Decline: The Devaluations of 1931, 1949 and 1967,* Oxford, Ingl., Blackwell.

Cairnes, John Elliot, 1874, *Sorne Leading Principies of Political Economy Newly Expounded,* Nueva York, Harper and Brothers.

Calomiris, Charles, 1993, «Greenback Resumption and Silver Risk: The Economics and Politics of Monetary Regime Change in the United States, 1862-1900», en Michael D. Bordo y Forrest Capie (comps.), *Monetary Regimes in Transition,* Cambridge, Ingl., Cambridge University Press, págs. 86-134.

Calvo, Guillermo, y Carmen Reinhart. 2002. «Fear of Floating.» *Quarterly Journal of Economics* 107: 379-408.

Campa, José M., 1990, «Exchange Rates and Economic Recovery in the 1930s: An Extension to Latin America», *Journal of Economic History,* 50, págs. 677-82.

Canzoneri, Matthew, 1985, «Monetary Policy Games and the Role of Private Information», *American Economic Review,* 75, págs. 1.056-70.

Capie, Forrest, Terence Mills y Geoffrey Wood, 1986, «What Happened in 1931?», en Forrest Capie y Geoffrey Wood (comps.), *Financial Crises and the World Banking System,* Londres, Macmillan, págs. 120-48.

Cernuschi, Henri, 1887, *Le pair bimétallique,* París, Guillaumin.

Chamon, Marcos, y Eswar Prasad. 2007. «Determinants of Household Saving in China.» International Monetary Fund (June). Unpublished manuscript.

Chinn, Menzie, y Jeffrey Frankel. 2007. «Will the Euro Eventually Surpass the Dollar as Leading International Reserve Currency?» In Richard Clarida, ed., *G7 Current Account Imbalances: Sustainability and Adjustment*, 283-338. Chicago: University of Chicago Press.

Clapham, John, 1945, *The Bank of England: A History*, Cambridge, Ingl., Cambridge University Press.

Clarke, Stephen V. O., 1967, *Central Bank Cooperation, 1924-1931*, Nueva York, Federal Reserve Bank of New York.

Cleveland, Harold van Buren y Thomas F. Huertas, 1985, *Citibank, 1812-1970*, Cambridge, Mass., Harvard University Press.

Comisión de las Comunidades Europeas, Dirección General de Asuntos Económicos y Financieros, 1993, «The ERM in 1992», *European Economy*, 54, págs. 141-57.

Committee for the Study of Economic and Monetary Union (Delors Committee), 1989, *Report on Economic and Monetary Union in the European Community*, Luxemburgo, Oficina de Publicaciones Oficiales de las Comunidades Europeas.

Comité de Gobernadores de los Bancos Centrales de los Estados Miembros de la Comunidad Económica Europea, 1993a, *Annual Report 1992*, Basilea, Comité de Gobernadores.

—, 1993b, «The Implications and Lessons to be Drawn from the Recent Exchange Rate Crisis - Report on the Committee of Governors», Basilea, 21 de abril, multicopiado.

Committee on Currency and Foreign Exchanges after the War (Cunliffe Committee), 1919, *First Interim Report*, Cmd. 9182, Londres, HMSO.

Condliffe, J. B., 1950, *The Commerce of Nations*, Nueva York, Norton.

Cooper, Richard N., 1971, «Currency Devaluation in Developing Countries», Princeton Essays in International Finance, 86, International Finance Section, Department of Economics, Princeton University, Princeton, N. J.

—, 1990, «What Future for the International Monetary System?», en Yoshio Suzuki, Junichi Miyake y Mitsuake Okabe (comps.), *The Evolution of the International Monetary System*, Tokio, University of Tokyo Press, págs. 277-300.

—, 1992, «Whither Europe?», *Yale Review*, 80, págs. 10-17.

—, 1993, «Comment», en Michael D. Bordon y Barry Eichengreen (comps.), *A Retrospective on the Bretton Woods System*, Chicago, University of Chicago Press, págs. 104-7.

Coquelin, Charles, 1851, «De la dépréciation de l'or et du systéme monétaire français», *Journal des économistes*, 28, enero, págs. 55-67.

Cottrell, P. L., 1992, «Silver, Gold and the International Monetary Order», en S. N. Broadberry y N. F. R. Crafts (comps.), *Britain in the International Economy*, Cambridge, Ingl., Cambridge University Press, págs. 221-43.

Cunliffe Committee (Committee on Currency and Foreing Exchange after the War), 1919, *First Interim Report*, Cmd. 9182, Londres, HMSO.

Darby, Michael R., Arthur E. Gandolfi, James R. Lothian, Anna J. Schwartz y Alan C. Stockman, 1983, *The International Transmission of Inflation*, Chicago, University of Chicago Press.

David, Paul, 1994, «Why Are Institutions the Carriers of History? Path Dependence and the Evolution of Conventions, Organizations and Institutions», *Structural Change and Economic Dynamics*, 5, págs. 205-20.

De Cecco, Marcello, 1974, *Money and Empire: The International Gold Standard*, Londres, Blackwell.

De Grauwe, Paul, 1989, *International Money: Post-war Trends and Theories*, Oxford, Ingl., Clarendon Press.

Del Mar, Alexander, 1895, *History of Monetary Systems*, Londres, Effingham Wilson.

Deprés, Emile, 1973, *International Economic Reform: Colleted Papers of Emile Deprés* (comp.), Gerald M. Meier, Nueva York, Oxford University Press.

Dick, Trevor J. O. y John Floyd, 1992, *Canada and the Gold Standard: Balance of Payments Adjustment, 1871-1913,* Cambridge, Ingl., Cambridge University Press.

Diebold, William, Jr., 1952, «The End of the ITO», Princeton Essays in International Finance, 16, International Finance Section, Department of Economics, Princeton University, Princeton, N. J.

—, 1972, *The United States and the Industrial World: American Foreign Economic Policy in the 1970s,* Nueva York, Praeger.

Dominguez, Kathryn, 1993, «The Role of International Organizations in the Bretton Woods System», en Michael D. Bordo y Barry Eichengreen (comps.), *A Retrospective on the Bretton Woods System,* Chicago, University of Chicago Press, págs. 357-97.

Dooley, Michael y Peter Isard, 1980, «Capital Controls, Political Risk, and Deviations from Interest-Rate Parity», *Journal of Political Economy*, 88, págs. 370-84.

Dooley, Michael, David Folkerts-Landau, y Peter Garber. 2004. «The Revived Bretton Woods System.» *International Journal of Finance and Economics* 94: 307-13.

Dornbusch, Rudiger, 1976, «Expectations and Exchange Rate Dynamics», *Journal of Political Economy*, 84, págs. 1.161-76.

Drake, Louis S., 1985, «Reconstruction of a Bimetallic Price Level», *Explorations in Economic History*, 22, págs. 194-219.

Dulles, Eleanor Lansing, 1929, *The French Franc*, Nueva York, Macmillan.

Duval, Romain, y Jorgen Elmeskov. 2006. «The Effects of EMU on Structural Reforms in Labor and Product Markets.» Working Paper 596 (March). European Central Bank, Frankfurt.

Edwards, Sebastián, 1993, «Exchange Rates as Nominal Anchors», *Weltwirtschaftliches Archiv*, 129, págs. 1-32.

Edwards, Sebastián y Femando Losada, 1994, «Fixed Exchange Rates, Inflation and Macroeconomic Discipline», NBER Working Paper 4661, National Bureau of Economic Research, Cambridge, Mass.

Edwards, Sebastián y Julio Santaella, 1993, «Devaluation Controversies in the Developing Countries: Lessons from the Bretton Woods Era», en Michael Bordo y Barry Eichengreen (comps.), *A Retrospective on the Bretton Woods System*, Chicago, University of Chicago Press, págs. 405-55.

Eichengreen, Barry, 1986, «The Bank of France and the Sterilization of Gold, 1926-1932», *Explorations in Economic History*, 23, págs. 56-84.

—, 1987, «Conducting the International Orchestra: Bank of England Leadership under the Classical Gold Standard, 1880-1913», *Journal of International Money and Finance*, 6, págs. 5-29.

—, 1988, «The Australian Recovery of the 1930s in International Comparative Perspective», en R. G. Gregory y N. G. Butlin (comps.), *Recovery from the Depression: Australia and the World Economy in the 1930s*, Sydney, Cambridge University Press, págs. 33-60.

—, 1992a, «The Gold Standard since Alee Ford», en S. N. Broadberry y N. F. R. Crafts (comps.), *Britain in the International Economy 1870-1939*, Cambridge, Ingl., Cambridge University Press, págs. 49-79.

—, 1992b, *Golden Fetters: The Gold Standard and the Great Depression, 1919-1939*, Nueva York, Oxford University Press.

—, 1992c, «More Speculation on Destabilizing Speculation», *Explorations in Economic History*, 29, págs. 93-98.

—, 1993, *Reconstructing Europe's Trade and Payments*, Manchester y Ann Arbor, Manchester University Press y University of Michigan Press.

—, 1994a, *International Monetary Arrangements for the 21st Century*, Washington, D. C., Brookings Institution.

—, 1994b, «The Crisis in the EMS and the Prospects for EMU: An Interim Assessment», en Seppo Honkapohja (comp.), *Economic Policy Issues in Financial Integration*, Helsinki, Institute of International Economic Law, University of Helsinki, págs. 15-72.

—. 2007. «The Breakup of the Euro Area.» NBER Working Paper 13393 (September). National Bureau of Economic Research, Cambridge, Mass.

Eichengreen, Barry y Marc Flandreau, 1996, «The Geography of the Gold Standard», en Jorge Braga de Macedo, Barry Eichengreen y Jaime Reis (comp.), *Currency Convertibility: The Gold Standard and Beyond*, Londres, Routledge, págs. 113-43.

Eichengreen, Barry y Peter B. Kenen, 1994, «Managing the World Economoy under the Bretton Woods System: An Overview», en Peter B. Kenen (comp.), *Managing the World Economy Fifty Years after Bretton Woods*, Washington, D. C., Institute for International Economics, págs. 3-57.

Eichengreen, Barry y Ian McLean, 1994, «The Supply of Gold under the Pre-1914 Gold Standard», *Economic History Review*, nueva serie 47, págs. 288-309.

Eichengreen, Barry, Andrew Rose y Charles Wyplosz, 1994, «Speculative Attacks on Pegged Exchange Rates: An Empirical Exploration with Special Reference to the European Monetary System», University of California, Berkeley, manuscrito inédito.

Eichengreen, Barry y Jeffrey Sachs, 1985, «Exchange Rates and Economic Recovery in the 1930s», *Journal of Economic History,* XLV, págs. 925-46.

Eichengreen, Barry y Charles Wyplosz, 1993, «The Unstable EMS», *Brookings Papers on Economic Activity,* l, págs. 51-124.

Einzig, Paul, 1937, *The Theory of Forward Exchange,* Londres, Macmillan.

Ellis, Howard S., 1941, *Exchange Control in Central Europe,* Cambridge, Mass., Harvard University Press.

Emminger, Otmar, 1986, *D-Mark, Dallar, Wahrungskrisen,* Stuttgart, Deutsche Verlags-Anstalt.

Epstein, Gerald y Thomas Ferguson, 1984, «Monetary Policy, Loan Liquidation and Industrial Conflict: The Federal Reserve and the Open Market Operations of 1932», *Journal of Economic History ,* 44, págs. 957-84.

Esposito, Chiarella, 1994, *America's Feeble Weapon: Funding the Marshall Plan in France and Italy, 1948-1950,* Westport, Conn., Greenwood Press.

Feavearyear, A. E., 1931, *The Pound Sterling,* Oxford, Ingl., Clarendon Press.

Federal Reserve Board, 1943, *Banking and Monetary Statistics, 1914-1941,* Washington, D. C., Board of Governors of the Federal Reserve System.

Feis, Herbert, 1930, *Europe: The World's Banker,* New Haven, Conn., Yale University Press.

Feldstein, Martin, 1986, «New Evidence on the Effects of Exchange Rate Intervention», NBER Working Paper 2052, National Bureau of Economic Research, Cambridge, Mass.

Ferreira, Afonso, y Giusepe Tullio. 2002. «The Brazilian Exchange Rate Crisis of January 1999.» *Journal of Latin American Studies* 34: 143–64.

Fetter, Frank, 1965, *The Development of British Monetary Orthodoxy,* Cambridge, Mass., Harvard University Press.

Field, Alexander J., 1984, «A New Interpretation of the Onset of the Great Depression», *Journal of Economic History,* 44, págs. 489-98.

Fink, Carole, 1984, *The Genoa Conference: European Diplomacy,* 1921-1922, Chapel Hill, University of North Carolina Press.

Fisher, Irving, 1933, «The Debt-Deflation Theory of Great Depressions», *Econometrica,* 1, págs. 337-57.

Fishlow, Albert, 1971, «Origins and Consequences of Import Substitution in Brazil», en Luis Di Marco (comp.), *International Economics and Development,* Nueva York, Academic Press, págs. 311-62.

—, 1985, «Lessons from the Past: Capital Markets during the 19th Century and the Interwar Period», *International Organization,* 39, págs. 383-439.

Flandreau, Marc, 1993, «As Good As Gold: Bimetallism in Equilibrium, 1848-1870», University of California, Berkeley, manuscrito inédito.

—, 1993b, *La France et la stabilité du systeme monétaire international, 1848-1873,* París, l'Harmattan.

Flood, Robert P. y Peter Garber, 1984, «Gold Monetization and Gold Discipline», *Journal of Political Economy*, 92, págs. 90-107.

Foad, Hisham. 2007. «Europe without Borders? The Effect of the Euro on Price Convergence.» San Diego State University, Calif. Manuscrito inédito (enero).

Ford, A. G., 1962, *The Gold Standard, 1880-1913: Britain and Argentina*, Londres, Oxford University Press.

Frankel, Jefrrey A., 1994, «Exchange Rate Policy», en Martin Feldstein (comp.), *American Economic Policy in the 1980s*, Chicago, University of Chicago Press, págs. 293-341.

Fratianni, Michele y Jürgen von Hagen, 1992, *The European Monetary System and European Monetary Union*, Boulder, Colo., Westview.

Frieden, Jeffry, 1988, «Sectoral Conflict and U. S. Foreign Economic Policy, 1914-1940», *International Organization*, 42, págs. 59-90.

—, 1994, «Greenback, Gold, and Silver: The Politics of American Exchange Rate Policy, 1870-1913», CIBER Working Paper 91-94, Anderson School of Management, University of California, Los Ángeles.

Friedman, Milton, 1953, *Essays in Positive Economics*, Chicago, University of Chicago Press.

—, 1968, «The Role of Monetary Policy», *American Economic Review*, 58, págs. 1-17.

—, 1990, «Bimetallism Revisited», *Journal of Economic Perspectives*, 4, págs. 85-104.

Friedman, Milton y Anna J. Schwartz, 1963, *A Monetary History of the United States, 1867-1960*, Princeton, N. J., Princeton University Press.

Funabashi, Yoichi, 1988, *Managing the Dolar: From the Plaza to the Louvre*, Washington, D. C., Institute for International Economics.

Galenson, Walter y Arnold Zellner, 1957, «International Comparisons of Unemployment Rates», en National Bureau of Economic Research, *The Measurement and Behavior of Unemployment*, Princeton, N.J., Princeton University Press, págs. 439-500.

Gallarotti, Giulio, 1993, «The Scramble for Gold: Monetary Regime Transformation in the 1870s», en Michael D. Bordo y Forrest Capie (comps.), *Monetary Regimes in Transition*, Nueva York, Cambridge University Press, págs. 15-67.

—, 1995, *The Anatomy of an International Monetary Regime: The Classical Gold Standard, 1880-1914*, Nueva York, Oxford University Press.

Garber, Peter, 1993, «The Collapse of the Breton Woods Fixed Exchange Rate System», en Michael D. Bordo y Barry Eichengreen (comps.), *A Retrospective on the Bretton Woods System*, Chicago, University of Chicago Press, págs. 461-95.

Gardner, Richard, 1969, *Sterling-Dollar Diplomacy*, Nueva York, McGraw-Hill, 2.ª ed.

Giavazzi, Francesco y Alberto Giovannini, 1989, *Limiting Exchange Rate Flexibility: The European Monetary System*, Cambridge, Mass., MIT Press.

Giovannini, Alberto, 1989, «How Fixed Exchange Rate Regimes Work: The Gold Standard, Bretton Woods and the EMS», en Marcus Miller, Barry Eichengreen y Richard Portes (comps.), *Blueprints for Exchange Rate Management,* Nueva York, Academic Press.

Goldberg, Linda, y David Skeie. 2011. «Why Did U.S. Branches of Foreign Banks Borrow at the Discount Window during the Crisis?» *Liberty Street Economics.* York: Federal Reserve Bank of New York.

Goldenweiser, E. A., 1925, *The Federal Reserve System in Operation,* Nueva York, McGraw-Hill.

Goldstein, Morris, y Nicholas Lardy. 2003. «Two-Step Currency Reform for China.» *Asian Wall Street Journal* (12 September).

Gordon, Robert J., 1982, «Why U. S. Wage and Employment Behavior Differs from That in Britain and Japan», *Economic Journal,* 92, págs. 13-44.

Greenfield, Robert L. y Hugh Rockoff, 1992, «Gresham's Law Regained», NBER Working Paper on Historical Factors in Long Run Growth, 35, National Bureau of Economic Research, Cambridge, Mass.

Grigg, James, 1948, *Prejudice and Judgment,* Londres, Jonathan Cape.

Gros, Daniel y Niels Thygesen, 1991, *European Monetary Integration from the European Monetary System to the European Monetary Union,* Londres, Macmillan.

Grossman, Richard, 1988, «The Role of Bank Failures in Financial Crisis: Three Historical Perspectives», tesis doctoral, Harvard University, Cambridge, Mass.

—, 1994, «The Shoe That Didn't Drop: Explaining Banking Stability during the Great Depression», *Journal of Economic History,* 54, págs. 654-82.

Ground, Richard L., 1988, «The Genesis of Import Substitution in Latin America», *CEPAL Review,* 36, págs. 179-203.

Gyohten, Toyoo, 1994, «Comment», en Barry Eichengreen, *International Monetary Arrangements for the 21st Century,* Washington, D. C., Brookings Institution, págs. 142-49.

Hamilton, James, 1987, «Monetary Factors in the Great Depression», *Journal of Monetary Economics,* 13, págs. 145-69.

Hanke, Steve H., Lars Jonung y Kurt Schuler, 1993, *Russian Currency and Finance: A Currency Board Approach to Reform,* Londres, Routledge.

Hardy, Charles O., 1936, *Is There Enough Gold?,* Washington, D. C., Brookings Institution.

Harrod, Roy F., 1952, «The Pound Sterling», *Princeton Essays in International Finance,* 13, International Finance Section, Department of Economics, Princeton University, Princeton, N. J.

Hawtrey, Ralph, 1938, *A Century of Bank Rate,* Londres, Longmans, Green.

Heckscher, Eli F., 1954, *An Economic History of Sweden,* Cambridge, Mass., Harvard University Press.

Henning, Randall, 1994, *Currencies and Politics in the United States, Germany and Japan,* Washington, D. C., Institute for International Economics.

Hirsch, Fred, 1966, *Money International*, Nueva York, Penguin.

Holtfrerich, Carl-Ludwig, 1988, «Relations between Monetary Authorities and Governmental Institutions: The Case of Germany from the 19th Century to the Present», en Gianni Toniolo (comp.), *Central Banks' Independence in Historical Perspective*, Berlín, Walter de Gruyter, págs. 105-59.

Horiuchi, Akiyoshi, 1993, «Monetary Policies: Japan», en Haruhiro Fukui, Peter H. Merkl, Hubertus Müller-Groeling y Akio Watanabe (comps.), *The Politics of Economic Change in Postwar Japan and West Germany*, Nueva York, St. Martin's Press, págs. 101-15.

Horn, Hendrik y Torsten Persson, 1988, «Exchange Rate Policy, Wage Formation and Credibility», *European Economic Review*, 32, págs. 1.621-36.

Horsefield, J. Keith, 1969, *The International Monetary Fund, 1945-1965*, Washington, D. C., Fondo Monetario Internacional.

Howson, Susan, 1975, *Domestic Monetary Management in Britain*, 1919-38, Cambridge, Ingl., Cambridge University Press.

—, 1980, «Sterling's Managed Float: The Operations of the Exchange Equalisation Account, 1932-1939», Princeton Studies in Intemational Finance, 46, International Finance Section, Department of Economics, Princeton University, Princeton, N.J.

Hume, David, 1752, «On the Balance of Trade», en *Essays, Moral, Political and Literary*, Londres, Longmans, Green, ed. de 1898, vol. 1, págs. 330-45.

Independent Evaluation Office. 2005. «The IMF's Approach to Capital Account Liberalization.» Washington, D.C.: IMF.

Independent Evaluation Office. 2015. «The IMF's Approach to Capital Account Liberalization: Revisiting the 2005 IEO Evaluation.» Washington, D.C.: IMF.

Independent Evaluation Office. 2016. «The IMF and the Crises in Greece, Ireland and Portugal.» Background Paper BP/16-02/08. Washington, D.C.: IMF.

International Conference of Economic Services, 1938, *International Abstract of Economic Statistics, 1931-1936,* La Haya, International Conference of Economic Services.

International Monetary Fund. 2010. «Greece: Staff Report on Request for Stand-By Arrangement.» IMF Country Report 10/110 (May). Washington, D.C.: IMF.

International Monetary Fund. 2012. «The Liberalization and Management of Capital Flows: An Institutional View» (14 November). Washington, D.C.: IMF.

Irwin, Douglas, 1995, «The GATT's Contribution to Economic Recovery in Post-War Western Europe», en Barry Eichengreen (comp.), *Europe's Postwar Recovery*, Cambridge, Ingl., Cambridge University Press, págs. 127-50.

Jacoby, Sanford, 1985, *Employing Bureaucracy: Managers, Unions, and the Transformation of Work in American Industry*, 1900-1945, Nueva York, Columbia University Press.

James, Harold, 1984, *The German Slump: Politics and Economics, 1924-1936*, Oxford, Ingl., Clarendon Press.

—, 1992, «Financial Flows across Frontiers during the Interwar Depression», *Economic History Review*, 45, págs. 594-613.

—, 1995, *International Monetary Cooperation since Bretton Woods*, Nueva York, Oxford University Press.

Jeanne, Olivier, 1995, «Monetary Policy in England, 1893-1914: A Structural VAR Analysis», *Explorations in Economic History*, 32, págs. 302-26.

Johnson, Harry G., 1973, «The Exchange-Rate Question for a United Europe», en Melvyn Krauss (comp.), *The Economics of Integration*, Londres, George Allen and Unwin, págs. 201-15.

Kaplan, Jacob y Günter Schleiminger, 1989, *The European Payments Union: Financial Diplomacy in the 1950s*, Oxford, Ingl., Clarendon Press.

Kenen, Peter B., 1960, *British Monetary Policy and the Balance of Payments, 1951-1957*, Cambridge, Mass., Harvard University Press.

—, 1969, «The Theory of Optimum Currency Areas: An Eclectic View», en Robert A. Mundell y Alexander K. Swoboda (comps.), *Monetary Problems of the International Economy*, Chicago, University of Chicago Press, págs. 41-60.

—, 1988, *Managing Exchange Rates*, Londres, Royal Institute of International Affairs.

—, 1993, «Financial Opening and the Exchange Rate Regime», en Helmut Reisen y Bernhard Fischer (comps.), *Financial Opening*, París, OCDE, págs. 237-62.

—, 1994, *The International Economy*, Nueva York, Cambridge University Press, 3.ª edición.

—, 1995, *Economic and Monetary Union in Europe: Moving Beyond Maastricht*, Cambridge, Ingl., Cambridge University Press.

Kennedy, Ellen, 1991, *The Bundesbank: Germany's Central Bank in the International Monetary System*, Londres, Royal Institute of International Affairs.

Kennedy, Susan Eastabrook, 1973, *The Banking Crisis of 1933*, Lexinton, University Press of Kentucky.

Keynes, John Maynard, 1925, *The Econmic Consequences of Mr. Churchill*, Londres, Hogarth Press.

—, 1930, *A Treatise on Money*, Londres, Macmillan.

—, 1932, *Essays in Persuasion*, Londres, Macmillan.

—, 1980, *The Collected Writings of John Maynard Keynes*, Vol. 25, *Activities 1940-1944: Shaping the Postwar World: The Clearing Union*, ed. Donald Moggridge, Londres, Macmillan y Cambridge University Press.

Kindleberger, Charles P., 1973, *The World in Depression, 1929-1939*, Berkeley, University of California Press.

King, Wilfred T. C., 1936, *History of the London Discount Market*, Londres, G. Routledge.

Kouri, Pentti J. K. y Michael G. Porter, 1974, «International Capital Flows and Portfolio Equilibrium», *Journal of Political Economy*, 82, págs. 443-67.

Krugman, Paul, 1979, «A Model of Balance-of-Payments Crises», *Journal of Money, Credit and Banking*, 11, págs. 311-25.

—, 1985, «Is the Strong Dollar Sustainable?», en *The U.S. Dallar: Recent Developments, Outlook, and Policy Options*, Kansas City, Mo., Federal Reserve Bank of Kansas City.

—, 1991, «Target Zones and Exchange Rate Dynamics», *Quarterly Journal of Economics*, 106, págs. 669-82.

—, 1998, *«The Asian Crisis»*, MIT, Cambridge, Mass., manuscrito inédito.

Kunz, Diane, 1987, *The Battle for Britain's Gold Standard in 1931*, Londres, Croom Helm.

Laughlin, J. Lawrence, 1885, *The History of Bimetallism in the United States*, Nueva York, Appleton.

Lewis, Cleona, 1938, *America's Stake in International Investments*, Washington, D. C., Brookings Institution.

Lindert, Peter, 1969, «Key Currencies and Gold, 1900-1913», Princeton Studies in International Finance 24, International Finance Section, Department of Economics, Princeton University, Princeton, N. J.

Little, l. M. D., Richard N. Cooper, W. Max Corden y Sarath Rajapatirana, 1993, *Boom, Crisis, and Adjustment: The Macroeconomic Experience of Developing Countries*, Nueva York, Oxford University Press.

Lucas, Robert, 1973, «Some International Evidence on Output Inflation Tradeoffs», *American Economic Review*, 63, págs. 326-34.

Ludlow, Peter, 1982, *The Making of the European Monetary System*, Londres, Butterworth.

Lüke, R. E., 1958, *Van der Stabilisierungzur Krise*, Zúrich, Polygrashisher Verlag.

MacDougall, Donald, 1957, *The World Dollar Problem*, Nueva York, St. Martin's Press.

Machlup, Fritz, 1964, *International Payments, Debts and Gold*, Nueva York, Charles Scribner's Sons.

Mathis, Jérome, James McAndrews, y Jean-Charles Rochet. 2009. «Rating the Raters: Are Reputation Concerns Powerful Enough to Discipline Rating Agencies?» *Journal of Monetary Economics* 56: 657-674.

McKinnon, Ronald, 1964, «Optimum Currency Areas», *American Economic Review*, 53, págs. 717-25.

—, 1994, «A Fiscally Consistent Proposal for International Monetary Reform», Stanford University, Stanford, Calif., manuscrito inédito.

Maier, Charles, 1987, «The Two Post-War Eras and the Conditions for Stability in Twentieth Century Western Europe», en *In Search of Stability*, Cambridge, Ingl., Cambridge University Press, págs. 153-84.

Marris, Stephen, 1985, *Deficits and the Dollar: The World Economy at Risk*, Washington, D. C., Institute for International Economics.

Marshall, Alfred, 1925, *Memorials of Alfred Marshall*, Arthur C. Pigou (comp.), Londres, Macmillan.

Marston, Richard, 1993, «Interest Differentials under Bretton Woods and the Post-Bretton Woods Float: The Effects of Capital Controls and Exchange Risk», en Michael Bordo y Barry Eichengreen (comps.), *A Retrospective on the Bretton Woods System*, Chicago, University of Chicago Press, págs. 515-46.

Meltzer, Alan H., 1991, «U.S. Policy in the Bretton Woods Era», *Federal Reserve Bank of St. Louis Review*, 73, mayo/junio, págs. 54-83.

Metzler, Lloyd, 1947, «Exchange Rates and the I.M.F.», *Postwar Economic Studies*, 7, págs. 1-45.

Micco, Alejandro, Ernesto Stein, y Guillermo Ordonez. 2003. «The Currency Union Effect on Trade: Early Evidence from EMU.» *Economic Policy* 18: 316-356.

Mikesell, Raymond F., 1954, *Foreign Exchange in the Postwar World*, Nueva York, Twentieth Century Fund.

—, 1994, «the Bretton Woods Debates: A Memoir», Princeton Essays in International Finance, 192, International Finance Section, Department of Economics, Princeton University, Princeton, N. J.

Miller, Marcus y Alan Sutherland, 1994, «Speculative Anticipations of Sterling's Return to Gold: Was Keynes Wrong?», *Economic Journal*, 104, págs. 804-12.

Miller, Victoria, 1996, «Exchange Rate Crises with Domestic Bank Runs: Evidence from the 1890s», Université de Québec a Montreal, manuscrito inédito.

Milward, Alan, 1984, *The Reconstruction of Western Europe*, 1945-1951, Londres, Methuen.

Mishkin, Frederic. 2008. «Can Inflation Targeting Work in Emerging Markets?» In Carmen Reinhart, Carlos Vegh and Andres Velasco, eds., *Money, Crises and Transition: Essays in Honor of Guilermo A. Calvo*, 71-91. Cambridge, MA: MIT Press.

Mitchell, B. R., 1978, *European Historical Statistics*, Nueva York, Columbia University Press.

Moggridge, Donald E., 1969, *The Return to Gold, 1925*, Cambridge, Ingl., Cambridge University Press.

—, 1970, «The 1931 Financial Crisis - A New View», *The Banker*, 120, págs. 832-39.

Morgan-Webb, Charles, 1934, *The Rise and Fall of the Gold Standard*, Nueva York, Macmillan.

Morgenstern, Oskar, 1959, *International Financial Transactions and Business Cycles*, Princeton, N. J., Princeton University Press.

Mundell, Robert A., 1961, «A Theory of Optimum Currency Areas», *American Economic Review*, 51, págs. 657-65.

Mussa, Michael. 2002. «Argentina and the Fund: From Triumph to Tragedy.» Policy Analyses in International Economics 67 (July). Washington, D.C.: Institute for International Economics.

—, 1992, «The Global Adjustment System», en Mario Baldassarri, John McCallum y Robert A. Mundell (comps.), *Global Disequilibrium in the World Economy*, Londres, Macmillan, págs. 351-456.

Neme, Colette, 1986, «Les possibilités d'abolition du contrôl des changes français», *Revue d'économie politique*, 2, págs. 177-94.

Nurkse, Ragnar, 1944, *International Currency Experience*, Ginebra, Sociedad de Naciones.

Obstfeld, Maurice, 1986, «Rational and Self-Fulfilling Balance-of Payments Crises», *American Economic Review*, 76, págs. 72-81.

—, 1993a, «Destabilizing Effects of Exchange Rate Escape Clauses», NBER Working Paper 3603, National Bureau of Economic Research, Cambridge, Mass.

—, 1993b, «The Adjustment Mechanism», en Michael D. Bordo y Barry Eichengreen (comps.), *A Retrospective on the Bretton Woods System*, Chicago, University of Chicago Press, págs. 201-68.

—, 1994, «The Logic of Currency Crises», *Cahiers Economiques et Monétaires*, 43, págs. 189-213.

—, 1996, «Models of Currency Crises with Self-Fulfilling Features», *European Economic Review*, de próxima aparición.

OECD. 2003. «Product Market Competition and Economic Performance,» *Journal of Competition Law and Policy* 4: 25-34.

Office of Business Economics, 1954, *The Balance of Payments of the United States, 1919-1953*, Washington, D. C., U.S. Government Printing Office.

Officer, Lawrence, 1993, «Gold-Point Arbitrage and Uncovered Interest Parity under the 1925-31 Dollar-Sterling Gold Standard», *Explorations in Economic History*, 30, págs. 98-127.

Ohlin, Bertil, 1936, *International Economic Reconstruction*, París, International Chamber of Commerce.

Oppers, Stefan, 1992, «A Model of the Bimetallic System», University of Michigan, Ann Arbor, manuscrito inédito.

—, 1994, «Was the World Shift to Gold Inevitable? An Analysis of the End of Bimetallism», University of Michigan, Ann Arbor, manuscrito inédito.

Organización Europea para la Cooperación Económica, 1950, *First Annual Report*, París, OECE.

Özatay, Fatih, y Güven Sak. 2003. «Banking Sector Fragility and Turkey's 2000-1 Financial Crisis.» Research Department Discussion Paper (December). Central Bank of Turkey, Ankara.

—, 1954, *Fifth Annual Report*, París, OECE.

Ozkan, F. Gulcin y Alan Sutherland, 1994, «A Model of the ERM Crisis», CEPR Discussion Paper 879, Centre for Economic Policy Research, Londres.

Palyi, Melchior, 1972, *The Twilight of Gold*, 1914-1936, Chicago, Regnery.

Parsley, David, y Shang-Jin Wei. 2007. «In Search of a Euro Effect: Big Lessons from a Big Mac Meal?» Vanderbilt University and Columbia University, Nashville, Tenn. and New York. Unpublished manuscript (August).

Phelps, Edmund, 1967, «Phillips Curves, Expectations of Inflation, and Optimal Unemployment», *Economica*, segunda serie, 34, págs. 254-81.

Pippinger, John, 1984, «Bank of England Operations, 1893-1913», en Michael D. Bordo y Anna Schwartz (comps.), *A Retrospective on the Classical Gold Standard, 1821-1931*, Chicago, University of Chicago Press, págs. 203-33.

Plessis, Alain, 1985, *La politique de la Banque de France de 1851 a 1870*, Ginebra, Droz.

Pöhl, Karl Otto, 1995, «International Monetary Policy: A Personal View», en Yegor Gaidar y Karl Otto Pöhl, *Russian Reform/International Money*, Cambridge, Mass., MIT Press, págs. 55-140.

Polak, Jacques J., 1980, «The EMF: External Relations», *Banca Nazionale del Lavoro Quarterly Review*, 134, págs. 359-72.

Pollard, Sidney, 1969, *The Development of the British Economy, 1919-1967*, Londres, Edward Arnold, 2.ª ed.

Polanyi, Karl, 1944, *The Great Transformation*, Nueva York, Rinehart.

Prati, Alessandro, 1991, «Poincaré's Stabilization: Stopping a Run on Government Debt», *Journal of Monetary Economics*, 27, págs. 213-39.

Pressnell, L. S., 1968, «Gold Reserves, Banking Reserves and the Baring Crisis of 1890», en C. R. Whittlesey y J. S. G. Wilson (comps.), *Essays in Honour of R. S. Sayers*, Oxford, Ingl., Clarendon Press.

Putnam, Robert y Nicholas Bayne, 1987, *Hanging Together: The Seven Power Summits*, Cambridge, Mass., Harvard University Press, 2.ª ed.

Putnam, Robert y C. Randall Henning, 1989, «The Bonn Summit of 1978: A Case of Cooperation», en Richard N. Cooper, Barry Eichengreen, Gerald Holtham, Robert D. Putnam y C. Randall Henning, *Can Nations Agree? Issues in International Economic Cooperation*, Washington, D. C., Brookings Institution, págs. 12-140.

Rastel, Georges, 1935, *Les controverses doctrinales sur le bimétallisme au XIXème siècle*, París, Presses Modernes.

Redish, Angela, 1990, «The Evolution of the Gold Standard in England», *Journal of Economic History*, 50, págs. 789-805.

—, 1992, «The Evolution of the Classical Gold Standard: The Case of France», University of British Columbia, Vancouver, manuscrito inédito.

Redmond, John, 1984, «The Sterling Overvaluation in 1925: A Multilateral Approach», *Economic History Review*, 37, págs. 520-32.

Reinhart, Carmen, y Kenneth Rogoff. 2004. «The Modern History of Exchange Rate Arrangements: A Reinterpretation.» *Quarterly Journal of Economics* 119: 1-48.

Reis, Ricardo. 2013. «The Portuguese Slump and Crash and the Euro Crisis.» *Brookings Papers on Economic Activity* (Spring): 143-93.

Ricardo, David [1810], 1951, «Three Letters on the Bullion Report», en *Pamphlets and Papers 1809-1811*, Cambridge, Ingl., Cambridge University Press, vol. 3, págs. 136-37.

—, [1819], 1952, «Minutes of Evidence Taken before the Secret Committee on the Expediency of the Bank Resuming Cash Payments», reimpreso en Piero

Sraffa (comp.), *The Works and Correspondence of David Ricardo*, vol. 5, *Speeches and Evidence*, Cambridge, Ingl., Cambridge University Press, págs. 371-400.

Rich, Georg, 1989, «Canadian Banks, Gold, and the Crisis of 1907», *Explorations in Economic History*, 26, págs. 135-60.

Rolnick, Arthur y Warren Weber, 1986, «Gresham's Law or Gresham's Fallacy?», *Journal of Political Economy*, 94, págs. 185-99.

Roosa, Robert, 1965, *Monetary Reform for the World Economy*, Nueva York, Harper and Row.

Rose, Andrew, 1994, «Are Exchange Rates Macreconomic Phenomena?», Federal Reserve Bank of San Francisco Economic Review, 19, 20-30.

Rose, Andrew y Lars Svensson, 1994, «European Exchange Rate Credibility before the Fall», *European Economic Review*, 38, págs. 1.185-1.216.

Rueff, Jacques, 1972, *The Monetary Sin of the West*, Trad. Roger Glemet, Nueva York, Macmillan.

Ruggie, John Gerald, 1983, «International Regimes, Transactions, and Change: Embedded Liberalism in the Poostwar Economic Order», en Stephen D. Krasner (comp.), *International Regimes*, Ithaca, N. Y., Cornell University Press, págs. 195-223.

Russell, Henry B., 1898, *International Monetary Conferences*, Nueva York, Harper and Brothers.

Sachs, Jeffrey D. y Charles Wyplosz, 1986, «The Economic Consequences of President Mitterrand», *Economic Policy*, 2, págs. 261-321.

Sala-i-Martin, Xavier y Jeffrey D. Sachs, 1992, «Fiscal Federalism and Optimum Currency Areas: Evidence for Europe from the United States», en Matthew B. Canzoneri, Vittorio Grilli y Paul R. Masson (comps.), *Establishing a Central Bank: Issues in Europe and Lessons from the United States*, Cambridge, Ingl. Cambridge University Press, págs. 195-220.

Sargent, Thomas J., 1983, «Stopping Moderate Inflation: The Methods of Poincaré and Thatcher», en Rudiger Dornbusch y M. H. Simonsen (comps.), *Inflation, Debt and Indexation*, Cambridge, Mass., MIT Press, págs. 54-96.

Sayers, Richard S., 1976, *The Bank of England, 1891-1944*, Cambridge, Ingl., Cambridge University Press, 3 vols.

Scammell, W. M., 1975, *International Monetary Policy: Bretton Woods and After*, Londres, Macmillan.

Schacht, Hjalmar, 1927, *The Stabilization of the Mark*, Nueva York, Adelphi.

Schadler, Susan. 2016. «Living with Rules: The IMF's Exceptional Access Framework and the 2010 Stand-By Arrangement with Greece.» *Independent Evaluation Office Background Paper* BP/16-02/08. Washington, D.C.: IMF.

Schelling, Thomas, 1978, *Micromotives and Macrobehavior*, Nueva York, Norton.

Schenk, Catherine, 1994, *Britain and the Sterling Area: From Devaluation to Convertibility in the 1950s*, Londres, Routledge.

Schoorl, Evert, 1995, «Working Party Three and the Dollar, 1961-1964», University of Groningen, Países Bajos, manuscrito inédito.

Schubert, Aurel, 1991, *The Credit-Anstalt Crisis of 1931*, Cambridge, Ingl., Cambridge University Press.

Schumpeter, Joseph, 1954, *History of Economic Analysis*, Nueva York, Oxford University Press.

Shelton, Judy, 1994, *Money Meltdown*, Nueva York, Free Press.

Shin, Hyun Song. 2012. «Global Banking Glut and Loan Risk Premium.» Princeton University, Princeton, N.J. Unpublished manuscript.

Shirer, William L., 1969, *The Collapse of the Third Republic*, Nueva York, Simon and Schuster.

Sicsic, Pierre, 1992, «Was the Franc Poincaré Deliberately Undervalued?», *Explorations in Economic History*, 29, págs. 69-92.

Sociedad de Naciones, 1930, *Interim Report of the Gold Delegation of the Financial Coommittee*, Economic and Financial Series 11.26, Ginebra, Sociedad de Naciones.

Sorensen, Theodore, 1965, *Kennedy*, Nueva York, Harper and Row.

Spooner, Frank, 1972, *The International Economy and Monetary Movements in France, 1493-1725*, Cambridge, Mass., Harvard University Press.

Stoddard, Lothrop, 1932, *Europe and Our Money*, Nueva York, Macmillan.

Sturzenegger, Federico, y Eduardo Levy-Yeyati. 2007. «Fear of Appreciation.» Policy Research Paper 4387 (November). Washington, D.C.: World Bank.

Summers, Lawrence. 2018. «In Davos Dollar Comments, Mnuchin Fails on Style and Substance.» Washington Post, January 25.

Summers, Robert y Alan Heston, 1991, «The Penn World Tables (Mark 5): An Expanded Set of International Comparisons, 1950-1988», *Quarterly Journal of Economics*, 106, págs. 327-68.

Taus, Esther Rogoff, 1943, *Central Banking Functions of the United States Treasury, 1789-1941*, Nueva York, Columbia University Press.

Taussig, Frank, 1927, *International Trade*, Nueva York, Macmillan.

Temin, Peter, 1989, *Lessons from the Great Depression*, Cambridge, Mass., MIT Press.

—, 1994, «Universal Banks and Financial Instability in the 1920s and 1930s», MIT, Cambridge, Mass., manuscrito inédito.

—, 1995, «The 'Koreanboom' in West Germany: Fact or Fiction?», *Economic History Review*, XLVIII, págs. 737-53.

Tew, Brian, 1988, *The Evolution of International Monetary System, 1945-1988*, Londres, Hutchinson, 4.ª ed.

Thuillier, Guy, 1983, *La monnaie en France au début du XIXe siècle*, Ginebra, Librairie Droz.

Triffin, Robert, 1947, «National Central Banking and the International Economy», *Postwar Economic Studies*, 7, págs. 46-81.

—, 1960, *Gold and the Dollar Crisis: The Future of Convertibility*, New Haven, Conn., Yale University Press.

—, 1964, «The Evolution of the International Monetary System: Historical Reappraisal and Future Perspectives», Princeton Studies in International Finance 12, International Finance Section, Department of Economics, Princeton University, Princeton, N. J.

—, 1966, *The World Money Maze*, New Haven, Conn., Yale University Press.

Naciones Unidas, 1949, *International Capital Movements during the Inter-War Period*, Lake Success, N. Y., Naciones Unidas.

Van der Wee, Herman, 1986, *Prosperity and Upheaval*, trad. Robin Hogg y Max R. Hall, Nueva York, Viking.

Viner, Jacob, 1951, *International Economics: Studies*, Glencoe, Ill., Free Press.

Viren, Matti, 1994, «A Note on Interest Rate Policy during the Great Depression», *Journal of European Economic History*, 23, págs. 115-29.

Volcker, Paul y Toyoo Gyohten, 1992, *Changing Fortunes: The World's Money and the Threat to American Leadership*, Nueva York, Times Books.

Von Hagen, Jürgen, 1994, «Credible Roads to EMU», Universidad de Mannheim, Alemania, manuscrito inédito.

Warnock, Francis, y Veronica Warnock. 2005. «International Capital Flows and U.S. Interest Rates.» International Finance Discussion Paper 840 (September). Washington, D.C.: Board of Governors of the Federal Reserve System.

Warren, George F. y Frank A. Pearson, 1933, *Prices*, Nueva York, John Wiley and Sons.

—, 1935, *Gold and Prices*, Nueva York, John Wiley and Sons.

Werner, Pierre, Baron Hubert Ansiaux, Georg Brouwers, Bernard Clappier, Ugo Moscq, Jean-Baptiste Schollhorn y Giorgio Stammati, 1970, *Report to the Council and the Commission on the Realisation by Stages of Economic and Monetary Union in the Community*, suplemento del Boletín II-1970 de las Comunidades Europeas, Bruselas, Comunidades Europeas.

Whale, P. Barrett, 1939, «Central Banks and the State», *Manchester School*, 10, págs. 38-49.

Wheelock, David C., 1991, *The Strategy and Consistency of Federal Reserve Monetary Policy, 1924-1933*, Cambridge, Ingl., Cambridge University Press.

White, Harry D., 1933, *The French International Accounts, 1890-1913*, Cambridge, Mass., Harvard University Press.

Wickers, Elmus, 1966, *Federal Reserve Monetary Policy, 1917-1933*, Nueva York, Random House.

Wigmore, Barri, 1984, «Was the Bank Holiday of 1933 Caused by a Run on the Dollar?», *Journal of Economic History*, 47, págs. 739-55.

Williams, David, 1968, «The Evolution of the Sterling System», en C. R. Whittesley y J. S. G. Wilson (comps.), *Essays in Money and Banking in Honour of R. S. Sayers*, Oxford, Ingl., Clarendon Press, págs. 266-97.

Williams, John H., 1952, *Economic Stability in the Modern World*, Londres, Athlone Press.

Williamson, John, 1977, *The Failure of World Monetary Reform, 1971-74*, Nueva York, New York University Press.

—, 1993, «Exchange Rate Mangement», *Economic Journal*, 193, págs. 188-97.

Williamson, John y C. Randall Henning, 1994, «Managing the Monetary System», en Peter B. Kenen (comp.), *Managing the World Economy Fifty Years after Bretton Woods*, Washington, D. C., Institute for International Economics.

Willis, Henry Parker, 1901, *A History of the Latin Monetary Union*, Chicago, University of Chicago Press.

Wilson, Harold, 1971, *The Labour Government, 1964-1970: A Personal Record*, Londres, Weidenfeld and Nicolson and Michael Joseph.

Working Group on Exchange Market Intervention, 1983, Report, Washington, D. C., U. S. Treasury.

Yeager, Leland, 1966, *International Monetary Relations*, Nueva York, Harper and Row.

—, 1968, *The International Monetary Mechanism*, Nueva York, Hold, Rinehart and Winston.

Zaragaza, Carlos E., 1995, «Can Currency Boards Prevent Devaluations and Financial Meltdowns?», *Southwest Economy*, 4, págs. 6-9.

Zhou, Xiaochuan. 2009. «Reform of the International Monetary System.» Basel: Bank for International Settlements. www.bis.org/review/r09042c.pdf.

Índice analítico